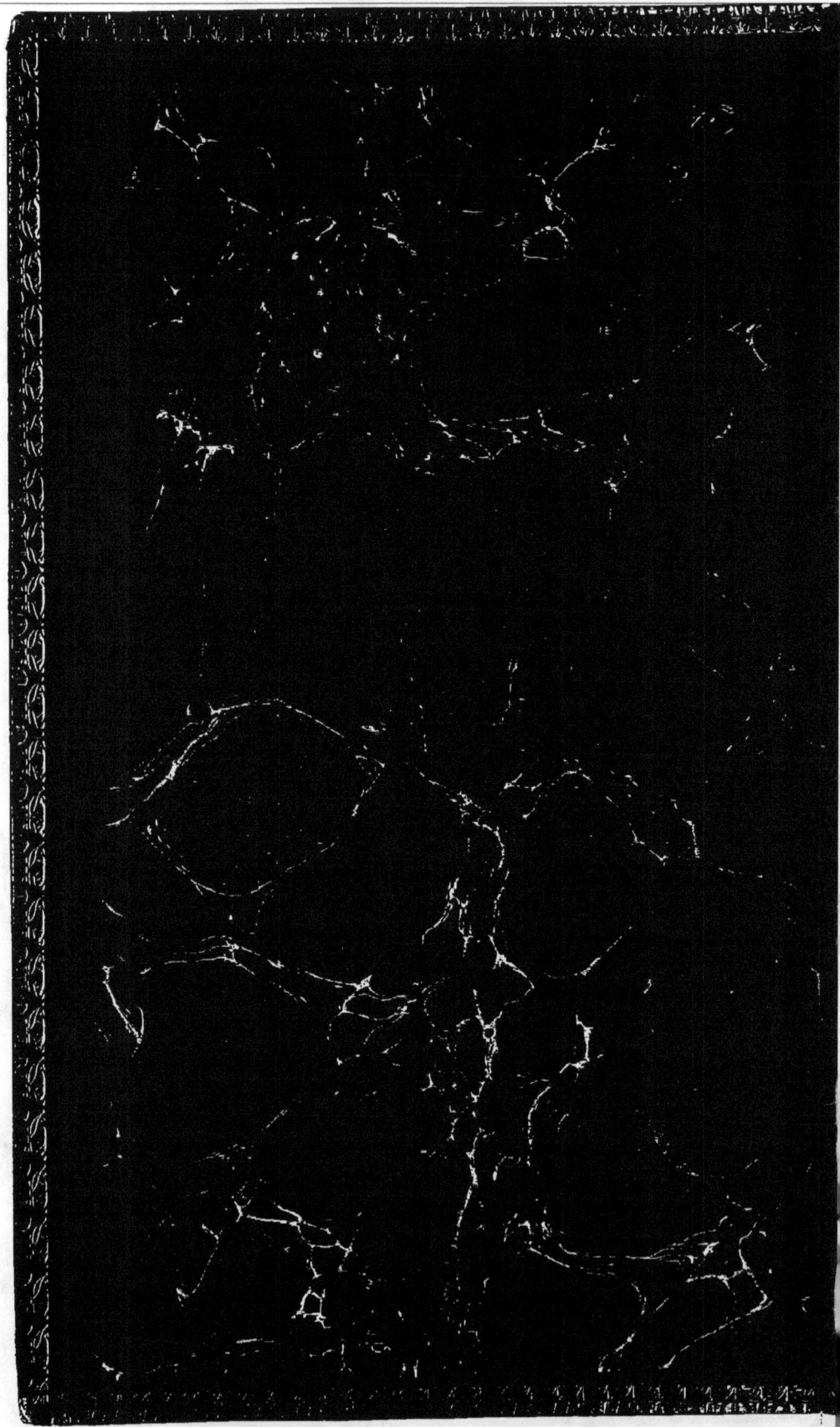

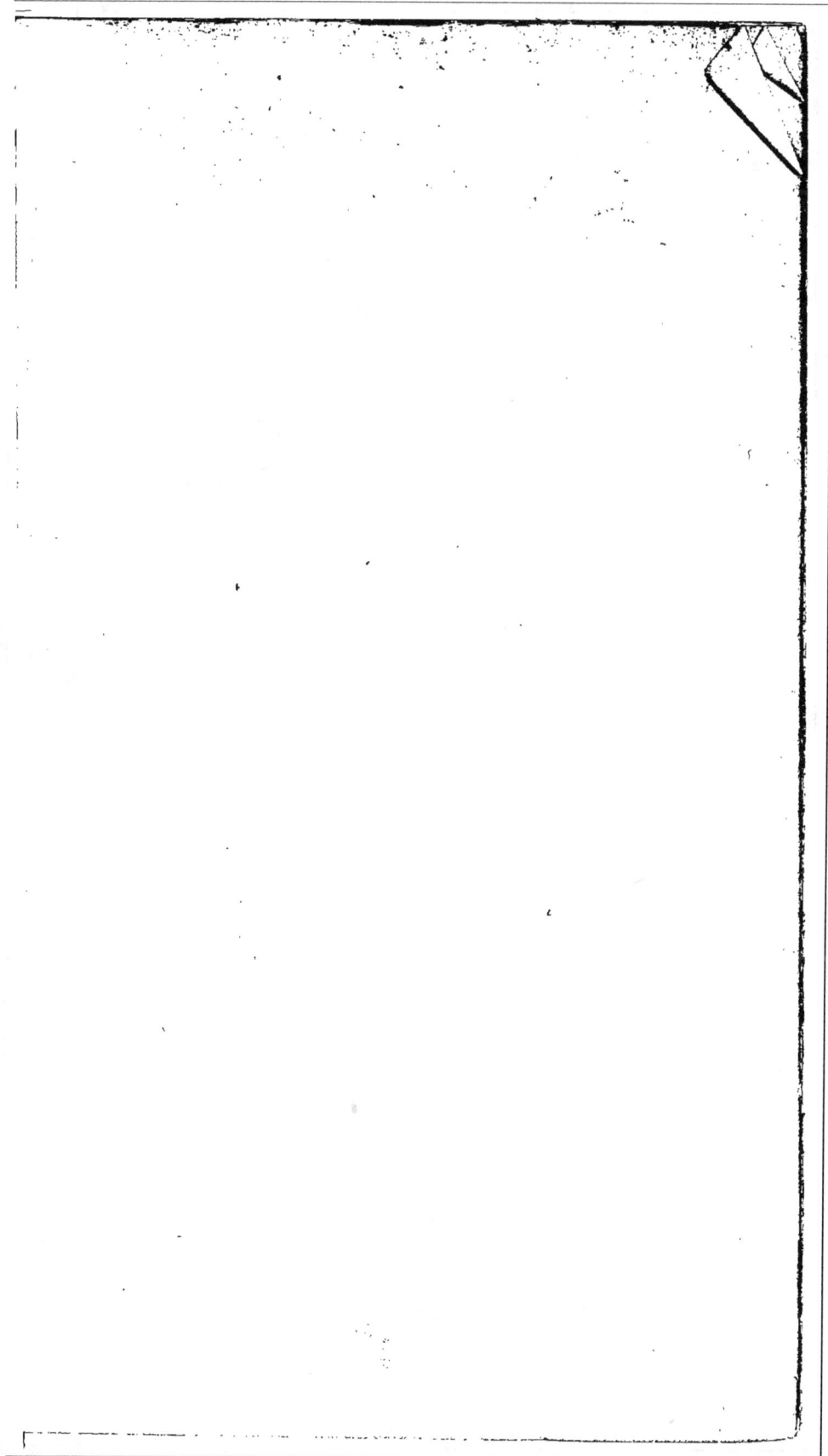

F

COMMENTAIRE

SUR L'ORDONNANCE

DE LA MARINE,

DU MOIS D'AOUT 1681.

Imprimerie de CHASSAIGNON, rue Git-le-Cœur, 7.

COMMENTAIRE

SUR

L'ORDONNANCE DE LA MARINE,

DU MOIS D'AOUT 1681,

PAR R. J. VALIN,

AVEC DES NOTES

PAR V. BÉCANE, AVOCAT,

PROFESSEUR DU CODE DE COMMERCE A LA FACULTÉ DE DROIT
DE POITIERS.

TOME PREMIER.

❧

2e ÉDITION.

❧

PARIS,

CHEZ JOUBERT, LIBRAIRE,

RUE DES GRÈS, 14.

—

1841

COMMENTAIRE

SUR L'ORDONNANCE

DE LA MARINE,

DU MOIS D'AOUT 1681.

POITIERS. — IMPRIMERIE DE F. - A. SAURIN,

Successeur de Catineau.

COMMENTAIRE

SUR

L'ORDONNANCE DE LA MARINE,

DU MOIS D'AOUT 1681,

Par René-Josué Valin,

AVEC DES NOTES

Coordonnant l'Ordonnance, le Commentaire et le Code de Commerce ;

PAR V. BÉCANE,

AVOCAT, OFFICIER DE L'UNIVERSITÉ DE FRANCE, PROFESSEUR DU CODE DE COMMERCE
A LA FACULTÉ DE DROIT DE POITIERS.

TOME PREMIER.

POITIERS,

DOUSSIN-DELYS, LIBRAIRE.
SAÜRIN, }
BARBIER, } IMPRIMEURS-LIBRAIRES.

1828.

PRÉFACE.

Un commentaire sur l'Ordonnance de la marine est un de ces projets hardis dont le succès peut seul justifier l'entreprise.

L'auteur des notes (1) sur cette Ordonnance, loin d'en avoir compris la difficulté, ne l'a pas même soupçonnée, et j'avoue qu'elle ne m'a été bien connue que lorsqu'il n'était plus temps de reculer.

Le dégoût que j'avais éprouvé toutes les fois que j'avais consulté ces notes, où non-seulement je n'avais rien trouvé qui pût servir à mon instruction, mais encore où je ne voyais qu'un assemblage difforme d'erreurs et d'inutilités, m'inspira d'abord le dessein de ce commentaire.

Il me parut qu'il était aisé de faire quelque chose

(1) Imprimées in-4° en 1714, à Paris, chez Guillaume Cavelier et Charles Osmont; in-8°, en 1715, chez le même Charles Osmont, et réimprimées, tant in-12 qu'en in-8°, en 1737, 1747 et 1749, sans aucune addition ni correction, et en dernier lieu chez la veuve Saugrain et Pierre Prault, in-12, en 1756.

de mieux; c'en fut assez pour me faire mettre la main
à l'œuvre, sans faire attention que, dans une entreprise de ce genre, le travail augmente toujours à
mesure qu'on s'y engage.

Mon premier dessein se bornait donc à des observations sommaires sur chaque article de l'Ordonnance,
sans autre objet que celui d'expliquer simplement les
articles qui pouvaient avoir besoin d'interprétation,
de concilier ceux qui semblent en contradiction avec
d'autres, de discuter enfin certains points résolus en
quelques-uns, d'une manière qui ne paraît pas s'assortir naturellement avec les principes généraux de
la matière.

Je n'allais pas plus loin, et, suivant ce projet simple,
l'ouvrage ne devait pas être de longue haleine, quoiqu'il n'en exigeât pas moins d'attention par sa briéveté
même. Il n'était question ni de remonter aux sources dans lesquelles ont puisé les rédacteurs de notre
Ordonnance, ni d'entrer dans aucun détail historique
et politique de ce qui avait été pratiqué avant cette
Ordonnance, aussi bien que des prodigieux changemens intervenus depuis, principalement en ce qui
concerne l'ordre de la police maritime, les devoirs et
les obligations des négocians armateurs, des capitaines et autres gens de mer.

Mais je ne fus pas long-temps à m'apercevoir qu'un ouvrage ainsi restreint ne mériterait pas le nom de commentaire. Il fallut donc viser à quelque chose de plus; et ce fut alors que je commençai à entrevoir les difficultés de mon nouveau plan.

Les secours ne me manquaient pas, étant à portée de fouiller dans le dépôt du greffe de l'amirauté; mais, par-là même qu'ils étaient trop abondans, j'en étais surchargé. Je n'avais pas imaginé jusque-là la multitude prodigieuse d'ordonnances, édits, déclarations, arrêts du conseil, règlemens, mémoires et autres pièces antérieures et postérieures à notre Ordonnance, et toutes relatives aux sujets qui y sont traités.

C'est ce chaos qu'il a fallu débrouiller pour marquer épisodiquement, en forme d'abrégé historique, les variations trop fréquentes de ces règlemens, leurs dissonances, leurs contradictions, l'extension des uns, les dérogations et les modifications des autres.

Tout ce qui appartient d'ailleurs à un sujet ne tombait pas d'abord sous la main; il fallait même employer souvent des secours étrangers : d'où il arrivait qu'après avoir traité des objets que je croyais à demeure, c'était à recommencer ou à reprendre sous œuvre.

Ce n'était pourtant encore là que le travail rebutant

d'un compilateur ou d'un faiseur de recherches. La partie la plus délicate et en même temps la plus dangereuse, était celle de la jurisprudence maritime ; étude tellement négligée par nos auteurs français, que Cleirac est le seul qui nous en ait tracé quelques règles pratiques, tandis que les Anglais, les Allemands, les habitans des côtes de la mer du Nord et de la Baltique, les Espagnols et les Italiens surtout, y ont fait de si grands progrès.

La matière des contrats maritimes ayant ainsi été abandonnée anciennement en France, il est bien étonnant qu'il s'y soit trouvé tout-à-coup des jurisconsultes en état de former ce corps de doctrine, suivi, précis, lumineux même, malgré l'immensité de sa profondeur, que l'on ne peut se lasser d'admirer dans notre Ordonnance.

Elle est sans contredit la plus belle de toutes celles de Louis XIV, qui pourtant avait déjà mérité le titre de législateur de la France, à la faveur des Ordonnances de 1667, 1669, 1670 et 1673, qu'il avait publiées pour réformer l'administration de la justice, tant au civil qu'au criminel, et fixer la jurisprudence sur la matière des eaux et forêts, aussi bien que du commerce de terre.

Mais son chef-d'œuvre dans le genre législatif était

réservé pour la jurisprudence maritime, jusque-là inconnue dans le royaume. Je ne crains point que ceux qui sont en état de juger des beautés de cette Ordonnance, soient tentés de me faire le reproche de tomber dans le défaut des panégyristes, encore moins ceux d'entre eux qui seront instruits de l'état où étaient notre marine, notre navigation, notre commerce sur mer, et par conséquent notre jurisprudence nautique, au commencement du règne de ce grand prince.

Pacificateur de l'Europe, après avoir créé la marine qu'il avait déjà mise dans un état de splendeur qui répondait à l'étendue de sa puissance, et après tant d'établissemens faits par ses ordres pour faire fleurir le commerce maritime et la navigation de ses sujets, il ne lui restait plus qu'à affermir par de bonnes lois ce qu'il avait formé par sa sagesse et soutenu par la force de ses armes; il fallait en un mot une Ordonnance de la marine qui fût digne de lui.

Le succès répondit à ses vœux et à ses soins. L'admiration fut universelle, à la vue d'une Ordonnance si belle dans sa distribution économique, si sage dans sa police générale et particulière, si exacte dans ses décisions, si savante enfin, que dans la partie du droit, elle présente autant de traités abrégés de jurisprudence qu'il y a de sujets qui en font l'objet.

Disons tout : elle est telle que les nations les plus jalouses de notre gloire, déposant leurs préjugés, leurs haines même, l'ont adoptée à l'envi, comme un monument éternel de sagesse et d'intelligence.

Nos anciennes Ordonnances ne contenaient qu'un certain nombre de règlemens sur la police maritime, qui ne suffisaient pas, à beaucoup près, pour le maintien du bon ordre. Il fallait donc suppléer à leur peu d'étendue par de nouveaux règlemens, et, en écartant ce que les anciens avaient de défectueux, perfectionner ce qu'ils renfermaient d'utile.

Quelle étendue de connaissances, quelle combinaison d'idées, quel discernement, et quelle profondeur de vues ne fallait-il donc pas pour la formation et l'exécution d'un plan où il s'agissait de saisir tout ce qui convenait au bon ordre de la police, et en faire la distribution la plus naturelle et la plus exacte!

La partie de la jurisprudence était encore plus difficile à remplir. Nos anciennes Ordonnances l'avaient totalement négligée, et les lois rhodiennes, de même que celles du droit romain, ne fournissant que fort peu de secours, on était réduit à puiser dans les usages maritimes établis chez les différentes nations; et pour le faire avec fruit, il fallait prendre parti au milieu de la contrariété de leurs pratiques, retrancher ce qu'il y avait d'imparfait, éclaircir ce qui était obscur, adapter à nos mœurs ce qu'il y avait de bon, ajouter ce qui avait échappé à la prévoyance des premiers fondateurs du droit maritime.

Il n'y avait assurément que des génies nés pour la législation qui pussent en pareilles circonstances produire cet admirable corps de doctrine.

Combien ne serait-il pas à souhaiter que nous pussions payer à la mémoire des rédacteurs de cette précieuse collection le tribut de louanges, d'estime et de respect qu'ils ont mérité à si juste titre ! Mais, par une fatalité inconcevable, les noms de ces grands hommes ne sont pas parvenus jusqu'à nous. On connaît ceux qui ont rédigé les Ordonnances antérieures ; et l'ouvrage de ceux-ci, quoique d'un mérite de beaucoup supérieur, n'a pu les sauver de l'oubli.

Si l'on en croit l'auteur du mémoire imprimé pour la chambre d'assurances de Paris, en 1751, page 44 : « cette Ordonnance a été formée sur la jurisprudence » générale de l'Europe ; à l'effet de quoi il fut fait, » dans tous les ports de notre continent, des informa-» tions qui ont coûté des trésors immenses. »

On lui demanderait volontiers la preuve de ce fait, en même temps qu'on avoue avec lui qu'il n'y avait que des commissaires d'une expérience consommée et parfaitement versés dans la connaissance du droit maritime, qui pussent dresser une Ordonnance devenue dans l'instant la loi universelle du commerce maritime des nations.

Dans le recueil des pièces concernant la compétence de l'amirauté de France, imprimé à Paris, chez d'Houry, en 1759, on trouve au bas de la page 140 une note qui porte que c'est M. le Vayer de Boutigny, maître des requêtes, qui a été le rédacteur de cette Ordonnance.

Frappé de cette anecdote qui avait échappé à toutes mes recherches, j'ai voulu savoir sur quoi elle était appuyée, et la réponse que j'ai reçue ne m'a pas plus satisfait que je ne l'ai été d'une autre anecdote qui attribue ce bel ouvrage à un avocat que l'on ne nomme point, mais dont on rapporte cette singularité, savoir que Louis XIV lui ayant donné pour récompense une charge de maître des requêtes, il avait dans la suite été obligé de s'en défaire, ses facultés ne lui permettant pas de soutenir un tel état.

S'il m'est permis de hasarder mes conjectures sur la rédaction de notre Ordonnance, j'observerai que parmi les manuscrits de la bibliothèque de Mgr le duc de Penthièvre, manuscrits que S. A. S. a eu la bonté de me faire communiquer, il y a dans le registre numéroté

848, une savante, curieuse et vaste compilation des lois anciennes maritimes, c'est-à-dire, des lois Rhodiennes et Romaines ; du consulat et des us et coutumes de la mer ; des Ordonnances de Charles-Quint et et de Philippe II, rois d'Espagne ; des jugemens d'Oleron, des Ordonnances de Visbuy et de la Hanse Teutonique ; des assurances d'Anvers et d'Amsterdam, du *Guidon* de la mer ; des projets d'édits et règlemens dressés par ordre du cardinal de Richelieu ; enfin de nos Ordonnances jusqu'à 1660 ; le tout conféré ensemble, avec l'avis de plusieurs auteurs, et distribué en différens titres.

Il me paraît assez vraisemblable que cette riche collection, faite par un très-habile homme, a servi à former cette Ordonnance. Du moins est-il vrai qu'elle a été faite dans cette vue, puisqu'en quelques endroits on y rejette certaines observations, en disant, « qu'elles ne sont pas de nature à entrer dans une » Ordonnance et à en faire le sujet. »

Il y a apparence aussi que les mémoires que prit M. Henri Lambert, chevalier-seigneur d'Herbigny, marquis de Thibouville, en faisant la visite des ports du royaume situés sur la mer du Ponant, ont fait partie des matériaux de cette même Ordonnance, non-seulement quant à la police, ce qui est plus que vrai-

semblable, mais encore pour la partie de la jurisprudence.

On en peut juger par l'instruction que lui donna
Louis XIV, pour cette visite générale des ports, le
premier janvier 1671.

M. d'Herbigny y est déclaré conseiller d'état, maître des requêtes ordinaires de l'hôtel, commissaire
pour la visite des ports et havres du Ponant.

Le roi se proposant d'être informé, « non-seulement
» de l'état des ports de son royaume, mais encore de
» tout ce qui concernait la justice de l'amirauté, pour
» régler et en retrancher les abus, et composer en-
» suite un corps d'ordonnances pour en établir la ju-
» risprudence, en sorte que ses sujets navigateurs et
» négocians sur mer pussent être assurés que la jus-
» tice leur serait exactement rendue, » chargea ce
magistrat de faire attention dans sa visite principalement à deux objets, l'un consistant « à examiner et
» connaître la jurisprudence, les statuts, règlemens,
» ordonnances et arrêts dont les officiers de l'amirauté
» s'étaient servis jusqu'alors ; l'autre à reconnaître les
» ports et rades, et entrées des rivières capables de
» servir de retraite aux vaisseaux et autres bâtimens
» de mer. »

Par rapport au premier objet, il était chargé de

s'informer avec soin « de la jurisprudence de chaque
» siége ,d'amirauté, d'en remarquer les défauts et
» d'envoyer son avis sur ce sujet aux commissaires
» qui seraient établis par sa majesté, pour en décider,
» et former ensuite un corps d'ordonnances complet
» qui pût servir à l'avenir aux officiers de l'amirauté,
» sans avoir recours aux ordonnances étrangères qui
» leur avaient servi jusque-là. »

Il devait à cette fin, dans chaque siége, s'adresser
à l'officier qui lui paraîtrait le plus expérimenté dans
ces matières, et, en attendant l'Ordonnance, il était
autorisé à faire les réglemens provisoires qu'il jugerait convenables.

Pour le second objet, il devait prendre l'avis de
tous les vieux pilotes et autres gens entendus au fait
de la marine et de la navigation, au sujet de l'entrée
des havres, des difficultés qui s'y rencontreraient, et
des moyens d'y remédier; demander des mémoires
pour la meilleure manière de pourvoir au délestage
des vaisseaux, établir des pilotes-côtiers, veiller à
ce qu'il y eût un maître d'hydrographie dans les
lieux convenables, etc.

C'étaient là sans doute de grandes avances; mais,
eu égard à ce qui restait à faire, la gloire des rédacteurs doit toujours paraître la même.

On s'est plaint que leurs décisions étaient trop la-
coniques, et qu'ils n'avaient pas prévu assez de cas.
Le premier reproche, dès qu'il ne tombe pas sur la
clarté, fait précisément leur éloge; car après l'équité,
le mérite de la loi est d'être claire en peu de mots.

Le second n'est pas mieux fondé. Ce qu'on exige d'une
ordonnance où des points de droit sont traités, c'est
que les grands principes y soient présentés, accompagnés de décisions cardinales, d'où l'on puisse tirer la
solution du plus grand nombre des cas particuliers.
Or c'est une prérogative que l'on ne peut refuser à
notre Ordonnance, et cela mérite d'autant plus d'attention, que non-seulement dans ce temps-là il fallait créer, pour ainsi dire, la jurisprudence nautique,
mais encore que, quoique le commerce sur mer,
prodigieusement augmenté depuis, ait fait naître une
grande quantité d'espèces particulières, il n'a fallu
pour les décider que faire une juste application des
règles générales qui y sont établies, sans avoir eu besoin de nouvelles lois. Car il est à observer que de
tant de changemens qui ont été faits à notre Ordonnance, il n'en est aucun qui sorte de la sphère de la
police, matière de sa nature sujette à variation suivant
les circonstances; il n'en est aucun, dis-je, qui ait
trait à la jurisprudence, tant il est vrai que la stabilité

d'une loi dépend de la justesse et de la fécondité des principes qu'elle a consacrés.

Et c'est cette même fécondité des principes qui augmente les difficultés d'un commentaire, où il s'agit de rendre partout raison de la loi, et d'indiquer le plus qu'il se peut, sans affectation toutefois et sans prolixité, les conséquences qui en doivent résulter naturellement.

Pour cela il faut bien prendre le sens et l'esprit de la loi, surtout bien saisir les principes de chaque matière, pour se guider de conséquences en conséquences avec ce fil secourable. Et voilà le labyrinthe de difficultés que je n'ai prévues qu'un peu tard. C'est peut-être parce que d'autres les ont aperçues plus tôt, que nous avons été privés jusqu'à présent d'un commentaire devenu trop nécessaire pour n'être pas ardemment souhaité.

Je ne sais ce qui m'a conduit à ces observations; elles m'ont échappé. Je n'ai pas assurément la vanité de croire que j'ai surmonté la moindre partie des difficultés qui ont tant de fois retardé ma course, et jusqu'à me décourager. S'il est vrai que mon ouvrage puisse être de quelque utilité, je n'ai pas prétendu qu'on me tînt compte du travail pénible, assidu et opiniâtre, qui m'a enfin fait arriver au terme; et s

b

d'un autre côté, il donne trop de prise à la censure, mon intention n'a pas été de faire valoir ces mêmes difficultés pour me servir d'excuse. Je n'ignore pas la façon de penser d'un certain public, et qu'il n'y a à attendre de lui ni gratitude ni indulgence. Quelque envie que l'on ait de le servir ou de lui plaire, il reçoit sans reconnaissance, peu inquiet de ce qu'il en a coûté à l'auteur ; tandis que, censeur inexorable, les moindres fautes l'irritent, sans examiner s'il y a d'ailleurs de quoi les racheter.

Les mêmes sources où les rédacteurs de notre Ordonnance ont puisé leurs décisions, doivent également être recherchées, pour en connaître les principes, pénétrer le sens et l'esprit ; sans cela, en effet, on ne pourrait qu'errer à l'aventure. Il importe donc de les faire connaître, tant pour la partie du droit public, qui, étant consignée dans les archives des greffes, ne peut pas être consultée par tous ceux qui auraient intérêt de s'en instruire, que pour la partie de la jurisprudence, que tout particulier peut aisément se procurer.

Les premières lois maritimes sont, de l'aveu de tout le monde, les lois Rhodiennes. Selon le P. Fournier, dans son Traité d'Hydrographie, liv. 5, chap. 4, fol. 189, ces lois ont été formées environ le temps que Josaphat régnait en Judée, c'est-à-dire vers 61 ans après Salomon.

Quoi qu'il en soit, c'est là le berceau de la jurisprudence nautique. On les trouve, ces premières lois, dans plusieurs recueils, entre autres en grec, avec la traduction latine, à la tête des observations de Peckius et de Vinnius, *in tit. dig. et cod. ad rem nauticam pertinentes.* Mais on peut s'en passer au moyen des lois romaines qui en ont pris l'essentiel, en y ajoutant plusieurs nouvelles décisions répandues dans les titres du droit, *nautæ caupones, de exercitoriâ actione, de lege Rhodiâ, de nautico fænore, pro derelicto, de naufragiis, de naviculariis, de navibus, de nautis* et quelques autres ; tout cela indépendamment des principes généraux du même droit romain, qui peuvent avoir leur application à divers cas maritimes.

Après les lois romaines, les plus anciennes comme les plus fameuses que l'on connaisse sur le fait de la navigation et du commerce maritime, sont celles comprises dans une collection qui a pour titre, *il consolato del mare*, etc. C'est une compilation des anciennes lois maritimes servant à régler la police de la navigation, et tout ce qui appartenait alors au commerce dans les mers du Levant.

L'original, mêlé d'espagnol, de catalan et d'ita-

lien, ne m'est point connu; j'en ai seulement vu
deux éditions conformes, de Venise, in-4°; l'une de
l'année 1576, l'autre de l'année 1599. Ce ne sont
sûrement pas les premières, mais il y a apparence
que ce sont les bonnes, puisque *Casa Regis*, tom. 3
de ses œuvres, imprimées pareillement à Venise en
1740, en a donné la copie mot à mot, avec des ex-
plications en italien sur chaque chapitre.

François Mayssoni, docteur ès droit et avocat au
siége de Marseille, en a donné aussi une traduction
sous le titre de *Consulat;* mais en si mauvais français, qu'il faut presque toujours recourir à l'italien
pour l'entendre. Il paraît néanmoins, dans l'épître
dédicatoire, qu'on lui a l'obligation d'avoir recueilli
et mis en ordre ces mêmes lois, qui étaient, dit-il,
éparses et mal digérées.

La première édition en a été faite en 1577, avec
privilége d'Henri III, daté du 17 août 1576, par les
soins de Guillaume Giraud, marchand à Marseille.

Cette mauvaise traduction a été réimprimée avec
tous ses défauts à Aix, en 1635, chez Étienne David.

Il est triste qu'un recueil aussi précieux et aussi
utile pour tous ceux qui sont appelés à l'étude des
lois maritimes, n'ait pas trouvé jusqu'ici un meilleur
traducteur. Je connais néanmoins un célèbre juris-

consulte qui en a commencé une nouvelle traduction, enrichie de notes pour l'intelligence du texte, et d'observations relatives aux dispositions de notre Ordonnance, à l'usage actuel du commerce.

C'est M. Emerigon, avocat au parlement d'Aix, et conseiller à l'amirauté de Marseille; ce savant généreux que le hasard m'a fait connaître, et qui ne fut pas plustôt instruit que je travaillais à un commentaire sur notre Ordonnance, qu'il m'offrit, avec une cordialité et un désintéressement peut-être sans exemple, tout ce que, par une étude assidue et réfléchie, il avait recueilli de décisions et d'autorités convenables à cet objet.

On conçoit que j'ai dû balancer long-temps à accepter des offres de cette nature. Je ne m'y suis enfin déterminé que parce qu'il a eu le secret de me persuader que ce n'était que pour son usage particulier qu'il avait fait cette riche collection. Il m'en a donc fait passer une copie, dont j'ai fait un tel usage, que presque tout ce que l'on trouvera de bon dans ce commentaire, quant à la partie de la jurisprudence, est en quelque sorte autant son ouvrage que le mien.

Je lui devais ce témoignage public de ma reconnaissance, après la lui avoir tant de fois marquée en particulier, toujours avec un nouveau regret de ne pouvoir répondre par mes expressions à la vivacité des sentimens que m'a inspirés pour jamaïs un bienfait aussi noble et aussi gratuit.

Quant à sa traduction du consulat (1), qu'il m'a

(1) En attendant, pour ceux qui ne savent pas assez la langue originale du consulat, il faut bien qu'ils se contentent de l'ancienne traduction telle qu'elle est ; et, à ce sujet, il est bon d'avertir que l'ordre des chapitres y est le même que dans l'original, à cela près que les numéros diffèrent depuis le 34e, de manière que le 34e de *il consulato* est le 35e de la traduction ; ainsi du reste jusqu'au nombre 43e, qui est le 45e de la traduction. Cette différence de deux nombres continue ainsi jusqu'au 117e, qui est le 120e aussi de la traduction ; après quoi, et jusqu'à la fin, il y a une différence de trois nombres.

De sorte que, pour ne point se méprendre, lorsqu'on voudra vérifier les citations, si par exemple le chap. 100 est cité, et que ce soit celui de la traduction, on le trouvera dans l'original au n° 98, et si c'est le nombre 200, ce sera le 197 de l'original, *et vice versâ ;* si la citation est prise dans l'original, il faudra aller à deux ou trois numéros plus bas dans la traduction.

Il y a aussi une petite différence entre les deux éditions de la traduction. Les n^{os} sont bien les mêmes jusqu'au 203, mais dans la suite ils diffèrent d'un, à cause que dans l'édition de

avoué être fort avancée, en vain je l'ai pressé de l'a-
chever, il m'a toujours répondu que les affaires du
barreau, dont il est surchargé, ne le lui permettaient
pas; comme si le service des particuliers devait l'emporter sur celui du public, à qui tout homme à
talens est comptable de beaucoup plus que de ses
heures de loisir. Puisse cette nouvelle exhortation,
appuyée des vœux de ce même public, le forcer
enfin à se rendre !

J'ai dit que ces lois du consulat sont les plus anciennes que nous ayons depuis les lois romaines, et
cela vrai; car il paraît dans la traduction, comme
dans l'original, qu'elles furent approuvées à Rome
dès l'an 1075. Elles le furent ensuite, y est-il dit,
dans la ville d'Acre, sur le chemin de Jérusalem,
par contrat passé le premier jour de septembre 1102
ou 1111, entre le roi Louis et le comte de Toulouse,
qui promirent de les faire garder et observer. Mais
il y a erreur dans l'une et l'autre date, puisqu'il y est
question de Louis VII, et que ce prince n'arriva en

1577 on a sauté le n° 204, ce qui fait que celui qui est marqué
du chiffre 205 n'est que le 204 de la dernière édition ; ainsi de
même jusqu'à la fin, le n° 297 qui est le dernier étant le 296
de l'autre édition.

Syrie que vers la fin de 1147, et à Jérusalem qu'au commencement de l'année 1148.

Ces mêmes lois du consulat furent dans la suite approuvées en 1250 à Paris, par Jean de Beaumont, au nom du roi saint Louis, en présence des chevaliers hospitaliers et templiers et de l'amiral du Levant, pour être gardées et observées à jamais. Servin, dans ses plaidoyers (pag. 509), dit que ce fut vers l'année 1231 que le roi saint Louis les accorda avec le comte de Toulouse. Ne serait-ce point plutôt en 1250 ou 1251 que ces deux princes étaient dans la Palestine? En un mot, ces ordonnances ou décisions maritimes furent généralement adoptées par tous les peuples navigateurs : elles l'avaient déjà été spécialement à Marseille, en l'année 1162.

Si Cleirac a eu tort de supposer plus anciens les Jugemens d'Oleron, d'autant plus qu'il les attribue à la reine Aliénor ou Eléonor, à son retour de la Terre-Sainte, de même que Lamare, *Tr. de la Police*, tom. 3, liv. 5, tit 26, chap. 1, fol. 37; Kuricke ne s'est pas moins trompé, en accordant la préroga- tive de l'antériorité aux ordonnances de Wisbuy.

Ce dernier auteur, dans sa préface sur le droit hanséatique, pour appuyer son assertion que les Ordonnances de Wisbuy ont plus d'ancienneté que les jugemens d'Oleron, ne craint point d'avancer, contre toute vérité, que ces Jugemens n'en sont, pour ainsi dire, qu'une copie. A l'égard de la date de 1266, que Cleirac, après Selden, donne à l'édition de ces mêmes Jugemens d'Oleron, il l'impugne de faux, et dit que c'est une imagination, personne n'ayant vu cette prétendue édition de 1266; et d'ailleurs, ajoute-t-il, l'imprimerie n'étant pas encore alors en usage. Mais qu'importe que l'imprimerie ne fût pas encore inventée dans ce temps-là? Cela empêche-t-il que ces règlemens n'eussent été mis au jour, qu'ils ne fussent devenus notoires par leur promulgation, et qu'il n'en eût été tiré plusieurs copies manuscrites? ·

Pour l'Ordonnance de Wisbuy, dont le même Selden ne fait pas remonter la date plus haut que l'an 1288, à cause que, suivant Olaus Magnus, la ville de Wisbuy ne fut renfermée de murailles qu'en cette année, Kuricke a raison de réfuter cet argument, comme ne prouvant point que Wisbuy ne fût pas une ville avant ce temps-là, et d'insinuer ensuite que rien n'empêche qu'elle n'eût fait des lois maritimes long-temps auparavant, puisqu'elle existait dès l'an 796. A la vérité, ajoute-t-il, elles ne furent pas dès-lors telles qu'on les voit aujourd'hui;

mais le fond était le même, et elles ont seulement été augmentées, comme celles de la Hanse teutonique et autres.

Tout cela peut être vrai, sans qu'il ait eu lieu de conclure que ces Ordonnances de Wisbuy sont plus anciennes que les jugemens d'Oleron, dont l'époque me paraît antérieure même à celle de 1266, qu'il n'a pas voulu admettre.

Ces jugemens sont attribués par Cleirac (page 2, édition de 1661), comme je l'ai déjà observé, à la reine Aliénor ou Eléonor, au retour de son voyage de la Terre-Sainte, vraisemblablement après que Louis VII l'eut répudiée, ce qui répond à l'année 1152; et, selon lui, elle les intitula *Roole d'Oleron*, du nom *de son île bien-aimée.* Il ajoute que Richard Ier, son fils, surnommé *Cœur-de-Lion*, à son retour aussi de la Terre-Sainte, y fit des augmentations sous le même titre.

Selden, de son côté, dans son traité qui a pour titre, *mare clausum, seu de domanio maris*, lib. 2, cap. 24, fol. 427, prétendu que ces lois d'Oleron furent d'abord recueillies et mises en ordre par l'aïeul d'Edouard Ier; qu'ensuite elles furent corrigées, augmentées et publiées en l'île d'Oleron par Richard Ier, à son retour de la Terre-Sainte.

Il ajoute que quelques exemplaires de ces jugemens supposent qu'ils n'ont été dressés qu'environ
60 ans après Richard, c'est-à-dire que l'an 1266,
sous Henri III, roi d'Angleterre, alors âgé de 50 ans;
mais qu'ils sont constamment d'une date plus ancienne.

Il diffère principalement de Cleirac, en ce qu'il
passe sous silence la reine Eléonor, comme si elle
n'avait eu aucune part à la collection de ces jugemens; et le singulier est qu'il n'en a usé de la sorte
que par une affectation puérile. Anglais passionné
pour la gloire de son pays, il a cru devoir faire honneur de cette compilation à ses maîtres, après leur
avoir ridiculement décerné l'empire des mers. Il en
est venu même jusqu'à se prévaloir de cette fausse
anecdote, que la collection des jugemens d'Oleron
est due aux soins des rois d'Angleterre, pour soutenir son orgueilleux système de leur domination sur
mer.

Mais ce sont là autant de chimères.

1° Où a-t-il pris que ce soit l'aïeul d'Edouard Ier
qui ait commencé cette collection? Comment se
pourrait-il même, puisque ce prince n'avait aucun
droit sur l'île d'Oleron, qui n'a passé au pouvoir des
rois d'Angleterre que par le mariage de la reine Eléo-

nor, duchesse d'Aquitaine, avec Henri, duc de Normandie, depuis roi d'Angleterre sous le nom de Henri II; duquel mariage est issu Richard Ier, qui de son aveu, conformément à ce que dit Cleirac, augmenta cette compilation, et la mit dans l'état où elle est aujourd'hui ?

Si donc elle avait été commencée avant Richard, comme ce n'avait pu être absolument que par l'ordre d'une puissance à laquelle l'île d'Oleron était soumise, il est évident qu'elle ne peut être attribuée qu'à cette reine Eléonor, à l'exclusion des rois d'Angleterre.

2° A supposer que Richard, fils de cette princesse, en fût le véritable et seul auteur; comme ces jugemens n'ont pour objet absolument que la navigation dans la mer de Gascogne, et depuis Bordeaux jusqu'à Rouen, sans aucun rapport à la navigation anglaise, tout ce qu'on pourrait conclure de ce fait hasardé, c'est que Richard les aurait publiés en qualité précisément de duc d'Aquitaine, abstraction faite de celle de roi d'Angleterre.

Au reste, que ces lois d'Oleron, à l'exemple de celle des Rhodiens, aient été reçues avec un tel applaudissement dès qu'elles parurent, qu'elles devinrent une règle générale de décision sur les matières maritimes, comme l'auteur le déclare, il n'en est pas moins absurde de conclure de là que le roi d'Angleterre était reconnu souverain des mers; car enfin la raison a droit de commander aux hommes partout. Ainsi, quand il serait vrai que ces jugemens d'Oleron eussent reçu l'empreinte de l'autorité des rois d'Angleterre, il n'en résulterait rien en faveur de leur prétendue souveraineté des mers, qui ne pût être appliqué tout de même aux auteurs des ordonnances du consulat de Wisbuy et de la Hanse teutonique, dont les autres nations ont également adopté les décisions, à mesure qu'elles leur ont été connues. C'est ce qu'atteste Vinnius, tant dans sa préface sur Peckius, sur la loi première ff. *ad legem Rhodiam.* (fol. 190).

Pour revenir à l'ancienneté des jugemens d'Oleron, que j'ai annoncés ci-dessus remonter beaucoup plus haut que l'année 1266, époque de leur première édition connue, il y en a une preuve à laquelle, ce me semble, on ne peut se refuser : c'est celle qui résulte de l'édit d'Henri III, roi d'Angleterre, duc de Normandie et d'Aquitaine, en date de l'an 1226, rapporté par Cleirac, sur l'art. 29 des mêmes jugemens d'Oleron (pag. 97 de l'édition de 1661, ou pag. 81 de celle de 1671, à Rouen).

Il est question dans cet édit des naufrages, et les dispositions qu'il contient diffèrent essentiellement de celles des jugemens d'Oleron, dans la partie concernant l'usage qu'on devait faire de ce qui restait du naufrage ; faute de réclamation.

Aux termes de l'art. 3o de ces jugemens d'Oleron, en cas de naufrage, et sans distinction, les seigneurs étaient obligés d'aider à mettre les effets en sûreté, et de les garder un an pour les remettre à ceux à qui ils seraient trouvés appartenir.

L'année expirée sans réclamation, ils doivent faire vendre publiquement les effets sauvés, et en employer le prix *à marier pauvres filles, ou en autres œuvres pitoyables, sans en rien retenir, sur peine d'excommunication.* Du reste, nul autre article pour déclarer qu'à défaut de réclamation les biens naufragés seraient dévolus au fisc.

Au lieu que par l'édit dont il s'agit, il est décidé, 1° que si quelqu'un échappe du naufrage et gagne le rivage, tout sera laissé dans le navire à sa disposition, sans que personne ait droit d'y toucher ; 2° que si personne n'échappe, et que néanmoins il se trouve quelque bête vivante dans le navire, ou qui ait gagné la terre, alors il est enjoint aux officiers du roi ou des seigneurs, de mettre sous la main de jus-

tice le navire et tout ce qui en dépend, avec les effets,
et d'en confier la garde à quatre hommes de confiance, durant trois mois, pour en faire la délivrance
aux propriétaires; 3° qu'après les trois mois sans réclamation, les choses sauvées seront acquises au roi
ou à ses successeurs, à titre de droit de naufrage, *nomine ejecti*, ou à qui en aura le droit; 4° enfin, que
si le naufrage est tel qu'il n'échappe ni homme ni
bête, dès-lors tout ce qui proviendra du naufrage
sera dévolu au roi ou aux seigneurs ayant droit de
naufrage.

On voit combien ces dispositions sont opposées à
celles des jugemens d'Oleron ; il n'est pas naturel cependant de penser que ces jugemens aient pu déroger à un édit porté précisément pour servir de loi
perpétuelle sur le fait des naufrages, avec abolition
des coutumes contraires. La conséquence est donc
inévitable, que ces jugemens d'Oleron sont antérieurs de beaucoup, non-seulement à la date de l'édition de 1266, mais encore à celle de cet édit, qui y a
dérogé en cette partie, sous l'énonciation des coutumes contraires qu'il a déclaré abolir.

De là il s'ensuit en même temps que Cleirac a eu
raison d'attribuer à la reine Eléonor la première collection de ces jugemens d'Oleron.

L'élégant et judicieux auteur de l'histoire de la Rochelle, dans sa description chorographique de l'Aunis, pages 83 et 84, n'en fait pas difficulté non plus. L'un et l'autre, pour combattre Selden, se prévalent de ce que ce code nautique est en vieux langage français, accompagné de termes gascons, sans aucun mélange d'idiome normand ou anglais.

J'ajouterai une circonstance non moins propre à prouver que ces lois ont effectivement une origine française : cette circonstance est que de tout temps leurs décisions ont été extrêmement respectées en France; et la preuve en résulte de l'article 19 du très-ancien mémoire inséré dans Fontanon, à la suite du titre de l'Amiral (fol. 1617), où il est dit que la justice sur le fait de la marine *sera administrée selon les droits jugemens constitués et usagés d'Oleron.*

Les Ordonnances de Wisbuy, que l'on trouve dans Cleirac, et dont la date, suivant Selden, ne remonte pas au-delà de l'année 1288, comme il a été ci-dessus observé, viennent immédiatement après les jugemens d'Oleron. Elles ont eu cela de commun avec ces jugemens, qu'elles ont été adoptées par les autres nations dès qu'elles ont paru. Limiers, dans son *Histoire de Suède,* imprimée à Amsterdam en 1721, dit qu'elles étaient autrefois aussi estimées dans la mer Baltique, qu'ailleurs les lois Rhodiennes et les jugemens d'Oleron. Loccenius dans sa préface en parle en ces termes : *Quæ leges eamdem fermè auctoritatem hodiè obtinent, quàm olim leges Rhodiæ.*

Viennent ensuite les ordonnances de la Hanse Teutonique, publiées pour la première fois à Lubeck en 1591, et non en 1597, comme le prétend Cleirac, pag. 195. Elles ont depuis été revues, corrigées et augmentées en 1614, le 23 mai, dans une assemblée des députés des villes hanséatiques tenue à cette fin dans la même ville de Lubeck.

Dans cette dernière compilation, qui a pour titre, *jus hanseaticum maritimum*, la distribution des matières a été faite en un assez grand nombre d'articles, rangés sous 15 chapitres ou titres. Elle est beaucoup mieux digérée que la première; mais le fond est le même à quelques changemens près. On la trouve en latin dans Kuricke avec des notes. Pour ce qui est de la première collection, elle est en français aussi bien que l'ordonnance de Wisbuy, dans le recueil de Cleirac, à la suite des jugemens d'Oleron.

Au sujet de la Hanse Teutonique, Servin (tom. 1 de ses plaidoyers, pag. 510 et 511) dit, après en avoir fait l'éloge, que notre nation a toujours été en confra-

ternité avec cette compagnie, alliance confirmée (1)
par des lettres patentes d'Henri IV, du mois de novembre 1604, qu'il rapporte ensuite.

Tout cela, indépendamment des lois maritimes des
Prussiens, des Danois, des Suédois et autres habitans
des côtes de la mer du Nord et de la Baltique, doit
être consulté, pour avoir une idée nette des principes
et des usages de la navigation relative au commerce
par mer.

Pour ce qui est des contrats maritimes, on peut
mettre au rang des lois anciennes qui en indiquent
aussi les principes, le traité de Cleirac intitulé, *le
Guidon de la mer*, puisque c'est une collection de
tout ce qui se pratiquait à cet égard de son temps,
en y joignant, quant aux assurances en particulier,
les ordonnances qui ont pour titre, les assurances
d'Anvers et d'Amsterdam.

Ce n'est pas tout, il faut encore avoir recours aux
divers auteurs qui ont traité ces matières, et ce n'est
pas la partie la moins rebutante de cette étude, parce
que communément ce qu'il y a de bon dans ces auteurs est noyé dans un fatras d'inutilités ou d'érudi-

(1) Elle avait été confirmée par Charles VIII, en 1482.
Histoire de la Rochelle, tom. 2, pag. 453.

tion fastueuse. Je n'en excepte pas même Cleirac,
le seul auteur français que nous ayons en ce genre,
comme je l'ai déjà dit, quoique pourtant il y ait plus
à profiter avec lui qu'avec les jurisconsultes étrangers, autres toutefois que *Casa Regis*, dont les décisions sont plus conformes à nos mœurs, à nos usages
en général et à la droite raison.

La liste des auteurs étrangers qui ont écrit spéciale-
lement sur la jurisprudence maritime, serait trop
longue ; il suffira d'indiquer ceux qui se sont fait une
certaine réputation, outre ceux compris dans une collection in-fol°, imprimée d'abord à Cologne en 1623,
et ensuite à Amsterdam en 1669 ; à la tête de laquelle
collection sont les décisions de la Rote de Gênes,
suivies d'un grand nombre de traités dont les plus
considérables sont ceux de Stracha, auteur vraiment
estimable.

Une autre collection d'auteurs moins anciens, est
celle qui comprend les œuvres de Stypmanus, de
Loccenius et de Kuricke, réimprimée in-4° à Mag-
debourg, en 1740, sous le titre de *scriptorum de jure
nautico et maritimo fasciculus, etc.* Je dis réimprimée,
parce que les traités de ces auteurs avaient déjà été
imprimés séparément ; savoir : celui de Stypmanus
en 1661, in-4°, à Stralsunde, dont un exemplaire est

à la bibliothèque du roi (sous la lettre E, n° 241);
celui de Loccenius, auteur suédois, petit format in-12,
à Stockolm, en 1652, et celui de Reinoldus Kuricke,
ad jus maritimum hanseaticum, cum notis, et dia-
tribâ de assecurationibus, item variæ questiones, etc.
in-4°, à Hambourg, 1667.

Ces deux éditions, non plus que la collection de
1740, ne se trouvent point dans la bibliothèque du roi.

Stypmanus et Kuricke ont été réimprimés sans
aucun changement. Il n'en a pas été de même de
Loccenius. Dans la collection de 1740, il y a été
fait quelques additions peu considérables, et plusieurs transpositions de nombre, sans qu'on en voie
la raison. On y a retranché sans nécessité tout de
même, surtout le premier chapitre du troisième
livre; ce qui a interverti l'ordre numérique de tous
les chapitres du même livre, le second étant le premier; ainsi du reste jusqu'à la fin.

Dans mes citations de Loccenius, j'ai cru devoir
préférer l'édition de 1652, comme étant plus complète que la dernière. La différence ne se fera guère
remarquer néanmoins que par rapport au troisième
livre, et il ne faudra l'attribuer qu'à la suppression
qui a été faite dans la collection du premier chapitre
de ce livre 3.

A ces trois auteurs on peut associer Arnoldus Vinnius, qui a donné des notes sur Pierre Peckius en 1647, comme l'indique sa préface, notes réimprimées à Amsterdam en 1668, in-12.

Tous quatre ont été contemporains ; cependant Kuricke a écrit le dernier, puisqu'il cite les autres, et qu'aucun ne le cite.

A ne faire attention qu'au titre de l'édition du petit traité des avaries de Quintin Weytsen, conseiller de la cour de Hollande, imprimé à Amsterdam en 1703, chez Jacques Desbordes, on croirait que ce traité est postérieur à tous ceux qui viennent d'être indiqués ; mais ce n'est qu'une réimpression. Il résulte en effet de l'épître de l'éditeur datée à la Haye, du 17 novembre 1651, qu'il avait déjà paru en hollandais long-temps auparavant. Aussi dans le corps de l'ouvrage ne trouve-t-on point de date d'arrêt ou jugement postérieur à l'année 1551. Cela n'empêche pas néanmoins que ce petit traité en français n'ait son mérite ; et c'est pour cela aussi que *Casa Regis*, qui l'a traduit en latin, l'a mis à la tête du troisième volume de ses œuvres avec les notes de Vanléewen et de Mathieu de Vicq.

Cet auteur, *Casa Regis*, est sans contredit le meilleur de tous. C'est aussi celui qui a écrit le dernier

sur cette matière. Ses ouvrages, imprimés en partie
pour la première fois sous ses yeux, ont été réimprimés peu de temps après sa mort, avec des augmentations, en 1740, en trois volumes in-folio.

Je ne parle point de Targa et de quelques autres
qui n'ont composé qu'en italien, quoique très-esti-
mables. Je ne parle point non plus de Julius Ferretus,
de Ravenne, dont nous avons en latin un ouvrage
imprimé à Venise en 1579, in-4°, sous le titre *de jure
et re navali*, etc., parce que ce traité ne vaut guère
la peine d'être lu. L'auteur mourut en 1547, et ce
fut son fils, qui, le donnant au public en 1579, ne
craignit point de le dédier à Charles-Quint.

Il est encore quelques autres auteurs qui ne méritent pas plus une notice particulière, quoiqu'on y
trouve quelques décisions fort bonnes.

Mais ce qu'il importe tout autrement, essentiellement de connaître, ce sont les ordonnances, édits,
déclarations, arrêts du conseil et règlemens intervenus depuis la présente Ordonnance, et qui y ont ap-
porté de si grands changemens sur une infinité d'objets,
afin de savoir à quoi il faut actuellement s'en tenir.
C'est aussi à quoi j'ai donné une attention singulière.

Et comme les règlemens antérieurs servent presque toujours à mieux faire entendre les postérieurs,

et que d'ailleurs il est des lecteurs jaloux de vérifier les preuves, j'ai été vivement sollicité de joindre à cet ouvrage une compilation de toutes nos lois maritimes, tant anciennes que modernes, pour servir de code nautique.

La difficulté de compléter une collection d'une aussi grande étendue, et d'en faire la distribution suivant l'ordre des matières, pour éviter la confusion, n'est pas précisément ce qui m'a empêché de me rendre à cette invitation : c'est la crainte bien fondée d'exciter les plaintes du public, à la vue de cette même collection, dont le moindre défaut aurait été son inutilité à bien des égards.

Il aurait fallu en effet, pour ne pas la tronquer, y faire entrer un très-grand nombre d'édits de créations de charges et offices, qui n'ont dû leur naissance qu'aux besoins pressans de l'État en diverses occasions, et qui heureusement ne subsistent plus; un plus grand nombre encore d'ordonnances que les circonstances ont occasionées, et qui ont cessé avec ces mêmes circonstances, ou subitement, ou par degrés, après différentes modifications; enfin une multitude prodigieuse de règlemens passagers, souvent contradictoires entre eux, ou tellement changés dans la suite, qu'il a fallu depuis rassembler dans des règlemens généraux sur divers objets, celles de leurs dispositions que l'on a jugé devoir renouveler.

Tout cela réuni et recueilli avec soin, en multipliant considérablement les volumes, aurait fait nécessairement une compilation désagréable, aussi suspecte d'intérêt qu'inutile au fond. C'eût été d'ailleurs anticiper sur la belle et magnifique collection générale des ordonnances, commencée par feu MM. de Laurière et Secousse, et qui est continuée avec tant de succès.

Cependant j'ai cru devoir me prêter à la délicatesse scrupuleuse de ceux des lecteurs qui, toujours en garde contre la bonne foi ou l'exactitude des auteurs, refusent de les en croire sur leur parole en fait de preuves. J'ai donc pris le parti de les satisfaire en leur fournissant les miennes; mais avec choix et réserve, me contentant de donner, dans les endroits convenables, des copies des pièces essentielles, c'est-à-dire, des ordonnances et règlemens qui font loi aujourd'hui; et pour tout le reste, d'indiquer dans une notice sommaire et analytique, les règlemens antérieurs ou intermédiaires, avec les divers changemens qu'ils ont éprouvés, en remontant à la source, autant qu'il a été possible.

Tout autre plan aurait été, ce semble, sujet à critique. Par exemple, sur le fait des invalides de la marine, à quoi bon transcrire tout ce qui les concerne ? N'est-ce pas assez de présenter l'édit du mois de juillet 1720, qui les renferme tous, après avoir fait un récit historique abrégé des anciens règlemens, et d'y joindre les ordonnances postérieures ? Pourquoi tout de même ne pas s'en tenir, par rapport aux gardes-côtes, au règlement général de 1716, et à ce qui l'a suivi ?

A l'égard des prises, des matelots et autres gens de mer, des congés, de la navigation et du commerce aux îles, des devoirs des capitaines, etc., quel chaos ne serait-ce point, si l'on rapportait tout au long tous les règlemens qui concernent ces matières, tandis qu'il y en a un si grand nombre hors d'usage ? Il convenait donc de se borner à ceux qui subsistent actuellement, après avoir marqué épisodiquement les divers changemens que les autres ont essuyés, et pour l'ordinaire les raisons de ces mêmes changemens.

Au reste, on reconnaîtra aisément qu'en cela je n'ai pas cherché à m'épargner du travail. Il est tout autrement facile de transcrire des pièces que d'en faire l'analyse. Peut-être même que quelques-uns trouveront que j'aurai trop rapporté de ces pièces.

Serait-il nécessaire d'avertir que cet ouvrage est

borné absolument à l'Ordonnance de la marine du mois d'août 1681, sans influence sur l'Ordonnance militaire concernant aussi la marine, en date du 15 avril 1689. Il est vrai que cette dernière ordonnance est citée en plusieurs endroits de ce commentaire; mais ce n'est pas en vue de l'interpréter, c'est seulement pour indiquer, tantôt les dispositions qu'elle contient, conformes à celles-ci, tantôt les changemens qu'elle y a faits, concernant principalement la police de la navigation relative au commerce, et la juridiction de l'Amirauté. Tout le reste ayant été consacré à perfectionner l'établissement du bel ordre qu'on admire dans la marine royale, est étranger à notre Ordonnance, où il n'est question que d'instruire les navigateurs, les commerçans et tous ceux que regarde la police de la mer, de leurs obligations réciproques ou respectives, et des règles à suivre pour la décision des différends qui peuvent s'élever entre eux, à l'occasion du commerce maritime, si fécond en événemens propres à faire naître des contestations ou des doutes.

Reste de savoir si j'aurai été assez heureux pour remplir une partie de mon objet; car c'est tout ce que j'ai pu raisonnablement espérer, ayant à traiter une matière tout à la fois si vaste, si épineuse, et si peu connue de nos auteurs jurisconsultes. Privé du secours des guides, on court risque de broncher à chaque pas, en cherchant au milieu des ténèbres à se frayer des routes dans des lieux escarpés, bordés de précipices. S'il m'eût été possible de me procurer des autres grandes villes de commerce maritimes, les mêmes éclaircissemens que j'ai eu l'avantage de trouver ici et à Marseille, je produirais mon ouvrage avec un peu plus de confiance.

Pour y suppléer en quelque sorte, j'ai souhaité un temps d'avoir à ma disposition cette multitude de parères consignés dans les archives des différentes chambres de commerce du royaume. Mais à la difficulté d'y réussir, qui m'a arrêté d'abord, s'est jointe une considération plus puissante encore pour me retenir : je veux dire l'inutilité d'un pareil supplément, par rapport aux points de droit, dont il n'appartient pas aux négocians de donner la solution.

Des parères en effet ne pourraient être utiles pour l'interprétation de l'Ordonnance, qu'autant qu'ils attesteraient des usages généralement suivis ; et ces sortes d'usages, assez rares, peuvent être connus sans ce secours.

Que dirai-je de plus ? Loin de solliciter l'indulgence des lecteurs éclairés, auxquels seuls je m'adresse

ici, je souhaite sincèrement que mes fautes et mes
erreurs excitent assez leur zèle, pour se charger du
soin de les faire remarquer par des critiques judi-
cieuses et raisonnées. Je pardonne même d'avance à
ceux qui pourraient y mettre de l'humeur. Comme
je n'ai eu que le bien public en vue, lui refuser le
sacrifice de mon amour-propre, ce serait regretter
celui que je lui ai fait, depuis plus de 40 ans, de mes
travaux et de mes veilles.

AVIS.

Je me suis décidé, quoiqu'à regret, de faire disparaître dans cette édition la préface de Valin, et voici mes raisons : Dans cette préface, d'ailleurs assez courte, quelques pages étaient consacrées d'abord à critiquer un commentateur fort obscur que personne n'aurait connu sans Valin, et dont malheureusement il s'est trop occupé dans la préface et dans son commentaire : vient ensuite le détail des circonstances particulières où il se trouvait quand il a composé son livre, les difficultés dont il était environné, les ressources qu'il a pu trouver, et un appel à l'indulgence du public : le mérite éminent de l'ouvrage rend tout cela parfaitement inutile. Quelques pages sont aussi consacrées à pénétrer le mystère qui environne le nom du grand homme qui a rédigé l'ordonnance, les efforts qui ont été tentés inutilement par Valin, par Emérigon et par M. Pardessus, honorent ces grands jurisconsultes, mais font voir que le problème est insoluble; pourquoi rappeler les données quand on ne peut dégager l'inconnu. Enfin la préface de Valin renferme des notions historiques, malheureusement trop courtes, que j'ai conservé avec un soin religieux; la belle et riche collection des lois maritimes de mon savant professeur et maître, M. Pardessus, m'a rendue très-facile la tâche d'ajouter quelques développemens à l'histoire du droit maritime.

PRÉFACE.

LA France doit au siècle de Louis XIV, sa législation maritime : avant que la grande ordonnance de 1681 eut paru, il n'existait dans notre jurisprudence nautique que des règles éparses, tirées des usages des peuples navigateurs, différentes souvent sur l'Océan ou la Méditerrannée, et combinées par les tribunaux le mieux possible avec les maximes du droit Romain et coutumier qui nous régissaient. C'est dans ce chaos ténébreux qu'il fallait porter la lumière : Colbert, quand il s'occupa si activement de créer la marine française, comprit bientôt tous les inconvéniens de cette anarchie qu'amène l'incertitude de règles, amoncelées pêle-mêle dans des recueils énormes, manuscrits ou imprimés, dont le volume, le langage et le désordre ferment à jamais l'accès aux justiciables.

La difficulté ne consistait pas à signaler les inconvéniens d'un pareil état de choses, on les voit sans peine ; ils s'étaient aussi présentés chez les Romains, quand dans un style pittoresque ils avaient déclaré que plusieurs

chameaux étaient nécessaires pour porter la collection
de leur jurisprudence : et l'on sait que l'idée de coordonner notre législation , et l'ensemble de nos coutumes
s'était présentée à nos plus grands jurisconsultes , et
même à Charles VI , qui voulait en faire un très beau
livre. Ce serait certes un très beau livre , s'il était possible , celui qui présenterait toute la législation d'une
nation comme la nôtre ; mais une pareille idée est une
utopie trop chimérique : c'est déjà un résultat immense
et qu'on ne saurait trop admirer , que de réunir et de
coordonner les règles qui gouvernent une des grandes
branches de l'administration d'un si vaste empire.

Louis XIV l'entreprit pour la marine, et y réussit
du premier jet, avec un bonheur inouï dans les annales
du monde : quand l'ordonnance parut , dit Valin, un cri
d'admiration s'éleva dans l'Europe entière, et l'on vit
toutes les nations civilisées, même les plus jalouses de
notre gloire, adopter à l'envi, comme raison écrite, ce
monument éternel de sagesse et de génie.

L'unanimité des jurisconsultes à reconnaître dans
l'ordonnance de la marine, le chef-d'œuvre législatif du
grand siècle, est trop bien constatée pour ne pas rendre
tout éloge absolument superflu : je me bornerai donc à
signaler cette circonstance si honorable pour l'homme
de génie qui la rédigea, c'est qu'il n'est peut être arrivé

chez aucun peuple de passer aussi soudainement des ténèbres à la lumière, de l'anarchie à une législation sans défaut ; personne n'ignore combien de temps et de labeur il fallut aux Romains pour passer successivement des lois royales aux lois des douze tables, au droit prétorien, aux décrets et constitutions impériales, à la doctrine des jurisconsultes et enfin au corps de droit que nous possédons : mais ici point de transitions : le droit maritime sort parfait du néant pour régir la France comme l'Angleterre, l'Espagne comme l'Amérique, le royaume de Louis XIV comme l'empire de Napoléon ; et un siècle et demi d'expérience n'a servi qu'à mieux faire sentir la haute sagesse des règles qui nous gouvernent et qui régiront sans doute nos enfants, *et nati natorum et qui nascentur ab illis*, etc.

Le mérite du génie supérieur qui a doté la France de l'ordonnance de 1681, éclate encore bien mieux quand on connaît dans quelles sources il fallut puiser pour accomplir sa grande œuvre. Examinons donc rapidement comme l'ont fait Valin et Emérigon les matériaux informes que fournirent les siècles accumulés depuis les Grecs et les Romains, pour parvenir à la rédaction du Code immortel qui nous régit aujourd'hui.

LOIS RHODIENNES.

Major ex longinquo reverentia : voilà ce qui explique la célébrité des lois Rhodiennes. Cicéron dans son discours pour la loi Manilia, § 18, s'est ainsi exprimé sur l'île de Rhodes : « *Rhodiorum usque ad nostram memoriam disciplina navalis et gloria remansit* : un suffrage aussi éminent que celui de l'orateur romain ne peut laisser aucun doute sur le mérite des institutions nautiques, et sur l'antique gloire des Rhodiens ; mais à la manière dont il s'exprime on voit bien que c'était un hommage à des splendeurs passées, le culte des souvenirs historiques, et ce qui lui paraît étonnant, c'est que la tradition de cette célébrité fut parvenue jusqu'à ses contemporains.

L'époque à laquelle les Rhodiens parvinrent à l'apogée de leur grandeur maritime est fixée par les historiens, à dix siècles avant l'ère chrétienne, ce serait donc avec le prestige de près de trois mille ans d'antiquité que se présenterait cette compilation appelée *lois Rhodiennes*, qui a tant occupé les jurisconsultes de toutes les nations. On ne peut nier que le temps ne contribue beaucoup à rendre les lois vénérables, plus les lois sont anciennes, a dit un philosophe, plus elles sont saintes : mais il est évident que cette circonstance de la durée n'est qu'un accessoire, et que c'est principalement dans la sagesse de ses dispositions que la loi fonde ses titres au respect et à l'admiration des hommes.

Les lois prétendues Rhodiennes existent : M. Pardessus dans sa belle collection, en a donné une édition qui, par son élégance inviterait l'homme le moins curieux à en prendre lecture. Ces lois occupent trente pages, mais comme elles sont en grec et en latin et qu'il y a beaucoup de notes, c'est environ dix pages qu'il faut parcourir.

Le premier titre se compose de dix-neuf paragraphes ou lois qui règlent des détails dont la mesquinerie fait pitié : dans les neuf premiers, on règle le salaire de l'équipage, sans oublier le cuisinier qui n'a on ne sait trop pourquoi, qu'une demi part; dans les articles 10, 11, etc., on défend aux passagers de fendre du bois et de faire *frire du poisson* (ne voilà t-il pas une belle législation); s'il suffisait des siècles accumulés pour mériter à de pareils règlements le respect des hommes, les arrêtés de police concernant les plus petits détails, pourraient dans mille ans d'ici passer pour des chefs-d'œuvre : enfin, arrive le fameux article 15, dans lequel il est question du serment sur l'Evangile, et cela dans une loi que l'on a prétendu être de mille ans antérieure

à l'ère chrétienne ; il est vrai que le chapitre suivant,
composé de cinquante paragraphes, traite d'objets
plus importants, bien que les rixes des matelots, les
coups de poing, les coups de bâton, la torture, y
tiennent une trop grande place ; mais l'on sait que
toutes les dispositions que renferme la compilation
sur cette partie ont été empruntées au droit Romain,
Digeste ou Basiliques, et qu'il est fort douteux que
les Romains eussent pris toutes ces règles dans les
lois Rhodiennes, puisqu'il n'existe dans les Pandectes
qu'un seul titre, à la vérité très-remarquable, où
ayant copié dans la loi Rhodienne, ils l'ont loya-
lement déclaré par l'intitulé du titre : *Lex Rhodia
de jactu* : la sagesse éminente qui brille dans ce
fragment me paraît le seul titre de gloire authentique qui nous reste de cet ancien peuple navigateur,
ainsi que le rescrit célèbre d'Antonin si souvent répété:
Ego quidem mundi Dominus, lex autem maris. Lege
id Rhodia quæ de rebus nauticis scripta est, ju-
dicetur, quatenus nulla nostrarum legum adver-
satur : hoc idem divus quoque Augustus judicavit.
ff. de Leg. Rhod. de jactu.

LOIS ATHÉNIENNES SUR LE DROIT MARITIME.

Le droit maritime des Athéniens est heureusement beaucoup mieux attesté que l'existence des lois Rhodiennes, et quoiqu'on doive encore déplorer relativement à ce peuple célèbre, la perte des textes législatifs, les nombreux plaidoyers de Démosthène qui s'y réfèrent sans cesse, qui les commentent, qui les expliquent, nous permettent d'avoir des idées très-exactes sur les principes en usage chez ce peuple si renommé.

Je crois étranger au sujet qui m'occupe de donner un apperçu des lois Athéniennes relatives au commerce en général : elles sont simples, fondées sur le bon sens et l'équité : on y remarque sur la police des marchés, sur la fidélité des engagemens, la bonne foi dans les ventes et transactions commerciales, des notions que la nature même des choses suggère nécessairement à tout peuple civilisé.

Relativement au droit nautique, ce que nous pouvons en savoir d'une manière à peu près complète d'après les discours de Démosthène, se réduit au contrat à la grosse ; et le grand nombre de plaidoyers de cet orateur sur cette matière prouve qu'il était du plus fréquent usage : en effet l'ignorance des Athéniens relativement aux assurances devait donner au contrat de grosse le rang qu'elles occupent chez les peuples modernes : car le contrat de grosse peut, quoique d'une manière très-incomplète, suppléer jusqu'à un certain point au contrat d'assurance.

Les personnes qui désireraient parcourir les nombreux passages des orateurs grecs, qui nous enseignent leurs principes sur cette matière, les verront indiquées avec une admirable précision dans la collection des Lois maritimes. Je me borne à dire que presque tous les discours de Démosthène, en matière d'intérêts privés parlent de ce contrat : les érudits n'ont pas manqué de signaler surtout le texte d'un acte de prêt à la grosse qui résume fort bien tous les principes de la matière, et que l'on trouve dans le discours de Démosthène contre Lacritus.

La parfaite analogie qui existe entre le droit Athénien, le droit Romain et le droit Français sur le prêt à la grosse, dispense d'entrer dans des détails ultérieurs : quand trois choses se ressemblent aussi exactement, il est suffisant d'en montrer une ; la préférence que je donne à la loi qui nous régit est justifiée par les développemens qu'elle renferme et qui ont été la suite du perfectionnement de la navigation et du commerce, à un degré dont les Athéniens privés de la boussole, ne pouvaient avoir aucune idée.

LOIS ROMAINES SUR LE DROIT MARITIME.

Les lumières données par l'érudition sont ordinairement accompagnées de nuages, et comment s'étonner que les lois Rhodiennes soient encore un problème fort obscur malgré tant de travaux, lorsque tous les efforts de Valin et d'Emérigon n'ont pu faire découvrir le nom du rédacteur de l'ordonnance de 1681.

Voici enfin l'histoire du droit maritime parvenue à des textes de loi authentiques : le corps du droit Romain de Justinien renferme un grand nombre de lois sur cette matière importante.

Valin a signalé dans sa préface les titres du Digeste qui sont principalement consacrés aux matières nautiques ; ce sont les titres : *Nautæ caupones, stabularii, ut recepta restituant. ff. Lib. 4, T. 9. Ad legem Rhodiam de Jactu. ff. Lib. 14, T. 2. De Exercitoria actione. ff. Lib. 14. T. 1. De Nautico fœnore. ff. Lib. 22. T. 2. Pro derelicto. ff. Lib. 41. T. 7. De Naufragiis Cod. L. 11. T. 7. De Naviculariis Cod. L. 11. T. 1. De Navibus non excusandis Cod. L. 11. T. 3. De Nautis Tiberinis Cod. L. 11. T. 26.* et quelques autres, dit Valin en terminant son énumération ; tout cela indépendamment des principes généraux du droit Romain qui peuvent avoir leur application à divers cas maritimes.

Le savant jurisconsulte à qui nous devons la collection des lois maritimes, a recherché à l'exemple de Peckius et de Vinnius, tous les fragmens dés lois Romaines relatives à leur commerce nautique, et profitant des travaux déjà accomplis pour les surpasser, il a réuni dans un seul ensemble tous les fragmens épars dans le droit Romain relatifs à ce sujet important.

La lecture de ce beau travail, enrichi de notes très-précieuses, rend facile un apperçu rapide de la législation maritime des Romains. On voit d'abord que les seuls titres spécialement consacrés au droit nautique et où les jurisconsultes ont voulu le traiter *ex professo* ainsi que l'indiquent et l'intitulé et l'étendue des fragments sont : 1° le titre *Nautæ caupones, etc.*, qui renferme 7 fragmens, dont 3 d'Ulpien, 2 de Gaïus et 3 de Paul. — 2° le titre *De Exercitoria actione,* qui renferme 7 fragmens, 2 d'Ulpien, 3 de Paul, 1 de Gaïus et 1 d'Africain. — 3° le titre célèbre *De Lege Rhodia de Jactu,* qui renferme 10 fragmens, 3 de Paul, 1 de Papinien, 1 de Callistrate, 1 d'Hermogenien, 2 de Julien, 1 de Volusius Mœcianus, 1 de Labeon. — 4° le titre *De Nautico fœnore,* qui contient 9 fragmens, 3 de Modestin, 1 de Papinien, 1 de Pom-

ponius, 1 de Scœvola, 1 de Paul, 1 d'Ulpien, 1 d e
Labeon. — 5º le titre *De Incendio, ruina, naufra-
gio, rate, nave expugnata*, qui renferme 12 fragmens,
4 d'Ulpien, 3 de Gaïus, 1 de Paul, 2 de Callistrate,
1 de Neratius et 1 de Marcianus.

Le Digeste renferme donc cinq titres contenant
45 fragmens qui traitent spécialement du droit maritime, car les décisions isolées qui se trouvent éparses
dans les cinquante livres, ne peuvent malgré leur sagesse, nous donner une idée de l'ensemble des règles
qui gouvernaient leur commerce de mer. Les Romains, malgré leur haute sagesse, avaient fait peu de
progrès dans le droit maritime : satisfaits des principes
qu'ils trouvaient dans les lois Rhodiennes, ils les
avaient adoptées; ils y puisèrent probablement, ou
chez les Athéniens, leurs maximes sur le contrat à la
grosse, car rien n'indique la plus légère idée du
contrat d'assurance et en dernière analyse, l'action
exercitoire avec tous ses développemens est la seule
pensée grande et féconde qui leur appartienne dans
cette partie de la jurisprudence, puisqu'ils ont eux—
même attribué aux Rhodiens la belle conception du
jet et de la contribution dont ils ont enrichi le droit
Romain.

Je crois inutile de m'arrêter sur les titres 1, 2, 3,

4, 5, 6 des Basiliques, car l'empereur Basile, son fils,
Léon le philosophe et enfin Constantin Porphyrogenète
son frère, n'ont fait que répéter les principes consacrés
dans les Pandectes et le Code de Justinien. Tant qu'au
8e titre des Basiliques intitulé : *Capita excerpta ju-*
ris navalis Rhodiorum, qui renferme 47 articles, on
a déjà dit que ces articles répétés dans la compilation
appelée Lois Rhodiennes, en forment incontestablement la plus grande et la meilleure partie : leur véritable origine est un problème d'érudition qui divise
encore les jurisconsultes.

Peckius, professeur de droit à Louvain, eut le
premier l'idée de réunir dans un seul corps tous
les fragmens du droit Romain, *ad rem nauticam*
pertinentia : c'est le seul moyen pour introduire dans
la pratique l'usage de ce qu'il y a d'utile. Vinnius,
interprète si habile du droit Romain, enrichit l'ouvrage de Peckius de notes précieuses et savantes.
M. Pardessus a profité de tous ces travaux pour les
surpasser dans sa belle collection.

DES JUGEMENS OU ROLES D'OLÉRON.

Le recueil de règles nautiques connu sous le nom de *Jugemens ou Rôles d'Oléron* est principalement célèbre par la discussion qui s'est élevée à cet égard entre la France et l'Angleterre. Eléonore ou Aliénor, duchesse d'Aquitaine et comtesse de Poitou joue un grand rôle dans l'histoire par son rang, sa beauté, les deux couronnes qu'elle porta, son voyage en Palestine et le divorce fatal qui fit perdre à la France ses deux plus belles provinces : tout le monde sait qu'épouse de Louis-le-Jeune, elle le suivit en Terre-Sainte, où les charmes extraordinaires de sa personne, firent à ce qu'il paraît des conquêtes qui n'étaient nullement le but de l'expédition. Louis VII, à son retour en France, voulut punir sa compagne par un divorce ; et et malgré les représentations de son conseil et notamment du célèbre Suger, qui trouvait un pareil procédé aussi impolitique qu'intempestif, après quinze ans de mariage il fut déclaré nul sous prétexte de parenté par le concile de Beaugency le 18 mars 1352.

Le 18 mai suivant, Eléonore épousa Henri, duc de Normandie et comte d'Anjou, qui devint roi d'Angleterre sous le nom de Henri III ; de ce mariage naquit

Richard-Cœur-de-Lion, dont le nom fut si longtemps
la terreur de l'Orient.

Cette circonstance si remarquable, d'une princesse
assise successivement sur le trône de France et d'Angleterre est la cause du grand débat qui partage encore les érudits. La date précise à laquelle les jugemens d'Oléron furent rédigés est incertaine, et l'on
voit qu'en admettant, ce qui est l'opinion assez générale, qu'ils émanent de la reine Éléonore, la question
est de savoir si elle était duchesse de Guienne, reine
de France ou d'Angleterre lorsqu'ils furent promulgués.

Les savans français et anglais ont mis dans leur
controverse une aigreur assez fréquenté chez les érudits d'autrefois, et il est visible qu'ils ont saisi avec
empressement l'occasion d'éclairer ces ténébreuses
controverses d'un reflet de patriotisme. On ne peut
pousser plus loin que M. Pardessus les recherches savantes pour éclaircir ce point historique du droit maritime, et la conviction qui résulte de leur étude me
faisant regarder le problème comme absolument insoluble, j'imite M. Marshall, qui dans son beau travail sur
les assurances, sans revendiquer ou abdiquer pour sa
patrie les jugemens d'Oléron, se borne à dire que l'on
ne sait rien de positif sur l'époque de leur promulga-

tion : au reste, la dissertation si étonnamment élaborée de M. Pardessus se termine par la même conclusion : il ébranle même fortement, pour ne rien dire de plus, cette croyance traditionnelle qui a toujours attribué à Eléonore la compilation des jugemens d'Oléron, ainsi nommée, disent les anciens auteurs, *de son île bien aimée d'Oléron*. Il est certain, quand on a vu la localité, qu'il est difficile de penser qu'une duchesse d'Aquitaine aussi élégante qu'Eléonore en ait pu faire un séjour de délices ; et la manière dont elle employa son temps en Palestine peut bien faire présumer, comme l'observe M. Pardessus avec sévérité, qu'elle ne s'occupa guère de soins législatifs en France ni ailleurs : nous voilà donc moins avancés que jamais sur ce point d'érudition : je passe à la compilation en elle-même, et j'ôse dire que sa valeur intrinsèque ne méritait peut-être pas qu'on en cherchât l'auteur avec tant d'érudition et de labeur.

Le recueil connu sous le nom de *Jugemens* ou *Rôles d'Oléron* se compose dans la collection des lois maritimes de 56 articles : dans ce nombre il en est 21 dont le style suffit pour démontrer qu'ils sont d'une époque postérieure à celle des trente premiers ; aussi le savant annotateur nous apprend t-il qu'ils ne se trouvent dans aucun ancien manuscrit, mais seulement

dans les éditions données par Garcie et Cleirac. Ce sont
donc trente-cinq articles fort courts qui composent les
Jugemens d'Oléron, compilation que se sont disputé la
France, l'Angleterre et même l'Allemagne, car Leibnitz
a eu la singulière idée de l'attribuer à un prince de
Bavière.

Je ne ferai pas à ces jugemens le reproche d'être
écrits en style barbare, inintelligible sans une version
juxtaposée, c'est la faute des temps, j'en conviens :
mais du moins ce n'est pas un titre à l'intérêt quand
le fonds n'est guère meilleur que la forme. Le premier article consacre une règle qui a quelque célébrité,
et que l'on a répétée dans l'ordonnance de la marine et
dans le code de Commerce ; on défend au maître de
vendre la nef sans procuration ; mais à qui le bon sens le
plus simple ne fait-il pas découvrir que lorsqu'on confie
un navire à un capitaine pour un voyage, ce n'est
point pour en faire la vente : on trouve dans les articles 3 et 4 quelques règles sur le sauvement des marchandises en cas de naufrage et sur la continuation du
voyage en cas d'avaries : les articles 5, 6, 7, 10, 11,
12, 13, 14, 16, 17, 32, 34, 36, présentent l'ébauche
de quelques règles disciplinaires pour la police du navire ; enfin une douzaine d'articles renferment quelques règles de droit relativement aux congés des ma-

telots, au payement de leurs loyers, à l'abordage des navires; on y remarque la faculté accordée aux chargeurs
de remplacer les marchandises par des tonneaux d'eau
et de les payer comme si c'était du vin en cas de jet ;
singulière manière de les intéresser au salut du navire,
puisque en cas d'arrivée sans accident , ils n'avaient
pour propriété que des tonneaux d'eau. Il est juste de
reconnaître que l'on trouve dans l'article 23, l'idée
d'autoriser le capitaine à vendre les marchandises pour
les nécessités urgentes du navire, mais ce n'est qu'a-
près avoir *envoyé dans son pays* pour y chercher
l'argent nécessaire : méthode qui indique le peu d'é-
tendue de la navigation à l'époque où les jugemens
furent rédigés, et d'où l'on peut conclure comme on
l'a fait , que l'idée du contrat à la grosse si en usage
chez les Grecs et les Romains, n'était pas même venue
à la connaissance du compilateur ; circonstance d'autant plus étonnante, que les croisades devaient faire connaître aux personnes instruites de l'époque, les usages
maritimes des Grecs et de la Méditerrannée , les lois
Rhodiennes , les Basiliques et les nombreux documens
que l'on possédait alors sur ce contrat si important.

ORDONNANCE DE WISBUY.

Valin, dans sa préface, a consacré deux lignes à
l'ordonnance de Wisbuy, pour nous apprendre qu'elle
se trouve dans le recueil de Cleirac, à la suite des
Jugemens d'Oléron : la célébrité de cette loi me détermine à en dire quelques mots dans l'ordre suivi par
Cleirac. On ne peut lire sans admiration les profondes
recherches auxquelles s'est livré M. Pardessus, pour
éclaircir les ténèbres qui environnent le berceau de
notre jurisprudence nautique : il faut réellement que
leur densité soit bien profonde, pour qu'un œil aussi
perçant n'ait pu parvenir qu'à des doutes après tant
de travaux. On a déjà dit qu'il existait l'incertitude la
plus absolue sur l'époque à laquelle les jugements
d'Oléron furent promulgués : or, malheureusement on
se trouve dans le même cas relativement à l'ordonnance
de Wisbuy ; il est facile de comprendre qu'il n'en fallait
pas davantage pour que la question de priorité occa-
sionnât une querelle d'érudition entre la France et
l'Allemagne. La controverse ne roule pas précisément
sur un point de chronologie : comme la lecture de ces
deux compilations fait voir un très grand nombre d'articles parfaitement identiques, il est clair qu'une compilation a été faite aux dépens de l'autre : reste à savoir

qui a commis le plagiat. Les raisons d'érudition ne manquent pas dans une controverse engagée avec une nation aussi savante que la nation allemande : les lecteurs qui ont du goût pour ces discussions si épineuses verront dans la collection des lois maritimes, les noms des savants français et étrangers qui ont pris part à ce grand débat ; il suffit de mentionner Grotius et surtout Leibnitz, pour faire voir que les savans du premier ordre n'ont pas dédaigné de traiter cette question d'érudition : on remarquera sans doute avec quel respect et quelle urbanité M. Pardessus s'efforce d'écarter du débat la grande autorité de Leibnitz, dont le poids est immense en Allemagne, et ne le serait pas moins en France, si on ne pouvait présumer qu'au milieu des préoccupations sublimes de son intelligence encyclopédique, il n'a jeté qu'un coup-d'œil rapide sur ce point ténébreux et a été bien aise d'attribuer à son pays cette compilation.

Selden, jurisconsulte anglais d'un grand mérite, qui revendique pour l'Angleterre les Jugemens d'Oléron, ne fait point remonter la date de l'ordonnance de Wisbuy plus haut que l'année 1288, et comme la plus ancienne édition connue des Jugemens d'Oléron date de 1266, l'antériorité de cette dernière compilation en est la conséquence nécessaire : c'est aussi l'opinion de

Malyne, auteur anglais cité par M. Marshall, qui paraît l'adopter pour un bien de paix, par déférence pour Cleirac, pour lequel il professe un grand respect, et qui traite avec un grand mépris les partisans de l'antériorité de la compilation germanique.

Cleirac nous apprend que la magnifique ville de Wisbuy, située dans l'île de Jutland en Suède, fut anciennement la foire et le marché le plus renommé de l'Europe : la compilation débute emphatiquement par ces mots : Ici commence le *suprême* droit maritime , et puis vient une série d'articles au nombre de 66, dont une grande partie est exactement conforme aux Jugemens d'Oléron , et ce qu'il y a de plus, quoiqu'on y trouve des dispositions sages et dont on a profité dans l'ordonnance de la marine, ne me paraît pas mériter tous les efforts qui ont été tentés pour en fixer la date : on n'y trouve aucun germe de ces deux grands contrats qui donnent la vie au commerce maritime , les assurances et le contrat à la grosse. J'ai vainement cherché dans l'article 45, indiqué par Emérigon , la mention du contrat à la grosse ; il serait singulier qu'un homme aussi habile se fut trompé sur ce point : l'ordonnance de Wisbuy comme les Jugemens d'Oléron, veulent si le capitaine manque d'argent, *qu'il aille en chercher dans son pays;* s'il vend des marchandises le propriétaire a le privilége du vendeur sur le navire, mais qu'est-ce que cela a de commun avec le prêt à la grosse ; Emerigon s'est aussi trompé en voyant le germe du contrat d'assurance dans l'article 66. M. Marshall a déjà signalé cette erreur, et M. Pardessus explique que la cause en est dans la traduction inexacte de l'allemand, qui ne dit pas ce que l'on trouve dans la version dont Emerigon s'était servi.

Il me paraît inutile de parler de la compilation connue sous le nom de *Jugemens de Damme, ou lois de Westcapelle* : il suffit d'y jeter un coup-d'œil pour voir, comme le fait observer M. Pardessus, que les 24 articles qui les composent, ne sont qu'une copie des Jugemens d'Oléron.

Je passe également sous silence trente-quatre articles fort courts, rédigés en langue hollandaise et que l'on désigne sous le titre de *Coutumes d'Amsterdam, Enchuysen et Stavern* : le débat de priorité et de plagiat s'est encore élevé au sujet de ce petit recueil ; j'invite le lecteur, qui a plus de goût que moi pour ces controverses aussi obscures que stériles , à recourir encore une fois à la collection des lois maritimes.

DU CONSULAT DE LA MER.

Le recueil connu sous le nom de *Consulat de la mer* est depuis longtemps célèbre dans le droit maritime ; et quoique suivant quelques auteurs, le mérite en ait été peut-être trop exalté, le grand nombre de décisions qui se trouvent contenues dans les 290 chapitres qui composent le consulat, en font un ouvrage fort remarquable. Il ne s'agit pas ici, comme pour les lois Rhodiennes, d'Oléron, ou Wisbuy, de trente à quarante articles, établissant sans ordre ni méthode quelques règles plus ou moins sages ; le Consulat est une espèce de Digeste nautique, statuant sur une foule de cas, où l'on a beaucoup puisé et où l'on peut encore trouver de fort bonnes décisions pour des espèces qui ont échappé à la sagesse législative de nos pères.

Le grand mérite de cet ouvrage doit faire regretter l'incertitude complète où l'on se trouve sur la date et le lieu de sa composition ainsi que sur le nom de son auteur : mais tout cela n'altère en rien la valeur de cette importante collection.

Valin et Emérigon, sans compter ceux qui les ont copiés, n'ont pas manqué de répéter que le Consulat avait été approuvé à Rome en 1075, à Saint-Jean-d'Acre, par un roi de France en 1102, à Paris, au nom de Saint-Louis en 1250, à Marseille en 1162, etc. Toutes ces mentions d'approbations royales imaginées sans doute comme un témoignage du grand mérite de la compilation, sont fondées sur un document qui se trouve effectivement dans les éditions imprimées ainsi que dans les traductions, et où l'on a énuméré ces hommages rendus par plusieurs souverains ou villes commerçantes, à la sagesse éminente du consulat de la mer. Il est extraordinaire que de savans jurisconsultes aient tous, depuis les plus anciens jusqu'aux plus modernes, parlé de ces approbations souveraines, sans examiner si un fait aussi remarquable était réellement bien attesté. Valin, à la vérité, a bien signalé quelques anachronismes choquans, mais jusqu'à M. Pardessus, personne n'avait dirigé la critique historique sur ce point important ; ce jurisconsulte, dans sa préface du consulat a comparé les dates, pesé les vraisemblances, et anéanti pour jamais, sans doute, ce roman historique greffé par l'ignorance sur une compilation, qui heureusement se recommande par elle-même, et n'a pas besoin de ce cortège d'approbations imaginaires pour tenir, et de bien loin, le premier rang parmi les anciennes institutions nautiques des peuples commerçans. Le consulat de la mer se compose d'un trop grand nombre de règles pour avoir été créé d'un seul jet :

c'est sans doute un recueil ou répertoire dans lequel
le rédacteur , quel qu'il soit, a réuni avec méthode
toutes les maximes du droit maritime en usage à
l'époque ou il fut composé.

L'ignorance absolue où l'on se trouve sur l'époque
de la rédaction du Consulat, sur le nom et la qualité
du rédacteur et même sur la langue dans laquelle il a
été primitivement composé , a donné matière à beaucoup de controverses : plusieurs nations l'ont revendi-
qué comme un titre de gloire, et il faut convenir que
ce code nautique méritait bien un pareil honneur.
Emérigon qui avait entrepris une traduction du
Consulat, l'attribue aux rois d'Aragon : « Ce recueil,
dit-il , fut composé par ordre des anciens rois d'A-
ragon , et devint la règle à laquelle presque tous les
peuples chrétiens qui s'adonnaient au commerce maritime , se soumirent volontairement » : et il s'appuie
de l'autorité de Targa. Cette opinion d'Emérigon a été
adoptée par M. Marshall dans son Traité des assurances.

M. Pardessus démontre fort bien l'invraisemblance
de ce système, ainsi que de celui qui attribue aux
Italiens la composition du Consulat il pense que la
rédaction primitive a été faite en langue catalane ou
romane, et, partant de cette donnée pour la solution

de ce problème délicat, il n'hésite point à conclure que l'honneur si contesté d'avoir composé cette compilation, ne peut appartenir qu'à l'Espagne ou à la France : C'est déjà un grand service que d'avoir réduit à deux termes une question si compliquée et quoique M. Pardessus, après avoir renversé tant de systèmes d'érudition, s'afflige de ne savoir guère que détruire sans pouvoir lui-même conclure, le monde savant lui saura gré, sans doute, de ses pénibles investigations, en même temps qu'il admirera l'esprit de justice qui l'anime, lorsque comparant avec le plus grand soin les titres de Marseille et de Barcelonne au Consulat de la mer, il décide, quoique français et ancien député de Marseille, que les probabilités l'emportent en faveur de Barcelonne. Il est difficile de résister aux raisonnemens qui lui ont fait, quoiqu'à regret, adopter cette conclusion.

Valin nous apprend qu'à l'époque où il publia son commentaire, il n'existait qu'une seule traduction du Consulat en langue française, celle de Maysony, docteur et avocat à Marseille, imprimée dans cette ville, en 1577, et puis à Aix, en 1635 : « Il est triste, dit le jurisconsulte, qu'un recueil aussi précieux et aussi utile pour tous ceux qui sont appelés à l'étude des lois maritimes , n'ait pas trouvé jusqu'ici un meilleur traducteur.

Emérigon si capable d'un pareil travail , l'avait entrepris et poussé jusqu'au 171e chapitre ; mais il en est demeuré là , et l'ouvrage n'a point été imprimé.

En 1808, Boucher en fit imprimer une traduction française à Paris : il parait, puisque M. Pardessus, toujours si indulgent, ne la trouve que mauvaise, qu'elle doit être réellement détestable.

Enfin , dans le tome II de sa collection des lois maritimes , M. Pardessus a doté la France d'une traduction de ce bel ouvrage : le texte catalan se trouve dans une colonne , et le français juxtaposé donne le moyen à ceux qui entendent l'original de juger de la fidélité de la traduction : je ne connais pas et n'ai certes aucune envie d'apprendre ce jargon, qui n'est qu'un mélange d'espagnol , de langue romane et de patois méridional : je ne puis donc émettre aucun avis sur cette traduction.

Le Consulat est un ouvrage essentiellement pratique, on y entre dans les plus petits détails , et les règles y sont multipliées et précisées , avec une simplicité qui résiste à toute analyse : sur les 290 chapitres qui le composent, près d'un tiers est consacré aux matelots, à leurs obligations, à leur service, à la police du bord, et l'on remarque avec peine que la main habile qui a rédigé cette compilation ait négligé le contrat à la grosse, usité depuis tant de siècles : tant qu'au système des assurances, dont l'invention surpasse de si loin toutes les conceptions connues dans le droit maritime, il est évident à la seule inspection des chapitres, qu'il n'en est point mention dans le Consulat de la mer : la théorie des risques maritimes qui fait la bâse des assurances exigeait un génie supérieur, qui n'avait point été départi au compilateur du Consulat, malgré tout son mérite : du reste les jurisconsultes les plus habiles de la Grèce et de Rome n'avaient pas su non plus faire sortir du contrat à la grosse le système des assurances qui repose pourtant sur les mêmes combinaisons : il semble qu'il n'y avait qu'un pas à faire, et cela est vrai, mais il faut croire qu'il était fort difficile à faire, puisque les esprits les plus éminens des temps anciens n'ont pu doter leur patrie des avantages incalculables dont le contrat d'assurance fait jouir les sociétés modernes.

DU GUIDON DE LA MER.

Nous voici enfin parvenus à une compilation indu-
bitablement française, et heureusement le mérite n'en
est pas plus douteux que l'origine. Valin n'a consacré
que deux lignes de sa préface à ce document précieux,
et s'il a voulu dire que Cleirac est l'auteur du Guidon,
comme cela peut s'induire de la manière dont il s'exprime, ce serait une erreur grave, ainsi que l'observe
M. Pardessus. Comme Valin avait lu incontestablement
le passage de Cleirac, dans lequel il déplore l'anonyme
que l'auteur du Guidon a voulu garder, Valin n'a pu
croire que Cleirac en fut l'auteur ; il s'est mal exprimé
voilà tout : le Guidon de la mer est cité fort souvent
dans le commentaire de Valin. Emérigon se borne à
copier un passage de Cleirac, qui a donné une édition
du Guidon dans son recueil intitulé : *Us et coutumes de
la mer.* « Ce traité intitulé *Le Guidon*, dit Cleirac,
est pièce française, il fut ci-devant dressé en faveur
des marchands trafiquans en la noble cité de Rouen :
et ce avec tant d'adresse et de subtilité tant déliée, que
l'auteur d'icelui en expliquant les contrats ou polices
d'assurances, a insinué et fait entendre avec grande
facilité, tout ce qui est des autres contrats maritimes,
et tout en général du commerce naval : de sorte qu'il

n'a rien omis, si ce n'est seulement d'y mettre son nom, pour en conserver la mémoire, et l'honneur qu'il mérite d'avoir tant obligé sa patrie et toutes les autres nations de l'Europe; lesquelles peuvent trouver en son ouvrage l'accomplissement de ce qui manque, ou la correction de ce qui est mal ordonné aux règlemens que chacun a fait en particulier sur semblable sujet. »

Les laborieuses investigations de M. Pardessus, pour déterminer l'époque à laquelle le Guidon a été composé ainsi que le nom de son auteur ayant été sans résultat, je crains bien qu'il ne faille se résigner à demeurer pour toujours dans une ignorance complète sur ce point intéressant : un avis au lecteur, qui se trouve en tête d'une édition de 1607, donne quelques détails sur la manière dont il aurait été composé : l'édit de Charles IX, de 1556, qui établit la juridiction consulaire de Rouen, étant le premier document législatif français où il est fait mention des assurances, rien ne me paraîtrait plus ingénieux que la conjecture de M. Pardessus, que le Guidon a pu être rédigé peu avant 1556 pour servir de manuel dans la juridiction créée par l'édit de cette année; si quelques lignes avant de se livrer à cette hypothèse, M. Pardessus ne l'avait combattu lui-même par des raisons dont la force l'amènent à cette conclusion positive : Je crois donc

qu'on peut fixer la rédaction du Guidon aux *dernières*
années du xvie siècle ; M. Marshall pense que le Guidon a dû être composé vers la fin du xive siècle.

Le Guidon se compose de 20 chapitres, chacun renferme plusieurs articles ; et c'est en faire suffisamment
l'éloge que de dire avec l'auteur de la collection des lois
maritimes, que presque toutes les décisions du Guidon ont été adoptées et converties en loi par l'ordonnance de Louis XIV d'août 1681, qui forme encore
aujourd'hui le droit commun de l'Europe.

Nous voici enfin parvenus de l'origine de notre droit
maritime à l'époque de son développement le plus
complet : lois Rhodiennes, jugemens d'Oléron, ordonnances de Wisbuy, Consulat, Guidon de la mer, telles
sont les sources antiques où ont puisé les législateurs
modernes, et on a déjà vu qu'à l'exception du Consulat
et du Guidon, les trois premières compilations n'étaient
guère que des monumens plus ou moins authentiques
remarquables plutôt par leur ancienneté que par leur
sagesse ; il fallait certes, comme l'observe Valin, que
l'homme qui sut tirer d'un pareil cahos et composer
avec de telles ressources la législation maritime que
nous possédons, fut doué d'un génie créateur bien
éminent, et il est déplorable que l'histoire ne nous ait
pas même transmis son nom.

Louis XIV, frappé des avantages immenses que le commerce procurait à des nations voisines, voulut faire entrer la France dans ces voies nouvelles, et Colbert secondant dignement les intentions du monarque, parvint dans très peu de temps à créer une marine formidable, et des établissemens commerciaux de la plus haute importance. Le caractère de Louis XIV, qui voulait en tout l'empire des règles, le porta naturellement à tracer des lois au commerce qu'il venait de fonder. Avant Colbert les coutumes des marchands gouvernaient toutes leurs transactions, et c'était une tâche fort difficile que de démêler et coordonner des maximes assez sages pour obtenir cet assentiment général qui rend l'uniformité spontanée en même temps que légale : Une cause impénétrable qui a doté certains siècles d'hommes supérieurs en tous les genres, mit à la disposition de Colbert, un de ces esprits sages, qu'une longue pratique du commerce avait informé de ses usages et de sa jurisprudence. Savary chargé d'élaborer un projet de loi commerciale, s'en occupa sans bruit et avec tant de talent, que son travail passa sans changement connu, dans l'ordonnance de 1673. Cette première loi commerciale fut reçue avec une vive reconnaissance : on lui donna le nom de *Code Marchand*; et l'on sait

qu'elle a été copiée presque mot à mot dans le premier
livre du Code de commerce.

Mais quoique l'ordonnance de 1673, soit un beau
monument de législation, c'est surtout en ce qui concerne la marine, que Louis XIV était destiné à produire un chef-d'œuvre immortel, et à obtenir pour son
ordonnance, ce respect et cette obéissance aussi unanime qu'universelle, qu'il avait vainement cherché
par la voie des armes. On a déjà dit l'admiration dont
l'Europe fut saisie quand apparut l'ordonnance de 1681,
mais comme des commentateurs sont naturellement portés à exalter l'ouvrage qu'ils travaillent, il ne me
parait pas inutile d'ajouter aux éloges de Valin et
d'Emérigon, ce que dit un auteur célèbre, qui est
anglais, et qui n'en parle qu'un siècle et demi après
sa promulgation.

M. Marshall, jurisconsulte anglais du premier ordre,
dans son Traité des Assurances, imprimé à Londres en
1808, après avoir passé en revue d'une manière très
rapide les lois Rhodiennes, les jugemens d'Oléron, le
Consulat et le Guidon de la mer ; s'exprime ainsi :

« Mais le système de droit maritime le plus vaste
et le plus complet est la fameuse ordonnance de

But the completest and most comprehensive system of maritime
law is the famous ordinance of the marine, of Louis XIV, published in

Louis XIV, publiée en 1681. Cet excellent code fut composé et rédigé par une main très-habile, sous l'inspection de Colbert, ministre célèbre de ce monarque : toutes les anciennes lois de la France et des autres nations furent soigneusement examinées ; les hommes les plus savans de l'époque donnèrent l'assistance de leurs lumières, et l'on consulta les parlemens, les cours d'amirauté et les chambres de commerce. Cette ordonnance forme un système de tout ce que l'expérience et la sagesse des siècles avait reconnu comme juste et convenable dans les institutions maritimes des peuples de l'Europe ; et quoiqu'on y trouve quelques règles nouvelles introduites par des motifs d'intérêt national, on l'a toujours regardée comme un code de très-grande autorité sur toutes les questions de jurisprudence maritime. Lord Mansfield qui s'était donné

1681. This excellent code was compiled and arranged by a very masterly hand, under the inspection of Colbert, the celebrated minister of that prince, upon a revision of all the ancient sea laws of France and other countries, with the assistance of the most learned men of the time and upon consultation with the different parliaments, the courts of admiralty and the chambers of commerce of France. It forms a system of whatever experience and the wisdom of ages had pronounced to be must just and convenient in the marine institutions of the maritime states of Europe. And though it contains many new regulations, suggested by motives of national interest, yet it has hitherto been estimed a code of great authority upon all questions of maritime jurisprudence. Lord Mansfield who appears to have taken much pains to

beaucoup de peine pour être bien informé, et pour
posséder à fond les vrais principes du droit maritime et du contrat d'assurance, paraît avoir puisé
une grande partie de son savoir à cet égard dans l'ordonnance de la marine et dans le commentaire si utile
et si élaboré de Valin. On peut s'en appercevoir dans
plusieurs jugemens prononcés sur des questions d'assurance ; quoique Sa Seigneurie ne croie pas toujours
nécessaire de citer ses autorités. »

Il est difficile de trouver quelque chose d'aussi con-
cluant qu'un pareil éloge, et cependant ce qui l'est
peut être plus, c'est de voir l'ordonnance et ses deux
célèbres commentateurs, Valin et Emérigon, cités
deux ou trois fois dans presque chaque page des deux
volumes, car on doit remarquer que M. Marshall ne
fait pas ce qu'il reproche à lord Mansfield, et que lorsqu'il s'éclaire de la jurisprudence française, il ne
rougit pas d'indiquer les sources où il a puisé : *Fas
est et ab hoste doceri.*

La législation commerciale en était demeurée à ces

obtain the best information, and possess himself of the soundest prin-
ciples of marine law and of the law of insurance, seems to have drawn
much of his knowledge upon these subjects from this ordinance, and
from the elaborate and useful commentary of Valin. This may be
perceived in many of his judgments upon questions of insurance, though
his lordship does not always think it necessary to cite his authority.
(T. 1, p. 18.)

deux ordonnances de Louis XIV, lorsque Napoléon après avoir procédé à la rédaction du code civil, voulut aussi codifier le droit commercial. La perfection des deux lois qui régissaient la France depuis environ un siècle et demi, fut le premier obstacle qui se présenta : ici le besoin d'uniformité qui a rendu le Code civil si populaire ne se faisait nullement sentir ; la sagesse des deux ordonnances leur avait acquis dès leur apparition l'obéissance de tout l'empire, et comme l'idée de les abroger était aussi impraticable que la tâche de les améliorer , les législateurs chargés de faire un Code de commerce se trouvèrent dans un grand embarras ; on proposa d'abord de réimprimer purement et simplement les deux ordonnances : mais Napoléon voulait un Code de commerce, il savait bien que la postérité et même les contemporains oubliant bien vite les matériaux et les ouvriers, ne verraient que le nom de l'architecte écrit au frontispice, et le Code de commerce fut rédigé.

L'ordonnance de 1673, malgré son mérite, présentait un trop grand laconisme en matière de faillite, puisqu'on n'y trouve que treize articles, il fallait donc une loi sur cet objet : le conseil d'état s'en occupa avec ardeur , et pour présenter à la nation un ensemble de règles , on copia dans les livres 1, 2, 4, les deux ordonnances et le 3ᵉ livre, fut spécialement consacré aux dispositions

nouvelles sur les faillites et banqueroutes. La nation n'a
su gré aux législateurs de l'empire, ni de leur condescen-
dance, ni de leurs travaux : car par une fatalité remarquable, c'est précisément contre la seule partie du Code
qui était nouvelle, que les réclamations se sont élevées
de tous côtés, et avec tant de violence qu'il a fallu
détruire cet édifice à peine élevé, et remplacer par
la loi de 1838, sur les faillites, le livre 3 du Code de
commerce. Ce n'est pas là l'accueil que fit la France et
l'Europe entière à nos deux anciennes ordonnances.

La France, depuis Louis XIV, a éprouvé dans ses
relations maritimes d'immenses développemens : les assurances peu usitées il y a un siècle, couvrent ou vont
bientôt couvrir la mer et la terre : il est vraiment phé-
noménal, que l'œil pénétrant de Colbert, ait su trouver
un génie assez profond pour créer d'un seul jet, une loi
tellement parfaite qu'après un siècle et demi d'expérience, une assemblée d'hommes fort habiles ait été dans
l'impossibilité d'y découvrir aucun défaut sensible, et
d'y faire aucune amélioration notable, malgré le désir
que l'on en éprouvait.

Les rédacteurs du Code de commerce avouèrent
noblement leur impuissance :

« La commission a longtemps hésité, dirent les premiers rédacteurs du code de Commerce, à comprendre

dans le projet les lois qui régissent le commerce maritime :

« L'ordonnance de 1681 que la reconnaissance publique a placée au rang des plus beaux monumens de
législation qui honorent le siècle de Louis XIV, nous
remplissait d'une juste défiance. Nous avons craint
qu'on ne nous accusât d'une profanation coupable, si
nous osions y toucher. »

L'orateur du Conseil-d'Etat, en présentant au Corps-
Législatif le premier titre du second livre s'exprimait
ainsi : « Le deuxième livre du code de Commerce comprend toutes les transactions maritimes, et il remplace,
sous ce rapport l'ordonnance de 1681.

» Vous annoncer, Messieurs, que nous avons déta-
ché de cette belle ordonnance tout ce qui appartient à
l'administration, à la police, au droit public, et qui n'a
pas été jugé devoir faire partie du code de Commerce
maritime : QUE NOUS AVONS DU RESTE CONSERVÉ TOUS
LES PRINCIPES QU'ELLE A CONSACRÉS , EN QUELQUE
SORTE, EN CE QUI TOUCHE LES CONTRATS MARITIMES ;
que nous ne nous sommes permis qu'un petit nombre
de changemens qui nous paraissent justifiés par ceux
mêmes qu'ont éprouvés le commerce et la navigation
dans le laps d'un siècle, ou par la justice la plus évidente ; c'est vous dire, ce nous semble que l'amour de

l'ordre, le respect dû à la sagesse de nos ancêtres, et
une juste circonspection ont dirigé nos travaux, et que,
si c'est avec confiance que nous venons soumettre ce
projet de loi à votre examen, cette confiance nous est
inspirée par notre admiration même pour l'ordonnance
sur laquelle nous nous appuyons.

» C'est sans doute un grand malheur que les procès-
verbaux de cette belle loi n'aient point été conservés,
nous y aurions puisé des renseignemens lumineux.

» Quoiqu'il en soit, c'est déjà justifier en grande
partie le projet qui vous est présenté, que de dire
que nous avons suivi presque toujours l'ordonnance de
1681. »

Lorsque M. Corvetto présenta au Corps-Législatif
le titre du contrat d'assurance, après avoir développé
avec beaucoup d'éloquence et d'énergie la haute importance de cette grande combinaison commerciale, il
ajouta : « En traçant les dispositions qui concernent le
contrat d'assurance, avec combien de plaisir nous nous
sommes renfermés dans le beau système de l'ordonnance de 1681 ! elle forme presque sous ce rapport le
droit commun des nations, peu de modifications nous
ont paru nécessaires. »

Jamais la législation de Louis XIV, n'avait été célébrée avec plus d'éloquence, et n'avait reçu des hommages aussi désintéressés et aussi solennels.

Valin, dans sa préface, a consacré quelques lignes aux principaux auteurs qu'il avait consultés pour composer son commentaire, et ce qu'il en dit ne donnera pas à beaucoup de lecteurs l'envie de les étudier : « La nécessité de recourir aux divers auteurs qui ont écrit sur le droit maritime ne fut pas, dit-il, la partie la moins rebutante de mon travail, parce que communément ce qu'il y a de bon dans ces auteurs, est noyé dans un fatras d'inutilités, ou d'érudition fastueuse. Je n'en excepte pas même Cleirac, le seul auteur français que nous ayons en ce genre, quoique pourtant il y ait plus à profiter avec lui qu'avec les jurisconsultes étrangers, autres toutefois que Casa Regis, dont les décisions sont plus conformes à nos mœurs, à nos usages en général et à la droite raison. »

Cleirac, avec son fatras, était donc le seul auteur français qui se fut occupé de la jurisprudence maritime jusqu'à l'année 1760, époque à laquelle Valin publia son commentaire : aussi fut-il obligé d'étudier les ouvrages étrangers, et il cite comme lui ayant été de quelque utilité, Stracha, Loccenius, Stypmanus, Kuricke, Vinnius, Peckins, Quintin Wetsen, Targa, et enfin Casa Regis, qui est sans contredit le meilleur de tous , dit Valin.

Le vide affligeant que présentait la jurisprudence française en matière maritime fut enfin comblé et c'est encore une circonstance singulière justement remarquée, qu'il ait paru en même temps trois hommes qui par la supériorité avec laquelle ils ont traité dans leurs ouvrages cette partie nouvelle, ont acquis dans l'Europe entière une autorité presque égale à celle de l'ordonnance de la marine. Pothier, Emérigon et Valin n'ont plus besoin qu'on fasse leur éloge en France ; mais quelques personnes pourraient ignorer que leur mérite est aussi bien apprécié, peut-être mieux, en Angleterre que dans leur patrie : Voici comment s'exprime M. Marshall dans son Traité des Assurances :

« La France a produit dans les temps modernes trois ouvrages d'une grande importance en matière d'assurance : le Commentaire de Valin, sur l'ordonnance de la marine, est de la plus haute valeur pour tout ce qui est relatif au droit maritime : en ce qui concerne les assurances son commentaire est clair,

---

France has, in modern times produced three very valuable treatises on the subject of insurance. Valin's commentary on the ordinance of the marine is of the highest value upon every topic of maritime law. On the branch which relates to insurance, his commentary is clear, acute

judicieux et instructif. Pothier dans ses traités sur les contrats réunit le savoir le plus profond, à la morale la plus pure et au jugement le plus étendu : celui relatif aux assurances est concis, net et de main de maître. Emérigon dont l'ouvrage est spécialement consacré aux assurances, renferme une vaste érudition avec une grande pratique des affaires maritimes : il abonde néanmoins en distinctions métaphysiques et subtiles dans lesquelles les jurisconsultes étrangers semblent trop se complaire. Mais il peut jusqu'à un certain point être justifié sous ce rapport, puisqu'il écrivait dans un pays, où d'après ce qu'il dit lui-même, la plus grande partie des contractans attachaient fort peu d'importance à leurs engagemens, si au moyen d'un détour ou d'une substilité ils pouvaient se soustraire à leur exécution. L'ouvrage d'Emérigon renferme beaucoup de cas qui sont purement hypothétiques, il

and instructive. Pothier, in his treatises on contrats, unites the most profound learning with the purest morals and the most comprehensive judgment. That upon insurance is neat, consise and masterly. Emérigon, whose work is confined to the subject of insurance, unites great learning with great practical knowledge. It abounds however, in those nice distinctions and metaphysical refinements, in which most of the foreign jurists seem to pride themselves. But he had some apology for this in a country where, according to his own account, at the time he wrote the generality of men paid little regard to their contracts, if, by a quirk or a subtilty, they could evade the performance of them. Many points in Emérigon are merely hypothetical; many of

en est aussi plusieurs, sur lesquels il avait été consulté comme avocat, ou soumis à sa décision comme arbitre : son traité est relativement aux assurances, l'ouvrage le plus utile, que puisse consulter un jurisconsulte anglais. »

Ainsi la France si longtemps privée d'une législation maritime digne d'elle, est placée tout à coup par un chef-d'œuvre hors de toute rivalité sur ce point important ; trois hommes contemporains, Valin, Pothier et Emérigon acquièrent par la supériorité de leurs ouvrages, le même ascendant qu'avait déjà l'ordonnance qu'ils commentèrent, et leur doctrine devient chaque jour plus universelle, par l'adoption de nos lois commerciales, dans l'ancien comme dans le nouveau monde.

René-Josué Valin, né à la Rochelle, le 10 juin 1695, et décédé le 23 août 1765, eut le premier le courage d'entreprendre un commentaire sur l'ordonnance de la marine. Procureur du roi à l'amirauté de la Rochelle, et profondément versé dans la jurisprudence civile, comme l'attestent d'autres ouvrages fort remarquables, il consacra quarante ans de sa vie à l'étude de la légis-

---

them are those which had been submitted to him for his opinion as a lawyer, or his decision as an arbitrator. Still his book is, of all the foreign publications on this subject, the most useful to an English lawyer.　　　　　　　　　　　　　　　　(M. t. 1. p. 23.)

lation maritime : son traité publié en 1760 eut le succès qu'il méritait, et il suffit de lire les discussions qui précédèrent le Code de commerce, pour voir avec quel respect nos législateurs modernes parlèrent de ce savant jurisconsulte, et s'empressèrent de déférer à ses opinions. Chargé, en 1823, d'enseigner le droit commercial à la faculté de Poitiers, l'étude journalière de cet admirable ouvrage me fit regretter que depuis plus d'un demi-siècle, personne n'eut pensé à le faire réimprimer. L'état dans lequel le commerce maritime a été en France pendant si longtemps, expliquait facilement cette négligence du droit nautique : mais les circonstances étaient changées. L'ordonnance de la marine, divisée en cinq livres, embrasse dans son vaste plan les amirautés, les gens de mer et les navires, les contrats maritimes, la police des ports et la pêche maritime : Valin, riche d'une érudition égale à la grandeur du sujet, en a approfondi toutes les parties avec le même talent.

Personne n'ignore que la révolution française, qui renversa tant d'anciennes institutions, n'épargna pas celle de l'amirauté, qui donnait au grand amiral une puissance et des droits presque rivaux de l'autorité royale. La justice était rendue dans les amirautés au nom de l'amiral, il nommait les juges et conseillers qui

statuaient sur les affaires maritimes, le dixième des
prises lui appartenait ainsi que la police des ports et
des rivages. Cette variété d'attributions donnait lieu a
d'innombrables difficultés, et l'ordonnance avait consacré les 14 titres du livre 1er à régler cette matière
importante. Les lois de 1790 et 1791 renversèrent de
fond en comble cet antique édifice, et rendirent inutiles pour la pratique les textes de loi sur lesquels il
était fondé, et par suite les commentaires qui en fa-
cilitaient l'intelligence et l'application.

Le livre II de l'ordonnance consacré aux gens de mer
et aux navires, se composait de dix titres, dont trois
seulement ont passé dans le Code de commerce : tous
les autres étant purement réglementaires ne devaient
pas y figurer.

Le livre III, qui règle les *Contrats maritimes* est
la partie capitale de l'ordonnance, et lui a mérité l'admiration unanime dont elle est depuis si longtemps en
possession : c'est celui dont toutes les dispositions co-
piées dans notre code, ont formé le livre II, intitulé du
Commerce maritime. Il ne s'agit point dans cette partie de détails réglementaires nécessairement variables
suivant les circonstances, et dont la fixité serait un
inconvénient plutôt qu'un avantage; mais on y a for-
mulé les principes éternels du juste et de l'injuste, qui

font la base de la jurisprudence et de l'ordre social tout entier ; Valin était digne d'interpréter ce que la loi la plus parfaite peut néanmoins présenter d'obscur et de difficile : je me suis soigneusement gardé de rien changer ou supprimer de tout ce que ce grand juris-consulte a écrit sur ce sujet important d'application si fréquente.

Les livres IV et V de l'ordonnance de la marine avaient pour objet la police des ports ou rivages et la pêche maritime. Il suffit de lire le texte même des articles pour s'appercevoir que tous les détails dans lesquels on est entré sont essentiellement du domaine de l'ad-ministration : on trouve il est vrai dans le titre 9 du livre IV, consacré aux naufrages, des règles sévères et remarquables qui ont pour but de protéger les naufragés et leur fortune, mais les détails de simple police, la dis-cipline des pêcheurs, la dimension et la forme des filets destinés à la pêche, ne peuvent être réglés que par l'au-torité locale; la force même des choses résiste à l'unifor-mité : ce serait un hasard dont il faudrait peut-être se féliciter, mais qu'on n'a certes aucun intérêt à pro-voquer, que Marseille et le Hâvre aient en fait de pêche et de police, des usages tout-à-fait semblables.

Valin avait inséré dans son commentaire 210 ordon-nances, déclarations, règlemens d'amirauté, édits, etc., utiles à l'époque ou il écrivit, car plusieurs de ces documens n'étaient guère connus ; mais les changemens qui se sont opérés depuis en ont rendu la plus grande partie sans objet : ce qu'il pouvait y avoir d'utile a été répété dans des lois nouvelles ou réimprimé dans des recueils spéciaux ; ce n'est pas là ce que l'on doit chercher dans Valin, on peut le trouver plus commodément partout ailleurs : pour ce qui me concerne, j'ai remarqué que ces longues intercallations me faisaient souvent perdre le fil de ses idées et de sa doctrine : je crois avoir bien fait en les supprimant.

L'ordonnance avait consacré le titre 9 du liv. I aux consuls, et rien de plus sage que ses dispositions, dont une grande partie est encore en vigueur : cependant les rapports internationaux ayant éprouvé de grandes modifications, on avait depuis longtemps senti le besoin de coordonner le grand nombre d'édits, déclarations, arrêts de conseil qui avaient été rendus sur ce point. L'ordonnance de 1781 y avait déjà pourvu pour les consulats du Levant ; enfin trois ordonnances qui forment à peu près un code complet à cet égard, ont été rendues en 1833 et 1836 ; on les trouvera en entier à la fin de l'ouvrage.

ORDONNANCE

DE

LA MARINE,

Du Mois d'Août 1681.

LOUIS, PAR LA GRACE DE DIEU, ROI DE FRANCE ET DE NAVARRE, à tous présens et à venir, salut. Après diverses ordonnances que nous avons faites, pour régler, par de bonnes lois, l'administration de la justice et de nos finances, et après la paix glorieuse dont il a plu à Dieu de couronner nos dernières victoires, nous avons cru que, pour achever le bonheur de nos sujets, il ne restait plus qu'à leur procurer l'abondance par la facilité et l'augmentation du commerce, qui est l'une des principales sources de la félicité des peuples; et comme celui qui se fait par mer est le plus considérable, nous avons pris soin d'enrichir nos côtes qui environnent nos États, de nombre de havres et de vaisseaux, pour la sûreté et commodité des navigateurs qui abordent à présent de toutes parts dans les ports de notre royaume. Mais, parce qu'il n'est pas moins nécessaire d'affermir le commerce par de bonnes lois, que de le rendre libre et

I.

commode par la bonté des ports et par la force des
armes, et que nos ordonnances, celles de nos prédécesseurs, ni le droit romain, ne contiennent que
très-peu de dispositions pour la décision des différens
qui naissent entre les négocians et les gens de mer,
nous avons estimé que, pour ne rien laisser désirer
au bien de la navigation et du commerce, il était
important de fixer la jurisprudence des contrats maritimes, jusqu'à présent incertaine; de régler la juridiction des officiers de l'amirauté, et les principaux
devoirs des gens de mer; et d'établir une bonne police
dans les ports, côtes et rades qui sont dans l'étendue
de notre domination. A CES CAUSES, de l'avis de notre
conseil, et de notre certaine science, pleine puissance et autorité royale, nous avons dit, déclaré et
ordonné, disons, déclarons, ordonnons et nous plaît
ce qui suit.

LIVRE PREMIER.

DES OFFICIERS DE L'AMIRAUTÉ ET DE LEUR JURIDICTION.

TITRE PREMIER.

DE L'AMIRAL.

ARTICLE PREMIER.

Lᴀ justice sera rendue au nom de l'amiral dans tous les siéges de l'amirauté.

2.

La nomination aux offices de lieutenans, conseillers, de nos avocats et procureurs, et des greffiers, huissiers et sergens, aux siéges généraux et particuliers de l'amirauté, appartiendra à l'amiral, sans toutefois qu'ils puissent exercer qu'après qu'ils auront obtenu nos lettres de provision.

3.

Lui appartiendra aussi de donner les congés, passeports, commissions et sauf-conduits, aux capitaines et maîtres des vaisseaux équipés en guerre et marchandises.

4.

Pourra établir le nombre nécessaire d'interprètes

et de maîtres de quai dans les ports ; et où il n'y
aura pas lieu d'établir des maîtres de quai, commet-
tra, si besoin est, des personnes capables pour veiller
au lestage et délestage des bâtimens de mer, et à
l'entretien des feux, tonnes et balises.

5.

Visitera, ou fera visiter par telles personnes qu'il
voudra, les ports, côtes et rades de notre royaume.

6.

Commandera la principale de nos armées navales,
suivant les ordres que nous lui en donnerons.

7.

Le vaisseau que l'amiral montera portera pavillon
quarré blanc au grand mât et les quatre fanaux.

8.

Lorsqu'il sera près de notre personne, les ordres
que nous enverrons à nos armées navales lui seront
communiqués.

9.

Le dixième de toutes les prises faites en mer ou
sur les grèves, sous commission et pavillon de France,
appartiendra à l'amiral, avec le dixième des rançons.

10.

Lui appartiendront aussi toutes les amendes adjugées aux siéges particuliers, et la moitié de celles
qui seront prononcées aux tables de marbre.

11.

Jouira des droits d'ancrage, tonnes et balises, et du tiers des effets tirés du fond de la mer, ou jetés par le flot à terre, dans les cas prescrits par la présente ordonnance.

12.

Pourra établir en chaque siége d'amirauté un procureur ou receveur, pour la délivrance des congés, et la perception de ses droits.

13.

Faisons défenses à tous gouverneurs de nos provinces, lieutenans généraux, gouverneurs particuliers des places, et autres officiers de guerre, de donner aucuns congés, passe-ports et sauf-conduits pour aller en mer; et à tous gentilshommes et seigneurs, de se dire et qualifier amiraux dans leurs terres, d'exiger, sous ce prétexte, aucun droit, et de rien entreprendre sur la charge d'amiral.

14.

Déclarons, au surplus, que nous nous sommes réservé le choix et la provision des vice-amiraux, lieutenans généraux, et chefs d'escadres; des capitaines, lieutenans, enseignes et pilotes de nos vaisseaux, frégates et brûlots; des capitaines et officiers des ports, et gardes-côtes; des intendans, commissaires, contrôleurs généraux et particuliers, gardes-magasins, et généralement de tous autres officiers de guerre et de finance ayant emploi et fonction dans la marine; ensemble tout ce qui peut concerner les constructions et radoubs de nos vaisseaux, l'achat de toute sorte de marchandises et munitions pour les magasins et armemens de mer, et l'arrêté des états de toutes les dépenses faites par les trésoriers de la marine.

TITRE II.

DE LA COMPÉTENCE DES JUGES DE L'AMIRAUTÉ.

I.

Les juges de l'amirauté connaîtront privativement à tous autres, et entre toutes personnes de quelque qualité qu'elles soient, même privilégiées, français et étrangers, tant en demandant qu'en défendant, de tout ce qui concerne la construction, les agrès et apparaux, avitaillement et équipement, ventes et adjudications des vaisseaux.

2.

Déclarons de leur compétence toutes actions qui procèdent de chartes-parties, affrétemens ou nolissemens, connaissemens ou polices de chargement, fret ou nolis, engagement ou loyer de matelots, et des victuailles qui leur seront fournies pour leur nourriture, par ordre du maître, pendant l'équipement des vaisseaux, ensemble des polices d'assurances, obligations à la grosse aventure, ou à retour de voyage, et généralement de tous contrats concernant le commerce de la mer, nonobstant toutes soumissions et priviléges à ce contraires.

3.

Connaîtront aussi des prises faites en mer, des bris, naufrages et échouemens, du jet et de la contribution, des avaries et des dommages arrivés aux vaisseaux et aux marchandises de leur chargement, ensemble des inventaires et délivrances des effets délaissés dans les vaisseaux de ceux qui meurent en mer.

4.

Auront encore la connaissance des droits de congé, tiers, dixième, balises, ancrage et autres appartenant à l'amiral, ensemble de ceux qui seront levés ou prétendus par les seigneurs ou autres particuliers voisins de la mer, sur les pêcheries ou poissons, et sur les marchandises ou vaisseaux sortant des ports ou y entrant.

5.

La connaissance de la pêche qui se fait en mer, dans les étangs salés et aux embouchures des rivières, leur appartiendra : comme aussi celle des parcs et pêcheries, de la qualité des rets et filets, et des ventes et achats de poisson dans les bateaux, où sur les grèves, ports et havres.

6.

Connaîtront pareillement des dommages causés par les bâtimens de mer, aux pêcheries construites même dans les rivières navigables, et de ceux que les bâtimens en recevront, ensemble des chemins destinés pour le halage des vaisseaux venant de la mer, s'il n'y a règlement, titre ou possession contraires.

7.

Connaîtront encore des dommages faits aux quais, digues, jetées, palissades et autres ouvrages faits contre la violence de la mer, et veilleront à ce que les ports et rades soient conservés dans leur profondeur et netteté.

8.

Feront la levée des corps noyés, et dresseront procès-verbal de l'état des cadavres trouvés en mer, sur les grèves ou dans les ports; même de la submersion des gens de mer étant à la conduite de leurs bâtimens dans les rivières navigables.

9.

Assisteront aux montres et revues des habitans des paroisses sujettes au guet de la mer, et connaîtront de tous différens qui naîtront à l'occasion du guet; comme aussi des délits qui seront commis par ceux qui feront la garde des côtes, tant qu'ils seront sous les armes.

10.

Connaîtront pareillement des pirateries, pillages et désertions des équipages, et généralement de tous crimes et délits commis sur mer, ses ports, havres et rivages.

11.

Recevront les maîtres des métiers de charpentier de navires, calfateur, cordier, treyier, voilier et autres ouvriers travaillant seulement à la construction des bâtimens de mer et de leurs agrès et apparaux, dans les lieux où il y aura maîtrise, et connaîtront des malversations par eux commises dans leur art.

12.

Les rémissions accordées aux roturiers pour crimes dont la connaissance appartient aux officiers de l'amirauté, seront adressées et jugées ès siéges de l'amirauté ressortissant nûment en nos cours de parlement.

13.

Les officiers des siéges généraux de l'amirauté aux tables de marbre connaîtront, en première instance, des matières tant civiles que criminelles contenues en la présente ordonnance, quand il n'y aura pas de siéges particuliers dans le lieu de leur établissement, et par appel, hors les cas où il écherrait peine afflictive, auquel cas sera notre ordonnance de 1670 exécutée.

14.

Pourront évoquer des juges inférieurs, les causes qui excéderont la valeur de trois mille livres, lorsqu'ils seront saisis de la matière par l'appel de quelque appointement ou interlocutoire donné en première intance.

15.

Faisons défenses à tous prévôts, châtelains, viguiers, baillis, sénéchaux, présidiaux et autres juges ordinaires, juges-consuls, et des soumissions aux gens tenant les requêtes de notre hôtel et du palais, et à notre grand conseil, de prendre aucune connaissance des cas ci-dessus, circonstances et dépendances; et à nos cours de parlement d'en connaître en première instance; même à tous négocians, mariniers et autres, d'y procéder pour raison de ce, à peine d'amende arbitraire.

TITRE III.

DES LIEUTENANS, CONSEILLERS, AVOCATS ET PROCUREURS DU ROI AUX SIÉGES DE L'AMIRAUTÉ.

I.

Les lieutenans, conseillers, et nos avocats et procureurs aux siéges généraux et particuliers de l'amirauté, ne pourront être reçus qu'ils ne soient gradués, n'aient fréquenté le barreau pendant le temps porté par nos ordonnances, et ne soient âgés, savoir : les lieutenans des siéges généraux, de vingt-sept ans, et ceux des autres siéges, et nos avocats et procureurs, de vingt-cinq.

2.

Les lieutenans généraux et particuliers, les conseillers, et nos avocats et procureurs ès siéges ressortissant nûment en nos cours, seront reçus en nos cours de parlement; et les lieutenans, et nos avocats et procureurs aux siéges particuliers, seront reçus en ceux des tables de marbre.

3.

Auront, les lieutenans, conseillers, et nos avocats et procureurs aux tables de marbre, leurs causes commises aux requêtes du palais de nos cours de parlement, dans le ressort desquelles ils se trouveront établis; et ceux des siéges particuliers devant nos baillis et sénéchaux, et pourront, comme les autres juges royaux, mettre à exécution les arrêts de nos cours de parlement, et toutes commissions de chancellerie concernant les affaires de leur compétence.

4.

Les lieutenans particuliers tiendront les audiences et feront tous actes requis et nécessaires en cas d'absence, maladie ou récusation des lieutenans généraux ou principaux, lesquels ne pourront commettre des avocats pour faire les fonctions de leurs charges au préjudice des lieutenans particuliers ou conseillers.

5.

Nos procureurs aux siéges de l'amirauté seront tenus de faire incessamment les recherche et poursuite des délits de leur compétence, et d'en donner avis à nos procureurs généraux, à peine de suspension de leurs charges pour la première fois, et de privation en cas de récidive.

6.

Prendront conclusions en toutes affaires où nous, l'amiral, le public, les mineurs ou absens auront intérêt; et seront, en cas de besoin, appelés comme gradués au jugement des autres affaires, préférablement aux avocats et praticiens des lieux.

7.

Seront tenus de dresser chaque mois un état des appellations qui leur auront été signifiées, des jugemens auxquels nous, l'amiral ou le public auront intérêt; lequel état ils enverront incessamment à notre procureur aux siéges et cours où elles ressortiront, avec un mémoire instructif.

8.

Auront quatre registres, dont le premier contiendra leurs conclusions tant préparatoires que définitives; le deuxième, l'état de tous les échouemens, bris, naufrages, et généralement de toutes épaves trouvées en mer ou sur les grèves, ensemble des

ventes, adjudications ou mainlevées, et des frais faits
à l'occasion des naufrages; le troisième, le rôle des
amendes adjugées sur leurs conclusions, l'état des
titres à eux communiqués concernant les droits d'ancrage, pêche, varech et autres, les oppositions formées entre leurs mains, et les assignations données
aux étrangers; et le quatrième contiendra les dénon-
ciations qu'ils feront signer aux dénonciateurs, s'ils
savent signer, sinon à leurs procureurs.

9.

Faisons défenses à tous officiers d'amirauté d'exiger
des pêcheurs, mariniers et marchands de poisson ou
autres marchandises (1), même d'en recevoir, sous
prétexte de paiement de leurs droits, à peine d'interdiction et de cinq cents livres d'amende.

10.

Leur faisons pareillement défenses de prendre directement ou indirectement, par eux ou par personnes
interposées, aucune part ni intérêt dans les droits
de tonnes, balises, ancrages et autres dont la connaissance leur appartient, à peine de privation de
leurs charges, et de mille livres d'amende.

(1) .... *Marchands de poisson ou autres marchandises* : tel est le
texte. Il est évident qu'il faut lire, pour que la phrase soit intelligible :
marchands du poisson ou autres marchandises.

TITRE IV.

Du Greffier.

1.

Les greffiers des siéges généraux et particuliers seront âgés de vingt-cinq ans, et reçus après information de leur vie, mœurs et religion.

2.

Avant que les greffiers puissent faire aucun exercice du greffe, il sera fait, par le lieutenant, en présence de nos procureurs ou avocats, inventaire ou récolement de tous les registres, minutes et papiers qui se trouveront au greffe.

3.

Les minutes des procès-verbaux, inventaires, enquêtes, informations, récolemens, déclarations et autres semblables actes, seront écrites par les greffiers ou par leurs commis, qui auront serment en justice, et ne pourront, les greffiers, s'en dessaisir que par ordonnance de juge, à peine d'amende arbitraire et des dommages et intérêts des parties, même d'interdiction.

4.

Seront tenus d'écrire au pied des expéditions qu'ils délivreront les épices et vacations des officiers et les droits du greffe, à peine de restitution du double et de cinquante livres d'amende.

5.

Enjoignons au greffier d'avoir sept registres cotés et paraphés à chaque feuillet par le juge, et d'y écrire tous les actes de suite, sans y laisser aucun blanc, à peine de cinq cents livres d'amende, et de punition exemplaire s'il y échoit.

6.

Le premier servira pour les causes d'audience, et le second pour les jugemens rendus sur procès par écrit.

7.

Le troisième servira pour l'enregistrement des édits, déclarations, ordonnances, arrêts, provisions, commissions et installations d'officiers, réceptions des maîtres et pilotes, et des titres de ceux qui prétendent quelques droits sur les vaisseaux, marchandises et pêcheries.

8.

Le quatrième contiendra les congés, et le cinquième les rapports des capitaines et maîtres de navires, ensemble les déclarations des prises, naufrages et épaves de mer, et de tous les actes faits en conséquence.

9.

Le sixième servira pour le dépôt de tous les procès qui seront produits, et de tout ce qui sera consigné au greffe.

10.

Le septième contiendra le rôle des maîtres, matelots, pêcheurs et mariniers étant dans le ressort du siége, avec les nombre, port et fabrique des vaisseaux appartenant aux bourgeois demeurant dans son étendue.

11.

Faisons défenses au greffier de communiquer les chartes-parties, connaissemens, lettres d'adresses, et autres papiers trouvés dans les vaisseaux pris ou échoués, ni les procès-verbaux, informations, interrogatoires, et autres procédures et instructions secrètes concernant les prises et échouemens, si ce n'est par ordonnance du juge, à peine de trois cents livres d'amende et des dommages et intérêts des parties, même d'être procédé extraordinairement contre eux.

12.

Seront tenus d'envoyer, au commencement de chaque année, au greffe des juridictions où ressortissent les appellations de leur siége, l'extrait de leurs registres criminels, et d'en donner avis à nos procureurs.

13.

Seront pareillement tenus de délivrer au receveur de l'amiral, tous les six mois, le rôle des amendes qui auront été adjugées au siége.

14.

Le greffier sera aussi tenu de mettre dans le lieu

le plus apparent du greffe; un tableau dans lequel seront écrits les droits de chaque expédition.

15.

Les greffiers sortant d'exercice, et leurs veuves et héritiers, seront tenus, à l'avenir, de remettre au greffe leurs registres et minutes avec les autres papiers dont ils auront été chargés; à quoi faire ils pourront être contraints par toutes voies, même par corps.

TITRE V.

Des Huissiers-Audienciers, Visiteurs, et autres Sergens de l'Amirauté.

I.

Les huissiers-audienciers, visiteurs, et autres sergens de l'amirauté, ne pourront être reçus qu'ils ne soient âgés de vingt-cinq ans, et qu'ils n'aient été examinés sur les articles de l'ordonnance concernant les fonctions de leurs charges, information préalablement faite de leur vie, mœurs et religion; et ils seront tenus de donner caution de trois cents livres, qui sera reçue avec notre procureur par-devant le lieutenant.

2.

Les huissiers-visiteurs feront incessamment la visite des vaisseaux lors de leur arrivée et de leur départ, et en délivreront leurs procès-verbaux aux maîtres à peine de tous dépens, dommages et intérêts procédant du retardement.

3.

Observeront, en faisant leur visite, de quelles marchandises les vaisseaux sont chargés, quel est leur équipage, quels passagers ils mènent; et feront mention, dans leurs procès-verbaux, du jour de l'arrivée ou départ du bâtiment, et de ce qui leur aura été payé pour leur salaire.

4.

Tiendront un registre coté et paraphé en chaque page par le lieutenant du siége, dans lequel sera fait mention sommaire du contenu aux procès-verbaux de visite, et le registre sera clos par le juge à la fin de chaque année.

5.

S'opposeront au transport des marchandises déprédées ou de contrebande, les saisiront et en feront rapport au juge, à peine de trois cents livres d'amende et de punition exemplaire.

6.

Empêcheront les maîtres de faire voile sans congé de l'amiral bien dûment enregistré, et de décharger aucunes marchandises s'ils n'ont fait leur rapport.

7.

Les maîtres, capitaines et patrons seront tenus de

souffrir la visite de leurs bâtimens, à peine d'amende arbitraire.

═══════

TITRE VI.

Du Receveur de l'Amiral.

1.

Le receveur de l'amiral sera tenu de faire enregistrer sa commission au greffe du siége de l'amirauté où il sera établi, et d'y prêter serment.

2.

Il sera aussi tenu d'avoir un registre coté et paraphé par le juge, dans lequel il enregistrera les congés.

3.

Le receveur sera appelé, à la diligence de notre procureur, à la confection de l'inventaire des effets sauvés des naufrages ou pris sur nos ennemis, sans qu'il puisse prétendre aucun droit pour son assistance.

4.

Lui seront communiquées les requêtes à fin de mainlevée des effets sauvés des naufrages, ou provenus des prises, et toutes autres auxquelles l'amiral aura intérêt.

5.

Enjoignons au receveur de l'amiral de tenir son bureau ouvert, et d'y être chaque jour, pour la délivrance des congés et passeports, depuis huit heures du matin jusqu'à onze, et depuis deux heures après midi jusqu'à cinq; et d'écrire au bas de chaque congé qu'il délivrera ce qu'il aura reçu, à peine de cinquante livres d'amende au profit de l'hôpital du lieu de son établissement.

TITRE VII.

DES INTERPRÈTES ET DES COURTIERS-CONDUCTEURS DES MAÎTRES DE NAVIRES.

I.

Les interprètes ne pourront faire fonction de leurs commissions qu'elles n'aient été enregistrées au siége de leur établissement, et qu'ils n'aient fait expérience de leur capacité, et prêté serment devant le lieutenant du siége.

2.

Interpréteront dans les siéges d'amirauté, privativement à tous les autres, les déclarations, chartesparties, connaissemens, contrats et tous actes dont la traduction sera nécessaire.

3.

Serviront aussi de truchement à tous étrangers,

tant maîtres de navires, que marchands, équipages de vaisseaux et autres personnes de mer.

4.

Les traductions ne feront foi que lorsque les parties auront convenu d'interprètes, ou qu'ils auront été nommés par les juges.

5.

Les interprètes, convenus ou nommés, se chargeront, au greffe, des pièces dont la traduction sera ordonnée, après qu'elles auront été paraphées par le juge, et seront tenus de les rapporter avec les traductions dans le temps qui leur sera prescrit, sans qu'ils puissent exiger ni prendre plus grands salaires que ceux qui leur seront taxés.

6.

Pourront aussi servir de facteurs aux marchands étrangers dans les affaires de leur commerce.

7.

Aucun ne pourra faire fonction de courtier-conducteur de maître de navire, qu'il n'ait été immatriculé au greffe de l'amirauté, sur l'attestation que quatre notables marchands du lieu donneront de ses capacité et probité.

8.

Les interprètes et courtiers auront un registre coté et paraphé en tous les feuillets par le lieutenant de l'amirauté, dans lequel ils écriront les noms des maîtres et des navires pour lesquels ils seront employés, le jour de leur arrivée, le port et la cargaison des vaisseaux, avec l'état des droits et avaries qui auront été payés, et des salaires qu'ils auront reçus, à peine d'interdiction; et sera le tout arrêté et signé sur le registre par les maîtres.

9.

Faisons défenses aux interprètes et courtiers d'employer, dans leurs états, autres ni plus grands droits que ceux qu'ils auront effectivement payés, et de faire payer ou souffrir être payé par les maîtres qu'ils conduiront, autre chose que les droits légitimement dûs, même sous prétexte de gratification, à peine de restitution et d'amende arbitraire.

10.

Seront tenus de fournir pour les maîtres qui les emploieront les déclarations nécessaires aux greffes et bureaux établis pour les recevoir, à peine de répondre en leur nom des condamnations qui interviendront contre les maîtres, faute d'y avoir satisfait.

11.

Faisons en outre défenses, à peine de trente livres d'amende, aux courtiers et interprètes d'aller au-devant des vaisseaux, soit aux rades, soit dans les canaux ou rivières navigables, pour s'attirer les maîtres, capitaines ou marchands, qui pourront choisir ceux que bon leur semblera.

12.

Feront résidence dans les lieux de leur établissement, à peine de privation de leur commission.

13.

Les interprètes et courtiers ne pourront faire aucun négoce pour leur compte, ni même acheter aucune chose des maîtres qu'ils serviront, à peine de confiscation des marchandises et d'amende arbitraire.

14.

Les maîtres et marchands qui voudront agir par eux-mêmes ne seront tenus de se servir d'interprètes ni de courtiers.

15.

Faisons défenses aux courtiers et interprètes de mettre prix aux marchandises et denrées qui arrivent au port de leur résidence, à peine de punition exemplaire.

TITRE VIII.

Dᴜ Pʀᴏғᴇssᴇᴜʀ ᴅ'Hʏᴅʀᴏɢʀᴀᴘʜɪᴇ.

1.

Voulons que, dans les villes maritimes les plus considérables de notre royaume, il y ait des professeurs d'hydrographie, pour enseigner publiquement la navigation.

2.

Les professeurs d'hydrographie sauront dessiner, et l'enseigneront à leurs écoliers, pour les rendre capables de figurer les ports, côtes, montagnes, arbres, tours et autres choses servant de marques aux havres et rades, et de faire les cartes des terres qu'ils découvriront.

3.

Tiendront quatre jours au moins de chaque semaine leurs écoles ouvertes, dans lesquelles ils auront des cartes, routiers, globes, sphères, boussoles, arbalètes, astrolabes et les autres instrumens et livres nécessaires à leur art.

4.

Les directeurs des hôpitaux des villes où il y aura école d'hydrographie, seront tenus d'y envoyer étudier annuellement deux ou trois des enfans qui s'y trouveront renfermés, et de leur fournir les livres et instrumens nécessaires pour apprendre la navigation.

5.

Les professeurs d'hydrographie examineront avec soin les journaux de navigation déposés au greffe de l'amirauté du lieu de leur établissement, et les corrigeront en présence des pilotes qui auront erré dans leur route.

6.

Ne pourront retenir plus d'un mois les journaux

qui leur seront communiqués par les greffiers, auxquels nous enjoignons de le faire sans frais, à peine
d'interdiction.

7.

Déclarons les professeurs d'hydrographie ensei-
gnant actuellement exempts de guet et garde, tu-
telle et curatelle, et de toutes autres charges publiques.

8.

Leur faisons défenses de s'absenter du lieu de leur
établissement sans congé de l'amiral, ou des maires
et échevins qui les gageront, à peine de privation de
leurs appointemens.

TITRE IX.

DES CONSULS DE LA NATION FRANÇAISE DANS LES PAYS ÉTRANGERS.

I.

Aucun ne pourra se dire consul de la nation française dans les pays étrangers, sans avoir commission
de nous, qui ne sera accordée qu'à ceux qui auront
l'âge de trente ans.

2.

Le consulat venant à vaquer, le plus ancien des
députés de la nation qui se trouvera en exercice fera
la fonction de consul jusqu'à ce qu'il y ait été par
nous pourvu.

3.

Celui qui aura obtenu nos lettres de consul dans les villes et places de commerce des états du Grand-Seigneur, appelées Échelles du Levant, et autres lieux de la Méditerranée, en fera faire la publication en l'assemblée des marchands du lieu de son établissement, et l'enregistrement en la chancellerie du consulat, et aux greffes, tant de l'amirauté que de la chambre du commerce de Marseille; et prêtera le serment suivant l'adresse portée par ses provisions.

4.

Enjoignons aux consuls d'appeler aux assemblées qu'ils convoqueront pour les affaires générales du commerce et de la nation, tous les marchands, capitaines et patrons français étant sur les lieux, lesquels seront obligés d'y assister, à peine d'amende arbitraire, applicable au rachat des captifs.

5.

Les artisans établis dans les Échelles, ni les matelots, ne seront admis aux assemblées.

6.

Les résolutions de la nation seront signées de ceux qui y auront assisté, et exécutées sur les mandemens des consuls.

7.

Les députés de la nation seront tenus, après leur

temps expiré, de rendre compte au consul du maniement qu'ils auront eu des deniers et affaires communes, en présence des députés nouvellement élus,
et des plus anciens négocians.

8.

Le consul enverra, de trois mois en trois mois, au
lieutenant de l'amirauté et aux députés du commerce
de Marseille, copie des délibérations prises dans les
assemblées, et des comptes rendus par les députés
de la nation, pour être communiqués aux échevins,
et, par eux et les députés du commerce, débattus si
besoin est.

9.

Les consuls tiendront bon et fidèle mémoire des
affaires importantes de leur consulat, et l'enverront
tous les ans au secrétaire d'état ayant le département de la marine.

10.

Faisons défenses aux consuls d'emprunter, au nom
de la nation, aucunes sommes de deniers des Turcs,
Maures, Juifs ou autres, sous quelque prétexte que
ce puisse être, et même de cotiser ceux de la nation,
si ce n'est par délibération commune qui en contiendra les causes et la nécessité, à peine de payer
en leur nom.

11.

Leur défendons en outre, à peine de concussion,
de lever plus grands droits que ceux qui leur seront

attribués, et d'en exiger aucun des maîtres et patrons de navires qui mouilleront dans les ports et
rades de leur établissement, sans y charger ni décharger aucunes marchandises.

12.

Et, quant à la juridiction tant en matière civile
que criminelle, les consuls se conformeront à l'usage
et aux capitulations faites avec les souverains des
lieux de leur établissement.

13.

Les jugemens des consuls seront exécutés par provision en matière civile, en donnant caution; et définitivement et sans appel en matière criminelle, quand
il n'écherra peine afflictive; le tout pourvu qu'ils soient
donnés avec les députés et quatre notables de la
nation.

14.

Et, où il écherrait peine afflictive, ils instruiront le
procès, et l'enverront avec l'accusé dans le premier
vaisseau de nos sujets faisant son retour en notre
royaume, pour être jugé par les officiers de l'a-
mirauté du premier port où le vaisseau fera sa décharge.

15.

Pourront aussi les consuls, après information faite,
et par l'avis des députés de la nation, faire sortir des
lieux de leur établissement les Français de vie et
conduite scandaleuses. Enjoignons à tous capitaines

et maîtres de les embarquer sur les ordres du consul, à peine de cinq cents livres d'amende, applicable au rachat des captifs.

16.

Les consuls commettront, tant à l'exercice de la chancellerie, que pour l'exécution de leurs jugemens et des autres actes de justice, telles personnes qu'ils en jugeront capables, auxquelles ils feront prêter le serment, et dont ils demeureront civilement responsables.

17.

Les droits des actes et expéditions de la chancellerie seront par eux réglés, de l'avis des députés de la nation française et des plus anciens marchands; le tableau en sera mis au lieu le plus apparent de la chancellerie, et l'extrait en sera envoyé incessamment par chaque consul au lieutenant de l'amirauté et aux députés du commerce de Marseille.

18.

Les appellations des jugemens des consuls établis tant aux Échelles du Levant, qu'aux côtes d'Afrique et de Barbarie, ressortiront au parlement d'Aix, et toutes les autres au parlement le plus proche du consulat où les sentences auront été rendues.

19.

En cas de contestation entre les consuls et les négocians, tant aux Échelles du Levant, qu'aux côtes d'Afrique et de Barbarie, pour leurs affaires particulières, les parties se pourvoiront au siége de l'amirauté de Marseille.

20.

Le consul sera tenu de faire l'inventaire des biens et effets de ceux qui décéderont sans héritiers sur les lieux, ensemble des effets sauvés des naufrages, dont il chargera le chancelier au pied de l'inventaire, en présence de deux notables marchands qui le signeront.

21.

Si toutefois le défunt avait constitué un procureur pour recueillir ses effets, ou s'il se présente un commissionnaire porteur du connaissement des marchandises sauvées, les effets leur seront remis.

22.

Sera tenu le consul d'envoyer incessamment copie de l'inventaire des biens du décédé, et des effets sauvés des naufrages, aux officiers de l'amirauté et aux députés du commerce de Marseille, auxquels nous enjoignons d'en avertir les intéressés.

23.

Tous actes expédiés dans les pays étrangers où il y aura des consuls, ne feront aucune foi en France, s'ils ne sont par eux légalisés.

24.

Les testamens reçus par le chancelier, dans l'étendue du consulat, en présence du consul et de deux témoins, et signés d'eux, seront réputés solennels.

25.

Les polices d'assurances, les obligations à grosse aventure ou à retour de voyage, et tous autres contrats maritimes, pourront être passés en la chancellerie du consulat, en présence de deux témoins qui signeront.

26.

Le chancelier aura un registre coté et paraphé en chaque feuillet par le consul et par le plus ancien des députés de la nation, sur lequel il écrira toutes les délibérations et les actes du consulat, enregistrera les polices d'assurances, les obligations et contrats qu'il recevra, les connaissemens ou polices de chargement qui seront déposés en ses mains par les mariniers et passagers, l'arrêté des comptes des députés de la nation, et les testámens et inventaires des effets délaissés par les défunts ou sauvés des naufrages, et généralement les actes et procédures qu'il fera en qualité de chancelier.

27.

Les maîtres qui abordent les ports où il y a des consuls de la nation française, seront tenus, en arrivant, de leur représenter leurs congés, de faire rapport de leurs voyages, et de prendre d'eux, en partant, un certificat du temps de leur arrivée ou départ, et de l'état et qualité de leur chargement.

TITRE X.

DES CONGÉS ET RAPPORTS.

I.

Aucun vaisseau ne sortira des ports de notre royaume, pour aller en mer, sans congé de l'amiral enregistré au greffe de l'amirauté du lieu de son départ, à peine de confiscation.

2.

Ne seront néanmoins, les maîtres, tenus de prendre aucun congé pour retourner au port de leur demeure, s'il est situé dans le ressort de l'amirauté où ils auront fait leur décharge.

3.

Le congé contiendra le nom du maître, celui du vaisseau, son port et sa charge, le lieu de son départ et celui de sa destination.

4.

Tous maîtres et capitaines de navires seront tenus de faire leur rapport au lieutenant de l'amirauté vingt-quatre heures après leur arrivée au port, à peine d'amende arbitraire.

5.

Le maître faisant son rapport, représentera le congé, et déclarera le lieu et le temps de son départ, le port et le chargement de son navire, la route qu'il aura tenue, les hasards qu'il aura courus, les désordres arrivés dans son vaisseau, et toutes les circonstances considérables de son voyage.

6.

Si, pendant le voyage, il est obligé de relâcher en quelque port, il déclarera au lieutenant de l'amirauté du lieu la cause de son relâchement, et lui représentera son congé, sans être tenu d'en prendre un autre pour se mettre en mer.

7.

La vérification des rapports pourra être faite par la déposition des gens de l'équipage, sans préjudice des autres preuves.

8.

Les officiers de l'amirauté ne pourront contraindre les maîtres de vérifier leur rapport; mais les rapports non vérifiés ne feront point de foi pour la décharge des maîtres.

9.

Faisons défenses aux maîtres de décharger aucune marchandise après leur arrivée, avant que d'avoir

I.　　　　　　　　　　　　　　　5

fait leur rapport, si ce n'est en cas de péril imminent, à peine de punition corporelle contre les maîtres, et de confiscation des marchandises contre les
marchands qui auront fait faire la décharge.

10.

Les greffes d'amirauté seront ouverts en tout temps
depuis huit heures jusqu'à onze du matin, et depuis
deux heures après midi jusqu'à six, pour l'enregistrement des congés et la réception des rapports.

TITRE XI.

DES AJOURNEMENS ET DÉLAIS.

1.

Tous exploits donnés aux maître et mariniers dans
le vaisseau, pendant le voyage, seront valables comme
s'ils étaient faits à domicile.

2.

Aux affaires où il y aura des étrangers ou forains
parties, et en celles qui concerneront les agrès, victuailles, équipages et radoubs des vaisseaux prêts à
faire voile, et autres matières provisoires, les assignations seront données de jour à jour, et d'heure à
autre, sans qu'il soit besoin de commission du juge,
et pourra être le défaut jugé sur-le-champ.

3.

Les juges d'amirauté en première instance tiendront le siége, pour les affaires ordinaires, trois jours la semaine, et pour les causes provisoires et celles des forains et étrangers de jour en jour et d'heure à autre; et pourront les parties plaider en personne, sans être obligées de se servir du ministère d'avocats ni procureurs.

TITRE XII.

DES PRESCRIPTIONS ET FINS DE NON-RECEVOIR.

I.

Les maîtres et patrons ne pourront, par quelque temps que ce soit, prescrire le vaisseau contre les propriétaires qui les auront établis.

2.

Ne pourront aussi faire aucune demande pour leur fret, ni les officiers, matelots et autres gens de l'équipage, pour leurs gages et loyers, un an après le voyage fini.

3.

Ceux qui auront fourni le bois et autres choses nécessaires à la construction, équipement et avituaillement des vaisseaux, les charpentiers, calfateurs et autres ouvriers employés à la fabrique et au radoub, ne pourront faire aucune demande pour le prix de leur marchandise, ni pour leurs peines et salaires, après un an à compter, à l'égard des marchands, du jour de la délivrance de leur marchandise, et pour les ouvriers, du jour que leurs ouvrages auront été reçus.

4.

Ne seront non plus reçues aucunes actions contre les maîtres, patrons, ou capitaines, en délivrance de marchandise chargée dans leur vaisseau, un an après le voyage accompli.

5.

Le marchand ne sera recevable à former aucune demande contre le maître, ni contre ses assureurs, pour dommage arrivé à sa marchandise, après l'avoir reçue sans protestation, ni le maître à intenter aucune action, pour avaries, contre le marchand, après qu'il aura reçu son fret, sans avoir protesté de sa part.

6.

Les protestations n'auront aucun effet si, dans le mois, elles ne sont suivies d'une demande en justice.

7.

Le maître ne sera aussi recevable, après la délivrance des marchandises, à alléguer d'autres cas fortuits que ceux mentionnés dans son rapport.

8.

Toute demande pour raison d'abordage sera formée vingt-quatre heures après le dommage reçu, si l'accident arrive dans un port, havre, ou autre lieu où le maître puisse agir.

9.

Les taverniers n'auront aucune action pour la nourriture fournie aux matelots, si ce n'a été par l'ordre du maître ; et en ce cas ils en feront la demande dans l'an et jour, après lequel ils n'y seront plus reçus.

10.

Les prescriptions ci-dessus n'auront lieu lorsqu'il y aura cédule, obligation, arrêté de compte, ou interpellation judiciaire.

TITRE XIII.

DES JUGEMENS ET DE LEUR EXÉCUTION.

1.

Tous jugemens des siéges particuliers de l'amirauté qui n'excéderont la somme de cinquante livres, et ceux des siéges généraux ès tables de marbre qui n'excéderont cent cinquante livres, seront exécutés définitivement et sans appel.

2.

Les jugemens définitifs concernant les droits de congés et autres appartenant à l'amiral, seront exécutés par provision à la caution juratoire du rece-veur.

3.

Seront aussi les sentences concernant la restitu-tion des choses déprédées ou pillées dans les naufra-ges exécutées, nonobstant et sans préjudice de l'appel, en donnant caution.

4.

Les jugemens dont l'appel interjeté n'aura point été relevé dans six semaines, seront encore exécutés, nonobstant l'appel, en donnant caution.

5.

Les jugemens donnés en matière de ventes et achats de vaisseaux, fret ou nolis, engagemens ou loyers de matelots, assurances, grosses aventures, ou autres contrats concernant le commerce et la pêche de la mer, seront exécutoires par corps.

6.

Permettons en outre aux parties de s'obliger par corps en tous contrats maritimes, aux notaires d'en insérer la clause dans ceux qu'ils recevront, et aux huissiers d'emprisonner en vertu de la soumission, sans qu'il soit besoin de jugement.

7.

Sera au surplus notre ordonnance de mil six cent soixante-sept exécutée selon sa forme et teneur.

TITRE XIV.

De la Saisie et Vente des vaisseaux, et de la Distribution du prix.

1.

Tous navires et autres vaisseaux pourront être saisis et décrétés par autorité de justice; et seront tous priviléges et hypothèques purgés par le décret qui sera fait en la forme ci-après.

2.

Le sergent, après avoir fait commandement de payer, procédera par saisie du vaisseau, déclarera par son procès-verbal le nom du maître, celui du bâtiment, et son port, ensemble le lieu où il sera amarré; fera inventaire des agrès, ustensiles, armes et munitions, et y établira un gardien solvable.

3.

Le procès-verbal sera signifié au domicile du saisi, s'il en a dans le ressort, avec assignation pour voir procéder à la vente; et s'il n'a domicile dans le ressort, la signification sera faite, et l'assignation donnée au maître ; et si le saisi est étranger, et hors du royaume, le tout sera signifié à notre procureur, qui sera tenu d'en donner incessamment avis à notre procureur général.

4.

Les criées et publications seront faites ensuite, par trois dimanches consécutifs, à l'issue de la messe paroissiale du lieu où le vaisseau sera amarré, et les affiches seront apposées le lendemain de chaque criée au grand mât, sur le quai, à la principale porte de l'église et de l'auditoire de l'amirauté, et autres lieux accoutumés.

5.

Les publications et affiches déclareront aussi le nom du vaisseau saisi et son port, et le lieu où il sera gisant ou flottant, et indiqueront les jours d'audience auxquels les enchères auront été remises.

6.

Il sera procédé à la réception des premières enchères, incontinent après la première criée, au jour désigné par l'affiche, et le juge continuera de les recevoir, après chaque criée de huitaine en huitaine, à jour certain et limité.

7.

Après la troisième criée l'adjudication sera faite par le juge au plus offrant et dernier enchérisseur, sans autre formalité.

8.

Pourra toutefois le juge accorder une ou deux remises, qui seront publiées et affichées comme les précédentes.

9.

L'adjudication des barques, chaloupes et autres bâtimens du port de dix tonneaux, et au-dessous, sera faite à l'audience après trois publications seulement, sur le quai à trois divers jours ouvrables consécutifs, pourvu qu'il y ait huit jours francs entre la saisie et la vente.

10.

Les adjudicataires seront tenus, dans les vingt-quatre heures de leur adjudication, d'en payer le prix, sinon de le consigner entre les mains d'un notable bourgeois, ou au greffe de l'amirauté, sans frais ; et, le temps passé, ils y seront contraints par corps, et le vaisseau sera publié de nouveau à l'issue de la messe paroissiale, et adjugé trois jours après à leur folle enchère.

11.

Les oppositions à fin de distraire seront formées au greffe avant l'adjudication, après laquelle elles seront converties en opposition pour deniers.

12.

Les opposans à fin de distraire seront tenus de bailler leurs moyens d'oppositions dans trois jours après qu'elle aura été formée, pour y défendre dans le même délai, et ensuite être la cause portée à l'audience sur un simple acte.

13.

La maîtrise du vaisseau ne pourra être saisie ni vendue, ni aucune opposition à fin de distraction ou de charge être reçue pour raison de ce; et pourront les adjudicataires en disposer, sauf au maître à se pourvoir par son dédommagement, si aucun lui est dû contre ceux qui l'auront proposé.

14.

Les oppositions pour deniers ne pourront être reçues trois jours après l'adjudication.

15.

Les créanciers opposans seront tenus, trois jours après la sommation qui leur en sera faite, de donner leurs causes d'opposition, et de produire les titres de leur créance au greffe, pour y répondre trois jours après, et ensuite être procédé à la distribution du prix.

16.

Les loyers des matelots employés au dernier voyage seront payés par préférence à tous créanciers; après eux, les opposans pour deniers prêtés pour les nécessités du navire pendant le voyage; ensuite, ceux qui auront prêté pour radoub, victuailles et équipement avant le départ; en quatrième lieu, les marchands

chargeurs, le tout par concurrence entre les créanciers étant en même degré de privilége. Et quant
aux créanciers chirographaires et autres non privilégiés, ils seront payés suivant les lois et coutumes
des lieux où l'adjudication aura été faite.

17.

Si le navire vendu n'a point encore fait de voyage,
le vendeur, les charpentiers, calfateurs et autres
ouvriers employés à la construction, ensemble les
créanciers pour les bois et cordages, et autres choses
fournies pour le bâtiment, seront payés par préférence à tous créanciers, et par concurrence entre eux.

18.

Les intéressés au navire dont on saisira quelque
portion lorsqu'il sera prêt à faire voile, pourront le
faire naviguer, en donnant caution jusqu'à concurrence de l'estimation qui sera faite de la portion
saisie.

19.

Pourront aussi les intéressés faire assurer la portion saisie, et prendre deniers à la grosse aventure
pour le coût de l'assurance, dont ils seront remboursés par préférence sur le profit du retour.

LIVRE SECOND.

DES GENS ET DES BATIMENS DE MER.

TITRE PREMIER.

DU CAPITAINE, MAÎTRE OU PATRON.

ARTICLE PREMIER.

AUCUN ne pourra ci-après être reçu capitaine, maître ou patron de navire, qu'il n'ait navigué pendant cinq ans, et n'ait été examiné publiquement sur le fait de la navigation, et trouvé capable par deux anciens maîtres, en présence des officiers de l'amirauté et du professeur d'hydrographie, s'il y en a dans le lieu.

2.

Défendons à tous mariniers de monter aucun bâtiment en qualité de maîtres, et à tous propriétaires d'en établir sur leurs vaisseaux, qu'ils n'aient été reçus en la manière ci-dessus, à peine de trois cents liv. d'amende contre chacun des contrevenans.

3.

Ceux qui se trouveront maîtres lors de la publication des présentes, ne seront néanmoins tenus de subir aucun examen.

4.

Celui qui aura été reçu pilote, et qui aura navigué en cette qualité pendant deux années, pourra aussi être établi maître, sans subir aucun examen, ni prendre aucun acte au siége de l'amirauté.

5.

Appartiendra au maître de faire l'équipage du vaisseau, de choisir et louer les pilotes, contre-maître, matelots et compagnons; ce qu'il fera néanmoins de concert avec les propriétaires, lorsqu'il sera dans le lieu de leur demeure.

6.

Dans les lieux où il y aura des pauvres renfermés, les maîtres, en faisant leur équipage, seront tenus d'y prendre les garçons dont ils auront besoin pour servir de mousses dans leurs vaisseaux.

7.

Le maître qui débauchera un matelot engagé à un autre maître, sera condamné à cent liv. d'amende, applicable, moitié à l'amiral, et moitié au premier maître, lequel reprendra le matelot, si bon lui semble.

8.

Il verra, avant que de faire voile, si le vaisseau

est bien lesté et chargé, fourni d'ancres, agrès et apparaux, et de toutes choses nécessaires pour le voyage.

9.

Demeurera responsable de toutes les marchandises chargées dans son bâtiment, dont il sera tenu de rendre compte sur le pied des connaissemens.

10.

Sera tenu d'avoir un registre ou journal coté et paraphé en chaque feuillet par l'un des principaux intéressés au bâtiment, sur lequel il écrira le jour qu'il aura été établi maître, le nom des officiers et matelots de l'équipage, le prix et les conditions de leur engagement, les paiemens qu'il leur fera, sa recette et sa dépense concernant le navire, et généralement tout ce qui regarde le fait de sa charge, ou pour raison de quoi il aura quelque compte à rendre ou quelque demande à faire.

11.

Si toutefois il y avait dans le navire un écrivain hargé, du consentement du maître, de tenir état de tout le contenu en l'article précédent, le maître en sera dispensé.

12.

Faisons défenses aux maîtres et patrons de charger aucune marchandise sur le tillac de leurs vaisseaux, sans l'ordre ou consentement des marchands, à peine de répondre en leur nom de tout le dommage qui en pourrait arriver.

13.

Les maîtres seront tenus, sous peine d'amende arbitraire, d'être en personne dans leur bâtiment lorsqu'ils sortiront de quelque port, havre, ou rivière.

14.

Défendons d'arrêter pour dettes civiles les maîtres, patrons, pilotes et matelots étant à bord pour faire voile, si ce n'est pour les dettes qu'ils auront contractées pour le voyage.

15.

Le maître, avant que de faire voile, prendra l'avis des pilote, contre-maître et autres principaux de l'équipage.

16.

Sera tenu, avant que de se mettre en mer, de donner au greffe de l'amirauté du lieu de son départ, les noms, surnoms et demeure des gens de son équipage, des passagers et des engagés pour les îles, et de déclarer à son retour ceux qu'il aura ramenés, et les lieux où il aura laissé les autres.

17.

Ne pourra, dans le lieu de la demeure des propriétaires, faire travailler au radoub du navire, acheter voiles, cordages ou autres choses pour le bâtiment, ni prendre pour cet effet argent sur le corps du vaisseau, si ce n'est de leur consentement, à peine de payer en son nom.

18.

Si toutefois le navire était affrété du consentement des propriétaires, et qu'aucuns d'eux fissent refus de contribuer aux frais nécessaires pour mettre le bâtiment dehors, le maître pourra en ce cas emprunter à grosse aventure pour le compte et sur la part des refusans, vingt-quatre heures après leur avoir fait sommation par écrit de fournir leur portion.

19.

Pourra aussi, pendant le cours de son voyage, prendre deniers sur le corps et quille du vaisseau, pour radoub, victuaille et autres nécessités du bâtiment ; même mettre des apparaux en gage, ou vendre des marchandises de son chargement, à condition d'en payer le prix sur le pied que le reste sera vendu : le tout par l'avis des contre-maître et pilote, qui attesteront, sur le journal, la nécessité de l'emprunt et de la vente, et la qualité de l'emploi, sans qu'en aucun cas il puisse vendre le vaisseau qu'en vertu de procuration spéciale des propriétaires.

20.

Le maître qui aura pris sans nécessité de l'argent sur le corps, avituaillement, ou équipement du vaisseau ; vendu des marchandises, engagé des apparaux, ou employé dans ses mémoires des avaries et dépenses supposées, sera tenu de payer en son nom, déclaré indigne de la maîtrise, et banni du port de sa demeure ordinaire.

21.

Les maîtres frétés pour faire un voyage seront tenus de l'achever, à peine des dommages et intérêts des propriétaires et marchands, et d'être procédé extraordinairement contre eux, s'il y échoit.

22.

Pourront, par l'avis des pilote et contre-maître, faire donner la cale, mettre à la boucle, et punir d'autres semblables peines, les matelots mutins, ivrognes et désobéissans, et ceux qui maltraiteront leurs camarades, ou commettront d'autres semblables fautes et délits dans le cours de leur voyage.

23.

Et pour ceux qui seront prévenus de meurtres, assassinats, blasphèmes ou autres crimes capitaux commis en mer, les maître, contre-maître et quartier-maître seront tenus, à peine de cent livres d'amende solidaire, d'informer contre eux, de se saisir de leur personne, de faire les procédures urgentes et nécessaires pour l'instruction de leur procès, et de les remettre avec les coupables entre les mains des officiers de l'amirauté du lieu de la charge ou décharge du vaisseau dans notre royaume.

I. 4

24.

Défendons aux maîtres, à peine de punition exemplaire, d'entrer sans nécessité dans aucun havre étranger ; et, en cas qu'ils y fussent poussés par la tempête, ou chassés par les pirates, ils seront tenus d'en partir et de faire voile au premier temps propre.

25.

Enjoignons à tous maîtres et capitaines qui feront des voyages de long cours, d'assembler chaque jour à l'heure de midi, et toutes fois qu'il sera nécessaire, les pilote, contre-maître, et autres qu'ils jugeront experts au fait de la navigation, et de conférer avec eux sur les hauteurs prises, les routes faites et à faire, et sur leur estime.

26.

Leur faisons défenses d'abandonner leur bâtiment pendant le voyage, pour quelque danger que ce soit, sans l'avis des principaux officiers et matelots ; et en ce cas ils seront tenus de sauver avec eux l'argent, et ce qu'ils pourront des marchandises les plus précieuses de leur chargement, à peine d'en répondre en leur nom, et de punition corporelle.

27.

Si les effets ainsi tirés du vaisseau sont perdus par quelque cas fortuit, le maître en demeurera déchargé.

28.

Les maîtres et patrons qui naviguent à profit commun ne pourront faire aucun négoce séparé pour leur compte particulier, à peine de confiscation de leurs marchandises au profit des autres intéressés.

29.

Leur faisons défenses d'emprunter pour leur voyage plus grande somme de deniers que celle qui leur sera nécessaire pour le fonds de leur chargement, à peine de privation de la maîtrise et de leur part au profit.

30.

Seront tenus, sous pareille peine, de donner, avant leur départ, aux propriétaires du bâtiment, un compte signé d'eux, contenant l'état et le prix des marchandises de leur chargement, les sommes par eux empruntées, et les noms et demeures des prêteurs.

31.

Si les victuailles du vaisseau manquent dans le voyage, le maître pourra contraindre ceux qui auront des vivres en particulier de les mettre en commun, à la charge de leur en payer le prix.

32.

Défendons à tous maîtres de revendre les victuailles de leur vaisseau, et de les divertir ou recéler, à peine de punition corporelle.

33.

Pourront néanmoins, par l'avis et délibération des officiers du bord, en vendre aux navires qu'ils trouveront en pleine mer dans une nécessité pressante de vivres, pourvu qu'il leur en reste suffisamment pour leur voyage, et à la charge d'en tenir compte aux propriétaires.

34.

Au retour des voyages, le reste des victuailles et munitions sera consigné par le maître entre les mains des propriétaires.

35.

Si le maître fait fausse route, commet quelque larcin, souffre qu'il en soit fait dans son bord, ou donne frauduleusement lieu à l'altération ou confiscation des marchandises ou du vaisseau, il sera puni corporellement.

36.

Le maître qui sera convaincu d'avoir livré aux ennemis, ou malicieusement fait échouer ou périr son vaisseau, sera puni du dernier supplice.

TITRE II.

DE L'AUMÔNIER.

I.

Dans les navires qui feront des voyages de long cours, il y aura un prêtre approuvé de son évêque diocésain, ou de son supérieur (s'il est religieux), pour servir d'aumônier.

2.

L'aumônier sera établi par le maître, du consentement des propriétaires catholiques, sans que ceux de la religion prétendue réformée puissent opiner au choix de l'aumônier.

3.

Il célébrera la messe du moins les fêtes et dimanches, administrera les sacremens à ceux du vaisseau, et fera tous les jours, matin et soir, la prière publique, où chacun sera tenu d'assister, s'il n'a empêchement légitime.

4.

Défendons, sous peine de la vie, à tous propriétaires, marchands, passagers, mariniers et autres, de quelque religion qu'ils soient, qui se trouveront dans les vaisseaux, d'apporter aucun trouble à l'exercice de la religion catholique, et leur enjoignons de porter honneur et révérence à l'aumônier, à peine de punition exemplaire.

TITRE III.

De l'Écrivain.

I.

L'écrivain sera tenu d'avoir un registre ou journal coté et paraphé en chaque page par le lieutenant de l'amirauté, ou par deux des principaux propriétaires du navire.

2.

Il écrira dans son registre les agrès et apparaux, armes, munitions et victuailles du vaisseau ; les marchandises qui seront chargées et déchargées, le nom des passagers, le fret ou nolis par eux dû, le rôle des gens de l'équipage, avec leurs gages et loyers ; le nom de ceux qui décéderont dans le voyage, le jour de leur décès, et, s'il est possible, la qualité de leur maladie et le genre de leur mort ; les achats qui seront faits pour le navire depuis le départ, et généralement tout ce qui concernera la dépense du voyage.

3.

Il y écrira pareillement toutes les délibérations qui seront prises dans le navire, et le nom de ceux qui auront opiné, lesquels il fera signer s'ils le peuvent, sinon il fera mention de l'empêchement.

4.

Veillera à la distribution et à la conservation des vivres, et écrira sur son registre ce qui en sera acheté pendant le voyage, et mis entre les mains du dépensier, auquel il en fera rendre compte de huitaine en huitaine.

5.

Lui donnons pouvoir de recevoir les testamens de ceux qui décéderont sur le vaisseau pendant le voyage, de faire l'inventaire des biens par eux délaissés dans le navire, et d'y servir de greffier aux procès criminels.

6.

Le registre de l'écrivain fera foi en justice; lui défendons, sous peine de la vie, d'y écrire chose contraire à la vérité.

7.

Les connaissemens que l'écrivain signera pour ses parens, seront paraphés, en pays étranger, par le consul, et, en France, par l'un des principaux propriétaires du navire, à peine de nullité.

8.

L'écrivain ne pourra quitter le vaisseau que le voyage entrepris n'ait été achevé, à peine de perte de ses gages et d'amende arbitraire.

9.

Vingt-quatre heures après le voyage fini, il sera tenu de mettre au greffe de l'amirauté les minutes des inventaires, informations et testamens faits dans le voyage, à quoi il pourra être contraint par corps.

TITRE IV.

Du Pilote.

I.

Aucun ne sera reçu pilote, et n'en pourra faire les fonctions, qu'il n'ait fait plusieurs voyages en mer, et qu'il n'ait été examiné sur le fait de la navigation, et trouvé capable et expérimenté par le professeur d'hydrographie, deux anciens pilotes et deux maîtres de navires, en présence des officiers de l'amirauté.

2.

Celui qui voudra se faire recevoir pilote sera tenu, pour prouver ses voyages en mer, d'en représenter les journaux lors de son examen.

3.

Le pilote commandera à la route, et se fournira de cartes, routiers, arbalètes, astrolabes, et de tous les livres et instrumens nécessaires à son art.

4.

Dans les voyages de long cours il aura deux papiers-journaux. Sur le premier il écrira les changemens de routes et de vents, les jours et les heures des change-mens, les lieux qu'il estimera avoir avancé sur chacun, les réductions en latitude et longitude, les variations de l'aiguille, ensemble les sondes et terres qu'il aura reconnues; et sur l'autre il mettra de vingt-quatre heures en vingt-quatre heures au net, les routes, longitude et latitude réduites, les latitudes observées, avec tout ce qu'il aura découvert de remarquable dans le cours de sa navigation.

5.

Lui enjoignons en outre de mettre, au retour des

voyages de long cours, copie de son journal au greffe de l'amirauté, et d'en prendre certificat du greffier, à peine de cinquante livres d'amende ; et sera le certificat délivré sans frais.

6.

Au défaut d'écrivain, le pilote sera tenu, quand il en sera requis par le maître, de recevoir par état les marchandises dans le bord, et de faire l'inventaire des biens et effets de ceux qui décéderont sur les vaisseaux, qu'il fera signer par le maître et par deux des principaux de l'équipage.

7.

Le pilote qui, par ignorance ou négligence, aura fait périr un bâtiment, sera condamné en cent livres d'amende, et privé pour toujours de l'exercice du pilotage, sans préjudice des dommages et intérêts des parties ; et, s'il l'a fait par malice, il sera puni de mort.

8.

Faisons défenses aux maîtres de navires de forcer les pilotes de passer en des lieux dangereux, et de faire des routes contre leur gré ; et, en cas de contrariété d'avis, ils se régleront par celui des principaux de l'équipage.

TITRE V.

Du Contre-Maître ou Nocher.

I.

Le contre-maître ou nocher aura soin de faire agréer le vaisseau, et, avant que de faire voile, il verra s'il est suffisamment garni de cordages, poulies, voiles, et de tous les apparaux nécessaires pour le voyage.

2.

Lors du départ, il verra lever l'ancre ; et, pendant le voyage, il visitera chaque jour toutes les manœuvres hautes et basses ; et s'il y remarque quelque défaut, il en donnera avis au maître.

3.

Il exécutera et fera exécuter dans le vaisseau, tant de jour que de nuit, les ordres du maître.

4.

En arrivant au port, il fera préparer les câbles et ancres, et amarrer le vaisseau, frêler les voiles et dresser les vergues.

5.

En cas de maladie ou absence du maître, le contre-maître commandera en sa place.

TITRE VI.

Du Chirurgien.

1.

Dans chaque navire, même dans les vaisseaux pêcheurs faisant voyage de long cours, il y aura un ou deux chirurgiens, eu égard à la quantité des voyages et au nombre des personnes.

2.

Aucun ne sera reçu pour servir en qualité de chirurgien dans les navires, qu'il n'ait été examiné et trouvé capable par deux maîtres chirurgiens, qui en donneront leur attestation.

3.

Les propriétaires de navires seront tenus de fournir le coffre du chirurgien, garni de drogues, onguens, médicamens, et autres choses nécessaires pour le pansement des malades pendant le voyage ; et le chirurgien, les instrumens de sa profession.

4.

Le coffre sera visité par le plus ancien maître chirurgien du lieu, et par le plus ancien apothicaire, autre néanmoins que celui qui aura fourni les drogues.

5.

Les chirurgiens seront tenus de faire faire la visite

de leur coffre trois jours au moins avant que de faire
voile; et les maîtres chirurgiens et apothicaires, d'y
procéder vingt-quatre heures après qu'ils en auront
été requis, à peine de trente livres d'amende et des
intérêts du retardement.

6.

Faisons défenses aux maîtres, à peine de cinquante
livres d'amende, de recevoir aucun chirurgien pour
servir dans leur vaisseau, sans avoir copie en bonne
forme des attestations de sa capacité et de l'état de
son coffre.

7.

Enjoignons aux chirurgiens des navires, en cas qu'ils
découvrent quelque maladie contagieuse, d'en avertir
promptement le maître, afin d'y pourvoir suivant
l'exigence du cas.

8.

Leur faisons défenses de rien exiger et recevoir des
mariniers et soldats malades ou blessés au service du
navire, à peine de restitution et d'amende arbitraire.

9.

Ne pourra le chirurgien quitter le vaisseau dans
lequel il sera engagé que le voyage entrepris n'ait été
achevé, à peine de perte de ses gages, cent livres d'a-
mende, et de pareille somme d'intérêt envers le maître.

TITRE VII.

Des Matelots.

1.

Les matelots seront tenus de se rendre aux jours et heures assignés, pour charger les vivres, équiper le navire et faire voile.

2.

Le matelot engagé pour un voyage ne pourra quitter sans congé par écrit, jusqu'à ce qu'il soit achevé, et que le vaisseau soit amarré à quai et entièrement déchargé.

3.

Si le matelot quitte le maître sans congé par écrit, avant le voyage commencé, il pourra être pris et arrêté en quelque lieu qu'il soit trouvé, et contraint par corps de rendre ce qu'il aura reçu, et de servir autant de temps qu'il s'y était obligé, sans loyer ni récompense ; et s'il quitte après le voyage commencé, il sera puni corporellement.

4.

Si toutefois, après l'arrivée et décharge du vaisseau au port de sa destination, le maître ou patron, au lieu de faire son retour, le frète ou charge pour aller ailleurs, le matelot pourra quitter si bon lui semble, s'il n'est autrement porté par son engagement.

5.

Depuis que le vaisseau aura été chargé, les matelots ne pourront quitter le bord sans congé du maître, à peine de cent sous d'amende, même de punition corporelle en cas de récidive.

6.

Faisons défenses à tous mariniers et matelots de prendre du pain ou autres victuailles, et de tirer aucun breuvage, sans la permission du maître ou dépensier préposé pour la distribution des vivres, à peine de perte d'un mois de leur loyer, et de plus grande punition, s'il y échoit.

7.

Le matelot ou autre qui aura fait couler les breuvages, perdre le pain, fait faire eau au navire, excité sédition pour rompre le voyage ou frapper le maître les armes à la main, sera puni de mort.

8.

Le matelot qui dormira étant en garde ou faisant le quart, sera mis aux fers pendant quinzaine; et celui de l'équipage qui le trouvera endormi, sans en donner avis au maître, sera condamné en cent sous d'amende.

9.

Le marinier qui abandonnera le maître et la défense du vaisseau dans le combat, sera puni corporellement.

10.

Défendons à toutes personnes de lever, dans l'étendue de notre royaume, terres et pays de notre obéissance, aucun matelot pour les armemens et équipemens étrangers; et à nos sujets de s'y engager sans notre permission, à peine de punition exemplaire.

TITRE VIII.

Dᴇѕ Pʀᴏᴘʀɪᴇᴛᴀɪʀᴇѕ ᴅᴇ Nᴀᴠɪʀᴇѕ.

1.

Pourront nos sujets, de quelque qualité et condition qu'ils soient, faire construire ou acheter des navires, les équiper pour eux, les fréter à d'autres, et faire le commerce de la mer par eux ou par personnes interposées, sans que, pour raison de ce, les gentilshommes soient réputés faire acte dérogeant à la noblesse, pourvu toutefois qu'ils ne vendent point en détail.

2.

Les propriétaires de navires seront responsables des faits du maître : mais ils en demeureront déchargés en abandonnant leur bâtiment et le fret.

3.

Ne seront toutefois les propriétaires des navires équipés en guerre, responsables des délits et déprédations commises en mer par les gens de guerre étant sur leurs vaisseaux, ou par les équipages, sinon jusqu'à concurrence de la somme pour laquelle ils auront donné caution, si ce n'est qu'ils en soient participans ou complices.

4.

Pourront tous propriétaires de navires congédier le maître, en le remboursant, s'il le requiert, de la part qu'il aura au vaisseau, au dire de gens à ce connaissant.

5.

En tout ce qui concerne l'intérêt commun des propriétaires, l'avis du plus grand nombre sera suivi ; et sera réputé le plus grand nombre, celui des intéressés qui auront la plus grande part au vaisseau.

6.

Aucun ne pourra contraindre son associé de procéder à la licitation d'un navire commun, si ce n'est que les avis soient également partagés sur l'entreprise de quelque voyage.

TITRE IX.

Des Charpentiers et Calfateurs.

I.

Les métiers de charpentier, calfateur et perceur de navires, pourront être ci-après exercés par une même personne , nonobstant tous règlemens ou statuts contraires.

2.

En chaque port, ceux qui exerceront les métiers de charpentiers et calfateurs, s'assembleront annuellement pour élire deux jurés ou prud'hommes.

3.

Les jurés ou prud'hommes feront de jour à autre visite des ouvrages, et rapport à justice des abus et malfaçons qu'ils reconnaîtront dans les constructions, radoub et calfat des bâtimens.

4.

Ceux qui auront deux ou plusieurs apprentifs, dans les lieux où il y aura des enfans renfermés, seront tenus d'en prendre un de l'hôpital, auxquels les directeurs fourniront les outils, nourriture et vêtemens nécessaires.

5.

L'apprentif tiré de l'hôpital sera tenu, après deux années d'apprentissage, de servir son maître pendant un an, en qualité de compagnon, sans autre salaire que la nourriture.

6.

Les apprentifs ne seront tenus de prêter aucun serment en justice pour entrer en apprentissage, de payer aucun droit, ni de faire aucun banquet; faisons défenses d'en exiger d'eux, à peine d'amende arbitraire et de restitution du quadruple.

7.

Ceux qui voudront faire radouber des vaisseaux pourront se servir d'ouvriers forains, et faire, si bon leur semble, visiter l'ouvrage par les jurés du lieu.

TITRE X.

DES NAVIRES ET AUTRES BATIMENS DE MER.

1.

Tous navires et autres bâtimens de mer seront réputés meubles, et ne seront sujets à retrait lignager, ni à aucuns droits seigneuriaux.

2.

Seront néanmoins tous vaisseaux affectés aux dettes du vendeur, jusqu'à ce qu'ils aient fait un voyage en mer sous le nom et aux risques du nouvel acquéreur, si ce n'est qu'ils aient été vendus par décret.

3.

La vente d'un vaisseau étant en voyage, ou faite sous seing privé, ne pourra préjudicier aux créanciers du vendeur.

4.

Tous navires seront jaugés, incontinent après leur construction, par les gardes-jurés ou prud'hommes

du métier de charpentier, qui donneront leur attestation du port du bâtiment, laquelle sera enregistrée
au greffe de l'amirauté.

5.

Pour connaître le port et la capacité d'un vaisseau,
et en régler la jauge, le fond de cale, qui est le lieu
de la charge, sera mesuré à raison de quarante-deux
pieds cubes pour tonneau de mer.

6.

Seront tenus les officiers de l'amirauté, à peine d'interdiction de leur charge, de faire tous les ans, au
mois de décembre, un état de tous les vaisseaux appartenant aux bourgeois de leur ressort, qui contiendra leur port, âge, qualité et fabrique, avec le nom
des propriétaires, et de l'envoyer au secrétaire d'état
ayant le département de la marine.

LIVRE TROISIÈME.

DES CONTRATS MARITIMES.

TITRE PREMIER.

DES CHARTES-PARTIES, AFFRÉTEMENS OU NOLISSEMENS.

ARTICLE PREMIER.

TOUTE convention pour le louage d'un vaisseau, appelé charte-partie, affrétement ou nolissement, sera rédigée par écrit, et passée entre les marchands et le maître, ou les propriétaires du bâtiment.

2.

Le maître sera tenu de suivre l'avis des propriétaires du vaisseau quand il affrétera dans le lieu de leur demeure.

3.

La charte-partie contiendra le nom et le port du vaisseau, le nom du maître et celui de l'affréteur, le lieu et le temps de la charge et décharge, le prix du fret ou nolis, avec les intérêts des retardemens et séjours; et il sera loisible aux parties d'y ajouter les autres conditions dont elles seront convenues.

4.

Le temps de la charge et décharge des marchandises sera réglé suivant l'usage des lieux où elle se fera, s'il n'est point fixé par la charte-partie.

5.

Si le navire est frété au mois, et que le temps du fret ne soit point aussi réglé par la charte-partie, il ne courra que du jour que le vaisseau fera voile.

6.

Celui qui, après sommation par écrit de satisfaire au contrat, refusera ou sera en demeure de l'exécuter, sera tenu des dommages et intérêts.

7.

Si toutefois, avant le départ du vaisseau, il arrive interdiction de commerce par guerre, représailles ou autrement, avec le pays pour lequel il était destiné, la charte-partie sera résolue sans dommages et intérêts de part ni d'autre, et le marchand paiera les frais de la charge et décharge de ses marchandises; mais, si c'est avec d'autres pays, la charte-partie subsistera en son entier.

8.

Si les ports sont seulement fermés, ou les vaisseaux arrêtés pour un temps par force majeure, la charte-partie subsistera aussi en son entier, et le maître et marchand seront réciproquement tenus d'attendre l'ouverture des ports et la liberté des vaisseaux, sans dommages et intérêts de part ni d'autre.

9.

Pourra néanmoins le marchand, pendant le temps de la fermeture des ports ou de l'arrêt, faire décharger sa marchandise à ses frais, à condition de la recharger ou d'indemniser le maître.

10.

Le maître sera tenu d'avoir dans son vaisseau, pendant son voyage, la charte-partie et les autres pièces justificatives de son chargement.

11.

Le navire, ses agrès et apparaux, le fret et les marchandises chargées, seront respectivement affectés aux conventions de la charte-partie.

TITRE II.

DES CONNAISSEMENS OU POLICES DE CHARGEMENT.

1.

Les connaissemens, polices de chargement ou reconnaissances des marchandises chargées dans le vaisseau, seront signés par le maître ou par l'écrivain du bâtiment.

2.

Les connaissemens contiendront la qualité, quantité et marque des marchandises, le nom du chargeur et de celui auquel elles doivent être consignées, les lieux du départ et de la décharge, le nom du maître et celui du vaisseau avec le prix du fret.

3.

Chaque connaissement sera fait triple; l'un demeurera au chargeur, l'autre sera envoyé à celui auquel les marchandises doivent être consignées, et le troisième sera mis entre les mains du maître ou de l'écrivain.

4.

Vingt-quatre heures après que le vaisseau aura été chargé, les marchands seront tenus de présenter au maître les connaissemens pour les signer, et de lui fournir les acquits de leurs marchandises, à peine de payer l'intérêt du retardement.

5.

Les facteurs, commissionnaires et autres, qui recevront les marchandises mentionnées dans les connaissemens ou chartes-parties, seront tenus d'en donner le reçu aux maîtres qui le demanderont, à peine de tous dépens, dommages et intérêts, même de ceux du retardement.

6.

En cas de diversité entre les connaissemens d'une

même marchandise, celui qui sera entre les mains du maître fera foi s'il est rempli de la main du marchand ou de celle de son commissionnaire; et celui qui sera entre les mains du marchand sera suivi s'il est rempli de la main du maître.

TITRE III.

Du Fret ou Nolis.

1.

Le loyer des vaisseaux, appelé fret ou nolis, sera réglé par la charte-partie ou par le connaissement, soit que les bâtimens aient été loués en entier ou par partie, au voyage ou au mois, avec désignation ou sans désignation de portée, au tonneau, au quintal ou à cueillette, et en quelque autre manière que ce puisse être.

2.

Si le vaisseau est loué en entier, et que l'affréteur ne lui donne pas toute sa charge, le maître ne pourra, sans son consentement, prendre d'autres marchandises pour l'achever, ni sans lui tenir compte du fret.

3.

Le marchand qui n'aura pas chargé la quantité des marchandises portée par la charte-partie, ne laissera pas d'en payer le fret, comme si le tout avait été chargé; et s'il en charge plus, il paiera le fret de l'excédant.

4.

Le maître qui aura déclaré son vaisseau d'un plus grand port qu'il n'est, sera tenu des dommages et intérêts du marchand.

5.

Ne sera réputé y avoir erreur en la déclaration de la portée du vaisseau, si elle n'est au-dessus du quarantième.

6.

Si le vaisseau est chargé à cueillette, ou au quintal, ou au tonneau, le marchand qui voudra retirer ses marchandises avant le départ du vaisseau, pourra les faire décharger à ses frais, en payant la moitié du fret.

7.

Le maître pourra aussi décharger à terre les marchandises trouvées dans son vaisseau, qui ne lui auront point été déclarées, ou en prendre le fret au plus haut prix qui sera payé pour marchandises de pareille qualité.

8.

Le marchand qui retirera ses marchandises pendant le voyage, ne laissera pas d'en payer le fret entier, pourvu qu'il ne les retire point par le fait du maître.

9.

Si le navire est arrêté pendant sa route, ou au lieu de sa décharge, par le fait du marchand affréteur, ou si le vaisseau, ayant été affrété allant et venant, est contraint de faire son retour lége, l'intérêt du retardement et le fret entier seront dus au maître.

10.

Le maître sera aussi tenu des dommages et intérêts de l'affréteur, au dire de gens à ce connaissant, si par son fait le vaisseau était arrêté ou retardé au lieu de sa décharge, ou pendant sa route.

11.

Si le maître est contraint de faire radouber son vaisseau pendant le voyage, le chargeur sera tenu d'attendre, ou de payer le fret entier; et, en cas que le vaisseau ne puisse être raccommodé, le maître sera obligé d'en louer incessamment un autre; et, s'il n'en peut trouver, il sera seulement payé de son fret à proportion de ce que le voyage sera avancé.

12.

Si toutefois le marchand prouvait que lorsque le vaisseau a fait voile il était incapable de naviguer, le maître perdra son fret, et répondra des dommages et intérêts du marchand.

13.

Le maître sera payé du fret des marchandises qui

auront été jetées à la mer pour le salut commun, à la charge de la contribution.

14.

Le fret sera pareillement dû pour les marchandises que le maître aura été contraint de vendre, pour victuailles, radoub et autres nécessités pressantes, en tenant par lui compte de leur valeur, au prix que le reste sera vendu au lieu de leur décharge.

15.

S'il arrive interdiction de commerce avec le pays pour lequel le vaisseau est en route, et qu'il soit obligé de revenir avec son chargement, il ne sera dû au maître que le fret de l'aller, quand même le navire aurait été affrété allant et venant.

16.

Si le vaisseau était arrêté par ordre souverain dans le cours de son voyage, il ne sera dû ni fret pour le temps de sa détention, s'il est affrété au mois, ni augmentation de fret, s'il est loué au voyage ; mais la nourriture et les loyers des matelots, pendant le temps de la détention, seront réputés avarie.

17.

En cas que le dénommé au connaissement refuse de recevoir les marchandises, le maître pourra, par autorité de justice, en faire vendre pour le paiement de son fret, et déposer le reste dans un magasin.

18.

Il n'est dû aucun fret des marchandises perdues par naufrage ou échouement, pillées par les pirates, ou prises par les ennemis; et sera tenu le maître, en ce cas, de restituer ce qui lui aura été avancé, s'il n'y a convention contraire.

19.

Si le navire et les marchandises sont rachetées, le maître sera payé de son fret jusqu'au lieu de la prise, même de son fret entier, s'il les conduit au lieu de leur destination, en contribuant au rachat.

20.

La contribution pour le rachat se fera sur le prix courant des marchandises au lieu de leur décharge, déduction faite des frais; et sur le total du navire et du fret, déduction faite des victuailles consumées et des avances faites aux matelots, lesquels contribueront aussi à la décharge du fret à proportion de ce qui leur restera dû de leurs loyers.

21.

Le maître sera aussi payé du fret des marchandises sauvées du naufrage, en les conduisant au lieu de leur destination.

22.

S'il ne peut trouver de vaisseau pour conduire les marchandises sauvées, il sera payé du fret à proportion seulement du voyage avancé.

23.

Le maître ne pourra retenir la marchandise dans son vaisseau faute de paiement de son fret ; mais il pourra, dans le temps de la décharge, s'opposer au transport, ou la faire saisir, même dans les alléges ou gabarres.

24.

Le maître sera préféré pour son fret sur les marchandises de son chargement, tant qu'elles seront dans le vaisseau, sur des gabarres ou sur le quai ; et même pendant quinzaine après la délivrance, pourvu qu'elles n'aient point passé entre les mains d'un tiers.

25.

Ne pourront les marchands obliger le maître de prendre pour son fret les marchandises diminuées de prix, gâtées ou empirées par leur vice propre ou par cas fortuit.

26.

Si toutefois les marchandises mises en futailles, comme vin, huile, miel et autres liqueurs, ont tellement coulé, que les futailles soient vides ou presque vides, les marchands chargeurs les pourront abandonner pour le fret.

27.

Faisons défenses à tous courtiers et autres de sous-fréter les navires à plus haut prix que celui porté

par le premier contrat, à peine de cent livres d'a-
mende, et de plus grande punition, s'il y échet.

28.

Pourra néanmoins l'affréteur prendre à son profit
le fret de quelques marchandises, pour achever la
charge du navire qu'il aura entièrement affrété.

TITRE IV.

DE L'ENGAGEMENT ET DES LOYERS DES MATELOTS.

I.

Les conventions des maîtres avec les gens de leur
équipage seront rédigées par écrit, et en contiendront
toutes les conditions, soit qu'ils s'engagent au mois
ou au voyage, soit au profit ou au fret, sinon les
matelots en seront crus sur leur serment.

2.

Les matelots ne pourront charger aucune marchandise pour leur compte, sous prétexte de portée
ni autrement, sans en payer le fret, s'il n'en est
mention dans leur engagement.

3.

Si le voyage est rompu par le fait des propriétaires,
maîtres ou marchands, avant le départ du vaisseau,

les matelots loués au voyage seront payés des journées par eux employées à équiper le navire, et d'un quart de leurs loyers; et ceux engagés au mois seront payés à proportion, eu égard à la durée ordinaire du voyage. Mais si la rupture arrive après le voyage commencé, les matelots loués au voyage seront payés de leurs loyers en entier, et ceux loués au mois des loyers dus pour le temps qu'ils auront servi, et pour celui qui leur sera nécessaire à s'en retourner au lieu du départ du vaisseau; les uns et les autres seront en outre payés de leur nourriture jusqu'au même lieu.

4.

En cas d'interdiction de commerce avec le lieu de la destination du vaisseau avant le voyage commencé, il ne sera dû aucun loyer aux matelots engagés au voyage ou au mois, et ils seront seulement payés des journées par eux employées à équiper le bâtiment; et, si c'est pendant le voyage, ils seront payés à proportion du temps qu'ils auront servi.

5.

Si le vaisseau est arrêté par ordre souverain avant le voyage commencé, il ne sera aussi dû aux matelots que les journées employées à équiper le navire; mais, si c'est pendant le cours du voyage, le loyer des matelots engagés au mois courra pour moitié pendant le temps de l'arrêt, et celui des matelots engagés au voyage sera payé aux termes de leur engagement.

6.

En cas que le voyage soit prolongé, les loyers des matelots loués au voyage seront augmentés à proportion; et, si la décharge se fait volontairement en un lieu plus proche que celui désigné par l'affrétement, il ne leur en sera fait aucune diminution; mais, s'ils sont loués au mois, ils seront en l'un et l'autre cas payés pour le temps qu'ils auront servi.

7.

Et quant aux matelots et autres gens de l'équipage allant au profit ou au fret, ils ne pourront prétendre journées ni de dédommagement, en cas que le voyage soit rompu, retardé ou prolongé, par force majeure, soit avant ou depuis le départ du vaisseau; mais, si la rupture, le retardement ou la prolongation arrive par le fait des marchands chargeurs, ils auront part aux dommages et intérêts qui seront adjugés au maître, lequel, aussi bien que les propriétaires, seront tenus de ceux des matelots, si l'empêchement arrive par leur fait.

8.

En cas de prise, bris et naufrage avec perte entière du vaisseau et des marchandises, les matelots ne pourront prétendre aucun loyer, et ne seront néanmoins tenus de restituer ce qui leur a été avancé.

9

Si quelque partie du vaisseau est sauvée, les

matelots engagés au voyage ou au mois seront payés de leurs loyers échus, sur les débris qu'ils auront sauvés ; et, s'il n'y a que des marchandises sauvées, les matelots, même ceux engagés au fret, seront payés de leurs loyers par le maître, à proportion du fret qu'il recevra ; et, de quelque manière qu'ils soient loués, ils seront en outre payés des journées par eux employées à sauver les débris et les effets naufragés.

10.

Si le maître congédie le matelot sans cause valable avant le voyage commencé, il lui paiera le tiers de ses loyers, et le total, si c'est pendant le voyage, avec les frais de son retour, sans les pouvoir passer en compte au propriétaire du bâtiment.

11.

Le matelot qui sera blessé au service du navire, ou qui tombera malade pendant le voyage, sera payé de ses loyers et pansé aux dépens du navire ; et, s'il est blessé en combattant contre les ennemis ou les pirates, il sera pansé aux dépens du navire et de la cargaison.

12.

Mais, s'il est blessé à terre, y étant descendu sans congé, il ne sera point pansé aux dépens du navire ni des marchandises, et il pourra être congédié sans pouvoir prétendre que ses loyers à proportion du temps qu'il aura servi.

I.   6

13.

Les héritiers du matelot engagé par mois, qui décédera pendant le voyage, seront payés des loyers jusqu'au jour de son décès.

14.

La moitié des loyers du matelot engagé par voyage sera due s'il meurt en allant, et le total si c'est au retour; et, s'il naviguait au fret ou au profit, sa part entière sera acquise à ses héritiers, pourvu que le voyage soit commencé.

15.

Les loyers du matelot tué en défendant le navire seront entièrement payés, comme s'il avait servi tout le voyage, pourvu que le navire arrive à bon port.

16.

Les matelots pris dans le navire et faits esclaves ne pourront rien prétendre contre les maîtres, les propriétaires ni les marchands, pour le paiement de leur rachat.

17.

Mais, si un d'eux est pris étant envoyé en mer ou à terre pour le service du navire, son rachat sera payé aux depens du navire; et, si c'est pour le navire et la cargaison, il sera payé aux dépens de tous les deux, pourvu qu'ils arrivent à bon port; le tout néanmoins jusqu'à concurrence de trois cents livres, sans préjudice de ses loyers.

18.

Le règlement des sommes destinées au rachat des matelots sera fait, à la diligence du maître, incontinent après l'arrivée du vaisseau, et les deniers seront déposés entre les mains du principal intéressé, qui sera tenu de les employer incessamment au rachat, à peine du quadruple au profit des matelots détenus.

19.

Le navire et le fret demeureront spécialement affectés aux loyers des matelots.

20.

Les loyers des matelots ne contribueront à aucune avarie, si ce n'est pour le rachat du navire.

21.

Ce qui est ordonné par le présent titre, touchant les loyers, pansement et rachat des matelots, aura lieu pour les officiers et autres gens de l'équipage.

———

TITRE V.

Des Contrats a grosse aventure ou a retour de voyage.

1.

Les contrats à grosse aventure, autrement dits contrats à la grosse ou à retour de voyage, pourront être faits par-devant notaires ou sous signature privée.

2.

L'argent à la grosse pourra être donné sur le corps et quille du vaisseau, ses agrès et apparaux, armement et victuailles, conjointement ou séparément, et sur le tout ou partie de son chargement, pour un voyage entier ou pour un temps limité.

3.

Faisons défenses de prendre deniers à la grosse sur le corps et quille du navire, ou sur les marchandises de son chargement, au-delà de leur valeur, à peine d'être contraint, en cas de fraude, au paiement des sommes entières, nonobstant la perte ou prise du vaisseau..

4.

Défendons aussi, sous pareille peine, de prendre deniers sur le fret à faire par le vaisseau, et sur le profit espéré des marchandises, même sur les loyers des matelots, si ce n'est en présence et du consentement du maître, et au-dessous de la moitié du loyer.

5.

Faisons en outre défenses à toutes personnes de donner de l'argent à la grosse aux matelots sur leurs loyers ou voyages, sinon en présence et du consentement du maître, à peine de confiscation du prêt, et de cinquante livres d'amende.

6.

Les maîtres demeureront responsables en leur nom

du total des sommes prises de leur consentement par les matelots, si elles excèdent la moitié de leurs loyers, et ce nonobstant la perte ou prise du vaisseau.

7.

Le navire, ses agrès et apparaux, armement et victuailles, même le fret, seront affectés par privilége au principal et à l'intérêt de l'argent donné sur le corps et quille du vaisseau, pour les nécessités du voyage; et le chargement au paiement des deniers pris pour le faire.

8.

Ceux qui donneront deniers à la grosse au maître, dans le lieu de la demeure des propriétaires, sans leur consentement, n'auront hypothèque ni privilége que sur la portion que le maître pourra avoir au vaisseau et au fret, quoique les contrats fussent causés pour radoub ou victuailles du bâtiment.

9.

Seront toutefois affectés aux deniers pris par les maîtres pour radoub et victuailles, les parts et portions des propriétaires qui auront refusé de fournir leur contingent pour mettre leur bâtiment en état.

10.

Les deniers laissés par renouvellement ou continuation n'entreront point en concurrence avec les deniers actuellement fournis pour le même voyage.

11.

Tous contrats à la grosse demeureront nuls par la perte entière des effets sur lesquels on aura prêté, pourvu qu'elle arrive par cas fortuit, dans le temps et dans les lieux des risques.

12.

Ne sera réputé cas fortuit tout ce qui arrive par le vice propre de la chose, ou par le fait des propriétaires, maîtres ou marchands chargeurs, s'il n'est autrement porté par la convention.

13.

Si le temps des risques n'est point réglé par le contrat, il courra, à l'égard du vaisseau, ses agrès, apparaux et victuailles, du jour qu'il aura fait voile, jusqu'à ce qu'il soit ancré au port de sa destination, et amarré à quai ; et quant aux marchandises, sitôt qu'elles auront été chargées dans le vaisseau, ou dans les gabarres pour les y porter, jusqu'à ce qu'elles soient délivrées à terre.

14.

Le chargeur qui aura pris de l'argent à la grosse sur marchandises ne sera point libéré par la perte du navire et de son chargement, s'il ne justifie qu'il y avait pour son compte des effets jusqu'à concurrence de pareille somme.

15.

Si toutefois celui qui a pris deniers à la grosse justifie n'avoir pu charger des effets pour la valeur des sommes prises à la grosse, le contrat, en cas de perte, sera diminué à proportion de la valeur des effets chargés, et ne subsistera que pour le surplus, dont le preneur paiera le change suivant le cours de la place où le contrat aura été passé, jusqu'à l'actuel paiement du principal; et, si le navire arrive à bon port, ne sera aussi dû que le change, et non le profit maritime de ce qui excédera la valeur des effets chargés.

16.

Les donneurs à la grosse contribueront à la décharge des preneurs, aux grosses avaries, comme rachats, compositions, jets, mâts et cordages coupés pour le salut commun du navire et des marchandises, et non aux simples avaries ou dommages particuliers qui leur pourraient arriver, s'il n'y a convention contraire.

17.

Seront toutefois, en cas de naufrage, les contrats à la grosse réduits à la valeur des effets sauvés.

18.

S'il y a contrat à la grosse et assurance sur un même chargement, le donneur sera préféré aux assureurs, sur les effets sauvés du naufrage, pour son capital seulement.

TITRE VI.

Des Assurances.

I.

Permettons à tous nos sujets, même aux étrangers, d'assurer et faire assurer, dans l'étendue de notre royaume, les navires, marchandises et autres effets qui seront transportés par mer et rivières navigables; et aux assureurs de stipuler un prix pour lequel ils prendront le péril sur eux.

2.

Le contrat appelé police d'assurance sera rédigé par écrit, et pourra être fait sous signature privée.

3.

La police contiendra le nom et le domicile de celui qui se fait assurer, sa qualité de propriétaire ou de commissionnaire; les effets sur lesquels l'assurance sera faite; le nom du navire et du maître, celui du lieu où les marchandises auront été ou devront être chargées, du havre d'où le vaisseau devra partir ou sera parti, des ports où il devra charger et décharger, et de tous ceux où il devra entrer; le temps auquel les risques commenceront et finiront, les sommes qu'on entend assurer, la prime ou le coût de l'assurance, la soumission des parties aux arbitres, en cas de contestation, et généralement toutes les autres conditions dont elles voudront convenir.

4.

Pourront toutefois les chargemens qui seront faits pour l'Europe, aux Echelles du Levant, aux côtes d'Afrique, et aux autres parties du monde, être assurés sur quelque navire qu'ils puissent être, sans désignation du maître ni du vaisseau, pourvu que celui à qui ils devront être consignés soit dénommé dans la police.

5.

Si la police ne règle point le temps des risques, ils commenceront et finiront dans le temps réglé pour les contrats à la grosse par l'article 13 du titre précédent.

6.

La prime ou coût d'assurance sera payée en son entier lors de la signature de la police; mais, si l'assurance est faite sur marchandises pour l'aller et le retour, et que le vaisseau étant parvenu au lieu de sa destination, il ne se fasse point de retour, l'assureur sera tenu de rendre le tiers de la prime, s'il n'y a stipulation contraire.

7.

Les assurances pourront être faites sur le corps et quille du vaisseau vide ou chargé, avant ou pendant le voyage, sur les victuailles et sur les marchandises, conjointement ou séparément, chargées en vaisseau armé ou non armé, seul ou accompagné, pour l'envoi ou pour le retour, pour un voyage entier ou pour un temps limité.

8.

Si l'assurance est faite sur le corps et quille du vaisseau, ses agrès, apparaux, armement et victuailles, ou sur une portion, l'estimation en sera faite par la police, sauf à l'assureur, en cas de fraude, de faire procéder à la nouvelle estimation.

9.

Tous navigateurs, passagers et autres, pourront faire assurer la liberté de leurs personnes; et en ce cas les polices contiendront le nom, le pays, la demeure, l'âge et la qualité de celui qui se fait assurer; le nom du navire, du havre d'où il doit partir, et celui de son dernier resté; la somme qui sera payée, en cas de prise, tant pour la rançon que pour les frais du retour; à qui les deniers en seront fournis, et sous quelle peine.

10.

Défendons de faire aucune assurance sur la vie des personnes.

11.

Pourront néanmoins ceux qui racheteront les captifs faire assurer, sur les personnes qu'ils tireront d'esclavage, le prix du rachat, que les assureurs seront tenus de payer, si le racheté, faisant son retour, est repris, tué, noyé, ou s'il périt par autre voie que par la mort naturelle.

12.

Les femmes pourront valablement s'obliger et alié-
ner leurs biens dotaux, pour tirer leur mari d'esclavage.

13.

Celui qui, au refus de la femme, et par autorité
de justice, aura prêté deniers pour le rachat de l'esclavage, sera préféré à la femme sur les biens du
mari, sauf pour la répétition de la dot.

14.

Pourront aussi les mineurs, par avis de leurs parens,
contracter semblables obligations pour tirer leur
père d'esclavage, sans qu'ils puissent être restitués.

15.

Les propriétaires des navires ni les maîtres ne pourront faire assurer le fret à faire de leurs bâtimens;
les marchands, le profit espéré de leurs marchandises, ni les gens de mer leurs loyers.

16.

Faisons défenses à ceux qui prendront deniers à la
grosse de les faire assurer, à peine de nullité de l'assurance, et de punition corporelle.

17.

Défendons aussi, sous pareille peine de nullité, aux
donneurs à la grosse de faire assurer le profit des
sommes qu'ils auront données.

18.

Les assurés courront toujours risque du dixième des effets qu'ils auront chargés, s'il n'y a déclaration expresse dans la police qu'ils entendent faire assurer le total.

19.

Et si les assurés sont dans le vaisseau, ou qu'ils en soient les propriétaires, ils ne laisseront pas de courir risque du dixième, encore qu'ils aient déclaré faire assurer le total.

20.

Il sera loisible aux assureurs de faire réassurer par d'autres les effets qu'ils auront assurés; et aux assurés de faire assurer le coût de l'assurance et la solvabilité des assureurs.

21.

Les primes des réassurances pourront être moindres ou plus fortes que celles des assurances.

22.

Défendons de faire assurer ou réassurer des effets au-delà de leur valeur, par une ou plusieurs polices, à peine de nullité de l'assurance et de confiscation des marchandises.

23.

Si toutefois il se trouve une police faite sans fraude, qui excède la valeur des effets chargés, elle subsistera jusqu'à concurrence de leur estimation; et, en cas de perte, les assureurs en seront tenus chacun à proportion des sommes par eux assurées, comme aussi de rendre la prime du surplus, à la réserve du demi pour cent.

24.

Et s'il y a plusieurs polices aussi faites sans fraude, et que la première monte à la valeur des effets chargés, elle subsistera seule; et les autres assureurs sortiront de l'assurance, et rendront aussi la prime, à la réserve du demi pour cent.

25.

En cas que la première police ne monte pas à la valeur des effets chargés, les assureurs de la seconde répondront du surplus; et s'il y a des effets chargés pour le contenu aux assurances, en cas de perte d'une partie, elle sera payée par les assureurs y dénommés, au marc la livre de leur intérêt.

26.

Seront aux risques des assureurs toutes pertes et dommages qui arriveront sur mer, par tempête, naufrages, échouemens, abordages, changemens de route, de voyage ou de vaisseau, jet, feu, prise, pillage, arrêt de prince, déclaration de guerre, représailles, et généralement toutes autres fortunes de mer.

27.

Si toutefois le changement de route, de voyage ou

de vaisseau, arrive par l'ordre de l'assuré, sans le consentement des assureurs, ils seront déchargés des risques; ce qui aura pareillement lieu en toutes autres pertes et dommages qui arriveront par le fait ou la faute des assurés, sans que les assureurs soient tenus de restituer la prime, s'ils ont commencé à courir les risques.

28.

Ne seront aussi tenus les assureurs de porter les pertes et dommages arrivés aux vaisseaux et marchandises par la faute des maîtres et mariniers, si, par la police, ils ne sont chargés de la baraterie de patron.

29.

Les déchets, diminutions et pertes qui arrivent par le vice propre de la chose, ne tomberont point sur les assureurs.

30.

Ne seront aussi tenus des pilotages, touages, lamanages, des droits de congé, visite, rapports et d'ancrage, ni de tous autres imposés sur les navires et marchandises.

31.

Il sera fait désignation dans la police des marchandises sujettes à coulage, sinon les assureurs ne répondent point des dommages qui leur pourront arriver par tempête, si ce n'est que l'assurance soit faite sur le retour des pays étrangers.

32.

Si l'assurance est faite divisément sur plusieurs vaisseaux désignés, et que la charge entière soit mise sur un seul, l'assureur ne courra risque que de la somme qu'il aura assurée sur le bâtiment qui aura reçu le chargement, quand même tous les vaisseaux désignés viendraient à périr, et il rendra la prime du surplus, à la réserve du demi pour cent.

33.

Lorsque les maîtres et patrons auront la liberté de toucher en différens ports ou échelles, les assureurs ne courront point les risques des effets qui seront à terre, quoique destinés pour le chargement qu'ils auront assuré, et que le vaisseau soit au port pour le prendre, s'il n'y a convention expresse par la police.

34.

Si l'assurance est faite pour un temps limité, sans désignation de voyage, l'assureur sera libre après l'expiration du temps, et pourra l'assuré faire assurer le nouveau risque.

35.

Mais, si le voyage est désigné par la police, l'assureur courra les risques du voyage entier, à condition toutefois que, si sa durée excède le temps limité, la prime sera augmentée à proportion, sans que l'assureur soit tenu d'en rien restituer si le voyage dure moins.

36.

Les assureurs seront déchargés des risques, et ne laisseront de gagner la prime, si l'assuré, sans leur consentement, envoie le vaisseau en un lieu plus éloigné que celui désigné par la police, quoique sur la même route; mais l'assurance aura son effet entier, si le voyage est seulement raccourci.

37.

Si le voyage est entièrement rompu avant le départ du vaisseau, même par le fait des assurés, l'assurance demeurera pareillement nulle, et l'assureur restituera la prime, à la réserve du demi pour cent.

38.

Déclarons nulles les assurances faites après la perte ou l'arrivée des choses assurées, si l'assuré en savait ou pouvait savoir la perte, ou l'assureur l'arrivée, avant la signature de la police.

39.

L'assuré sera présumé avoir su la perte, et l'assureur l'arrivée des choses assurées, s'il se trouve que, de l'endroit de la perte ou de l'abord du vaisseau, la nouvelle en ait pu être portée avant la signature de la police dans le lieu où elle a été passée, en comptant une lieue et demie pour heure, sans préjudice des autres preuves qui pourront être rapportées.

40.

Si toutefois l'assurance est faite sur bonnes ou mauvaises nouvelles elle subsistera, s'il n'est vérifié par autre preuve que celle de la lieue et demie pour heure, que l'assuré savait la perte, ou l'assureur l'arrivée du vaisseau, avant la signature de la police.

41.

En cas de preuve contre l'assuré, il sera tenu de restituer à l'assureur ce qu'il aura reçu, et de lui payer double prime; et, si elle est faite contre l'assureur, il sera pareillement condamné à la restitution de la prime, et d'en payer le double à l'assuré.

42.

Lorsque l'assuré aura eu avis de la perte du vaisseau ou des marchandises assurées, de l'arrêt de prince, et d'autres accidens étant aux risques des assureurs, il sera tenu de le leur faire incontinent signifier, ou à celui qui aura signé pour eux l'assurance, avec protestation de faire son délaissement en temps et lieu.

43.

Pourra néanmoins l'assuré, au lieu de protestation, faire en même temps son délaissement, avec sommation aux assureurs de payer les sommes assurées dans le temps porté par la police.

44.

Si le temps du paiement n'est point réglé par la

I.

police, l'assureur sera tenu de payer l'assurance trois mois après la signification du délaissement.

45.

En cas de naufrage ou échouement, l'assuré pourra travailler au recouvrement des effets naufragés, sans préjudice du délaissement qu'il pourra faire en temps et lieu, et du remboursement de ses frais, dont il sera cru sur son affirmation, jusqu'à concurrence de la valeur des effets recouvrés.

46.

Ne pourra le délaissement être fait qu'en cas de prise, naufrage, bris, échouement, arrêt de prince, ou perte entière des effets assurés; et tous autres dommages ne seront réputés qu'avarie, qui sera réglée entre les assureurs et les assurés, à proportion de leurs intérêts.

47.

On ne pourra faire délaissement d'une partie, et retenir l'autre, ni aucune demande d'avarie, si elle n'excède un pour cent.

48.

Les délaissemens et toutes demandes en exécution de la police seront faites aux assureurs dans six semaines, après la nouvelle des pertes arrivées aux côtes de la même province où l'assurance aura été faite; et pour celles qui arriveront en une autre province de notre royaume, dans trois mois; pour les côtes de Hollande, Flandre ou Angleterre, dans quatre mois ; pour celles d'Espagne, Italie, Portugal, Barbarie, Moscovie ou Norwège, dans un an ; et pour les côtes de l'Amérique, Brésil, Guinée et autres pays plus éloignés, dans deux ans ; et le temps passé les assurés ne seront plus recevables en leur demande.

49.

En cas d'arrêt de prince, le délaissement ne pourra être fait qu'après six mois, si les effets sont arrêtés en Europe ou Barbarie ; et après un an, si c'est en pays plus éloigné, le tout à compter du jour de la signification de l'arrêt aux assureurs ; et ne courra en ce cas la fin de non-recevoir, portée par l'article précédent contre les assurés, que du jour qu'ils auront pu agir.

50.

Si toutefois les marchandises arrêtées sont périssables, le délaissement pourra être fait après six semaines, si elles sont arrêtées en Europe ou en Barbarie, et après trois mois, si c'est en pays plus éloigné ; à compter aussi du jour de la signification de l'arrêt aux assureurs.

51.

Les assurés seront tenus, pendant les délais portés par les deux articles précédens, de faire toutes diligences pour obtenir mainlevée des effets arrêtés ; et pourront les assureurs les faire de leur chef, si bon leur semble.

52.

Si le vaisseau était arrêté, en vertu de nos ordres, dans un des ports de notre royaume, avant le voyage commencé, les assurés ne pourront à cause de l'arrêt faire l'abandon de leurs effets aux assureurs.

53.

L'assuré sera tenu, en faisant son délaissement, de déclarer toutes les assurances qu'il aura fait faire, et l'argent qu'il aura pris à la grosse sur les effets assurés, à peine d'être privé de l'effet des assurances.

54.

Si l'assuré a recélé des assurances ou des contrats à la grosse, et qu'avec celles qu'il aura déclarées, elles excèdent la valeur des effets assurés, il sera privé de l'effet des assurances, et tenu de payer les sommes empruntées, nonobstant la perte ou prise du vaisseau.

55.

Et s'il poursuit le paiement des sommes assurées au-delà de la valeur des effets, il sera en outre puni exemplairement.

56.

Les assureurs sur le chargement ne pourront être contraints au paiement des sommes par eux assurées, que jusqu'à concurrence de la valeur des effets dont l'assuré justifiera le chargement et la perte.

57.

Les actes justificatifs du chargement et de la perte des effets assurés, seront signifiés aux assureurs incontinent après le délaissement, et avant qu'ils puissent être poursuivis pour le paiement des choses assurées.

58.

Si néanmoins l'assuré ne reçoit aucune nouvelle de son navire, il pourra, après l'an expiré (à compter du jour du départ pour les voyages ordinaires), et après deux ans (pour ceux de long cours), faire son délaissement aux assureurs, et leur demander paiement, sans qu'il soit besoin d'aucune attestation de la perte.

59.

Les voyages de France en Moscovie, Groënland, Canada, aux bancs et îles de Terre-Neuve, et autres côtes et îles de l'Amérique, au Cap-Vert, côtes de Guinée, et tous autres qui se feront au-delà du Tropique, seront réputés voyages de long cours.

60.

Après le délaissement signifié, les effets assurés appartiendront à l'assureur, qui ne pourra, sous prétexte du retour du vaisseau, se dispenser de payer les sommes assurées.

61.

L'assureur sera reçu à faire preuve contraire aux

attestations, et cependant condamné par provision au paiement des sommes assurées, en baillant caution par l'assuré.

62.

Le maître qui aura fait assurer des marchandises chargées dans son vaisseau pour son compte, sera tenu, en cas de perte, d'en justifier l'achat, et d'en fournir un connaissement signé de l'écrivain et du pilote.

6 3.

Tous mariniers et autres qui rapporteront des pays étrangers des marchandises qu'ils auront fait assurer en France, seront tenus d'en laisser un connaissement entre les mains du consul ou de son chancelier, s'il y a consulat dans le lieu du chargement, sinon entre les mains d'un notable marchand de la nation française.

64.

La valeur des marchandises sera justifiée par livres ou factures; sinon l'estimation en sera faite suivant le prix courant au temps et lieu du chargement, y compris tous droits et frais faits jusqu'à bord, si ce n'est qu'elles soient estimées par la police.

65.

Si l'assurance est faite sur le retour d'un pays où le commerce ne se fait que par troc, l'estimation des marchandises de rapport sera faite sur le pied de

la valeur de celles données en échange, et des frais
faits pour le transport.

66.

En cas de prise, les assurés pourront racheter
leurs effets sans attendre l'ordre des assureurs,
s'ils n'ont pu leur en donner avis, à condition toutefois de les avertir ensuite par écrit de la composition
qui aura été faite.

67.

Les assureurs pourront prendre la composition à
leur profit, à proportion de leur intérêt; et en ce cas
ils seront tenus d'en faire leur déclaration sur-le-
champ, de contribuer actuellement au paiement du
rachat, et de courir les risques du retour; sinon
de payer les sommes par eux assurées, sans qu'ils
puissent rien prétendre aux effets rachetés.

68.

Faisons défenses à tous greffiers de police, commis
de chambre d'assurances, notaires, courtiers et
censaux, de faire signer des polices où il y ait
aucun blanc, à peine de tous dommages et intérêts;
comme aussi d'en faire aucunes dans lesquelles ils
soient intéressés directement ou indirectement, par
eux ou par personnes interposées, et de prendre
transport des droits des assurés, à peine de cinq
cents livres d'amende pour la première fois, et de
destitution en cas de récidive, sans que les peines
puissent être modérées.

69.

Leur enjoignons, sous pareilles peines, d'avoir un registre paraphé en chaque feuillet par le lieutenant de l'amirauté, et d'y enregistrer toutes les polices qu'ils dresseront.

70.

Lorsque la police contiendra la soumission à l'arbitrage, et que l'une des parties demandera d'être renvoyée devant des arbitres avant aucune contestation en cause, l'autre partie sera tenue d'en convenir, sinon le juge en nommera pour le refusant.

71.

Huitaine après la nomination d'arbitres, les parties produiront entre leurs mains, et dans la huitaine suivante sera donné sentence contradictoire ou par défaut sur ce qui se trouvera par-devers eux.

72.

Les sentences arbitrales seront homologuées au siége de l'amirauté dans le ressort duquel elles auront été rendues; défendons au juge de prendre sous ce prétexte aucune connaissance du fond, à peine de nullité, et de tous dépens, dommages et intérêts des parties.

73.

L'appel des sentences arbitrales et d'homologation

ressortira en nos cours de parlement, et ne pourra
être reçu que la peine portée par la soumission n'ait
été payée.

74.

Les sentences arbitrales seront exécutoires, nonobstant l'appel, en donnant caution par-devant les
juges qui les auront homologuées.

TITRE VII.

DES AVARIES.

I.

Toute dépense extraordinaire qui se fera pour les
navires et marchandises, conjointement ou séparément; tout dommage qui leur arrivera depuis leur
charge et départ jusqu'à leur retour et décharge,
seront réputés avaries.

2.

Les dépenses extraordinaires pour le bâtiment seul,
ou pour les marchandises seulement, et le dommage
qui leur arrive en particulier, sont avaries simples
et particulières; et les dépenses extraordinaires faites,
et le dommage souffert pour le bien et salut commun
des marchandises et du vaisseau, sont avaries grosses
et communes.

3.

Les avaries simples seront supportées et payées

par la chose qui aura souffert le dommage ou causé
la dépense, et les grosses ou communes tomberont,
tant sur le vaisseau que sur les marchandises, et
seront réglées sur le tout au sol la livre.

4.

La perte des câbles, ancres, voiles, mâts et cordages, causée par tempête ou autre fortune de mer,
et le dommage arrivé aux marchandises par la faute
du maître ou de l'équipage, ou pour n'avoir pas
bien fermé les écoutilles, amarré le vaisseau, fourni
de bons guindages et cordages, ou autrement, sont
avaries simples, qui tomberont sur le maître, le
navire et le fret.

5.

Les dommages arrivés aux marchandises par le
vice propre, par tempête, prise, naufrage ou échouement; les frais faits pour les sauver, et les droits,
impositions et coutume, sont aussi avaries simples
pour le compte des propriétaires.

6.

Les choses données par composition aux pirates
pour le rachat du navire et des marchandises, celles
jetées dans la mer, les câbles ou mâts rompus et
coupés, les ancres et autres effets abandonnés pour
le salut commun, le dommage fait aux marchandises restées dans le navire en faisant le jet, les pan-
semens et nourriture du matelot blessé en défen-

dant le navire, et les frais de la décharge pour entrer dans un havre ou dans une rivière, ou pour remettre à flot un vaisseau, sont avaries grosses et communes.

7.

La nourriture et les loyers des matelots d'un navire arrêté en voyage par ordre du souverain, seront aussi réputés avaries grosses, si le vaisseau est loué par mois; et, s'il est loué au voyage, ils seront portés par le vaisseau seul, comme avaries simples.

8.

Les lamanages, touages, pilotages pour entrer dans les havres ou rivières, ou pour en sortir, sont menues avaries, qui se paieront un tiers par le navire, et les deux autres tiers par les marchandises.

9.

Les droits de congé, visite, rapport, tonnes, balises et ancrages, ne seront point réputés avaries, mais seront acquittés par les maîtres.

10.

En cas d'abordage de vaisseaux, le dommage sera payé également par les navires qui l'auront fait et souffert, soit en route, en rade ou au port.

11.

Si toutefois l'abordage avait été fait par la faute de l'un des maîtres, le dommage sera réparé par celui qui l'aura causé.

TITRE VIII.

DU JET ET DE LA CONTRIBUTION.

1.

Si, par tempête ou par chasse d'ennemis ou de pirates, le maître se croit obligé de jeter en mer partie de son chargement, de couper ou forcer ses mâts, ou d'abandonner ses ancres, il en prendra l'avis des marchands et des principaux de l'équipage.

2.

S'il y a diversité d'avis, celui du maître et de l'équipage sera suivi.

3.

Les ustensiles du vaisseau, et autres choses les moins nécessaires, les plus pesantes et de moindre prix, seront jetées les premières, et ensuite les marchandises du premier pont; le tout néanmoins au choix du capitaine, et par l'avis de l'équipage.

4.

L'écrivain ou celui qui en fera la fonction écrira sur son registre, le plus tôt qu'il lui sera possible, la délibération, la fera signer à ceux qui auront opiné; sinon fera mention de la raison pour laquelle ils n'auront pas signé, et tiendra mémoire, autant que faire se pourra, des choses jetées et endommagées.

5.

Au premier port où le navire abordera, le maître déclarera par-devant le juge de l'amirauté, s'il y en a, sinon devant le juge ordinaire, la cause pour laquelle il aura fait le jet, coupé ou forcé ses mâts, ou abandonné ses ancres; et, si c'est en pays étranger qu'il aborde, il fera sa déclaration devant le consul de la nation française.

6.

L'état des pertes et dommages sera fait, à la diligence du maître, dans le lieu de la décharge du bâtiment; et les marchandises jetées et sauvées seront estimées suivant le prix courant dans le même lieu.

7.

La répartition pour le paiement des pertes et dommages sera faite sur les effets sauvés et jetés, et sur moitié du navire et du fret, au marc la livre de leur valeur.

8.

Pour juger de la qualité des effets jetés à la mer, les connaissemens seront représentés, même les factures s'il y en a.

9.

Si la qualité de quelques marchandises a été déguisée par les connaissemens, et qu'elles se trouvent de plus grande valeur qu'elles ne paraissaient par la déclaration du marchand chargeur, elles contribueront, en cas qu'elles soient sauvées, sur le pied de leur véritable valeur; et, si elles sont perdues, elles ne seront payées que sur le pied du connaissement.

10.

Si au contraire les marchandises se trouvent d'une qualité moins précieuse, et qu'elles soient sauvées, elles contribueront sur le pied de la déclaration; et, si elles sont jetées ou endommagées, elles ne seront payées que sur le pied de leur valeur.

11.

Les munitions de guerre et de bouche, ni les loyers et hardes des matelots, ne contribueront point au jet; et néanmoins ce qui en sera jeté sera payé par contribution sur tous les autres effets.

12.

Les effets dont il n'y aura pas de connaissement ne seront point payés s'ils sont jetés; et, s'ils sont sauvés, ils ne laisseront pas de contribuer.

13.

Ne pourra aussi être demandé contribution pour le paiement des effets qui étaient sur le tillac, s'ils sont jetés ou endommagés par le jet, sauf au propriétaire son recours contre le maître; et ils contribueront néanmoins s'ils sont sauvés.

14.

Ne sera fait non' plus aucune contribution pour
raison du dommage arrivé au bâtiment, s'il n'a été
fait exprès pour faciliter le jet.

15.

Si le jet ne sauve le navire, il n'y aura lieu à
aucune contribution, et les marchandises qui pourront être sauvées du naufrage ne seront point tenues
du paiement ni dédommagement de celles qui auront été jetées ou endommagées.

16.

Mais, si le navire ayant été sauvé par le jet, et
continuant sa route, vient à se perdre, les effets
sauvés du naufrage contribueront au jet sur le pied
de leur valeur en l'état qu'ils se trouveront, déduction faites des frais du sauvement.

17.

Les effets jetés ne contribueront en aucun cas au
paiement des dommages arrivés depuis le jet aux
marchandises sauvées, ni les marchandises au paiement du vaisseau perdu ou brisé.

18.

Si toutefois le vaisseau a été ouvert par délibération des principaux de l'équipage et des marchands,
si aucun y a, pour en tirer les marchandises, elles

contribueront en ce cas à la répartition du dommage fait au bâtiment pour les en ôter.

19.

En cas de perte de marchandises mises dans des barques pour alléger le vaisseau entrant en quelque port ou rivière, la répartition s'en fera sur le navire et son chargement entier.

20.

Mais si le vaisseau périt avec le reste de son chargement, il n'en sera fait aucune répartition sur les marchandises mises dans les alléges, quoiqu'elles arrivent à bon port.

21.

Si aucuns des contribuables refusent de payer leurs parts, le maître pourra, pour sûreté de la contribution, retenir, même faire vendre par autorité de justice des marchandises jusqu'à concurrence de leur portion.

22.

Si les effets jetés sont recouvrés par les propriétaires depuis la répartition, ils seront tenus de rapporter au maître et aux autres intéressés ce qu'ils auront reçu dans la contribution, déduction faite du dommage qui leur aura été causé par le jet, et des frais de recouvrement.

TITRE IX.

DES PRISES.

1.

Aucun ne pourra armer vaisseau en guerre sans commission de l'amiral.

2.

Celui qui aura obtenu commission pour équiper un vaisseau en guerre, sera tenu de la faire enregistrer au greffe de l'amirauté du lieu où il fera son armement, et de donner caution de la somme de quinze mille livres, qui sera reçue par le lieutenant en présence de notre procureur.

3.

Défendons à tous nos sujets de prendre commission d'aucuns rois, princes ou états étrangers, pour armer des vaisseaux en guerre, et courir la mer sous leur bannière, si ce n'est par notre permission, à peine d'être traités comme pirates.

4.

Seront de bonne prise tous vaisseaux appartenant à nos ennemis, ou commandés par des pirates, forbans ou autres gens courant la mer, sans commission d'aucun prince ou état souverain.

I. 8

5.

Tout vaisseau combattant sous autre pavillon que celui de l'état dont il a commission, ou ayant commissions de deux différens princes ou états, sera aussi de bonne prise; et, s'il est armé en guerre, les capitaines et officiers seront punis comme pirates.

6.

Seront encore de bonne prise les vaisseaux, avec leur chargement, dans lesquels il ne sera trouvé chartes-parties, connaissemens, ni factures. Faisons défenses à tous capitaines, officiers et équipages des vaisseaux preneurs de les soustraire, à peine de punition corporelle.

7.

Tous navires qui se trouveront chargés d'effets appartenant à nos ennemis, et les marchandises de nos sujets ou alliés qui se trouveront dans un navire ennemi, seront pareillement de bonne prise.

8.

Si aucun navire de nos sujets est repris sur nos ennemis, après qu'il aura demeuré entre leurs mains pendant vingt-quatre heures, la prise en sera bonne; et, si elle est faite avant les vingt-quatre heures, il sera restitué au propriétaire avec tout ce qui était dedans, à la réserve du tiers, qui sera donné au navire qui aura fait la recousse.

9.

Si le navire, sans être recous, est abandonné par les ennemis; ou si, par tempête ou autre cas fortuit, il revient en la possession de nos sujets avant qu'il ait été conduit dans aucun port ennemi, il sera rendu au propriétaire qui le réclamera dans l'an et jour, quoiqu'il ait été plus de vingt-quatre heures entre les mains des ennemis.

10.

Les navires et effets de nos sujets ou alliés repris sur les pirates, et réclamés dans l'an et jour de la déclaration qui en aura été faite à l'amirauté, seront rendus aux propriétaires, en payant le tiers de la valeur du vaisseau et des marchandises, pour frais de recousse.

11.

Les armes, poudres, boulets et autres munitions de guerre, même les chevaux et équipages qui seront transportés pour le service de nos ennemis, seront confisqués en quelque vaisseau qu'ils soient trouvés, et à quelque personne qu'ils appartiennent, soit de nos sujets ou alliés.

12.

Tout vaisseau qui refusera d'amener ses voiles, après la semonce qui lui en aura été faite par nos vaisseaux, ou ceux de nos sujets armés en guerre, pourra y être contraint par artillerie ou autrement;

et, en cas de résistance et de combat, il sera de bonne prise.

13.

Défendons à tous capitaines de vaisseaux armés en guerre d'arrêter ceux de nos sujets, amis ou alliés, qui auront amené leurs voiles, et représenté leur charte-partie ou police de chargement; et d'y prendre ou souffrir être pris aucune chose, à peine de la vie.

14.

Aucuns vaisseaux pris par capitaines ayant commission étrangère, ne pourront demeurer plus de vingt-quatre heures dans nos ports et havres, s'ils n'y sont retenus par la tempête, ou si la prise n'a été faite sur nos ennemis.

15.

Si dans les prises amenées dans nos ports par les navires de guerre armés sous commission étrangère, il se trouve des marchandises qui soient à nos sujets ou alliés, celles de nos sujets leur seront rendues, et les autres ne pourront être mises en magasin, ni achetées par aucune personne, sous quelque prétexte que ce puisse être.

16.

Aussitôt que les capitaines des vaisseaux armés en guerre se seront rendus maîtres de quelques navires, ils se saisiront des congés, passe-ports, lettres de mer, chartes-parties, connaissemens, et de tous autres pa-

piers concernant la charge et destination du vaisseau ;
ensemble les clefs des coffres, armoires et chambres ;
et feront fermer les écoutilles, et autres lieux où il y
aura des marchandises.

17.

Enjoignons aux capitaines qui auront fait quelque
prise, de l'amener ou envoyer avec les prisonniers au
port où ils auront armé, à peine de perte de leur
droit et d'amende arbitraire ; si ce n'est qu'ils fussent
forcés par la tempête ou par les ennemis de relâcher
en quelque autre port, auquel cas ils seront tenus
d'en donner incessamment avis aux intéressés à l'armement.

18.

Faisons défenses, à peine de la vie, à tous chefs,
soldats et matelots, de couler à fond les vaisseaux
pris, et de descendre les prisonniers en des îles ou
côtes éloignées, pour céler la prise.

19.

Et où les preneurs, ne pouvant se charger des vaisseaux pris ni de l'équipage, enleveraient seulement les
marchandises, ou relâcheraient le tout par composition, ils seront tenus de se saisir des papiers, et
d'amener au moins les deux principaux officiers du
vaisseau pris, à peine d'être privés de ce qui leur
pourrait appartenir en la prise, même de punition
corporelle, s'il y échoit.

20.

Défendons de faire aucune ouverture des coffres, ballots, sacs, pipes, barriques, tonneaux et armoires; de transporter ni vendre aucunes marchandises de la prise; et à toutes personnes d'en acheter ou recéler, jusqu'à ce que la prise ait été jugée, ou qu'il ait été ordonné par justice, à peine de restitution du quadruple, et de punition corporelle.

21.

Aussitôt que la prise aura été amenée en quelques rades ou ports de notre royaume, le capitaine qui l'aura faite, s'il y est en personne, sinon celui qu'il en aura chargé, sera tenu de faire son rapport aux officiers de l'amirauté, de leur représenter et mettre entre les mains les papiers et prisonniers, et de leur déclarer le jour et l'heure que le vaisseau aura été pris, en quel lieu ou à quelle hauteur; si le capitaine a fait refus d'amener les voiles, ou de faire voir sa commission ou son congé; s'il a attaqué, ou s'il s'est défendu; quel pavillon il portait, et les autres circonstances de la prise et de son voyage.

22.

Après la déclaration reçue, les officiers de l'amirauté se transporteront incessamment sur le vaisseau pris, soit qu'il ait mouillé en rade, ou qu'il soit entré dans le port; dresseront procès-verbal de la quantité et qualité des marchandises, et de l'état auquel ils trouveront les chambres, armoires, écoutilles et fond de cale du vaisseau, qu'ils feront ensuite fermer et sceller du sceau de l'amirauté; et ils y établiront des gardes, pour veiller à la conservation du scellé, et pour empêcher le divertissement des effets.

23.

Le procès-verbal des officiers de l'amirauté sera fait en présence du capitaine ou maître du vaisseau pris, et s'il est absent, en la présence de deux principaux officiers ou matelots de son équipage; ensemble du capitaine ou autre officier du vaisseau preneur, et même des réclamateurs, s'il s'en présente.

24.

Les officiers de l'amirauté entendront sur le fait de la prise le maître ou commandant du vaisseau pris, et les principaux de son équipage, même quelques officiers et matelots du vaisseau preneur, s'il est besoin.

25.

Si le vaisseau est amené sans prisonniers, chartes-parties ni connaissemens, les officiers, soldats et équipage de celui qui l'aura pris, seront séparément examinés sur les circonstances de la prise, et pourquoi le navire a été amené sans prisonniers; et seront les vaisseaux et les marchandises visités par experts, pour reconnaître, s'il se peut, sur qui la prise aura été faite.

26.

Si, par la déposition de l'équipage, et la visite du vaisseau et des marchandises, on ne peut découvrir sur qui la prise aura été faite, le tout sera inventorié, apprécié et mis sous bonne et sûre garde, pour être restitué à qui il appartiendra, s'il est réclamé dans l'an et jour; sinon partagé, comme épave de mer, également entre nous, l'amiral et les armateurs.

27.

S'il est nécessaire avant le jugement de la prise de tirer les marchandises du vaisseau, pour empêcher le dépérissement, il en sera fait inventaire en présence de notre procureur et des parties intéressées, qui le signeront, si elles peuvent signer, pour ensuite être mises sous la garde d'une personne solvable, ou dans des magasins fermant à trois clefs différentes, dont l'une sera délivrée aux armateurs, l'autre au receveur de l'amiral, et la troisième aux réclamateurs, si aucun se présente, sinon à notre procureur.

28.

Les marchandises qui ne pourront être conservées seront vendues sur la réquisition des parties intéressées, et adjugées au plus offrant, en présence de notre procureur, à l'issue de l'audience, après trois remises d'enchères de trois jours en trois jours, les proclamations préalablement faites, et affiches mises en la manière accoutumée.

29.

Le prix de la vente sera mis entre les mains d'un bourgeois solvable, pour être délivré après le jugement de la prise à qui il appartiendra.

30.

Enjoignons aux officiers de l'amirauté de procéder incessamment à l'exécution des arrêts et jugemens qui interviendront sur le fait des prises, et de faire faire incontinent et sans délai la délivrance des vaisseaux, marchandises et effets dont la main levée sera ordonnée, à peine d'interdiction, de cinq cents livres d'amende, et de tous dépens, dommages et intérêts.

31.

Sera prise avant partage la somme à laquelle se trouveront monter les frais du déchargement et de la garde du vaisseau et des marchandises, suivant l'état qui en sera arrêté par le lieutenant de l'amirauté, en présence de notre procureur et des intéressés.

32.

Après les distractions ci-dessus, le dixième de la prise sera délivré à l'amiral, et les frais de justice seront pris sur le restant, qui sera ensuite partagé entre les intéressés, conformément aux conditions de leur société.

33.

S'il n'y a aucun contrat de société, les deux tiers appartiendront à ceux qui auront fourni le vaisseau, avec les munitions et victuailles, et l'autre aux officiers, matelots et soldats.

34.

Faisons défenses aux officiers de l'amirauté de se rendre adjudicataires, directement ou indirectement, des vaisseaux, marchandises et autres effets provenant des prises, à peine de confiscation, quinze cents livres d'amende, et d'interdiction de leurs charges.

TITRE X.

DES LETTRES DE MARQUE OU DE REPRÉSAILLES.

1.

Ceux de nos sujets dont les vaisseaux ou autres effets auront été pris ou arrêtés, hors le fait de la guerre, par les sujets des autres états, seront tenus, avant que d'avoir recours à nos lettres de représailles, de faire informer de la détention de leurs effets par-devant le plus prochain juge de l'amirauté du lieu de leur descente, et d'en faire faire l'estimation par experts nommés d'office, entre les mains desquels ils mettront les chartes-parties, connaissemens, et autres pièces justificatives de l'état et qualité du vaisseau et de son chargement.

2.

Sur l'information faite, et le procès-verbal justifi-catif de la valeur des effets pris et retenus, pourront nos sujets se retirer par-devers nous, pour obtenir nos lettres de représailles, qui ne leur seront néan-moins accordées qu'après avoir fait faire par nos am-bassadeurs les instances, en la forme et dans le temps porté par les traités faits avec les états et princes dont les sujets auront fait les déprédations.

3.

Les lettres de représailles feront mention de la va-leur des effets retenus ou enlevés, porteront permis-sion d'arrêter et saisir ceux des sujets de l'état qui aura refusé de faire restituer les choses retenues, et régleront le temps pendant lequel elles seront vala-bles.

4.

Les impétrans des lettres de représailles seront tenus de les faire enregistrer au greffe de l'amirauté du lieu où ils feront leur armement, et de donner caution, jusqu'à concurrence de moitié de la valeur des effets déprédés, par-devant les officiers du même siége.

5.

Les prises faites en mer en vertu de nos lettres de représailles, seront amenées, instruites et jugées en la même forme et manière que celles qui auront été faites sur nos ennemis.

6.

Si la prise est déclarée bonne, la vente en sera faite par-devant le juge de l'amirauté, et le prix en sera délivré aux impétrans sur et tant moins, ou jusqu'à concurrence de la somme pour laquelle les lettres auront été accordées ; et le surplus demeurera déposé au greffe, pour être restitué à qui il appartiendra.

7.

Les impétrans seront tenus, en recevant leurs deniers, d'endosser les lettres de représailles des sommes qu'ils auront reçues, et d'en donner bonne et valable décharge, qui sera déposée au greffe de l'amirauté, pour demeurer jointe à la procédure.

8.

Si l'exposé des lettres ne se trouve pas véritable, les impétrans seront condamnés aux dommages et intérêts des propriétaires des effets saisis, et à la restitution du quadruple des sommes qu'ils auront reçues.

TITRE XI.

DES TESTAMENS ET DE LA SUCCESSION DE CEUX QUI MEURENT EN MER.

I.

Les testamens faits sur mer par ceux qui décéderont dans les voyages, seront réputés valables, s'ils sont écrits et signés de la main du testateur, ou reçus par l'écrivain du vaisseau, en présence de trois témoins, qui signeront avec le testateur; et, si le testateur ne peut ou ne sait signer, il sera fait mention de la cause pour laquelle il n'aura pas signé.

2.

Aucun ne pourra, par testament reçu par l'écrivain, disposer que des effets qu'il aura dans le vaisseau, et des gages qui lui seront dus.

3.

Ne pourront les mêmes dispositions valoir au profit des officiers du vaisseau, s'ils ne sont parens du testateur.

4.

Incontinent après le décès de ceux qui mourront sur mer, l'écrivain fera l'inventaire des effets par eux délaissés dans le vaisseau, en présence des parens, s'il y en a, sinon de deux témoins qui signeront, et à la diligence du maître.

5.

Le maître demeurera chargé des effets du défunt, et sera tenu, après son retour, de les remettre avec l'inventaire entre les mains des héritiers, légataires, ou autres qu'il appartiendra.

6.

Si les effets délaissés par ceux qui n'auront pas

testé sont chargés pour les pays étrangers, le maître pourra les négocier, et en rapporter le provenu au retour; auquel cas, outre son fret, il sera payé de sa provision.

7.

Pourra aussi vendre les hardes et meubles des mariniers et passagers, les faire apporter pour cet effet au pied du mât, et les délivrer au plus offrant, dont sera tenu état par l'écrivain, et compté par le maître.

8.

Faisons défenses, à peine de punition exemplaire, à tous officiers de guerre et de justice établis dans les îles et pays de notre obéissance, de se saisir des effets des mariniers et passagers décédés sur les vaisseaux, et d'en empêcher la disposition ou le transport, sous quelque prétexte que ce soit.

9.

Les hardes des mariniers et passagers décédés sans héritiers, et sans avoir testé, seront employées à faire prier Dieu pour eux; et de leurs autres effets étant sur le vaisseau, il en sera délivré un tiers au receveur de notre domaine, un tiers à l'amiral, et l'autre tiers à l'hôpital du lieu où le navire fera son retour, les dettes du défunt préalablement payées sur le tout.

10.

Le partage ci-dessus ordonné ne pourra être fait qu'après l'an et jour, à compter du retour du vais-

eau, pendant lequel les effets seront déposés entre
es mains d'un bourgeois solvable.

11.

Si les effets délaissés ne peuvent être conservés
pendant l'an et jour sans diminution considérable,
ls seront vendus par autorité des officiers de l'ami-
auté, et le prix déposé comme dessus.

———

c

LIVRE QUATRIÈME.

DE LA POLICE DES PORTS, CÔTES, RADES ET RIVAGES
DE LA MER.

TITRE PREMIER.

Des Ports et Havres.

ARTICLE PREMIER.

Les ports et havres seront entretenus dans leur
profondeur et netteté. Faisons défenses d'y jeter aucunes immondices, à peine de dix livres d'amende,
payable par les maîtres pour leurs valets, même par
les pères et mères pour leurs enfans.

2.

Il y aura toujours des matelots à bord des navires
étant dans le port, pour faciliter le passage des vaisseaux entrant et sortant, larguer les amarres, et faire
toutes les manœuvres nécessaires, à peine de cinquante livres d'amende contre les maîtres et patrons.

3.

Ne pourront les mariniers amarrer leurs vaisseaux

qu'aux anneaux et pieux destinés à cet effet, à peine d'amende arbitraire.

4.

Les vaisseaux dont les maîtres auront les premiers fait leur rapport, seront les premiers rangés à quai, d'où ils seront obligés de se retirer incontinent après leur décharge.

5.

Les maîtres et patrons de navires qui voudront se tenir sur leurs ancres dans les ports, seront obligés d'y attacher hoirin, bouée et gaviteau pour les marquer, à peine de cinquante livres d'amende, et de réparer tout le dommage qui en arrivera.

6.

Ceux qui auront des poudres dans leurs navires seront tenus, aussi à peine de cinquante livres d'amende, de les faire porter à terre incontinent après leur arrivée, sans qu'ils puissent les remettre dans leur vaisseau qu'après qu'il sera sorti du port.

7.

Les marchands, facteurs et commissionnaires, ne pourront laisser sur les quais leurs marchandises plus de trois jours, après lesquels elles seront enlevées à la diligence du maître de quai, où il y en aura d'établi, sinon de nos procureurs aux siéges de l'amirauté, et aux dépens des propriétaires, lesquels seront en outre condamnés en une amende arbitraire.

I.

8.

Il y aura dans chaque port et havre des lieux destinés, tant pour travailler aux radoubs et calfats des vaisseaux, que pour goudronner les cordages; à l'effet de quoi, les feux nécessaires seront allumés à cent pieds au moins de distance de tous autres bâtimens, et à vingt pieds des quais, à peine de cinquante livres d'amende, et de plus grande en cas de récidive.

9.

Les maîtres et propriétaires des navires étant dans les ports où il y a flux et reflux, seront tenus, sous mêmes peines, d'avoir toujours deux poinçons d'eau sur le tillac de leur vaisseau, pendant qu'on en chauffera les soutes; et dans les ports d'où la mer ne se retire point, d'être munis des sasses ou pelles creuses propres à tirer l'eau.

10.

Il y aura pareillement des places destinées pour les bâtimens en charge, et d'autres pour ceux qui seront déchargés, comme aussi pour rompre et dépecer les vieux bâtimens, et pour en construire de nouveaux.

11.

Les propriétaires des vieux bâtimens hors d'état de naviguer seront tenus de les rompre, et d'en enlever incessamment les débris, à peine de confiscation et de cinquante livres d'amende, applicable à la réparation des quais, digues et jetées.

12.

Seront tenus, sous pareille peine de cinquante livres d'amende, ceux qui feront des fosses dans les ports pour travailler au radoub de leurs navires, de les remplir vingt-quatre heures après que leurs bâtimens en seront dehors.

13.

Enjoignons aux maçons et autres employés aux réparations des murailles, digues et jetées des canaux, havres et bassins, d'enlever les décombres, et faire place nette incontinent après les ouvrages finis, à peine d'amende arbitraire, et d'y être pourvu à leur frais.

14.

Faisons défenses à toutes personnes de porter et allumer pendant la nuit du feu dans le navire étant dans les bassins et havres, sinon en cas de nécessité pressante, et en la présence ou par la permission du maître de quai.

15.

Enjoignons très-expressément aux hôteliers, cabaretiers, vendeurs de tabac, cidre, bière et eau-de-vie, ayant maisons et cabarets sur les quais, de les fermer avant la nuit; et leur défendons d'y recevoir et d'en laisser sortir qui que ce soit avant le jour, à peine de cinquante livres d'amende pour la première fois, et en cas de récidive d'être expulsés du lieu.

16.

Celui qui aura dérobé des cordages, ferrailles ou ustensiles des vaisseaux étant dans les ports, sera flétri d'un fer chaud portant la figure d'une ancre, banni à perpétuité du lieu où il aura commis le délit; et, s'il arrive perte du bâtiment, ou mort d'homme, pour avoir coupé ou volé les câbles, il sera puni du dernier supplice.

17.

Faisons défenses à toutes personnes d'acheter des matelots et compagnons de bateaux des cordages, ferrailles et autres ustensiles de navire, à peine de punition corporelle.

18.

Faisons aussi défenses, sous mêmes peines, à toutes personnes de faire ou vendre des étoupes de vieux cordages de vaisseaux, si ce n'est par ordre des maîtres ou propriétaires des navires, lesquels pourront seulement débiter celles qui proviendront de leurs bâtimens.

19.

Défendons, à peine de concussion, de lever aucuns droits de coutume, quaiage, balisage, lestage, délestage et ancrage, qu'ils ne soient inscrits dans une pancarte approuvée par les officiers de l'amirauté, et affichée dans l'endroit le plus apparent du port.

20.

Les pieux, boucles et anneaux destinés pour l'amarrage des vaisseaux, et les quais construits pour la charge et décharge des marchandises, seront entretenus des deniers communs des villes; et les maires et échevins obligés d'y tenir la main, à peine d'en répondre en leur nom.

21.

Seront néanmoins tenus des réparations et entretien des quais, boucles et anneaux, ceux qui jouissent des droits de coutume ou quaiage sur les ports et havres, à peine de privation de leurs droits, qui seront appliqués au rétablissement des ruines qui s'y trouveront.

22.

Enjoignons aux maires, échevins, syndics, jurats, capitouls et consuls des villes dont les égouts ont leur décharge dans les ports et havres, de les faire incessamment garnir de grilles de fer; et aux officiers de l'amirauté d'y tenir la main, à peine d'en répondre en leur nom.

23.

N'entendons toutefois, par la présente ordonnance, faire préjudice aux règlemens particuliers faits pour la police d'aucuns ports, qui se trouveront dûment autorisés, ni aux jurats, échevins et autres juges qui en auront la connaissance; à l'effet de quoi,

les règlemens et les pièces justificatives de leur compétence seront par eux mises entre les mains du
secrétaire d'état ayant le département de la marine,
six mois après la publication de la présente ordonnance; faute de quoi, elle sera exécutée à leur égard
selon sa forme et teneur.

TITRE II.

DU MAÎTRE DE QUAI.

I.

Le maître de quai prêtera serment entre les mains
du lieutenant, et fera enregistrer sa commission au
greffe de l'amirauté du lieu de son établissement.

2.

Il aura soin de faire ranger et amarrer les vaisseaux
dans le port, veillera à tout ce qui concerne la police
des quais, ports et havres, et fera donner pour raison
de ce toutes assignations nécessaires.

3.

Sera tenu, au défaut du capitaine du port, lorsqu'il y aura de nos vaisseaux dans le havre, de faire
les rondes nécessaires autour des bassins, et de coucher toutes les nuits à bord de l'amiral.

4.

Empêchera qu'il soit fait de jour ou de nuit aucun

feu dans les navires, barques et bateaux, et autres
bâtimens marchands ancrés ou amarrés dans le port,
quand il y aura de nos vaisseaux.

5.

Indiquera les lieux propres pour chauffer les bâtimens, goudronner les cordages, travailler aux radoubs
et calfats, et pour lester et délester les vaisseaux; et
il aura soin de poser et entretenir les feux, balises,
tonnes ou bouées, aux endroits nécessaires, suivant
l'usage et la disposition des lieux.

6.

Lui enjoignons de visiter une fois le mois, et toutes
les fois qu'il y aura eu tempête, les passages ordinaires des vaisseaux, pour reconnaître si les fonds
n'ont point changé, et d'en faire son rapport à l'amirauté, à peine de cinquante livres d'amende pour la
première fois, et de destitution en cas de récidive.

7.

Il pourra couper, en cas de nécessité, les amarres
que les maîtres ou autres étant dans les vaisseaux
refuseront de larguer, après les injonctions verbales
qu'il leur en aura faites et réitérées.

TITRE III.

DES PILOTES-LAMANEURS OU LOCMANS.

I.

Dans les ports où il sera nécessaire d'établir des pilotes, locmans ou lamaneurs, pour conduire les vaisseaux à l'entrée et sortie des ports et des rivières navigables, le nombre en sera réglé par les officiers de l'amirauté, de l'avis des échevins et des plus notables bourgeois.

2.

Aucun ne pourra faire les fonctions de lamaneur, qu'il ne soit âgé de vingt-cinq ans, et n'ait été reçu par-devant les officiers de l'amirauté, après avoir été examiné, en leur présence et celle de deux échevins ou notables bourgeois, par deux anciens lamaneurs et deux anciens maîtres de navires.

3.

Le lamaneur sera examiné sur la connaissance et expérience qu'il doit avoir des manœuvres et fabriques des vaisseaux, ensemble des cours et marées, des bancs, courans, écueils, et autres empêchemens qui peuvent rendre difficiles l'entrée et sortie des rivières, ports et havres du lieu de son établissement.

4.

Les lamaneurs seront obligés de tenir toujours

leurs chaloupes garnies d'ancres et avirons, et d'être
en état d'aller au secours des vaisseaux au premier
ordre ou signal, à peine de dix livres d'amende, et
de plus grande peine, s'il y échoit.

5.

Faisons défenses, sous peine de punition corporelle, à tous mariniers qui ne seront point reçus
pilotes-lamaneurs, de se présenter pour conduire les
vaisseaux à l'entrée et sortie des ports et rivières.

6.

Pourront toutefois les maîtres des navires, au défaut de pilotes-lamaneurs, se servir des pêcheurs pour
les piloter.

7.

Si le lamaneur se présente au maître qui aura un
pêcheur à bord avant que les lieux dangereux soient
passés, il sera reçu, et le salaire du pêcheur sera
déduit sur celui du lamaneur.

8.

Le lamaneur qui entreprendra, étant ivre, de
piloter un vaisseau, sera condamné en cent sous
d'amende, et interdit pour un mois du pilotage.

9.

Enjoignons aux lamaneurs de piloter les bâtimens
qui se présenteront les premiers, et leur défendons
de préférer les plus éloignés aux plus proches, à peine
de vingt-cinq livres d'amende.

10.

Leur faisons aussi défenses d'aller plus loin que les rades au-devant des vaisseaux qui voudront entrer dans les ports et havres, de monter dans les navires contre le gré des maîtres, et de quitter les bâtimens qui entreront, qu'ils ne soient ancrés ou amarrés au port; et ceux qui sortiront, qu'ils ne soient en pleine mer, à peine de perte de leurs salaires, et de trente livres d'amende.

11.

Le maître de navire sera tenu, aussitôt que le pilote-lamaneur sera à bord du vaisseau, de lui déclarer combien son bâtiment tire d'eau, à peine de vingt-cinq livres d'amende au profit du lamaneur, pour chaque pied recélé.

12.

Sera fait en chaque port, par le lieutenant de l'amirauté, à la diligence de notre procureur, et de l'avis des échevins ou de deux notables bourgeois, un règlement du salaire de lamaneurs, qui sera écrit dans un tableau, mis au greffe, et affiché sur le quai.

13.

Ne pourront les lamaneurs et mariniers exiger plus grandes sommes que celles portées au règlement, sous peine de punition corporelle, si ce n'est en temps de tourmente et de péril évident; auquel cas

leur sera fait taxe particulière par les officiers de l'a-
mirauté, de l'avis de deux marchands, eu égard au
travail qu'ils auront fait, et au danger qu'ils auront
couru.

14.

Déclarons nulles toutes promesses faites aux lamaneurs et autres mariniers dans le danger du naufrage.

15.

Enjoignons aux lamaneurs de visiter journellement
les rades des lieux où ils seront établis, de lever les
ancres qui y auront été laissées, et d'en faire, vingt-
quatre heures après, leur déclaration au greffe de
l'amirauté.

16.

S'ils reconnaissent quelques changemens dans les
fonds et passages ordinaires des vaisseaux, et que les
tonnes ou balises ne soient pas bien placées, ils seront tenus, à peine de dix livres d'amende, d'en donner avis aux officiers de l'amirauté et au maître de
quai.

17.

Il sera libre aux maîtres et capitaines de navires
français et étrangers de prendre tel lamaneur que
bon leur semblera, pour entrer dans les ports et
havres, sans que, pour en sortir, ils puissent être
contraints de se servir de ceux qui les auront fait
entrer.

18.

Les lamaneurs qui, par ignorance, auront fait échoir un bâtiment, seront condamnés au fouet, et privés pour jamais du pilotage ; et à l'égard de celui qui aura malicieusement jeté un navire sur un banc ou rocher, ou à la côte, il sera puni du dernier supplice, et son corps attaché à un mât planté près du lieu du naufrage.

TITRE IV.

Du Lestage et Délestage.

1.

Tous capitaines ou maîtres de navires venant de la mer seront tenus, en faisant leur rapport aux officiers de l'amirauté, de déclarer la quantité de lest qu'ils auront dans leur bord, à peine de vingt livres d'amende.

2.

Les syndics et échevins des villes et communautés seront tenus de désigner, et même de fournir, si besoin est, les lieux ou emplacemens nécessaires et suffisans pour recevoir le lest, en sorte qu'il ne puisse être emporté par la mer.

3.

Après le délestage des bâtimens, les maîtres des bateaux ou gabarres qui auront été employés seront tenus, à peine de trois livres d'amende, de faire leur déclaration aux officiers de l'amirauté de la quantité de tonneaux qui en auront été tirés.

4.

Tous bâtimens embarquant ou déchargeant du lest auront une voile qui tiendra aux bords tant du vaisseau que de la gabarre, à peine de cinquante livres d'amende solidaire contre les maîtres des navires et gabarres.

5.

Tous mariniers pourront être employés au lestage et délestage des vaisseaux, avec les gens de l'équipage.

6.

Faisons défenses à tous capitaines et maîtres de navires de jeter leur lest dans les ports, canaux, bassins et rades, à peine de 500 livres d'amende pour la première fois, et de saisie et de confiscation de leurs bâtimens en cas de récidive; et aux délesteurs, de le porter ailleurs que dans les lieux à ce destinés, à peine de punition corporelle.

7.

Faisons aussi défenses, sous pareilles peines, aux capitaines et maîtres de navires de délester leurs bâtimens, et aux maîtres et patrons de gabarres ou bateaux lesteurs, de travailler au lestage ou délestage d'aucuns vaisseaux pendant la nuit.

8.

Enjoignons au maître de quai de tenir la main à ce que le lestage ou délestage des vaisseaux soit fait conformément à la présente ordonnance, à peine d'en répondre en son nom, et d'amende arbitraire.

TITRE V.

Des Capitaines gardes-côtes.

1.

Les capitaines gardes-côtes, leurs lieutenans et enseignes prêteront serment devant l'amiral ou ses lieutenans aux siéges dans le détroit desquels ils seront établis, et y feront enregistrer leurs lettres.

2.

Chaque capitainerie sera composée d'un certain nombre de paroisses, dont les habitans seront sujets au guet de la mer.

3.

Les capitaines gardes-côtes feront la montre et revue des habitans des paroisses sujettes au guet de la mer, dans l'étendue de leurs capitaineries, le premier jour du mois de mai de chaque année, en présence des officiers de l'amirauté, qui en garderont le contrôle dans leur greffe.

4.

Il y aura dans l'étendue de chaque capitainerie un clerc du guet, qui sera commis par l'amiral ou ses lieutenans, tant pour avertir les habitans sujets au guet de se trouver aux revues et de monter la garde, que pour tenir registre des défaillans.

5.

Faisons très-expresses inhibitions et défenses à tous capitaines gardes-côtes de prendre aucune connaissance des bris, naufrages, échouemens, épaves et varechs, et de s'emparer des effets en provenant, à peine de suspension de leurs charges, de restitution du quadruple pour la première fois, et de punition exemplaire en cas de récidive.

6.

Les capitaines gardes-côtes, leurs lieutenans et enseignes jouiront de l'exemption du ban et arrière-ban.

TITRE VI.

DES PERSONNES SUJETTES AU GUET DE LA MER.

I.

Les habitans des paroisses sujettes au guet de la mer seront tenus de faire la garde sur la côte, quand elle sera commandée, à peine de trente sous d'amende contre le défaillant pour la première fois, et d'amende arbitraire pour la seconde.

2.

N'entendons toutefois comprendre les habitans des paroisses qui doivent le guet ès villes, châteaux et places fortes situés sur la mer, lesquels seront tenus de l'y faire, et non sur la côte.

3.

Le lieutenant de l'amirauté jugera les amendes sur les rapports du clerc du guet, lequel en fera la recette; et les deniers seront appliqués, à la diligence de notre procureur, aux réparations du corps-de-garde.

4.

Le clerc du guet sera tenu, à peine de destitution, de mettre de six mois en six mois au greffe de l'amirauté un rôle des amendes payées, et de celles qui resteront à payer.

5.

Le signal se fera de jour par fumée, et de nuit par feu.

6.

Les habitans des paroisses sujettes au guet de la mer seront tenus d'avoir en tout temps, dans leurs maisons, chacun un mousquet ou fusil, une épée, une demi-livre de poudre, et deux livres de balles, à peine de cent sous d'amende.

7.

Faisons défenses à tous huissiers de saisir pour dettes, même pour deniers royaux, les armes et munitions ci-dessus, à peine de cinquante livres d'amende, en laquelle, en cas de contravention, ils seront condamnés par les officiers de l'amirauté, bien que les actes et jugemens, en vertu desquels les saisies auront été faites, aient été donnés par d'autres juges, auxquels nous en interdisons la connaissance.

TITRE VII.

Dᴜ Rɪᴠᴀɢᴇ ᴅᴇ ʟᴀ ᴍᴇʀ.

1.

Sera réputé bord et rivage de la mer, tout ce qu'elle couvre et découvre pendant les nouvelles et pleines lunes, et jusqu'où le grand flot de mars se peut étendre sur les grèves.

2.

Faisons défenses à toutes personnes de bâtir sur les rivages de la mer, d'y planter aucuns pieux, ni faire aucun ouvrage qui puisse porter préjudice à la navigation, à peine de démolition des ouvrages, de confiscation des matériaux, et d'amende arbitraire.

I. 10

TITRE VIII.

DES RADES.

I.

Voulons que les rades soient libres à tous vaisseaux de nos sujets et alliés dans l'étendue de notre domination. Faisons défenses à toutes personnes, de quelque qualité et condition qu'elles puissent être, de leur apporter aucun trouble et empêchement, à peine de punition corporelle.

2.

Enjoignons aux maîtres et capitaines de navires qui seront forcés par la tempête de couper leurs câbles, et de laisser quelques ancres dans les rades, d'y mettre des hoirins, bouées ou gaviteaux, à peine de perte de leurs ancres, qui appartiendront à ceux qui les auront pêchées, et d'amende arbitraire.

3.

Les maîtres de navires venant prendre rade mouilleront à telle distance les uns des autres, que les ancres et câbles ne puissent se mêler et porter dommage, à peine d'en répondre, et d'amende arbitraire.

4.

Lorsqu'il y aura plusieurs bâtimens en même rade, celui qui se trouvera le plus avancé vers l'eau sera tenu d'avoir, pendant la nuit, le feu au fanal, pour avertir les vaisseaux venant de la mer.

5.

Quand un vaisseau en rade voudra faire voile pendant la nuit, le maître sera tenu, dès le jour précédent, de se mettre en lieu propre pour sortir, sans aborder ou faire dommage à aucun de ceux qui seront en même rade, à peine de tous dépens, dommages et intérêts, et d'amende arbitraire.

TITRE IX.

Des Naufrages, Bris et Échouemens.

1.

Déclarons que nous avons mis et mettons sous notre protection et sauve-garde les vaisseaux, leurs équipages et chargemens, qui auront été jetés par la tempête sur les côtes de notre royaume, ou qui autrement y auront échoué, et généralement tout ce qui sera échappé du naufrage.

2.

Enjoignons à nos sujets de faire tout devoir pour secourir les personnes qu'ils verront dans le danger du naufrage. Voulons que ceux qui auront attenté à leurs vie et biens soient punis de mort, sans qu'il leur puisse être accordé aucune grâce, laquelle dès à présent nous avons déclarée nulle ; et défendons à tous juges d'y avoir aucun égard.

3.

Les seigneurs et habitans des paroisses voisines de la mer, incontinent après les naufrages et échouemens arrivés le long de leurs territoires, seront tenus d'en avertir les officiers de l'amirauté dans le détroit de laquelle les paroisses se trouveront assises ; et, à cet effet, commettront, au commencement de chaque année, une ou plusieurs personnes pour y veiller, à peine de répondre du pillage qui pourrait arriver.

4.

Seront en outre tenus, en attendant l'arrivée des officiers, de travailler incessamment à sauver les effets provenant des naufrages et échouemens, et d'en empêcher le pillage, à peine aussi de répondre en leurs noms de toutes pertes et dommages, dont ils ne pourront être déchargés qu'en représentant les coupables, ou en les indiquant, et produisant des témoins à justice.

5.

Faisons défenses aux particuliers employés au sauvement, et à tous autres, de porter dans leurs maisons, ni ailleurs qu'aux lieux à cet effet destinés, sur les dunes, grèves ou falaises, et de recéler aucune portion des biens ou marchandises des vaisseaux échoués ou naufragés ; comme aussi de rompre les coffres, ouvrir les ballots, et couper les cordages ou mâtures, à peine de restitution du quadruple, et de punition corporelle.

6.

Incontinent après l'avis reçu, les officiers se transporteront au lieu du naufrage, feront travailler incessamment à sauver les effets, se saisiront des chartes-parties et autres papiers et enseignemens du vaisseau échoué, recevront les déclarations des maîtres, pilotes et autres personnes de l'équipage, dresseront procès-verbal de l'état du navire, feront inventaire des marchandises sauvées, les feront transporter et mettre en magasin ou lieu de sûreté, informeront des pillages, et feront le procès aux coupables, à peine d'interdiction de leurs charges, et de répondre en leurs noms de toutes pertes et dommages envers les intéressés.

7.

Les voituriers, charretiers et mariniers seront tenus de se transporter avec chevaux, harnais et bateaux, au lieu du naufrage, à la première sommation qui leur en sera faite de la part des officiers de l'amirauté, ou des intéressés au naufrage, à peine de vingt-cinq livres d'amende contre chacun des refusans.

8.

Les travailleurs seront employés par marées ou journées, et il en sera tenu rôle, dont l'appel sera fait au commencement et à la fin de chaque jour, sans qu'aucun autre puisse, après l'arrivée des officiers, s'immiscer au travail, que ceux qui seront par eux choisis, à peine du fouet.

9.

Sera pareillement tenu état, par les mêmes officiers, des voitures qui seront faites pour porter les effets sauvés dans les magasins; et sera donné au voiturier, en partant du lieu du naufrage, un billet de charge, lequel il mettra entre les mains du gardien.

10.

Le gardien tiendra état ou contrôle de ce qui sera rapporté par chaque voiturier.

11.

Après le transport fait au magasin des marchandises sauvées, il sera par les officiers procédé à la reconnaissance et vérification, tant sur les inventaires faits au lieu de l'échouement, que sur les billets fournis aux voituriers, et sur le contrôle dressé par le gardien; ensuite sera fait taxe raisonnable aux ouvriers, pour leurs salaires, sur les états de leur travail.

12.

Les procès-verbaux de reconnaissance des effets sauvés seront faits en présence du maître, si aucun il y a, sinon du plus apparent de l'équipage; et signés de lui et du gardien, lequel en demeurera chargé.

13.

S'il ne se présente point de réclamateurs dans le mois après que les effets auront été sauvés, il sera procédé par les officiers à la vente de quelques marchandises des plus périssables; et les deniers en provenant seront employés au paiement des salaires des ouvriers, dont il sera dressé procès-verbal.

14.

Si les marchandises déposées au magasin se trouvent gâtées, le gardien sera tenu, après visite et par permission des officiers, d'y faire travailler par gens à ce connaissant, pour les remettre en état, autant que faire se pourra.

15.

En cas que le dommage soit tel, qu'il ne puisse être réparé, ni les marchandises gardées sans perte considérable, les officiers de l'amirauté seront tenus de les faire vendre, et de mettre les deniers en main sûre, dont ils demeureront responsables.

16.

Défendons aux officiers de l'amirauté de se rendre, directement ou indirectement, adjudicataires des marchandises, à peine de restitution du quadruple, et de privation de leurs charges.

17.

Si, lors de l'échouement, les propriétaires ou commissionnaires auxquels les marchandises sont adressées par les connaissemens, ou ceux qui les auront chargées, se présentent pour y mettre ordre eux-mêmes, enjoignons aux officiers de l'amirauté de se retirer, et de leur laisser la liberté entière d'y pourvoir.

18.

Voulons néanmoins que les juges de l'amirauté s'informent de la cause du naufrage ou échouement, de la nation du maître et des mariniers, de la qualité des vaisseaux et marchandises, et à qui elles appartiennent; et, en cas que l'échouement fût volontaire, que les vaisseaux fussent ennemis ou pirates, ou que les marchandises fussent de contrebande, qu'ils s'assurent des hommes, vaisseaux et marchandises.

19.

Enjoignons à tous ceux qui auront tiré du fond de la mer, ou trouvé sur les flots des effets procédant de jet, bris ou naufrage, de les mettre en sûreté, et, vingt-quatre heures après au plus tard, d'en faire leur déclaration aux officiers de l'amirauté dans le détroit de laquelle ils auront abordé, à peine d'être punis comme recéleurs.

20.

Enjoignons aussi, sous les mêmes peines, à ceux

qui auront trouvé sur les grèves et rivages de la mer quelques effets échoués ou jetés par le flot, de faire semblable déclaration dans pareil temps, soit que les effets soient du cru de la mer, ou qu'ils procèdent de bris, naufrages et échouemens.

21.

Les effets procédant des naufrages et échouemens, trouvés en mer ou sur les grèves, seront incessamment proclamés aux prônes des paroisses du port et de la ville maritime la plus prochaine, à la diligence de notre procureur au siége de l'amirauté.

22.

Les billets de proclamation contiendront la qualité des effets, le lieu et le temps auquel ils auront été trouvés; et les curés seront tenus d'en faire la publication, à peine de saisie de leur temporel.

23.

Les chartes-parties, connaissemens, et autres écrits en langue étrangère trouvés parmi les effets, seront aussi, à la diligence de nos procureurs, communiqués aux consuls des nations et aux interprètes, auxquels nous enjoignons d'en donner avis aux personnes intéressées, et aux magistrats des lieux y désignés.

24.

Les vaisseaux échoués, et les marchandises et autres effets provenant des bris et naufrages, trouvés en mer ou sur les grèves, pourront être réclamés dans l'an et jour de la publication qui en aura été faite, et ils seront rendus aux propriétaires ou à leurs commissionnaires, en payant les frais faits pour les sauver.

25.

Les propriétaires seront tenus de justifier leur droit par connaissemens, polices de chargement, factures et autres semblables pièces, et les commissionnaires, en outre, leur qualité par un pouvoir suffisant.

26.

Si les vaisseaux et effets échoués ou trouvés sur le rivage ne sont point réclamés dans l'an et jour, ils seront partagés également entre nous ou les seigneurs auxquels nous aurons cédé notre droit, et l'amiral; les frais de sauvement et de justice préalablement pris sur le tout.

27.

Si toutefois les effets naufragés ont été trouvés en pleine mer, ou tirés de son fond, la troisième partie en sera délivrée incessamment et sans frais, en espèces ou en deniers, à ceux qui les auront sauvés, et les deux autres tiers seront déposés pour être rendus aux propriétaires, s'ils les réclament dans le temps ci-dessus; après lequel ils seront partagés également entre nous et l'amiral, les frais de justice préalablement pris sur les deux tiers.

28.

Les ancres tirées du fond de la mer, qui ne seront point réclamées dans deux mois après la déclaration qui en aura été faite, appartiendront entièrement à ceux qui les auront pêchées.

29.

Les choses du cru de la mer, comme ambre, corail, poissons à lard, et autres semblables qui n'auront appartenu à personne, demeureront aussi entièrement à ceux qui les auront tirées du fond de la mer, ou pêchées sur les flots; et, s'ils les ont trouvées sur les grèves, ils n'en auront que le tiers, et les deux autres seront partagés entre nous, ou ceux à qui nous aurons donné notre droit, et l'amiral.

30.

Faisons défenses à tous seigneurs, particuliers et officiers de guerre ou de justice, de prendre aucune connaissance des bris et échouemens, et de s'en attribuer aucun droit, à cause de leurs terres, offices ou commissions, et d'y troubler les officiers de l'amirauté, à peine de privation de leurs fiefs, offices et emplois; et à tous soldats et cavaliers de courir aux naufrages, à peine de la vie.

31.

Seront néanmoins les gouverneurs des places, et commandans des garnisons des villes et lieux maritimes, tenus de donner main-forte aux officiers de l'amirauté et aux intéressés dans les naufrages, quand ils en seront par eux requis, et d'envoyer pour cet effet des officiers et soldats, dont ils répondront.

32.

Enjoignons à ceux qui trouveront sur les grèves des corps noyés de les mettre en lieu d'où le flot ne les puisse emporter, et d'en donner incontinent avis aux officiers de l'amirauté, auxquels ils feront rapport des choses trouvées sur les cadavres; leur défendons de les dépouiller ou enfouir dans les sables, à peine de punition corporelle.

33.

Aussitôt après l'avis reçu, les officiers se transporteront sur les lieux pour dresser procès-verbal de l'état du cadavre et des choses trouvées avec le corps.

34.

Les curés seront tenus d'inhumer les cadavres dans le cimetière de leur paroisse, s'il est reconnu que les personnes fussent de la religion catholique, apostolique et romaine; à quoi faire ils seront contraints par saisie de leur temporel.

35.

Les vêtemens trouvés sur le cadavre seront délivrés à ceux qui l'auront tiré sur les grèves, et transporté au cimetière.

36.

S'il se trouve sur le cadavre argent monnoyé, bagues, ou autre chose de prix, le tout sera déposé au greffe de l'amirauté, pour être rendu à ceux à qui il appartiendra, s'il est réclamé dans l'an et jour; sinon il sera partagé également entre nous, l'amiral et celui qui l'aura trouvé, les frais de justice et de l'inhumation préalablement pris.

37.

N'entendons, par la présente ordonnance, faire préjudice au droit de varech attribué par la coutume de Normandie aux seigneurs des fiefs voisins de la mer, en satisfaisant par eux aux charges y portées.

38.

Leur faisons toutefois défenses de faire transporter les choses échouées dans leurs maisons avant l'arrivée des officiers de l'amirauté, et jusqu'à ce qu'elles aient été par eux vues et inventoriées, à peine de répondre de tout le chargement, et de déchéance de leur droit.

39.

Les officiers de l'amirauté établis sur les côtes de Normandie, après l'inventaire des effets sauvés, en chargeront les seigneurs des fiefs, ou personnes solvables en leur absence, à peine d'en répondre en leurs noms.

40.

Le salaire des ouvriers employés à sauver et transporter les effets naufragés chez le seigneur, sera taxé et payé en la manière prescrite par les articles 11 et 13 du présent titre, sans que les officiers de l'amirauté puissent taxer aucune chose aux seigneurs pour droit de sauvement, vacations ou journées par eux prétendues employées à la garde du varech. Faisons défenses aux seigneurs de rien exiger sous ce prétexte, à peine du quadruple, de quinze cents livres d'amende, et de privation de leur droit.

41.

Ne pourront les seigneurs, sous prétexte de leur droit de varech, empêcher les maîtres de se servir de leur équipage pour alléger leurs bâtimens échoués, et les remettre à flot; ni les forcer de se servir de leurs valets et vassaux, sous pareille peine de quinze cents livres d'amende, et de perte de leur droit.

42.

Ne pourront non plus les riverains, sous prétexte du même droit de varech, prétendre aucune part aux effets trouvés sur les flots ou pêchés en pleine mer, et amenés sur les grèves en l'endroit de leurs seigneuries, ni sur les poissons gras et autres qui y seront conduits et chassés par l'industrie des pêcheurs.

43.

Les seigneurs des fiefs seront tenus, six mois après la publication des présentes, de faire borner entre eux, du côté de la mer, leurs terres qui aboutissent sur les grèves, à peine des dommages et intérêts de qui il appartiendra.

44.

Seront punis de mort les seigneurs des fiefs voisins de la mer, et tous autres qui auront forcé les pilotes ou locmans de faire échouer les navires aux côtes qui joignent leurs terres, pour en profiter, sous prétexte de droit de varech ou autre, tel qu'il puisse être.

45.

Ceux qui allumeront la nuit des feux trompeurs sur les grèves de la mer et dans les lieux périlleux, pour y attirer et faire perdre les navires, seront aussi punis de mort, et leurs corps attachés à un mât planté où ils auront fait les feux.

TITRE X.

De la Coupe du Varech ou Vraïcq, Sart ou Gouémon.

1.

Les habitans des paroisses situées sur les côtes de la mer s'assembleront le premier dimanche du mois de janvier de chaque année, à l'issue de la messe paroissiale, pour régler les jours auxquels devra commencer et finir la coupe de l'herbe appelée varech et vraïcq, sart ou gouémon, croissant en mer à l'endroit de leur territoire.

2.

L'assemblée sera convoquée par les syndics, marguilliers ou trésoriers de la paroisse; et le résultat en sera publié et affiché à la principale porte de l'église, à leur diligence, à peine de dix livres d'amende.

3.

Faisons défenses aux habitans de couper les vraïcqs de nuit, et hors les temps réglés par la délibération de leur communauté, de les cueillir ailleurs que dans l'étendue des côtes de leurs paroisses, et de les vendre aux forains, ou porter sur d'autres territoires, à peine de cinquante livres d'amende, et de confiscation des chevaux et harnais.

4.

Faisons aussi défenses à tous seigneurs des fiefs voisins de la mer de s'approprier aucune portion des rochers où croît le varech, d'empêcher leurs vassaux de l'enlever dans le temps que la coupe sera ouverte, d'exiger aucune chose pour leur en accorder la liberté, et d'en donner la permission à d'autres, à peine de concussion.

5.

Permettons néanmoins à toutes personnes de prendre indifféremment, en tout temps et en tous lieux, les vraïcqs jetés par le flot sur les grèves, et de les transporter où bon leur semblera.

LIVRE CINQUIÈME.

DE LA PÊCHE QUI SE FAIT EN MER.

TITRE PREMIER.

DE LA LIBERTÉ DE LA PÊCHE.

ARTICLE PREMIER.

Déclarons la pêche de la mer libre et commune à tous nos sujets, auxquels nous permettons de la faire, tant en pleine mer que sur les grèves, avec les filets et engins permis par la présente ordonnance.

2.

Nos sujets qui iront faire la pêche des molues, harengs et maquereaux, sur les côtes d'Irlande, d'Ecosse, d'Angleterre et de l'Amérique, et sur le banc de Terre-Neuve, et généralement dans toutes les mers où elle se peut faire, seront tenus de prendre un congé de l'amiral pour chaque voyage.

3.

Et quant à nos sujets qui font la pêche du poisson frais, avec bateaux portant mât, voile et gouvernail, ils seront seulement tenus de prendre un congé chaque année, sans qu'ils soient obligés de faire aucun rapport à leur retour, si ce n'est qu'ils aient trouvé quelques débris, vu quelque flotte, ou fait quelque rencontre considérable à la mer, dont ils feront leur déclaration aux officiers de l'amirauté, qui la recevront sans aucuns frais.

TITRE II.

DES DIVERSES ESPÈCES DE RETS OU DE FILETS.

I.

Les pêcheurs pourront se servir des rets ou filets appelés folles, drèges, tramaux ou tramaillades, et autres mentionnés en la présente ordonnance, dans les temps et en la manière ci-après réglée.

2.

Les folles auront leurs mailles de cinq pouces en carré, et elles ne pourront être laissées à la mer plus de deux jours, à peine de confiscation et de vingt-cinq livres d'amende.

3.

Ceux qui pêcheront avec les folles seront tenus d'être toujours sur leurs filets tant qu'ils seront à la mer, pour les visiter de temps en temps, et de marée à autre, s'ils n'en sont empêchés par la tempête ou par les ennemis.

4.

Les rets de la drège auront les mailles d'un pouce neuf lignes en carré, et les tramaux ou hamaux qui sont attachés des deux côtés du filet auront les leurs de neuf pouces en carré, sans qu'ils puissent être chargés de plus d'une livre et demie de plomb par brasse, sous les peines ci-dessus ordonnées.

5.

Permettons toutefois de faire la pêche des vives avec des mailles de treize lignes en carré, depuis le quinze février jusqu'au quinze avril seulement.

6.

Les pêcheurs qui voudront pêcher pendant la nuit seront tenus de montrer trois différentes fois un feu dans le temps qu'ils mettront leurs filets à la mer, à peine de cinquante livres d'amende et de réparation de toutes pertes et dommages qui en pourraient arriver.

7.

Si les filets d'un bateau drégeur sont arrêtés et retenus par quelques ancres, rochers ou autres choses semblables, en sorte qu'il ne puisse dériver, l'équipage sera tenu, sous les mêmes peines, de montrer pendant la nuit un feu tant que le bateau demeurera sur le lieu où ses filets seront attachés.

8.

Les mailles des filets appelés picots seront de

pareille grandeur que celles de la drège, et seront chargées d'un quarteron de plomb au plus par brasse. Défendons de se servir pour battre l'eau de perches ferrées ou pointues, à peine de dix livres d'amende.

9.

Faisons défenses aux pêcheurs qui arriveront à la mer de se mettre et jeter leurs filets en lieu où ils puissent nuire à ceux qui se seront trouvés les premiers sur le lieu de la pêche, ou qui l'auront déjà commencée, à peine de tous dépens, dommages et intérêts, et de cinquante livres d'amende.

10.

Faisons encore défenses, sous pareilles peines, à tous pêcheurs qui se trouveront dans une flotte de pêcheurs, de quitter leur rumb ou rang pour se placer ailleurs, après que les pêcheurs de la flotte auront mis leurs filets à la mer.

11.

Permettons de faire la pêche de la sardine avec des rets ayant des mailles de quatre lignes en carré et au-dessus.

12.

Faisons défenses aux pêcheurs d'employer de la resure pour attirer la sardine, et à tous marchands d'en vendre, qu'elle n'ait été visitée et trouvée bonne, à peine de trois cents livres d'amende.

13.

Défendons de faire la pêche du gangui et du bregin, et celle du marquesèque ou du nonnat, pendant les mois de mars, avril et mai, à peine de confiscation des filets et bateaux, et cinquante livres d'amende.

14.

Défendons aussi, sous les mêmes peines, de pêcher pendant les mêmes mois, avec bouliers, à deux cents brasses près des embouchures des étangs et rivières.

15.

Faisons en outre défenses aux pêcheurs qui se servent d'engins appelés fichures, de prendre les poissons enfermés dans les bastudes ou autres filets tendus dans les étangs salés, à peine de punition corporelle.

16.

Il y aura toujours au greffe de chaque siège d'amirauté un modèle des mailles de chaque espèce de filets dont les pêcheurs demeurant dans l'étendue de la juridiction, se serviront pour faire leur pêche tant en mer que sur les grèves. Enjoignons à nos procureurs de tenir soigneusement la main à l'exécution du présent article, à peine de répondre des contraventions en leur nom.

TITRE III.

DES PARCS ET PÊCHERIES.

1.

Permettons de tendre sur les grèves de la mer, et aux baies et embouchures des rivières navigables, des filets appelés hauts et bas parcs, ravoirs, courtines et venets, de la qualité et en la manière prescrite par les articles suivans.

2.

Les mailles des bas parcs, ravoirs, courtines et venets auront deux pouces en carré, et ils seront attachés à des pieux plantés à cet effet dans les sables, sur lesquels le rets sera tendu, sans qu'il y puisse être enfoui.

3.

Les mailles de hauts parcs auront un pouce ou neuf lignes au moins en carré, et ils seront tendus en telle sorte que le bas du filet ne touche point aux sables, et qu'il en soit éloigné de trois pouces au moins.

4.

Les parcs dans la construction desquels il entrera bois ou pierre seront démolis, à la réserve de ceux bâtis avant l'année 1544, dans la jouissance desquels les possesseurs seront maintenus, conformément aux articles 84 et 85 de l'ordonnance du mois

de mars 1584, pourvu qu'ils soient construits en la
manière ci-après.

5.

Les parcs de pierre seront construits de pierres
rangées en forme de demi-cercle, et élevés à la hauteur de quatre pieds au plus, sans chaux, ciment ni
maçonnerie; et ils auront dans le fond, du côté de la
mer, une ouverture de deux pieds de largeur, qui ne
sera fermée que d'une grille de bois ayant des trous
en forme de mailles d'un pouce au moins en carré,
depuis la Saint-Remi jusqu'à Pâques, et de deux pouces en carré depuis Pâques jusqu'à la Saint-Remi.

6.

Les parcs appelés bouchots seront construits de
bois entrelacés, comme claies, et auront dans le
fond, du côté de la mer, une ouverture de pareille
grandeur de deux pieds, qui ne pourra être fermée
de filets, grilles de bois, panier ni autre chose,
depuis le premier mai jusqu'au dernier août.

7.

Et pour les parcs de bois et de filets, ils seront
faits de simples claies d'un pied et demi de hauteur,
auxquelles seront attachés des filets ayant les mailles
d'un pouce en carré; et les claies auront dans le
fond, du côté de la mer, une ouverture aussi de deux
pieds, qui ne pourra être fermée que d'un filet dont
les mailles seront de deux pouces en carré depuis
Pâques jusqu'à la Saint-Remi, et d'un pouce au moins
depuis la Saint-Remi jusqu'à Pâques.

8.

Faisons défenses à toutes personnes, de quelque qualité et condition qu'elles puissent être, de bâtir ci-après sur les grèves de la mer aucuns parcs dans la construction desquels il entre bois ou pierre, à peine de trois cents livres d'amende, et de démolition des parcs, et à leurs frais.

9.

Faisons aussi défenses aux seigneurs des fiefs voisins de la mer, et à tous autres, de lever aucun droit, en deniers ou en espèces, sur parcs et pêcheries, et sur les pêches qui se font en mer ou sur les grèves; et de s'attribuer aucune étendue de mer, pour y pêcher à l'exclusion d'autres, sinon en vertu d'aveux et dénombremens reçus en nos chambres des comptes avant l'année 1544, ou de concession en bonne forme, à peine de restitution du quadruple de ce qu'ils auront exigé, et de quinze cents livres d'amende.

10.

Faisons pareillement défenses à tous gouverneurs, officiers et soldats des îles et des forts, villes et châteaux construits sur le rivage de la mer, d'apporter aucun obstacle à la pêche dans le voisinage de leurs places, et d'exiger des pêcheurs argent ou poisson pour la leur permettre, à peine contre les officiers de perte de leurs emplois, et contre les soldats de punition corporelle.

11.

Les parcs et bouchots qui se trouveront construits à l'embouchure des rivières navigables ou sur les grèves de la mer, à deux cents brasses du passage ordinaire des vaisseaux et au-dessous, seront démolis aux frais des propriétaires.

12.

Faisons défenses à tous ceux qui font leur pêche avec des guideaux de les tendre dans le passage ordinaire des vaisseaux, ni à deux cents brasses près, à peine de saisie et confiscation des filets, de cinquante livres d'amende, et de réparation des pertes et dommages que les guideaux auront causés.

13.

Ordonnons que les pieux pour tendre les guideaux qui se trouveront plantés dans le passage des vaisseaux, ou à deux cents brasses près, seront arrachés quinzaine après la publication de la présente ordonnance, aux frais des propriétaires, et à la diligence de nos procureurs en chaque siége, à peine d'interdiction de leurs charges.

14.

Voulons que le procès soit fait et parfait à ceux qui replanteront des pieux aux mêmes lieux d'où ils auront été arrachés en exécution de la présente ordonnance, et que les délinquans soient condamnés au fouet.

15.

Les pêcheurs dont les pieux et les guideaux auront été ôtés, comme nuisibles à la navigation, ou les pêcheries démolies, seront déchargés de toutes rentes et redevances qu'ils pouvaient devoir pour raison de ce à notre domaine, ou à quelques seigneurs particuliers, auxquels nous faisons défenses, ainsi qu'à nos receveurs, d'en exiger le paiement, à peine de concussion.

16.

Faisons aussi défenses à toutes personnes de se servir de bouteux ou bout de quièvre, ruches, paniers et autres engins, pour prendre crevettes, grenades ou salicots, depuis le premier mars jusqu'au dernier du mois de mai; et de pêcher, en aucune saison de l'année, avec collerets, seines ou autres semblables filets qui se traînent sur les grèves de la mer, à peine d'amende arbitraire, saisie et confiscation des filets pour la première fois, et de punition corporelle en cas de récidive.

17.

Défendons en outre de faire parcs, ravoirs et venets, dont les mailles soient de moindre grandeur que celle ci-dessus; et de faire des seines et collerets, en vendre ou recéler, à peine de vingt-cinq livres d'amende.

18.

Faisons pareillement défenses, et sous les mêmes

peines, de dréger dans les moulières; d'en racler les
fonds avec couteaux et autres semblables ferremens;
d'arracher le frai des moules, et d'enlever celles
qui ne sont pas encore en état d'être pêchées.

19.

Déclarons les pères et mères responsables des
amendes encourues par leurs enfans; et les maîtres,
de celles auxquelles leurs valets et domestiques auront été condamnés pour contravention aux articles
du présent titre.

20.

Permettons aux officiers de l'amirauté d'appliquer
le tiers des amendes au paiement des frais faits pour
parvenir aux condamnations.

21.

Leur enjoignons de faire brûler toutes les seines,
collerets, et autres filets qui ne seront de qualité portée
par la présente ordonnance; à l'effet de quoi, ils seront
tenus, à peine d'interdiction de leurs charges, de
faire, de mois en mois, leur visite sur les côtes, et,
de temps en temps, la perquisition dans les maisons
des pêcheurs et autres riverains de la mer.

TITRE IV.

Des Madragues et Bordigues.

1.

Faisons défenses à toutes personnes de poser en

mer des madragues ou filets à pêcher des thons, et d'y construire des bordigues sans notre expresse permission, à peine de confiscation et de trois mille livres d'amende.

2.

Ceux qui auront obtenu de nous des lettres nécessaires pour l'établissement de quelque madrague ou bordigue, seront tenus de les faire enregister au greffe de l'amirauté dans le détroit de laquelle ils devront faire leur pêche.

3.

Enjoignons aux propriétaires des madragues de mettre sur les extrémités les plus avancées en mer, des hoirins, bouées ou gaviteaux, à peine des dommages qui arriveront faute de l'avoir fait, et de privation de leurs droits.

4.

Faisons aussi défenses, sous les mêmes peines, de placer aucune madrague ou bordigue dans les ports et autres lieux où ils puissent nuire à la navigation, et d'y laisser, en levant leur madrague, les pierres ou baudes qui y étaient attachées.

5.

Ne pourront les capitaines des madragues ôter la liberté aux autres pêcheurs de tendre thonaires ou combrières, et de pêcher dans le voisinage de la madrague, pourvu qu'ils ne l'approchent point plus près de deux milles du côté du levant, et abord des thons.

6.

Les propriétaires et fermiers des bordigues seront tenus d'en curer annuellement les fosses et canaux, chacun à l'endroit et dans l'étendue de leur bordigue, en sorte qu'il y ait en tout temps quatre pieds d'eau au moins, à peine de trois cents livres d'amende, et d'y être mis ouvriers à leurs frais.

7.

Leur faisons défenses, sous même peine de trois cents livres d'amende, de fermer leurs bordigues depuis le premier mars jusqu'au dernier juin. En- joignons aux officiers de l'amirauté de les faire ouvrir pendant ce temps, à peine de suspension de leurs charges.

8.

Ne pourront les propriétaires ou fermiers pré- tendre aucuns dépens, dommages et intérêts, contre les mariniers, dont les bateaux auront abordé leurs bordigues, s'ils ne justifient que l'abordage a été fait par leur faute ou malice.

TITRE V.

DE LA PÊCHE DU HARENG.

1.

Les mailles des rets ou aplets, pour faire la pêche du hareng, auront un pouce en carré, sans que les pêcheurs y en puissent employer d'autres, ni se servir des mêmes filets pour d'autres pêches, à peine de cinquante livres d'amende et de confiscation des filets.

2.

Lorsqu'un équipage mettra ses filets à la mer pour faire la pêche du hareng, il sera tenu de les jeter dans une distance de cent brasses au moins des autres bateaux, et d'avoir deux feux hauts, l'un sur l'avant et l'autre sur l'arrière de son bâtiment, sous pareille peine de cinquante livres d'amende, et de réparation de toutes pertes, dommages et intérêts résultant des abordages qui pourraient arriver à faute de feu.

3.

Chaque équipage, après ses filets jetés à la mer, sera obligé, sous les mêmes peines, de garder un feu sur l'arrière de son bateau, et d'aller à la dérive le même bord au vent que les autres pêcheurs.

4.

Enjoignons, sous pareilles peines, aux maîtres de barques qui, pendant la nuit, voudront s'arrêter et jeter l'ancre, de se retirer si loin du lieu où se fait la pêche, qu'il n'en puisse arriver aucun dommage aux barques et bateaux étant à la dérive.

5.

Lorsqu'un équipage sera forcé par quelque accident de cesser sa pêche ou de mouiller l'ancre, il sera tenu de montrer un feu par trois différentes fois : la première, lorsqu'il commencera à tirer ses filets; la seconde, quand ils seront à moitié levés; et la troisième, après les avoir entièrement tirés, et alors il jettera son feu à la mer.

6.

Si les filets sont arrêtés à la mer, l'équipage ne jettera point son troisième feu ; mais il sera tenu d'en montrer un quatrième, et d'en garder deux jusqu'à ce que les filets soient dégagés.

7.

Faisons défenses, à peine de punition corporelle, à tous pêcheurs de montrer des feux sans nécessité, ni autrement que dans les temps et en la manière ci-dessus prescrite.

8.

Si la plus grande partie des pêcheurs d'une flotte cesse de pêcher, et mouille l'ancre, les autres seront tenus de faire de même, à peine de réparation de tout le dommage, et d'amende arbitraire.

TITRE VI.

DE LA PÊCHE DES MOLUES.

I.

Quand nos sujets iront faire la pêche des molues aux côtes de l'île de Terre-Neuve, le premier qui

arrivera ou enverra sa chaloupe au havre appelé
du Petit-Maître, aura le choix, et prendra l'étendue
du galet qui lui sera nécessaire, et mettra au lieu
dit l'échafaud du croc une affiche signée de lui,
contenant le jour de son arrivée et le nom du havre
qu'il aura choisi.

2.

Tous les maîtres qui arriveront ensuite seront
tenus d'aller ou envoyer successivement à l'échafaud
du croc, et d'écrire sur la même affiche le jour de
leur arrivée, le nombre de leurs matelots, et les
havres ou galets qu'ils auront choisis, à proportion
de la grandeur de leur vaisseau et de leur équipage.

3.

Le capitaine arrivé le premier fera garder l'affiche
par un des hommes de son équipage, qu'il laissera
sur le lieu jusqu'à ce que tous les maîtres y aient
écrit leur déclaration, qui sera mise ensuite entre
ses mains.

4.

Faisons défenses à tous maîtres et mariniers de
s'établir en aucun havre, ou s'accommoder d'aucun
galet, sans en faire leur déclaration en la forme ci-
dessus, et de troubler aucun maître dans le choix
qu'ils auront fait, à peine de cinq cents livres
d'amende.

5.

Le premier de nos sujets qui arrivera aussi avec
son vaisseau en la baie de Canada, pour y faire la

pêche des molues, sera le maître du galet pour y prendre la place qui lui sera nécessaire, même pour y marquer successivement à ceux qui viendront après lui celles dont ils auront besoin, eu égard à la grandeur de leur vaisseau, et au nombre de gens dont ils seront équipés.

6.

Faisons défenses au gouverneur ou capitaine de la côte, depuis le cap des Rosiers jusqu'au cap d'Espoir, et à tous autres, sous peine de désobéissance, de troubler le premier maître arrivant dans la baie, au choix et en la distribution des places sur le galet.

7.

Faisons aussi défenses, sous peine de cinq cents livres d'amende, aux maîtres et équipages des vaisseaux qui arriveront, tant aux côtes de Terre-Neuve qu'en la baie de Canada, de jeter le lest dans les havres, de s'emparer des sels et huiles qui s'y trouveront, et de rompre, transporter ou brûler les échafauds, lesquels appartiendront aux maîtres qui auront fait choix des havres ou galets sur lesquels ils auront été laissés.

8.

Leur défendons pareillement de s'emparer des chaloupes échouées sur le galet, ou laissées dans la petite rivière de la baie des molues, sans un pouvoir spécial des propriétatres des chaloupes, à peine d'en payer le prix, et de cinquante livres d'amende.

9.

Si toutefois les propriétaires des chaloupes ne s'en servent, ou n'en ont point disposé, ceux qui en auront besoin pourront, par la permission du capitaine le premier arrivé, s'en servir pour faire leur pêche, à condition d'en payer à leur retour les loyers aux propriétaires.

10.

Le capitaine ou maître qui se saisira de quelques chaloupes sera tenu de mettre entre les mains du maître qui lui en aura donné la permission, ou, en son absence, en celles du capitaine établi sur le galet voisin, un état contenant le nombre des chaloupes, avec sa soumission d'en payer le loyer, même de remettre au propriétaire, s'il arrive à la côte, et à tout autre ayant pouvoir de lui.

11.

Sera aussi tenu après sa pêche de remettre en lieu de sûreté les chaloupes, et d'en tirer certificat du même capitaine, s'il est sur le lieu, sinon d'en prendre attestation d'un autre étant encore à la côte.

12.

Enjoignons au capitaine du premier navire arrivé aux côtes de Terre-Neuve ou dans la baie de Canada, de dresser procès-verbal de toutes les contraventions aux articles ci-dessus, de le signer et faire signer par les officiers de son équipage, et de le mettre à son retour entre les mains des juges de l'amirauté, pour y être pourvu.

13.

Défendons à tous maîtres de navires faisant la pêche des molues sur le banc de Terre-Neuve ou dans la baie de Canada, de faire voile pendant la nuit, à peine de payer le dommage qu'ils pourraient causer en cas qu'ils abordent quelque vaisseau, quinze cents livres d'amende, et de punition corporelle, s'il arrive perte d'homme dans l'abordage.

TITRE VII.

DES POISSONS ROYAUX.

1.

Déclarons les dauphins, esturgeons, saumons et truites, être poissons royaux, et, en cette qualité, nous appartenir, quand ils sont trouvés échoués sur le bord de la mer, en payant les salaires de ceux qui les auront rencontrés, et mis en lieu de sûreté.

2.

Les baleines, marsouins, veaux de mer, thons, souffleurs, autres poissons à lard, échoués et trouvés sur les grèves de la mer, seront partagés comme épaves, et tout ainsi que les autres effets échoués.

3.

Lorsque les poissons royaux et à lard auront été

pris en pleine mer; ils appartiendront à ceux qui les auront pêchés, sans que nos receveurs, ni les seigneurs particuliers et leurs fermiers y puissent prétendre aucun droit, sous quelque prétexte que ce soit.

TITRE VIII.

Des Pêcheurs.

I.

Trois mois après la publication de la présente ordonnance, il sera fait par le lieutenant de l'amirauté, à la diligence de notre procureur en chaque siége, une liste des pêcheurs allant à la mer, de l'âge de dix-huit ans et au-dessus, demeurant dans l'étendue de leur ressort; dans laquelle seront spécifiés le nom, l'âge et la demeure de chaque pêcheur, et la qualité de la pêche dont il se mêle.

2.

Les deux plus anciens maîtres pêcheurs de chaque paroisse seront tenus, au premier jour de carême de chaque année, d'envoyer au greffe du siége de l'amirauté dans le ressort duquel ils seront demeurans, un rôle de tous ceux de leur paroisse, de l'âge de dix-huit ans et au-dessus, qui se mêleront d'aller à la mer pour pêcher, à peine de 10 livres d'amende solidaire contre les anciens maîtres.

3.

Chaque maître de bateaux pêcheurs sera aussi

tenu, sous peine de dix livres d'amende, de mettre au greffe de l'amirauté, en prenant son congé, une liste de ceux qui composent son équipage, contenant leur nom, âge et demeure.

4.

Les pêcheurs de chaque port ou paroisse où il y aura huit maîtres et au-dessus, éliront annuellement l'un d'entre eux pour garde-juré de leur communauté, lequel prêtera serment par-devant les officiers de l'amirauté, fera journellement visite des filets, et rapport aux officiers des abus et contraventions à la présente ordonnance, à peine d'amende arbitraire.

5.

S'il y a moins de huit maîtres dans quelque port ou paroisse, ils seront tenus d'en convoquer des paroisses voisines, ou de se joindre avec eux pour procéder à l'élection du juré, laquelle se fera sans frais, présens ni festins, à peine de vingt livres d'amende contre les contrevenans.

6.

Dans les lieux où il y a des prud'hommes, les pêcheurs s'assembleront annuellement pour les élire par-devant les officiers de l'amirauté, qui recevront le serment de ceux qui seront nommés, et entendront sans frais les comptes des deniers de leur communauté.

7.

Voulons que la présente ordonnance soit gardée et observée dans notre royaume, terres et pays de notre obéissance. Abrogeons toutes ordonnances, coutumes, lois, statuts, règlemens, styles et usages contraires aux dispositions y contenues. Si donnons en mandement à nos amés et féaux les gens tenant nos cours de parlement, officiers des siéges généraux et particuliers de l'amirauté, et tous autres qu'il appartiendra, que ces présentes ils gardent, observent et entretiennent; fassent lire, publier, enregistrer, observer et entretenir, car tel est notre bon plaisir; et, afin que ce soit chose ferme et stable à toujours, nous y avons fait mettre notre scel. Donné à Fontainebleau, au mois d'août, l'an de grâce mil six cent quatre-vingt-un, et de notre règne le trente-neuvième, signé LOUIS; et plus bas, par le Roi, Colbert; et à côté est écrit, visa, Le Tellier, pour servir à l'ordonnance sur le fait de la marine.

FIN DE L'ORDONNANCE.

COMMENTAIRE

SUR

L'ORDONNANCE DE LA MARINE,

DU MOIS D'AOUT 1681.

(*N. B.* Les additions au Commentaire de Valin sont renvoyées par un astérisque, et séparées par un filet.)

LIVRE PREMIER.

DES OFFICIERS DE L'AMIRAUTÉ, ET DE LEUR JURIDICTION.

TITRE PREMIER.

DE L'AMIRAL.

PLUSIEURS auteurs se sont fatigués inutilement à chercher l'étymologie du nom d'*amiral;* il en est même qui, sur cela, se sont livrés à des conjectures qui passaient le raffinement. La Popelinière, dans son *Traité de l'Amiral,* conclut que l'étymologie en est absolument incertaine; en quoi il a été suivi par Selden, Ducange, et par le plus grand nombre des auteurs qui ont écrit après lui sur cette matière. La Popelinière ajoute néanmoins que ce terme *amiral,* originairement *almiral,* puis *admiral,* n'a été connu en France qu'au temps des guerres des Croisades; d'où il s'ensuivrait, comme l'ont pensé le père Fournier et le père Daniel, que ce mot nous serait venu effectivement des Sarrasins ou Arabes, et par conséquent favoriserait l'opinion de ceux qui le font venir d'*émir* ou *amira*, terme arabe, qui, selon Ducange et Loccenius, *dominum vel præfectum significat*.

Ce qui appuie encore cette opinion, qui est aujourd'hui généralement adoptée, c'est non-seulement que Selden dit que l'on n'a commencé tout de même à se servir de ce mot en Angleterre que sous le règne d'Edouard Ier, mais encore qu'il a passé en Sicile, en Espagne et dans les autres pays de l'Europe, dont les princes ont également pris part aux expéditions relatives à la conquête de la Terre-Sainte.

Les Croisés, voyant que les Sarrasins et les Mahométans appelaient *émirs* ou *amiras* les chefs de leurs troupes, l'empruntèrent d'eux pour désigner les commandans de leurs flottes; de là en France, par un léger changement, s'est formé le nom d'amiral, rendu ensuite en latin par ces expressions: *Maris præfectus*, *præpositus ad mare*, *classis regiæ magister*, *Galliarum Neptunus*. Cependant les Sarrasins et les Arabes appelaient indifféremment *émirs* ou *amiras* les commandans des provinces ou des troupes de terre et les chefs de leurs forces navales. On voit même dans nos anciennes ordonnances antérieures à la création de la charge d'amiral, et même à toutes commissions données par nos rois pour le commandement des forces maritimes, que sous le nom d'*amiraux* étaient compris des chefs de troupes qui n'avaient aucune relation à la marine.

Mais dans la suite la signification de ce terme fut restreinte, de manière qu'il ne désignait plus absolument qu'un officier de considération nommé par le roi pour commander sur mer, et pour faire préparer tout ce qui était nécessaire pour le succès de ces sortes d'expéditions.

Dans ce sens, on pourrait dire avec quelques auteurs que de tout temps il y a eu des amiraux de France, parce que nous avons eu peu de rois qui, au besoin, de temps à autre, n'aient eu des flottes sur mer.

Le père Fournier, dans son *Traité d'Hydrographie*, l. 7, ch. 1, assure qu'après avoir fait les plus exactes recherches, il n'a pu trouver aucunes provisions pour la charge d'amiral de France que sous Charles IV, en 1327, dans laquelle année elle fut conférée à Pierre Le Mègue ou Miège. Ainsi, en même temps qu'on est autorisé à mettre ce seigneur à la tête des amiraux de France, on ne peut pas dire positivement qu'il n'y en a pas eu d'autres avant lui.

Mais que ce Pierre Le Mègue ou Miège ait été effectivement amiral de France en titre, c'est ce que prouvent non-seulement les listes des amiraux données par Ducange, le P. Daniel, Le Ferron, le P. Fournier et le P. Anselme, mais encore celle que l'on trouve dans un ancien manuscrit de MM. Dupuy, qui est à la bibliothèque de S. A. S. M. le duc de Penthièvre, n° 848.

Au reste, si toutes ces listes s'accordent à placer ce premier amiral sous le règne de Charles-le-Bel, en 1327, on ne trouve pas partout la même concordance par rapport à ses successeurs, ni pour les noms, ni pour les dates. C'est ce qui m'a engagé à les comparer, et à chercher ailleurs ce qui pourrait servir à les concilier, ou à lever les doutes résultant de leur contrariété.

Sur ce plan voici la liste qui m'a paru la plus autorisée. La plus curieuse est celle du P. Anselme, parce qu'à la suite de chacun de ceux qu'il reconnaît pour amiraux, il donne leur généalogie avec une notice abrégée de leurs exploits militaires.

Anciens Amiraux de France.

1. Pierre Le Mègue ou Miège, en . . . . 1327.
2. Hue ou Hugues Quieret, sous Philippe de Valois. 1339.
3. Othon de Hornes. . . . . 1341.
4. Louis d'Espagne. . . . . 1341.
5. Pierre Flotte de Revel. . . . . 1345.
6. Jean de Nanteuil. . . . . 1347.

7. Enguerrand Quieret, sous le roi Jean. . . . . . . 1357.
8. Robert d'Anneval de la Heuse. . . . . 1359.
9. François le Périlleux. . . . . 1368.
10. Amaulry ou Aymery, vicomte de Narbonne. . . . 1369.
11. Jean de Vienne. . . . . 1373.
12. Renault de Trie. . . . . 1397.
13. Pierre de Brebant, dit Clignet. . . . . 1405.
14. Jacques de Châtillon. . . . . 1408.
15. Robert de Braquemont, dit Robinet. . . . . 1417.
16. Charles de Lens. . . . . 1418.
17. Georges de Chatelus, dit de Beauvais. . . . . . . 1420.
18. Louis de Culant, sous Charles VII. . . . . 1423.
19. André de Laval, sieur de Loheac. . . . . 1429.
20. Prégent de Coetivy. . . . . 1439.
21. Jean, sire de Breuil, comte de Sancerre. . . . . . 1450.
22. Jean de Rohan, sire de Montauban, sous Louis XI. 1461.
23. Louis Bâtard de Bourbon, comte de Roussillon. . 1466.
24. Louis Mallet, sire de Graville, sous Charles VIII. 1486.
25. Charles d'Amboise, sous Louis XII. . . . . 1508.
26. Guillaume Gouffier, seigneur de Bonnivet. . . . . 1517.
27. Philippe Chabot, seigneur de Brion. . . . . 1525.
28. Claude d'Annebault, seigneur de Saint-Pierre. . 1543.
29. Gaspard de Coligny, seigneur de Châtillon. . . . 1552.
30. Honoré ou Honorat de Savoie, marquis de Villars. 1572.
31. Charles de Lorraine, duc de Mayenne. . . . . . . 1578.
32. Anne, duc de Joyeuse, sous Henri III. . . . . . . 1578.
33. Jean-Louis de Nogaret de la Valette, duc d'Epernon. 1587.
34. Bernard de Nogaret de la Valette.. . . . . 1588.
35. Charles de Gontaut, duc de Biron, sous Henri IV. 1592.
36. André de Brancas, duc de Villars. . . . . 1594.
37. Charles de Méru de Montmorenci, duc Damville. 1596.
38. Henri de Montmorenci. . . . . 1612.

En 1626, Henri de Montmorenci fit sa démission de cette
charge entre les mains du roi Louis XIII, qui créa aussitôt

après, et par édit du mois d'octobre de la même année, celle de grand maître, chef et surintendant général de la navigation et du commerce de France, en faveur du cardinal de Richelieu, son premier ministre.

Cependant la charge d'amiral n'était pas encore supprimée; elle ne le fut, avec celle de connétable, que par édit de janvier 1627, enregistré au parlement le 15 mars suivant.

Telle est, ce me semble, la liste la plus exacte que l'on puisse avoir des **amiraux de France** jusqu'à la suppression de cette éminente charge, qui ne fut rétablie qu'en 1669.

Les motifs de la suppression de la charge d'amiral, en 1626 et 1627, aussi bien que celle de connétable, furent qu'elles étaient devenues trop considérables, et que, par l'autorité qu'elles donnaient, elles rendaient trop puissant celui qui en était revêtu.

La charge de connétable, dont le pouvoir était bien plus à craindre, fut éteinte sans retour. Celle d'amiral reparut en quelque sorte aussitôt après sous le titre de grand maître, chef et surintendant général de la navigation et du commerce de France. Je dis en quelque sorte, car, quoique le titre de la charge subrogée à celle d'amiral eût quelque chose de plus imposant du côté des termes, le lustre, le rang, le pouvoir qui y était attaché était incomparablement au-dessous de celui dont les amiraux avaient joui, au moyen du droit que Louis XIII se réserva de nommer qui il jugerait à propos pour commander ses armées de mer; mais le cardinal de Richelieu, qui le premier fut revêtu de cette nouvelle charge, ne ressentit pas proprement l'effet de cette réserve, étant en même temps premier ministre du royaume.

Liste des Grands Maîtres de la Navigation.

Armand-Jean Duplessis, cardinal de Richelieu. . . . 1626.
Armand de Maillé de Brezé, neveu du précédent. . . 1642.
Anne d'Autriche, mère de Louis XIV, régente. . . . 1646.

César, duc de Vendôme. . . . . 1650.
François de Vendôme, duc de Beaufort. . . . . . . 1667.

Après sa mort, Louis XIV supprima la charge, et rétablit en même temps celle d'amiral par édit de novembre 1669, mais avec une grande diminution des droits qui y étaient anciennement attachés.

Amiraux depuis le rétablissement de la charge. *

Louis de Bourbon, comte de Vermandois. . . . . . 1669.
Louis-Alexandre de Bourbon, comte de Toulouse. . . 1683.
Louis-Jean-Marie de Bourbon, duc de Penthièvre. . 1737.

---

* Malgré les grands changemens qui se sont opérés dans le droit public de la France, relativement à la charge de grand amiral, et l'exemple de Merlin, Rép. de Juris., v° Amiral, qui n'a consacré qu'une page à l'histoire de cette éminente dignité, j'ai cru que le lecteur ne verrait pas sans intérêt ces détails, que l'importance du sujet m'a paru rendre précieux.

L'office d'amiral a été supprimé en 1791.

La loi du 28 avril 1791, sur l'organisation de la marine, porte (art. 59) que les officiers généraux de la marine seront divisés en trois grades : les amiraux, les vice-amiraux et les contre-amiraux.

La loi du 3 brumaire an IV, sur l'organisation de la marine militaire, veut (art. 5) que le titre d'amiral soit temporaire, et qu'il soit conféré aux officiers généraux de la marine chargés du commandement des armées navales composées de quinze vaisseaux de ligne et au-dessus, et seulement pendant la durée de la campagne.

La dignité de grand amiral fut rétablie par le sénatus-consulte du 28 floréal an XII, qui porte, art. 32 : Les grandes dignités de l'empire sont celles de grand électeur, d'archi-chancelier de l'empire, d'archi-chancelier d'état, d'archi-trésorier, de connétable, de grand amiral.

Par ordonnance du Roi, du 18 mai 1814, S. A. R. le duc d'Angoulême (actuellement Dauphin de France) a été nommé grand amiral.

La lecture des quinze articles qui composent le titre de l'amiral (voir pag. 3, 4, 5) nous paraît suffisante pour faire connaître quels

TITRE II.

De la Compétence des Juges de l'Amirauté. *

(V. pag. 6, 7, 8, 9, 10.)

Autrefois il n'y avait pour juges d'amirauté que les lieutenans de M. l'amiral, et autres officiers par lui nommés et
institués.

Cet ordre subsista jusqu'à l'édit du mois d'avril 1554,
par lequel Henri II, sans préjudicier au droit de nomination
de l'amiral, érigea en titre d'office les charges de judicature
de l'amirauté, depuis lequel temps les officiers de cette juridiction ont été et sont encore tout à la fois officiers royaux
et officiers de M. l'amiral.

[?]Mais dans le temps de cette création il y avait alors peu de

---

étaient les droits et attributions de cette charge importante. Tout
commentaire est aujourd'hui sans utilité, les principales dispositions
de l'ordonnance, notamment celles qui déclarent que la justice se rend
au nom de l'amiral, qui l'investissent du droit de nommer les officiers de l'amirauté, etc., étant évidemment abrogées par l'art. 57 de la
Charte, qui porte : « Toute justice émane du Roi ; elle s'administre en
» son nom par des juges qu'il nomme et qu'il institue. »

* Les amirautés avaient encore beaucoup d'autres attributions,
dit Merlin, après avoir transcrit les art. de l'Ordonn., rép. de Jurisp.,
vº Amirauté ; mais il est inutile de s'y arrêter, parce que ces tribunaux n'existent plus : la suppression en est prononcée par l'art. 1
du titre 5 de la loi du 9 août 1791. La loi du 7 septembre 1790,
art. 8, leur avait déjà ôté la connaissance du contentieux relatif au
commerce maritime.

Le titre de la première de ces lois répartit leurs diverses attributions entre les tribunaux de commerce, les juges de paix et les tribunaux ordinaires.

siéges d'amirauté. Ils ont été depuis assez multipliés en différens temps, notamment en 1691, et le nombre des officiers a été aussi augmenté par l'édit du mois de mai 1711. Enfin, par le règlement du 12 janvier 1717, il en a été établi dans toutes les colonies françaises.

TITRE III.

DES LIEUTENANS, CONSEILLERS, AVOCATS ET PROCUREURS DU ROI AU SIÉGE DE L'AMIRAUTÉ *.

(V. pag. 10, 11, 12, 13.)

Dans les amirautés générales, le premier officier a droit de prendre le titre de lieutenant général, de même qu'aux tables de marbre; mais dans les amirautés particulières, il ne peut se qualifier que de lieutenant seulement, ou de lieutenant particulier. Jusqu'à ce que les officiers de l'amirauté eussent été faits officiers royaux, l'amiral les nommait, et instituait à son gré qu'ils fussent lettrés ou non. Depuis l'érection de ces offices en offices royaux, il a bien conservé le droit de les nommer et présenter au roi, avec faculté de recevoir au serment par ses officiers aux tables de marbre, ceux des amirautés particulières qui en relèvent; mais, depuis l'édit du mois de mars 1551, et l'ordonnance de Blois de 1579, art. 107, il n'a pu faire choix que de sujets gradués âgés de vingt-cinq ans, et ayant fréquenté le barreau pendant trois ans.

---

* Les tribunaux d'amirauté ayant été supprimés, il est évident que les règles qui fixaient les conditions d'éligibilité, les droits, devoirs ou priviléges des juges, greffiers, huissiers de ces tribunaux, sont aujourd'hui sans application.

TITRE IV.

Du Greffier.

(V. pag. 14, 15, 16.)

TITRE V.

Des Huissiers-Audienciers, Visiteurs et autres Sergens de l'Amirauté.

(V. pag. 17, 18.)

TITRE VI.

Du Receveur de l'Amiral.

(V. pag. 19, 20.)

TITRE VII.

Des Interprètes et des Courtiers-Conducteurs des Maîtres de Navires.

Tout maître ou capitaine de navire étranger qui ignore la langue du pays où il vient commercer, a besoin d'un interprète pour se faire entendre, pour faire dans les bureaux les déclarations auxquelles il est tenu, pour vendre ses marchandises, et en acheter d'autres pour son retour, en un mot pour faire son commerce.

I.   13

D'un autre côté, qu'il sache la langue du pays; mais qu'il ignore, faute d'habitude dans le lieu, les usages des bureaux, les formalités qu'il y a à observer, et les moyens de se procurer une prompte et sûre expédition; qu'il ne puisse pas enfin, ou qu'il ne veuille pas se charger de tout ce détail, comme il arrive souvent aux nationaux mêmes, il a besoin d'un courtier-conducteur pour l'introduire et le guider dans toutes ses opérations.

Il a donc fallu dans tous les temps des interprètes et des courtiers-conducteurs des maîtres de navires, et à leur défaut se servir de personnes instruites dans ce genre, pour en faire les fonctions. Mais, n'y ayant point encore de règles établies à ce sujet, et les interprètes et courtiers sans caractère, qui n'étaient pas liés par la religion du serment, ajoutant à l'infidélité de leurs services l'exaction d'un salaire excessif, les plaintes des maîtres de navires se multipliaient à mesure que le commerce maritime prenait de nouveaux accroissemens.

Dans la vue de remédier à ces abus, par édit du mois de décembre 1657, Louis XIV créa en chaque siège d'amirauté deux offices de courtiers jurés, censaux, affréteurs et conducteurs à la nomination de M. l'amiral, sous la réserve de la première finance; mais, excepté un petit nombre de siéges d'amirauté où ces charges furent levées, l'édit demeura sans exécution; et par ordonnances des 30 décembre 1661 et 24 janvier 1662, suivies d'un arrêt du conseil du 27 octobre 1663, le droit de nommer à ces places fut attribué ou plutôt confirmé à l'amiral en la personne de M. le duc de Vendôme, avec défenses à tous maîtres de navires de se servir d'autres courtiers que de ceux qui auraient de lui commission suffisante.

Je dis que ce droit lui fut confirmé plutôt qu'attribué, parce que, s'agissant ici de fonctions relatives à la navigation et au commerce maritime, la faculté d'y commettre lui était naturellement acquise par le titre de sa charge, de même qu'à toutes celles qui dépendent de son droit de juridiction et de police générale sur la mer, ses rades, ports et havres.

Aussi en avait-il déjà usé avant ce temps-là, et depuis il a commis régulièrement à ces places dans tous les siéges où elles ne sont pas en titre d'office; et, à l'égard de ces mêmes offices, c'est lui qui y nomme, comme aux autres charges de l'amirauté; de manière que ce n'est que sur sa nomination que les provisions du roi sont expédiées.

Il n'y a vraisemblablement aucun port où il y ait autant de courtiers qu'à Marseille, puisqu'ils ont été portés au nombre de quarante-six, en conséquence de l'édit du mois de mai 1692; et que depuis, en 1709 et 1752, il y en a été ajouté quatorze autres, ce qui fait soixante en tout. Et ce qu'il y a de singulier encore, c'est que chacune de ces charges a coûté dans le principe la somme de 4,000 livres; les dernières charges ont même été vendues un prix beaucoup plus considérable : cela donne l'idée d'un commerce extrêmement étendu. Il est pourtant vrai que ces courtiers servent au commerce de terre comme à celui de la mer; ce qui n'empêche pas qu'ils ne soient tous obligés de se faire recevoir au siége de l'amirauté. Avant la création de ces offices, c'était le corps de ville qui y commettait, par usurpation, au moins pour la partie relative aux fonctions maritimes.

Quoique les interprètes et les courtiers-conducteurs des maîtres de navires soient compris et réunis dans ce titre, leurs fonctions n'ont cependant rien de commun, et la distribution des articles de ce même titre en fournit la preuve. On peut donc être interprète sans être courtier, *et vice versâ* : c'est la commission qui en décide suivant les termes dans lesquels elle est conçue.

Celui qui n'est qu'interprète, outre le privilége exclusif de translater les pièces sujettes à traduction, ne peut que servir de truchement aux maîtres de navires étrangers, sans pou-

voir faire les déclarations pour eux, et prendre leurs expéditions, quand bien même les maîtres se présenteraient en personne pour agir par eux-mêmes, aidés de leur truchement,
parce qu'autrement il entreprendrait sur les fonctions des
courtiers. Ceux-ci, à leur tour, quoiqu'ils sachent la langue
du maître ou capitaine étranger, s'ils ne sont pas en même
temps nommés interprètes, ne peuvent servir de truchement
à ce maître ou capitaine, et à plus forte raison translater aucune pièce : il faut avoir recours à l'interprète juré.

On comprend qu'à en user de cette manière, les maîtres
auraient à payer tout à la fois les droits de courtage et ceux
de l'interprète-truchement. Pour remédier à ces inconvéniens,
l'usage s'est introduit de ne plus donner de commission d'interprète sans y joindre le droit de faire en même temps les
fonctions de courtier-conducteur; mais cette faculté ne regarde naturellement que les maîtres étrangers qui parlent
quelqu'une des langues pour lesquelles l'interprète est nommé:
il ne peut l'exercer à l'égard des autres maîtres, si sa commission de courtier n'est entière, et dans des termes qui
excluent toute idée de limitation ou restriction.

ARTICLE PREMIER.

Les interprètes ne pourront faire fonction de leurs
commissions qu'elles n'aient été enregistrées au siége
de leur établissement, et qu'ils n'aient fait expérience
de leur capacité, et prêté serment devant le lieutenant du siége.

Il n'est question ici, et dans les cinq autres articles qui
suivent, que des interprètes, privativement aux courtiers-
conducteurs.

Avant de pouvoir entrer en fonction, en conséquence de
leurs commissions, que M. l'amiral a seul droit de donner, il

faut qu'ils les fassent enregistrer au greffe de l'amirauté du lieu de leur établissement; qu'ils aient fait expérience de leur capacité; ce qui se réduit aujourd'hui, comme à l'égard des courtiers, à un certificat de quatre négocians au moins, portant attestation que l'aspirant interprète entend convenablement les langues pour lesquelles il a obtenu la commission, et enfin qu'ils promettent avec serment, devant le lieutenant de l'amirauté, de s'acquitter fidèlement de leur emploi.

2.

Interpréteront dans les siéges d'amirauté, privativement à tous les autres, les déclarations, chartesparties, connaissemens, contrats et tous actes dont la traduction sera nécessaire.*

La commission d'interprète serait inutile, si elle ne donnait pas le privilége d'interpréter et translater tous les contrats maritimes dont la traduction est nécessaire, à l'exclusion de toutes autres personnes.

Ainsi, soit en fait de prise, soit en cas de discussion en justice, au sujet de quelque acte écrit en langue étrangère, il y a nécessité de se servir pour la traduction du ministère de l'interprète juré, et les juges de l'amirauté n'en peuvent nommer d'autre, si l'interprète n'est légitimement récusé.

3.

Serviront aussi de truchement à tous étrangers, tant maîtres de navires que marchands, équipages de vaisseaux et autres personnes de mer.*

---

* Le *Cod. de com.*, art. 80, établit la même règle.
** Le *Cod. de com.*, art. 80, établit la même règle.

De même les étrangers marchands, ou gens de mer, s'ils ont besoin de truchement pour faire entendre leurs raisons ou prétentions dans la juridiction de l'amirauté, sont obligés de se servir de l'interprète juré; et ils ne seraient pas écoutés s'ils empruntaient un autre organe, à moins aussi qu'il n'y eût matière à récuser l'interprète, auquel cas ce serait au juge à choisir le truchement ou interprète pour entendre l'étranger par sa bouche, après lui avoir fait prêter serment de rendre avec fidélité les discours et les réponses de l'étranger : formalité du serment qui ne se pratique pas à l'égard de l'interprète, à cause qu'il a serment à justice précisément sur le fait de la traduction. *

4.

Les traductions ne feront foi que lorsque les parties auront convenu d'interprètes, ou qu'ils auront été nommés par les juges.

Ceci regarde les traductions de l'interprète juré, aussi bien que celles de tous autres interprètes; soit parce que l'article ne distingue point, soit à cause qu'une traduction non ordonnée en justice doit naturellement paraître officieuse, et, comme telle, peut être présumée fautive, sans attaquer ni intéresser même la probité de l'interprète. Or elle est officieuse en ce que l'interprète prévient l'ordonnance du juge, et dès-là on a droit de la soupçonner de n'être pas exacte, en ce qu'il se peut, ou que l'interprète n'ait pas donné à la pièce toute l'attention qu'il y aurait apportée s'il eût pensé que sa version dût faire règle, ou qu'on lui ait présenté une autre pièce que celle qui fait le sujet de la contestation. En un mot, une traduction, en pareil cas, n'est qu'une pièce privée, et non juridique, qui par conséquent ne doit pas faire foi.

Je ne pense pas néanmoins que pour avoir déjà traduit

---

* V. l'art. 80 du *Code de comm.*

d'office, ce soit un moyen de récusation contre l'interprète
juré, à l'effet de l'exclure de donner en forme la traduction
qui sera ordonnée par le juge. Ainsi, ni dans ce cas, ni, à plus
forte raison, lorsqu'il n'aura paru aucune traduction des
pièces en litige, il ne s'agit point que les parties conviennent
d'interprètes, ni que le juge en nomme au défaut de l'un ou
de l'autre, comme on en use au sujet des visites et estimations
d'experts; il n'échoit alors que d'ordonner que la traduction
sera faite par l'interprète juré avec un autre dont les parties
conviendront, ou qui sera nommé d'office par le juge; et ce
ne serait-qu'autant qu'il y aurait matière à récuser l'interprète
juré, que l'on pourrait avoir recours à d'autres, à moins
toutefois que la partie qui refuserait d'acquiescer à la traduction, ne la soutînt réellement vicieuse et infidèle. En ce cas
il serait question de la faire vérifier par d'autres interprètes,
convenus par les parties ou nommés par le juge, conformément à cet article. Mais aussi alors, la traduction étant reconnue sincère et véritable, la partie qui l'aurait attaquée ne
serait pas quitte pour payer les frais de la vérification, et
l'interprète juré serait fondé à se pourvoir contre elle pour la
faire condamner en ses dommages et intérêts, et à une
amende arbitraire pour l'injure qu'elle lui aurait faite.

Au reste, comme notre ordonnance parle toujours des interprètes au pluriel, elle suppose qu'il y en a plusieurs pour
chaque langue étrangère, quoique régulièrement il n'y en
ait qu'un en chaque amirauté. Cependant, s'il y en avait
réellement plusieurs, ce serait alors que la traduction devrait
se faire aux termes de notre article; et supposé qu'un des
interprètes eût déjà donné une traduction d'office, il serait de
la règle, en ce cas, d'ordonner que la traduction en forme
serait faite par deux autres : mais s'il est seul, c'est à lui à
faire la traduction par le privilége que lui attribue l'article
ci-dessus; et tout ce que l'on peut faire, c'est de nommer une
autre personne pour travailler à la traduction avec lui, ce

qui s'entend toujours, sauf la récusation pour cause juste et légitime.

Mais, si les interprètes jurés sont des interprètes nécessaires, c'est-à-dire, qu'on ne peut se dispenser d'employer dès qu'il est question de traduction, cela n'est vrai que dans les juridictions pour lesquelles ils ont été établis. Dans les autres juridictions, il est libre aux parties et aux juges d'en choisir ou nommer d'autres, parce qu'à leur égard les interprètes jurés sont sans titre, et qu'ils ne peuvent être considérés que comme des experts, parmi lesquels il est permis de choisir.

5.

Les interprètes convenus ou nommés se chargeront, au greffe, des pièces dont la traduction sera ordonnée, après qu'elles auront été paraphées par le juge, et seront tenus de les rapporter avec les traductions dans le temps qui leur sera prescrit, sans qu'ils puissent exiger ni prendre plus grands salaires que ceux qui leur seront taxés.

Il s'ensuit de là qu'il doit être dressé un procès-verbal des pièces sujettes à traduction, lors duquel procès-verbal, qui sera fait parties présentes, ou dûment appelées, le juge paraphera chacune de ces pièces, et le tout sera déposé au greffe. Après cela les interprètes convenus ou nommés, serment préalablement fait à la manière accoutumée, s'ils ne sont interprètes jurés, prendront les pièces des mains du greffier et lui en donneront leur récépissé, par lequel ils se soumettront de les rapporter avec leurs traductions dans le temps qui leur aura été prescrit par le jugement qui aura ordonné les traductions; ou s'il n'y a pas eu de délai marqué, lorsqu'ils en seront requis et sommés, ou dans celui qui leur sera fixé par le juge. Du reste, quoique l'article n'en dise rien, si les interprètes ne sont pas jurés, leur traduction sera sujette à affirmation, dont il sera également dressé procès-verbal; mais, s'ils sont interprètes jurés, leur certificat au pied de chaque traduction vaudra affirmation.

Tout ceci, au surplus, n'est que pour le cas où les parties, refusant de s'en rapporter à la traduction de l'interprète juré, demanderont, ou l'une d'elles, que la traduction soit faite dans toutes les règles,: mais cela même ne peut se rencontrer que très-rarement; je n'en ai même pas vu d'exemple.

Cela ne regarde aussi que le civil. S'il s'agissait du criminel, il faudrait alors se conformer à l'ordonnance du mois de juillet 1737, concernant le faux et la reconnaissance des écritures.

En matière de prise tout est simple à ce sujet : le juge fait le triage des pièces dont la traduction paraît nécessaire ou utile; il les paraphe avec le capitaine du vaisseau pris, et il en dresse un procès-verbal. Il remet ensuite les pièces entre les mains de l'interprète juré, s'il y en a, sinon il nomme pour interprète un homme qui entend la langue dans laquelle les pièces sont écrites; et après avoir pris son serment, il le charge des pièces pour en faire la traduction. La traduction achevée, l'interprète rapporte les pièces avec leur traduction, qu'il certifie et affirme dans un avenant mis au pied du procès-verbal.

Dans tous les cas de traduction, il est entendu que l'interprète n'est pas le maître de la taxe de son salaire ou de la rétribution qui lui est due à ce sujet : c'est au juge à la fixer, et il n'est pas permis à l'interprète de rien exiger ou recevoir au-delà; ce serait de sa part une prévarication qui l'assujétirait à une amende arbitraire; et, s'il était interprète juré, la récidive emporterait la suspense ou privation de son emploi.

6.

Pourront aussi servir de facteurs aux marchands étrangers dans les affaires de leur commerce. *

Ce n'est là qu'une faculté accordée aux interprètes, de servir de facteurs ou aides aux marchands étrangers, qui parlent les langues pour lesquelles ils sont institués interprètes; et non-seulement en cela il ne leur est pas attribué un privilége exclusif, comme à l'égard des traductions et du droit de servir de truchement, mais même ils ne peuvent user de cette faculté au préjudice des courtiers-conducteurs, s'ils ne sont en même temps nommés courtiers par leur commission; et cela, quoique les maîtres à qui ils serviraient de facteurs fussent présens pour agir par eux-mêmes, avec leur aide, dans toutes les opérations relatives au courtage, comme il a été observé ci-dessus : et c'est ainsi qu'il faut entendre l'article 14, ci-après, qui permet à tous maîtres de navires et aux marchands qui voudront agir par eux-mêmes, de se passer d'interprètes et de courtiers.

7.

Aucun ne pourra faire fonction de courtier-conducteur de maître de navire, qu'il n'ait été immatriculé au greffe de l'amirauté, sur l'attestation que quatre notables marchands du lieu donneront de ses capacité et probité.

Cet article ne regarde que les courtiers-conducteurs des maîtres de navires; mais ceux qui suivent leur sont communs avec les interprètes.

---

* Le *Cod. de com.*, *art. 81*, permet aussi de cumuler les fonctions de courtier-interprète et conducteur de navires.

Il est intéressant pour l'ordre et le bien public qu'il y ait des personnes préposées pour aider et diriger les maîtres de navires, soit français ou étrangers, dans les affaires relatives à leur navigation et à leur commerce, lorsqu'ils ne seront pas en état ou d'humeur d'agir par eux-mêmes.

De là il s'ensuit qu'il faut que ces personnes non-seulement soient connues publiquement pour être entendues dans ces sortes d'opérations, mais encore qu'elles aient un caractère qui les autorise à s'en mêler, et qui leur donne créance dans le public.

Par une police particulière, qui concilie les intérêts des courtiers avec ceux du public, on veille dans le port où le nombre des courtiers n'est pas réglé, à ce qu'il n'en soit point établi au-delà du nombre nécessaire pour le service du commerce. On a observé même de leur faire faire bourse commune, autant que cela est possible, et d'avoir un bureau sur le port, où l'on puisse trouver en tout temps quelqu'un d'eux. Par-là le service se fait exactement et sans délai, tandis que les courtiers retirent de leur emploi des émolumens qui leur procurent une honnête subsistance. Cela sert à les entretenir dans des sentimens d'honneur et de probité, propres à servir d'exemple et d'instruction à ceux qui aspirent à les remplacer dans la suite.

Ce serait nécessairement toute autre chose, s'il était permis à quiconque de faire les fonctions de courtier-conducteur : c'est pour cela aussi que notre article en exclut tous ceux qui ne sont pas reçus en cette qualité à l'amirauté.

Ce n'est pourtant pas une loi nouvelle qui a été portée en cela même, puisque, tant par ordonnance du 24 janvier 1662, que par arrêts du conseil des 10 février et 7 mars de la même année, il avait déjà été fait défenses, sur peine même de 5oo livres d'amende, à tous maîtres de navires de se servir d'autres courtiers que des courtiers jurés, c'est-à-dire, que de ceux qui étaient immatriculés à l'amirauté. Le dernier de ces arrêts défend même aux commis des fermes de recevoir aucunes déclarations des maîtres ou capitaines, s'ils sont assistés d'autres conducteurs, ou plutôt s'ils ne sont accompagnés des courtiers jurés.

Ces courtiers ayant donc un privilége exclusif, si quelqu'un entreprend sur leurs fonctions, ils sont fondés à se pourvoir en dommages et intérêts, et pour faire prononcer des défenses avec amende, tant contre le capitaine que contre celui qui lui aura servi de conducteur.

A l'égard de ce dernier cela est évident, puisqu'il trouble les courtiers dans leurs fonctions, et que ceux-ci ont intérêt de s'y faire maintenir. Et pour ce qui est du maître ou capitaine cela n'est pas moins sûr, nonobstant la disposition de l'article 14, ci-après, parce que autre chose est de se passer des courtiers jurés, et autre chose est de prendre ailleurs un courtier. Alors ce n'est pas agir par soi-même, et cependant ce n'est que dans ce cas qu'on est dispensé de se servir des courtiers jurés. Après tout, ce n'est pas le capitaine qui a le plus de tort dans ces occasions, c'est celui qui lui prête un ministère qu'il lui est défendu d'exercer; aussi l'usage est-il de n'attaquer que ce dernier, en laissant le maître ou capitaine à l'écart.

Ces sortes de discussions ne sont pas rares, surtout lorsque le maître étranger ou français est adressé à un commissionnaire, ou que quelque marchand du lieu a des marchandises chargées pour son compte dans le navire. Dans l'un ou l'autre cas, le commissaire ou le marchand se croit en droit de faire la déclaration pour le capitaine en même temps qu'il fait la sienne pour ce qui le concerne; mais ce prétendu droit de concomitance n'a jamais été goûté, et dans toutes les occasions les courtiers jurés ont perpétuellement été maintenus dans leur privilége. Entre autres préjugés, il suffira d'indiquer celui du sieur Chabot, fils aîné. Par jugement de l'amirauté de cette ville, du 7 juin 1758, sur les conclusions des courtiers, il lui fut fait défenses, et à tous autres, d'entreprendre à l'avenir sur leurs fonctions pour les déclarations des capitaines ou maîtres, tant au greffe de l'amirauté qu'aux bureaux des fermes, ou de toutes autres manières, à peine de tous dépens, dommages et intérêts. Le sieur Chabot ayant interjeté appel de ce jugement, il fut confirmé à la table de marbre par autre du 22 décembre de la même année, duquel ayant encore déclaré appel au parlement, par arrêt du 15 mars 1740 il fut débouté de son appel, avec amende et dépens, et ordonné que l'un et l'autre jugemens seraient exécutés selon leurs formes et teneurs.

Depuis ce temps-là des marchands ayant encore entrepris, en différentes occasions, sur les fonctions des courtiers, ceux-ci y ont été maintenus tout de même autant de fois qu'ils se sont pourvus en justice, et notamment par jugemens des 13 août et 20 décembre 1755, dont il n'y a point eu appel.

Ceci reviendra encore sur l'article 14, où sera réfutée une autre exception fondée sur les traités d'Utrecht et autres.

Le commentateur a raison d'appliquer aux courtiers d'amirauté la disposition de l'article 3 du titre 2 de l'Ordonnance de 1673 ; et en effet tous ceux qui, ayant obtenu des lettres de répit, ont passé quelque concordat avec leurs créanciers, sans les avoir satisfaits en entier, se sont présentés pour être reçus courtiers-conducteurs, ont constamment été refusés. Pour remplir des fonctions publiques ou des emplois de confiance, il faut des gens à couvert de tous reproches. *

8.

Les interprètes et courtiers auront un registre

---

* *Cod. de com.*, *art. 83.* Ceux qui ont fait faillite ne peuvent être agens de change ou courtiers, s'ils n'ont été réhabilités.

coté et paraphé en tous les feuillets par le lieutenant
de l'amirauté, dans lequel ils écriront les noms des
maîtres et des navires pour lesquels ils seront employés, le jour de leur arrivée, le port et la cargaison
des vaisseaux, avec l'état des droits et avaries qui
auront été payés, et des salaires qu'ils auront reçus,
à peine d'interdiction; et sera le tout arrêté et signé
sur le registre par les maîtres. *

Il n'y a pas la même comparaison à faire entre les agens
ou courtiers de change et les courtiers de l'amirauté, par
rapport à la tenue des livres et registres. Les premiers sont
chargés de presque toutes les négociations de papier qui se
font dans les places de commerce; et souvent il est d'une
extrême importance, même après plusieurs années, de savoir comment certaines négociations ont été faites. Le public a donc un intérêt sensible à ce que les agens et courtiers de change tiennent exactement des registres pour y
inscrire leurs négociations, suivant l'obligation qui leur est
imposée par les articles 2 et 4 de l'Ordonnance de 1673,
puisque ce n'est que par eux que les doutes peuvent être
levés sur la réalité et la sincérité des négociations que les circonstances ou la malignité peuvent faire regarder comme
suspectes.

Le registre, au contraire, que doivent tenir, aux termes
de cet article, les interprètes et courtiers de l'amirauté, n'intéresse point le public; il ne peut servir qu'à eux-mêmes
pour justifier leur conduite avec les maîtres de navires qu'ils
ont employés.

Afin qu'il pût être utile au public, il faudrait que ce fût
là que l'on dût chercher les preuves de l'arrivée des navires

---

* Cod. de com., art. 84.

lans le port, et de leur sortie ; du nom de chaque maître,
lu port de son bâtiment, de sa cargaison, des droits
iayés, etc. Et c'est tant du greffe de l'amirauté que du
ureau des fermes que doivent partir ces preuves ; on
'en reconnaît point d'autres.

Cependant nos interprètes et courtiers tiennent effective-
aent un registre, conformément à cet article ; et, comme ils
ont ici bourse commune, l'utilité qui en résulte est qu'il
ert à régler leurs comptes entre eux pour le partage de
:urs droits.

9.

Faisons défenses aux interprètes et courtiers d'em-
loyer, dans leurs états, autres ni plus grands droits
lue ceux qu'ils auront effectivement payés, et de
aire payer ou souffrir être payé par les maîtres qu'ils
onduiront, autre chose que les droits légitimement
ûs, même sous prétexte de gratification, à peine de
estitution et d'amende arbitraire.

La seule observation qu'il y ait à faire sur cet article re-
arde la défense faite, tant aux courtiers qu'aux interprètes,
e souffrir qu'il leur soit payé par les maîtres de navires
ien au-delà de ce qui leur est dû légitimement pour leurs
roits, quelque offre qui leur soit faite d'un excédant, par gra-
fication ou reconnaissance.

C'est assurément mettre leur probité à une trop rude
preuve. Qu'il ne leur soit pas permis de ménager une grati-
cation et de la stipuler avec les maîtres de navires, sous pré-
exte d'une plus prompte expédition, et que sans cela ils les
erviraient nonchalamment, cela est de toute évidence, puis-
u'alors ils prévariqueraient dans leur ministère, qu'ils doi-
ent remplir avec zèle et fidélité. Mais il est des soins et des

attentions extraordinaires qu'on ne peut exiger d'eux; et si par-là, sans aucune convention, sans autre titre en un mot que la reconnaissance des maîtres qu'ils ont ainsi obligés, ceux-ci leur offrent de leur plein gré une petite gratification, peuvent-ils la recevoir sans se rendre coupables tout de même de prévarication.

Le motif de la loi est juste, tant la cupidité est ingénieuse à se procurer des profits illégitimes; mais dans l'application il est juste aussi d'avoir égard aux circonstances. Or tout maître qui, ayant fait une gratification à son courtier, ne se plaint pas qu'elle lui ait été en quelque sorte arrachée, disculpe le courtier qui l'a reçue, et ce ne serait qu'en cas de plainte du maître que l'on pourrait condamner le courtier à la restitution et à une amende arbitraire; mais aussi alors ils n'éviteraient pas cette humiliation et cette peine, quelque offre qu'il fît d'affirmer par serment d'avoir reçu la gratification sans l'avoir exigée, le seul fait déposerait contre lui.

Quant aux droits, ceux des interprètes ne pouvant être fixés, puisqu'ils dépendent de la nature de leur travail, qui est plus ou moins long, suivant le volume des pièces à traduire, c'est au juge à leur taxer chaque fois leur salaire; et ils seraient punissables, s'ils exigeaient rien de plus.

A l'égard des droits de courtiers, ils sont réglés par un tarif, suivant le port des vaisseaux, avec la différence qui y est marquée; et, quoiqu'il y ait des navires d'un même port qui donnent beaucoup plus de peine que d'autres, il n'est pas permis aux courtiers de rien demander au-dessus de la taxe, sans quoi elle deviendrait arbitraire.

10.

Seront tenus de fournir pour les maîtres qui les emploieront les déclarations nécessaires aux greffes et bureaux établis pour les recevoir, à peine de

répondre en leur nom des condamnations qui interviendront contre les maîtres, faute d'y avoir satisfait.

Pour l'exécution de cet article, où sont tracés les devoirs
des courtiers envers les maîtres qui les emploient, il faut que
ces maîtres leur mettent en main, à leur arrivée, leurs
chartes-parties, lettres de mer, connaissemens, factures de
cargaison et autres pièces nécessaires pour dresser leurs déclarations au vrai, suivant la décision de l'arrêt du conseil
du 7 mars 1662.

Cela fait, c'est au courtier choisi par le maître à faire avec
lui ou pour lui, car cela est égal, les déclarations nécessaires,
tant au greffe de l'amirauté qu'au bureau des fermes du roi,
et cela dans le temps et avec les formalités qui sont d'ordonnance ou d'usage, sur peine de répondre en son nom propre
et privé des contraventions qui pourraient être imputées au
maître, et de le garantir des condamnations qui pourraient
intervenir contre lui à ce sujet.

Rien n'est plus juste, puisque les courtiers sont établis expressément pour guider et servir les maîtres de navires dans
toutes les opérations qui dépendent de leur navigation et de
leur commerce, et que ce n'est qu'à ce titre et sous ces conditions qu'il leur a été attribué des droits.

Par une suite naturelle, mais non nécessaire de leur emploi, ils travaillent aussi à procurer aux maîtres la vente de
leur cargaison, l'achat des marchandises dont ils ont besoin,
un fret pour leur retour; à l'effet de quoi ils dressent et ou-
vrent les chartes-parties. En un mot il est d'usage qu'ils les
aident dans leur commerce en tout ce qui dépend d'eux;
mais ils sont déchargés de ces soins extraordinaires lorsque
les maîtres, comme il arrive le plus souvent, sont adressés à
des commissionnaires. C'est précisément lorsque les courtiers
rendent ces services, en quelque sorte de surérogation, que

I.

14

les maîtres leur donnent quelques légères marques de reconnaissance; à quoi il n'y a rien à dire, si cela se fait avec une pleine liberté.

II.

Faisons en outre défenses, à peine de trente livres d'amende, aux courtiers et interprètes, d'aller au-devant des vaisseaux, soit aux rades, soit dans les canaux ou rivières navigables, pour s'attirer les maîtres, capitaines ou marchands, qui pourront choisir ceux que bon leur semblera. *

Pareilles défenses sont faites, et sur peine d'une amende de trente livres, tout de même que l'article 10, titre 3, livre 4, ci-après, aux pilotes-lamaneurs ou locmans, d'aller au-devant des navires et d'y monter contre le gré des maîtres, pour ne pas laisser la liberté qu'ils ont de choisir parmi les lamaneurs, comme dans le nombre des courtiers, ceux que bon leur semble.

Mais à ce motif, de laisser aux maîtres de navires la liberté du choix, se joint une raison de police qui exige que l'ordre soit maintenu entre les courtiers aussi bien qu'entre les locmans, pour empêcher que les uns n'entreprennent sur le service des autres, et que, par souplesse ou par insinuation, ils ne *s'attirent les maîtres, capitaines ou marchands,* comme notre article s'en exprime.

---

* La Cour royale de Rouen a jugé, par deux arrêts du 18 mai 1819 et 8 juin 1821 (V. Dalloz, jurisp. gén. vᵒ courtier), que cette sage disposition de l'Ord. de la marine était toujours en pleine vigueur, et, en faisant l'application, a prononcé contre les courtiers contrevenans la condamnation à l'amende de 30 francs déterminée par cet article.

Il s'en trouve néanmoins qui, sans aller au-devant des navires, ont l'adresse de se faire donner la préférence, soit par les maîtres de navires accoutumés à se servir d'eux, qui leur en adressent d'autres, soit par les relations qu'ils savent se procurer par ailleurs; d'où naissent des jalousies, des discussions et des inimitiés, qu'on ne vient à bout de faire cesser qu'autant que l'on peut les engager à faire bourse commune : mais ces sociétés ne durent pas toujours, et c'est souvent à recommencer.

12.

Feront résidence dans les lieux de leur établissement, à peine de privation de leur commission.

L'exercice d'un pareil emploi exige nécessairement résidence dans le lieu de l'établissement; et, s'il en était autrement, les capitaines et autres qui auraient besoin du ministère des interprètes et des courtiers, ne pourraient se procurer leurs secours, ni à temps, ni sans une augmentation de dépense.

Dans la navigation et le commerce maritime il est des momens précieux où il faut presser les opérations qui exigent l'assistance des interprètes ou des courtiers. Il est donc extrêmement intéressant que leur secours puisse être réclamé avec succès à chaque instant; d'où suit la nécessité de leur résidence.

L'article dit : *à peine de privation de leur commission*, ce qui signifie que de plein droit M. l'amiral peut donner à un autre une nouvelle commission pour remplacer l'absent, sans qu'il soit besoin de lui enjoindre de résider et de faire rendre contre lui un jugement comminatoire; c'est-à-dire, qu'il lui soit fait injonction de résider, sur peine de déchéance de sa commission. Cela peut en effet faire d'autant moins de difficulté, que toutes les commissions de M. l'amiral sont révocables à volonté, toutes portant cette clause restrictive : *tant qu'il nous plaira.*

Si l'interprète ou courtier est en titre d'office, au lieu d'exercer par commission, il faudra alors pour le priver de son emploi observer à son égard les formalités usitées pour la destitution des officiers munis de provision, son absence seule n'étant pas capable d'opérer cet effet : ce qu'elle opérera seulement, et de même, si, n'étant pourvu que par commission, M. l'amiral ne juge pas à propos de le révoquer, c'est que tant que durera son absence il sera privé de son emploi ; dans ce sens, qu'il ne sera plus recevable à se prévaloir de son privilége exclusif, ni à se plaindre que d'autres, en faisant ses fonctions, entreprennent sur ses droits ; par cette raison, que, devant faire son service dans le lieu de son établissement, il ne peut pas exiger qu'on aille le chercher ailleurs. Mais, cette privation n'étant occasionée que par le seul fait de son absence, elle cessera par son retour dans le lieu de son établissement, de manière qu'il rentrera de plein droit alors dans l'exercice de ses fonctions, comme avant son absence.

13.

Les interprètes et courtiers ne pourront faire *aucun négoce* pour leur compte, ni même acheter aucune chose *des maîtres qu'ils serviront*, à peine de confiscation des marchandises et d'amende arbitraire. ∗

Il en est de même des autres courtiers et des agens de change, par les articles 1 et 2, tit 2 de l'ordonnance de 1673.

∗ Le *Cod. de com.*, *art. 85*, consacre le même principe. On peut voir dans le commentaire de Jousse, sur l'Ord. de 1673, tit. 2, art. 1 et 2, les raisons de cette prohibition : c'est un des points les plus importans de notre droit commercial.

Les raisons de ces défenses, déjà portées par l'ordonnance de 1629, article 416, relativement aux ordonnances de Charles VII, du 19 septembre 1439, et d'Henri III, au mois de septembre 1576, se présentent d'elles-mêmes, et le commentateur les a fort bien rendues d'après Bornier. Voyez *infrà*, l'art. 68, titre des assurances.

Cependant ces mots, *aucun négoce*, ne doivent s'entendre que d'un négoce relatif à celui que font les maîtres et capitaines de navires, ou à l'occasion duquel ils puissent recevoir quelque préjudice, et nullement d'un commerce qui leur soit totalement étranger ou indifférent. Mais pour cela il faut que l'interprète ou le courtier n'achète ni ne revende aucune marchandise de la qualité de celle dont les maîtres et marchands qui ont affaire à eux puissent avoir besoin. Car la défense qui leur est faite par cet article, d'acheter aucune chose des maîtres qu'ils servent, emporte nécessairement celle de leur vendre aussi aucune chose, la raison étant absolument la même; c'est-à-dire, la crainte qu'ils n'abusent de la confiance des maîtres et qu'ils ne les trompent en achetant d'eux à bas prix, et en leur vendant au contraire à un prix excessif, sur quoi il pourrait leur être également facile de leur en imposer.

Il est pourtant vrai que ces sortes de surprises sont beaucoup moins à craindre aujourd'hui qu'autrefois, soit parce que le prix des marchandises est généralement assez connu, soit parce que les maîtres de navires qui ne sont pas au fait du commerce du lieu sont presque toujours adressés à des commissionnaires. Malgré cela, néanmoins il convient de tenir la main à l'exécution de notre article; et, s'il était avéré que, sous couleur d'un achat de marchandises qui paraîtrait fait d'une tierce personne, un courtier eût vendu ses propres marchandises au maître qui l'aurait employé, il n'est pas douteux que ces marchandises ne fussent sujettes à confiscation, et que le courtier ne dût être condamné à une amende arbitraire, sans examiner la lésion que le maître aurait soufferte par-là, à moins que ce ne fût pour faire supporter au courtier une amende plus considérable.

Des maîtres qu'ils serviront. Donc ils peuvent acheter de ceux qu'ils ne servent pas, à moins qu'ils ne fassent bourse commune; parce qu'alors tous sont censés servir à la fois, quoiqu'un seul paraisse servir tel et tel maître.

14.

Les maîtres et marchands qui voudront agir par eux-mêmes ne seront tenus de se servir d'interprètes ni de courtiers.

L'interprétation et l'exécution de cet article n'auraient jamais fait naître de contestation, sans l'avidité ou la jalousie des marchands commissionnaires et autres ayant des relations avec des maîtres de navires, qui, sous couleur de les servir utilement et de leur épargner quelques frais, ont cherché trop souvent à appliquer à leur profit les droits des interprètes et des courtiers, en entreprenant sur leurs fonctions. En effet, cet article ne permettant aux maîtres de navires et aux marchands de se passer d'interprètes et de courtiers qu'à condition d'agir par eux-mêmes, il est évident que, ne pouvant ou ne voulant pas agir par eux-mêmes, ils sont obligés de se servir du ministère des interprètes et courtiers jurés, sauf à choisir entre eux ceux que bon leur semblera, aux termes de l'article 11, sans pouvoir absolument en employer d'autres, puisque, par les articles 1 et 7, nul ne peut en faire les fonctions qu'il n'ait été reçu à l'amirauté en conséquence d'une commission de M. l'amiral.

Il ne s'agit plus, après cela, que de savoir ce que c'est qu'agir par soi-même, de la part d'un maître de navire ou d'un marchand. Or on conçoit que ce n'est pas en assistant simplement aux opérations qui sont à faire pour les déclarations, tant au greffe de l'amirauté qu'au bureau des fermes; qu'il ne suffit pas en un mot qu'il se présente en personne dans les endroits où doivent se traiter les affaires relatives à son voyage et à son commerce; mais qu'il faut qu'il fasse personnellement, sans truchement ni aucun autre aide, tout ce qui est à faire à ce sujet.

Ainsi, si, étant étranger, il ne se fait pas parler la langue française, il n'est pas évidemment en état d'agir par lui-même, ayant nécessairement besoin d'interprète pour lui servir de truchement; et cet interprète ne peut être autre que l'interprète juré. Dans ce même cas il lui faut aussi un courtier, et il ne peut le prendre ailleurs que dans le nombre des courtiers jurés.

D'un autre côté, si, entendant la langue française, il ne peut ou ne veut pas se charger des détails nécessaires pour ses déclarations et autres expéditions, ce n'est pas non plus de sa part agir par lui-même; et alors encore il est obligé de se servir d'un courtier juré, et nul autre ne peut être par lui choisi pour en faire les fonctions. Quoiqu'il assiste, lui, à toutes les opérations, il ne peut pas être censé agir par lui-même dès qu'il a recours au ministère d'un tiers.

En cette partie, au reste, il n'y a point d'exception à faire en faveur des commissionnaires auxquels les maîtres de navires sont adressés, pour dire que ces commissionnaires ont droit de les représenter, à l'effet que les déclarations qu'ils feront pour les maîtres et les marchands soient regardées comme si elles étaient faites par eux-mêmes. En matière de privilége il ne se fait point d'extension d'un cas à un autre, ni d'une personne à une autre. Or ce n'est que par privilége que les maîtres et les marchands peuvent se passer d'interprètes et de courtiers en agissant par eux-mêmes; ils ne peuvent donc pas se faire représenter par qui que ce soit dans ces occasions. D'ailleurs, et ceci ne souffre aucune réplique, c'est que ces représentans seraient sans caractère, comme n'étant pas reçus à l'amirauté, et qu'ils entreprendront par-là sur les fonctions des interprètes et des courtiers jurés.

Il n'y a pas non plus d'exception à faire pour le cas où les commissionnaires auraient eux-mêmes des déclarations à faire personnellement, pour raison des marchandises qui leur seraient adressées, ou qui seraient venues pour leur compte ; tout leur droit se bornerait à agir par eux-mêmes pour les objets qui les concerneraient en particulier, et il ne leur serait pas moins défendu de mettre les maîtres de navires en déclarations.

Tel est le sens de notre article, combiné avec le premier et avec le septième, portant défenses à quiconque de faire les fonctions d'interprète ou de courtier qu'il n'ait été reçu à l'amirauté ; et telle a toujours été aussi la manière de le pratiquer.

Cependant on a tenté plus d'une fois de l'éluder, surtout depuis les traités d'Utrecht et autres traités de commerce conclus avec les Anglais, les Hollandais et autres nations, sous prétexte qu'il a été stipulé par ces traités, et notamment par l'article 12 du traité de commerce conclu à Utrecht avec l'Angleterre, le 11 avril 1713, et qui a servi de base aux postérieurs ; « que les capitaines et marchands pourraient, » dans tous les lieux de France, traiter leurs affaires par eux-» mêmes, ou en charger qui bon leur semblerait, et qu'ils » ne seraient tenus de se servir d'aucun interprète ou facteur, » ni de leur payer aucun salaire, si ce n'est qu'ils voulussent » s'en servir. »

On a prétendu que par-là il avait été dérogé à la présente ordonnance, et que les sujets des puissances avec lesquelles ces traités ont été faits, avaient acquis le droit de se passer absolument d'interprètes et de courtiers, sans être obligés d'agir par eux-mêmes, comme le veut cet article; de manière qu'ils pouvaient faire faire leurs déclarations, tant au greffe de l'amirauté qu'au bureau des fermes, par qui ils jugeaient à propos.

Mais on ne prenait pas garde que ces traités n'avaient eu pour objet que les actes de commerce ordinaires ou extraordinaires; qu'il a paru juste de laisser aux étrangers la liberté de faire dans le royaume, soit par eux-mêmes, soit par personnes interposées à leur choix, sans être obligés, pour la vente de leurs marchandises, ou par l'achat de celles dont ils auraient besoin, de se servir du ministère des interprètes et des courtiers jurés, afin de rendre leur condition égale en cette partie à celle des Français. On ne prenait pas garde, dis-je, que c'était à cela que se bornaient les traités, sans aucune influence sur les actes judiciaires et authentiques, relatifs à la navigation et au commerce maritime, tels que sont les rapports ou déclarations à faire au greffe de l'amirauté, au bureau des fermes et partout ailleurs, où il s'agit de prendre judiciairement les réponses des maîtres de navires ou des marchands.

Et de cela il y a deux raisons également sensibles et solides : la première est que, par aucun traité, de quelque nature qu'il soit, les étrangers ne peuvent pas en France être de meilleure condition que les Français. Or, lorsque les maîtres de navires français ne veulent pas agir par eux-mêmes, aux termes de cet article, ils sont obligés de se servir des courtiers jurés, sans pouvoir faire faire leurs déclarations par d'autres. Les étrangers ne peuvent donc pas en user d'une manière différente, autrement ils seraient plus avantagés que les Français, ce qui répugne.

La seconde raison est que, s'agissant ici d'actes judiciaires et authentiques, où la forme est essentielle, avec affirmation par serment, il faut nécessairement que ces déclarations et affirmations soient faites en personne par les maîtres de navires, et pour cela qu'ils sachent la langue française ; sans quoi, ne pouvant se faire entendre que par truchement, ils doivent indispensablement se servir des interprètes jurés, sans pouvoir être reçus à produire pour interprète et truchement qui ils jugeront à propos. Il ne serait pas naturel en effet que les officiers de l'amirauté et autres, devant lesquels les déclarations doivent être faites, reconnussent pour interprètes des gens sans caractère et qui n'ont pas serment en justice; encore moins des gens produits par les parties intéressées, par conséquent disposés à favoriser et à déguiser la vérité dans les déclarations autant que cela pourrait leur convenir.

En un mot, ce n'est que de la bouche des officiers publics, établis pour faire entendre ou pour faire les déclarations des capitaines et des marchands, que l'on doit recevoir celles des étrangers qui ne savent pas le français, ou qui, le sachant, ne peuvent ou ne veulent pas faire eux-mêmes leurs déclarations; attendu que, s'il en était autrement, rien ne serait plus facile que d'en imposer dans ces déclarations.

Il n'est donc pas vrai que par les traités dont il s'agit, la disposition de notre article ait été abrogée en faveur des étrangers compris dans ces traités. Tout ce qui en résulte, c'est que ces étrangers peuvent commercer librement en France, acheter et vendre toutes marchandises non prohibées, comme les Français : mais, pour ce qui est des déclarations à faire à l'amirauté ou ailleurs en forme juridique et avec serment, nul doute que le présent article ne soit resté dans toute sa force, et qu'il ne doive être observé par ces mêmes étrangers, comme il l'est par les Français, lorsque, comme eux, ils ne peuvent ou ne veulent pas agir par eux-mêmes. C'est aussi de cette manière qu'on en a toujours usé et que l'on en use encore actuellement à l'amirauté. Les preuves en sont rapportées sur l'art. 7, ci-dessus.

15.

Faisons défenses aux courtiers et interprètes de *mettre prix* aux marchandises et denrées *qui arrivent au port de leur résidence*, à peine de punition exemplaire.

Le motif de cet article est le même que celui du 13ᵉ, portant pareillement défenses aux interprètes et aux courtiers d'acheter aucune chose des maîtres de navires qu'ils serviront. C'est la crainte des surprises qu'ils pourraient faire par-là aux maîtres de navires et aux marchands.

Le danger serait même beaucoup plus grand dans l'espèce de cet article, puisque par ce moyen ils se rendraient les maîtres du prix des marchandises et denrées, ce qui serait de la dernière conséquence.

Qui arrivent au port de leur résidence. Il s'ensuit de là qu'ils le pourraient en d'autres ports ; mais de quel droit, si par justice ils n'étaient nommés à cette fin comme experts ? Car ces mots, *mettre prix,* ne veulent pas dire simplement ici offrir un prix des marchandises à vendre, laissant à quiconque la liberté d'enchérir ; mais ils signifient précisément fixer le prix auquel les marchandises et denrées pourront être vendues et distribuées au public. Or c'est ce que les courtiers ni aucuns marchands ne peuvent faire sans mission de la part du juge de police, à qui seul appartient le droit de taxer les denrées sujettes à la taxe.

Ainsi l'abus des contraventions à cet article, qui est applicable aux courtiers de toute espèce, n'est à craindre que par des voies sourdes et détournées, si familières aux gens à monopole, tels que sont presque tous les marchands de blé, nos courtiers et marchands acheteurs d'eaux-de-vie surtout, qui, par un mystère jusqu'ici impénétrable, se sont mis en possession de faire hausser ou baisser à leur gré le prix de cette denrée, autrefois la principale ressource de cette province, et maintenant devenue la ruine des propriétaires de vignobles.

Je sais qu'on ne manque pas d'en chercher et en indiquer la cause ailleurs ; mais ces monopoleurs trouvent trop leur compte dans cette variation continuelle du prix des eaux-de-vie, pour qu'on pût espérer qu'ils changeassent de conduite, s'il arrivait que l'introduction des eaux-de-vie étrangères dans le royaume fût enfin prohibée, ou qu'elle ne fût permise qu'à la charge du paiement d'un droit considérable, comme la saine politique l'exige absolument. Cependant il en résulterait du moins cet avantage, que, cette liqueur n'étant plus en aussi grande abondance dans le royaume, on serait forcé d'y mettre un prix moins disproportionné avec les dépenses inséparables de la culture des vignes.

Ce titre ne se trouve pas non plus dans l'ordonnance de 1684, concernant la Bretagne, et l'on n'en voit point la raison : car, quoique le gouverneur de Bretagne n'y étendît pas ses droits d'amirauté jusqu'à nommer ces interprètes et courtiers, rien n'empêchait que leurs droits et leurs fonctions ne dussent être réglés par les dispositions contenues dans les différens articles de ce titre, comme cela s'est observé depuis que l'amirauté de Bretagne a cessé d'être exercée séparément.

TITRE VIII.

Du Professeur d'Hydrographie. *

(V. pag. 23, 24, 25.)

L'hydrographie est à la navigation ce que la tactique et la horographie sont à l'art militaire.

Il faut connaître les plages et les mers qu'on a à parcourir our arriver où l'on se propose d'aller; il faut aussi manœuvrer avec intelligence pour éviter les dangers qui sont sur a route : et c'est ce qu'apprend la science de l'hydrographie.

---

* Malgré la sagesse des dispositions renfermées dans ce titre, les éveloppemens des sciences mathématiques et nautiques ont amené es améliorations notables dans l'enseignement de l'hydrographie: suffit pour s'en convaincre de comparer les articles de l'Ord. e 1681 (V. pag. 23, 24, 25) avec l'ordonnance du roi du 7 août 1825.

CHARLES, par la grace de Dieu, Roi de France et de Navarre, Sur le compte qui nous a été rendu de l'état actuel des écoles d'hydroraphie établies dans les principaux ports de notre royaume, ainsi que de la gislation qui les régit ;

Vu le règlement du 1er janvier 1786, le décret du 10 août 1791, l'ordonnce du 29 novembre 1815, et le règlement du 16 décembre de la même née ;

Sur le rapport de notre ministre secrétaire d'État de la marine et des lonies,

Nous avons ordonné et ordonnons ce qui suit :

TITRE PREMIER.

Des Examinateurs et Professeurs des écoles d'hydrographie.

Art. 1er. Il y aura deux examinateurs hydrographes de la marine; ils ront chargés,

De la direction de l'enseignement dans les écoles d'hydrographie;

De l'examen des navigateurs qui se présenteront pour être admis aux ades de capitaine au long cours et de maître au cabotage.

L'hydrographie est donc prise ici dans un sens plus étendu que n'indique son étymologie. Elle signifie, dans l'esprit de notre ordonnance, l'art de naviguer par règles et par principes.

La navigation est très-ancienne ; mais, comme jusqu'à la

Et de toutes autres fonctions que nous jugerons convenable de leur confier.

Les examinateurs hydrographes de la marine seront choisis parmi les professeurs de la première classe, ayant au moins deux ans de service dans cette classe.

Ils seront nommés par nous, sur la présentation de notre ministre secrétaire d'État de la marine et des colonies.

2. Les examinateurs feront, chaque année, une tournée dans les divers ports du royaume, pour procéder aux examens des capitaines au long cours et des maîtres au petit cabotage.

Le ministre fera connaître quatre mois à l'avance l'époque des tournées.

Les examens auront lieu dans les ports ci-après, et dans l'ordre où ils sont dénommés :

Tournée du nord. Dunkerque, le Havre, Cherbourg, Saint-Malo, Brest, Lorient, Nantes.

Tournée du midi. Toulon, Marseille, Cette, Bayonne, Bordeaux, Rochefort.

3. La surveillance supérieure des écoles d'hydrographie, en ce qui concerne l'enseignement, sera exercée dans chaque arrondissement par le commandant de la marine, qui en fera l'inspection au moins une fois par an, et en rendra compte à notre ministre secrétaire d'État de la marine. Il sera pris note, sur la matricule des professeurs, des comptes qui seront rendus par lesdits commandans.

L'administration et la police des écoles seront dans les attributions des intendans, ordonnateurs, ou des officiers d'administration chargés de l'inscription maritime.

4. Dans les ports où il n'a pas été spécialement affecté de local à la tenue des écoles, il y sera pourvu par les soins de l'administration de la marine.

Dans les ports de Marseille, Bordeaux, Nantes, St-Malo et le Havre, il sera en outre fourni un local destiné à l'établissement d'un observatoire, pour que les marins puissent se livrer aux observations astronomiques.

écouverte de la boussole, et à l'estime ou approximation de
l longitude, on ne perdait presque jamais la terre de vue,
art était renfermé dans un cercle fort étroit de connais-
ınces relatives à cet objet : il suffisait d'être pratique des
ôtes que l'on avait à ranger ; de savoir les courans et les

---

5. Les écoles d'hydrographie seront pourvues des instrumens et des livres
écessaires à l'instruction des élèves; la nomenclature en sera déterminée
ır notre ministre :ecrétaire d'État de la marine.

6. A l'avenir les places de professeur d'hydrographie seront données au
ıncours.

Nul ne pourra concourir, s'il n'est âgé de vingt-deux ans au moins, et s'il
a satisfait à la loi du recrutement.

Lorsqu'il surviendra une vacance, le commandant de la marine en sera
formé par l'officier d'administration du lieu, et il en rendra compte au mi-
ıstre, qui ordonnera les dispositions nécessaires pour qu'il y soit pourvu
ır un concours.

7. Le ministre fera annoncer l'ouverture et l'époque du concours, qui aura
ıjours lieu à Paris.

Les personnes qui désireront y être admises, en adresseront la demande au
mmandant de la marine dans l'arrondissement duquel la place sera vacante,
ı c toutes les pièces constatant leur âge, leur bonne conduite, et indiquant
ı colléges ou les institutions dans lesquels ils auront reçu leur éducation; et,
's o ıt suivi une carrière publique, ils y joindront un état certifié de leurs
ıvice. s.

Cette demande, avec l'avis motivé du commandant de la marine, sera
ınsmis e au ministre, qui accordera, s'il y a lieu, l'autorisation nécessaire
ur se ı résenter au concours.

Les ju ges du concours seront nommés par le ministre : les examinateurs
la mar ine seront de droit membres du jury d'examen.

8. Les candidats admis à concourir seront interrogés sur,

1° L'arit hmétique ;

2° La géo métrie;

3° Les de ıx trigonométries;

4° La navig ation, comprenant la connaissance des instrumens propres aux
servations na utiques, et le calcul de celles-ci;

5° L'algèbre ı ıt son application à l'arithmétique et à la géométrie;

6° Les élémen, s du calcul différentiel et intégral ;

7° La statique.

écueils des parages bornés que l'on fréquentait. A cela se joignait une manœuvre peu intelligente ; et c'était là toute la science de la navigation.

Pour se hasarder de voyager en pleine mer, et d'aller à la découverte des pays dont on soupçonnait l'existence, il fallut

---

Il leur sera en outre proposé, sur l'une de ces connaissances, des questions qu'ils seront tenus de traiter par écrit.

Le candidat que le jury aura trouvé le plus capable, sera nommé professeur de la dernière classe, et recevra à cet effet une commission du ministre de la marine.

9. A son entrée en fonctions, chaque professeur sera chargé, sur inventaire, des meubles, instrumens et livres appartenant à l'école, et il sera tenu de remettre ces objets en bon état à son successeur.

10. Les avancemens en classe des professeurs seront accordés par le ministre secrétaire d'État de la marine, sur la proposition des examinateurs hydrographes.

TITRE II.

Du mode d'enseignement dans les écoles d'hydrographie.

11. Les professeurs des écoles d'hydrographie seront tenus de donner, cinq fois par semaine, les jours fériés exceptés, quatre heures de leçon par jour, réparties entre deux cours, l'un pour les commençans, l'autre pour les élèves les plus avancés.

Les heures consacrées à chacun de ces cours seront, dans chaque localité, concertées entre l'officier d'administration de la marine et le professeur.

Les professeurs ne pourront donner de leçons particulières dans le local de l'école, même hors des heures déterminées pour les cours publics.

Les professeurs des écoles situées dans les ports où il sera établi un observatoire, y donneront des leçons fréquentes aux navigateurs, et plus particulièrement le jour ouvrable de la semaine où les cours n'auront pas lieu.

12. L'instruction sera donnée d'une manière uniforme dans toutes les écoles d'hydrographie du royaume.

En conséquence, les professeurs seront tenus de se conformer strictement au mode d'enseignement qui leur aura été prescrit, et ils ne pourront faire suivre à leurs élèves que les auteurs qui auront été adoptés.

13. Dans les ports où les écoles d'hydrographie sont établies, le commissaire d'inscription maritime recevra les déclarations des capitaines du com-

des hommes extraordinaires qui à un courage intrépide joignissent des notions que la force de leur génie et la profondeur de leurs réflexions leur avaient rendu propres.

Ces notions leur parurent assez claires pour qu'ils crussent pouvoir s'y fier ; mais en même temps elles étaient trop peu

●

merce sur les diverses circonstances de leurs voyages ; et, si elles présentaient quelques détails intéressans sous le rapport de la navigation, il s'en ferait remettre un extrait par lesdits capitaines, pour le transmettre au professeur de l'école, qui en rendrait compte au commandant de la marine de l'arrondissement.

14. Pour être admis dans une école d'hydrographie, il faut être âgé de treize ans au moins, savoir lire et écrire, et les quatre premières règles de l'arithmétique ; produire un certificat constatant qu'on a eu la petite vérole, ou qu'on a été vacciné ; enfin être porté sur les registres ou matricules de l'inscription maritime.

Les jeunes gens qui rempliront ces conditions recevront un ordre d'admission de l'officier d'administration de la marine du port.

Le professeur inscrira leurs noms et prénoms sur un registre particulier, et il aura soin d'y consigner, chaque mois, des observations sur la conduite et l'application de chaque élève.

15. Tout élève qui, ayant atteint l'âge de dix-huit ans, ne consentirait pas à se faire inscrire définitivement, ne sera plus admis dans l'école.

En pareil cas, le professeur sera tenu de se faire représenter un certificat du commissaire de l'inscription maritime.

16. Les professeurs auront la police intérieure de l'école ; ils y maintiendront l'ordre et la décence, et ils pourront faire sortir de la salle l'élève qui manquerait à l'un ou à l'autre.

Cependant ils ne pourront interdire l'entrée de l'école pour plus de trois jours ; et, si la faute commise réclamait une punition plus sévère, ils en référeraient à l'officier d'administration de la marine. Celui-ci ne pourra prolonger l'interdiction au-delà d'un mois ; mais une plus longue exclusion, ou l'exclusion définitive, ne sera prononcée qu'en vertu d'une décision de l'intendant ou ordonnateur de l'arrondissement maritime.

17. Tous les ans, les professeurs jouiront de deux mois de vacances, qui dateront du lendemain de la clôture des examens annuels dans chaque port.

Hors ce temps, ils ne pourront s'absenter sans une autorisation spéciale

I.   15

débrouillées pour être aperçues par d'autres que par eux. Il n'y avait donc que le temps qui pût accoutumer les esprits à des idées si nouvelles, et c'est ce qui retarda encore les progrès de la navigation.

La prévention se dissipa enfin, et peu à peu le hasard

---

du ministre, et qu'après avoir pourvu à leur remplacement temporaire, afin que l'instruction ne soit pas interrompue.

Les personnes qu'ils présenteront à cet effet devront être agréées par le commandant de la marine de l'arrondissement.

TITRE III.

De la manière de procéder aux examens.

Les examens sur la pratique de la navigation seront confiés à deux examinateurs spéciaux. Ces examinateurs seront pris parmi les officiers supérieurs de la marine, et désignés, chaque année, par notre ministre de la marine.

L'un d'eux sera chargé de la tournée du nord ; l'autre, de celle du midi : ils précéderont de dix jours au moins les examinateurs hydrographes, de manière que leur opération soit terminée avant l'arrivée de ces derniers.

19. Les examens sur la pratique de la navigation seront publics ; l'ouverture en sera faite par l'officier supérieur d'administration du port.

20. L'examinateur de pratique appellera et interrogera successivement tous les candidats dont la liste lui aura été remise par l'officier d'administration de la marine.

Il pourra faire appeler des capitaines et maîtres du commerce, des pilotes, maîtres d'équipage et de canonnage, qui seront désignés par l'officier d'administration chargé du service, et qui interrogeront en sa présence les marins qui se destinent à devenir maîtres au petit cabotage ; mais il prononcera seul sur le mérite de ces candidats et sur leur admission.

21. Nul ne pourra aspirer aux grades de capitaine au long cours, ou de maître au petit cabotage, s'il n'est âgé de vingt-quatre ans accomplis ;

S'il n'a fait soixante mois de navigation, dont douze au moins sur les bâtimens du Roi ;

S'il n'a satisfait à des examens sur la pratique et la théorie de la navigation.

Il ne sera admis d'exception à la condition d'avoir servi sur les bâtimens du Roi, qu'en faveur des candidats qui, réunissant les soixante mois de navigation ci-dessus exigés, auront subi une détention de plus de deux

sécondant l'intelligence, ce qui avait paru d'abord impraticable et une entreprise chimérique ne fut plus considéré que comme difficile et périlleux.

De là, par des succès plus rapides qu'on n'aurait osé l'es-

---

unées dans les prisons de l'ennemi, et de ceux qui auraient été jugés impropres au service de la marine royale.

22. Pour être admis à subir les examens de théorie et de pratique, les navigateurs devront se faire inscrire au secrétariat de l'officier supérieur de a marine et du port d'examen, et produire à cet effet les pièces suivantes :

1° Leur acte de naissance ;

2° L'état des services dûment certifié ;

3° Une attestation de bonne conduite délivrée par le maire du domicile ; et visée du commissaire du quartier ;

4° Les certificats des capitaines des bâtimens à bord desquels ils ont navigué, attestant leur aptitude et leur bonne conduite. Ces pièces devront être visées par le commissaire chargé de l'inscription maritime dans le port où lesdits bâtimens auront opéré leur retour.

Ils déclareront en outre dans quelle école d'hydrographie ou auprès de quel professeur particulier ils auront fait leur cours.

Enfin ils feront connaître le quartier d'inscription où ils désirent être immatriculés. Il sera dressé des listes où seront consignés ces divers renseignemens, pour être remises aux examinateurs de pratique et de théorie.

23. L'examen pratique pour les capitaines au long cours portera sur

Le gréement,

La manœuvre des bâtimens et des embarcations,

Le canonnage.

L'examen théorique portera sur

L'arithmétique démontrée,

La géométrie élémentaire,

Les deux trigonométries,

La théorie de la navigation,

L'usage des instrumens, et le calcul des observations.

24. Pour les maîtres au petit cabotage, l'examen pratique portera sur

Le gréement,

La manœuvre des bâtimens et des embarcations,

Les sondes,

La connaissance des fonds,

pérer, la navigation prit des accroissemens qui inspirent à toutes les nations le désir de s'y exercer.

Les Français ne furent pas les derniers à se distinguer par leur émulation en ce genre; mais leur navigation dans les

---

Le gisement des terres et écueils, les courans et les marées dans les limites assignées pour la navigation du petit cabotage, soit sur les côtes de l'Océan, soit sur celles de la Méditerranée.

L'examen de théorie portera sur

L'usage de la boussole et de la carte,

L'usage des instrumens nautiques,

La pratique des calculs.

25. Les dispositions prescrites ci-après pour les examens de théorie seront applicables à ceux sur la pratique; et les procès-verbaux, ainsi que les états particuliers y relatifs, seront dressés dans la même forme.

L'examinateur tiendra sa décision secrète, et il remettra, cachetés, à l'officier d'administration, les états particuliers qu'il aura rédigés.

Ces états seront ouverts au moment de l'arrivée de l'examinateur hydrographe; et les navigateurs qui auront été déclarés inadmissibles sur la pratique, ne seront point admis à subir l'examen de théorie : ils ne pourront en outre se présenter que l'année suivante.

26. Dans chaque port d'examen, l'officier d'administration de la marine remettra à l'examinateur hydrographe des états nominatifs de tous les candidats admis à subir les examens, soit de capitaine au long cours, soit de maître au petit cabotage.

Ces états mentionneront l'école qu'ils auront suivie, ou le professeur particulier qui les aura instruits.

27. Les examens seront publics; ils auront lieu dans un local convenablement disposé, et l'ouverture en sera faite par l'administrateur supérieur dans chaque port.

Ce fonctionnaire invitera à y assister des officiers de vaisseau, les membres du tribunal et de la chambre du commerce, et les officiers de port.

Les professeurs d'hydrographie présens auront des places réservées.

28. L'examinateur appellera et interrogera successivement tous les candidats, et il prendra sur chacun d'eux les notes nécessaires pour faire connaître leur degré d'instruction.

Lorsque les listes seront épuisées, l'examen sera clos : il en sera dressé procès-verbal.

mers éloignées n'était encore que le partage du petit nombre ; et avec cela, dans ce petit nombre, la plupart se conduisaient plutôt par instinct et par audace que par principes et avec méthode : en un mot la science de l'hydrographie était encore

---

29. Indépendamment des procès-verbaux d'examen, l'examinateur dressera des états particuliers des navigateurs qu'il aura examinés, et il les classera, par ordre de mérite, en deux séries : dans la première il portera les *admissibles*; dans la seconde, les *non admissibles*.

Ces états seront faits séparément pour les capitaines au long cours, et pour les maîtres au petit cabotage.

Des observations circonstanciées feront connaître ceux des admissibles qui auront fait preuve de plus de connaissances et d'aptitude dans l'emploi des instrumens nautiques, et d'habitude pour les observations astronomiques.

30. Dans le cours de leur tournée, les examinateurs hydrographes s'assureront de l'exactitude des professeurs à s'acquitter de leurs fonctions et de leurs devoirs; s'ils ne s'écartent pas de la méthode générale d'enseignement ; si, indépendamment de l'instruction théorique, ils forment leurs élèves à l'application, à l'habitude des calculs et à la pratique des observations.

Ils seront tenus de signaler, à leur retour, à notre ministre de la marine, toutes infractions au service, comme aussi ils lui feront connaître ceux des professeurs qui, par leur zèle, leur conduite et leur travail, auraient acquis des titres à notre bienveillance.

31. Les procès-verbaux d'examen, accompagnés de toutes les pièces relatives aux candidats qui auront été examinés, seront adressés à notre ministre secrétaire d'État de la marine par l'officier d'administration du port.

Les examinateurs hydrographes adresseront eux-mêmes leurs états particuliers.

32. Les candidats qui, après avoir satisfait aux conditions qui précèdent, auront en outre été déclarés admissibles lors des examens de pratique et de théorie, seront susceptibles d'obtenir du ministre des brevets de capitaine au long cours, ou de maître au petit cabotage.

Le brevet de ces derniers indiquera pour laquelle des deux mers, soit de l'Océan, soit de la Méditerranée, il leur aura été délivré; et il leur sera interdit de commander dans l'une et dans l'autre, à moins de subir un nouvel examen.

33. Aucun navigateur ne pourra être admis au commandement des navires

au berceau. Cependant il s'agissait de la cultiver et de la perfectionner, pour assurer et multiplier la navigation.

On songea donc sérieusement à l'étudier et à la réduire en règles et en préceptes : mais, trop vaste par le concours des autres sciences qui y sont analogues, pour être à portée de tous ceux qui voudraient s'y appliquer, il fallut la borner à des points fixes qui, sans embrasser tout ce qu'il était utile d'apprendre, donnassent au moins ce qu'il était nécessaire de savoir : d'où s'ensuivirent enfin les écoles d'hydrographie, qui depuis ont formé tant d'habiles pilotes et de capitaines de navires d'une expérience consommée dans toutes les parties de la navigation maritime.

---

du commerce, s'il n'a été reçu aux examens généraux, conformément au mode de réception prescrit par la présente ordonnance.

TITRE IV.

Dispositions générales.

34. Le nombre et la répartition des écoles, le traitement, l'uniforme et la solde de retraite des examinateurs et des professeurs d'hydrographie, sont déterminés par des règlemens spéciaux.

35. Toutes dispositions contraires à la présente ordonnance sont et demeurent abrogées.

Mandons et ordonnons à l'amiral de France, aux commandans et intendans de la marine, et à tous autres qu'il appartiendra, de tenir la main à l'exécution de la présente ordonnance.

Donné à notre château de Saint-Cloud, le 7 août de l'an de grâce 1825, et de notre règne le premier.

CHARLES.

TITRE IX.

Des Consuls de la nation française dans les pays étrangers.

Les Romains n'avaient pas de consuls de cette espèce, parce qu'ils n'avaient aucun commerce réglé avec les nations étrangères, qu'ils appelaient barbares; ils ne traitaient avec elles que par des légats ou envoyés. De Cormis, tome 2, page 1313; Targa, page 380. Dans le statut de Marseille, page 67, il y a un chapitre *de consulibus extra Massiliam constituendis.*

L'institution des consuls en général a eu pour motif l'avantage, l'agrandissement, la sûreté et la police du commerce des nations les unes chez les autres.

On conçoit par-là que cet établissement n'appartient point au droit des gens, qu'il est du droit purement politique, et par conséquent qu'il dépend essentiellement des capitulations, des traités; en un mot des conventions particulières arrêtées entre les souverains, chacun d'eux étant fondé à empêcher tout commerce étranger dans ses états, ou à ne le permettre qu'à certaines conditions.

Et comme le droit de commercer librement dans un pays, et celui d'y nommer des consuls, sont deux choses très-différentes, à cause des priviléges attachés au consulat, il s'ensuit que la faculté accordée à un prince pour le négoce de ses sujets chez une nation étrangère, n'emporte nullement le pouvoir d'y établir des consuls sans une convention particulière.

Il y a plus, et malgré la concession de la faculté de nommer des consuls, nul ne peut en exercer les fonctions sur la nomination de son souverain, qu'il n'en ait obtenu la permission de celui du lieu de son établissement, par des lettres qu'on appelle *exequatur.* Il faut outre cela, en France, que le consul étranger prenne l'attache de M. l'amiral, et qu'il fasse enregistrer le tout au greffe de l'amirauté : ce que l'on fait observer sans doute, par réciprocité, à nos consuls dans les pays étrangers. V. *infrà*, art. 3.

Les premiers consuls ont été ceux du Levant et des côtes de Barbarie. Institués pour favoriser et protéger le commerce de France dans ces pays-là, les Français ont été assez longtemps les seuls qui jouissaient de cette prérogative ; et cependant l'établissement n'en est par fort ancien, parce que le goût du commerce a été assez tardif en France.

Depuis ce temps-là, les Anglais, les Hollandais et quelques autres peuples ont obtenu aussi la faculté d'y commercer et d'y avoir des consuls. Auparavant ils ne pouvaient apporter des marchandises que sous la bannière française, et quelquefois encore depuis ils ont eu besoin de ce secours, suivant les circonstances, parce que nos capitulations avec le Grand Seigneur n'ont jamais souffert ni variation ni atteinte.

Dans l'origine c'étaient les maîtres et patrons des vaisseaux qui choisissaient les consuls. Ils les prenaient indifféremment dans le nombre des marchands établis dans chaque lieu où ils faisaient leur principal commerce, à condition, par ces consuls, de les aider de leurs conseils et de leur crédit ; de leur procurer la vente de leurs marchandises, et l'achat de celles dont ils avaient besoin pour leur retour ; de les défendre surtout des avanies qui pourraient leur être faites dans le pays ; en un mot de les protéger en implorant pour eux l'autorité des puissances contre toute oppression de la part tant des étrangers que des naturels du pays, le tout moyennant une certaine rétribution.

On comprend que, nommés de cette manière, ces consuls pouvaient être révoqués ou destitués par la même voie.

Mais cela même fit que cet ordre ne subsista pas longtemps, les consuls pour se maintenir dans leur poste s'étant pourvus par-devers Sa Majesté. Depuis ce temps-là le roi a toujours nommé à ces places, et en a fait expédier les commissions par le secrétaire d'état.

Ce qui surprend le plus à ce sujet, c'est qu'aussi bien avant ce temps-là que depuis des postes aussi importans fussent confiés non-seulement à des gens de métier, mais encore le plus souvent à des étrangers. D'où il arrivait que le commerce des Français manquait d'une protection suffisante, ou parce que ces consuls, pris parmi le bas peuple, étaient sans aucune considération auprès des puissances, de même que sans talens pour y suppléer par la force des raisons; ou parce qu'en qualité d'étrangers, ils ne s'intéressaient que médiocrement pour la nation française, ne se servant guère de leur pouvoir que pour commettre impunément envers les négocians et les marchands français des exactions et des concussions.

Ces désordres, qui duraient encore du temps que M. le duc de Vendôme exerçait la charge de grand maître et surintendant de la navigation et du commerce de France, donnèrent lieu à former un projet tendant à ce qu'il plût au roi, en retirant les commissions accordées à tous les consuls, moyennant le remboursement de la finance payée par chacun d'eux, créer en titre d'office formel l'état et office d'intendant et contrôleur général des consulats, avec pouvoir et faculté à celui qui en serait revêtu de rembourser tous les consuls alors en place, et d'y substituer des gentilshommes ou autres personnes de condition honnête, tous sujets du roi, et d'une capacité reconnue, dont l'exercice toutefois ne durerait que trois ou cinq ans, sans préjudice du droit de les révoquer avant ce temps, en cas de malversation, et qu'ils n'auraient d'autres droits et émolumens que ceux qui étaient autorisés alors.

Ce projet était accompagné d'offres de payer annuellement au trésor royal une somme de 100,000 livres, à commencer un an après le nouvel établissement.

Les avantages que l'on s'en promettait étaient :

1° Que les consuls, étant tous Français, s'intéresseraient plus particulièrement au bien et à l'avantage du commerce de France que des étrangers ;

2° Que n'étant plus de la lie du peuple, comme auparavant, ils auraient et plus de lumières pour faire valoir les droits des commerçans, et plus de crédit pour les appuyer auprès des puissances ;

3° Que tous les actes nécessaires seraient écrits en langue française ; ce qui ferait cesser les surprises et les infidélités qui étaient faites aux Français, les actes étant écrits en langue étrangère ;

4° Que l'intendant et contrôleur général veillerait à ce que les consuls n'exigeassent pas d'autres droits que ceux qui leur étaient légitimement acquis : bornes dans lesquelles il serait d'autant plus facile de les contenir, que leur exercice étant limité à 3 ou 5 ans, et même pouvant finir par révocation avant ce temps-là, ils auraient intérêt de se comporter de manière à mériter d'être continués dans leurs fonctions ;

5° Enfin, que, par ce nouvel arrangement, le roi, étant mieux instruit des opérations du commerce de ses sujets dans tous les pays de consulat, serait plus en état de remédier aux abus qui pourraient s'y glisser, et aux atteintes qui pourraient être données à la liberté de la nation.

Mais ce projet, en corrigeant certains abus, aurait nécessairement donné ouverture à d'autres peut-être encore plus grands ; et c'est sans doute ce qui le fit échouer, quelque avantageux qu'il parût au premier coup d'œil.

Ce qui en résulte d'utile néanmoins, c'est que depuis ce temps-là tous nos consuls ont été Français ; et, s'ils n'ont pas tous été gentilshommes, parce que la naissance ne suffit pas pour faire un consul, et que les nobles, par un misérable préjugé, dédaignent un peu trop le commerce pour s'appliquer à y puiser les connaissances sans lesquelles on ne saurait

aire valoir les droits et les intérêts des commerçans, ils ont
u moins été d'un rang à faire honneur à la nation, et d'une
apacité telle qu'on pouvait le désirer pour l'avantage de son
ommerce.

Du reste, tant par cette ordonnance que par des règlemens
intérieurs et postérieurs, il a été pris des précautions pour
imiter leur pouvoir et en prévenir les abus.

Les priviléges des consuls dépendent ou des traités faits
ntre les états respectifs, ou de l'usage auquel il n'a pas été
érogé par les traités particuliers; lequel usage dérive, selon
oute apparence, des capitulations conclues entre nos rois et
es empereurs turcs.

Les principaux de ces priviléges, outre celui de juridiction
ur les nationaux, dont il sera parlé ailleurs, principalement
ur l'article 12 ci-après, sont :

1° Celui de ne payer aucune taxe ni impôt. Art. 16 et 22
le la capitulation arrêtée entre Henri IV et le sultan Achmet
u Amat, le 20 mai 1604, relative aux précédentes, et re-
ouvelée par celle du 5 juin 1673, conclue avec Louis XIV.
rt. 14 et 22.

2° De ne pouvoir être emprisonnés pour quelque cause
ue ce soit, sauf à demander justice contre eux à la Porte.
rt. 19 de la première capitulation, et 17 de la dernière. On
bservera ici par occasion que ce mot, *la Porte*, qui est celui
ont on se sert pour indiquer la cour du sultan ou empereur
urc, est un terme d'abréviation, par lequel les empereurs
urcs entendent que leur cour *est la porte de félicité* (ex-
ression que l'on trouve dans l'article 43 de la capitulation
lu 5 juin 1673), autrement l'entrée d'un lieu de sûreté et
le bonheur pour ceux qui y sont admis. De là cette *sublime
Porte*, et tant de titres fastueux que ces empereurs affectent
le prendre dans l'énumération de leurs qualités.

Les droits et émolumens de nos consuls ne sont pas les
es mêmes partout; ils sont au contraire extrêmement variés,

même dans les différentes échelles du Levant. Ils ont été réglés pour ces pays-là, et pour les côtes d'Afrique, par arrêts du Conseil des 31 juillet et 24 novembre 1691, 2 janvier et 8 septembre 1694; pour Lisbonne, par arrêts des 24 mai 1656, 20 janvier 1660, et 22 mai 1671 : ce dernier a réduit les droits à un quart pour cent, au lieu de deux pour cent qui se payaient auparavant; et pour Cadix, par ordonnance du 24 mai 1728, article 2, 3, 4 et 5 : ailleurs ils dépendent de l'usage. La taxe ordinaire est de deux pour cent de la valeur des marchandises chargées ou déchargées dans le lieu du consulat. Savari, tom. 1er, liv. 5, chap. 2, pag. 705.

Ces droits ne sont dus que sur les navires portant pavillon français, et sur les marchandises qui y sont chargées, soit pour aller, soit pour le retour : mais il y a une distinction entre les marchandises adressées aux Français, et celles qui le sont à des étrangers.

Au surplus, par un droit nouveau, les capitaines, maîtres et patrons sont tenus du paiement des droits de consulat en leur nom et par corps, en Espagne, à peine de 1,000 liv. d'amende, sauf leur recours contre les propriétaires ou armateurs de leurs bâtimens, et contre les chargeurs des marchandises, avec lesquelles c'est à eux à prendre d'avance les précautions qu'ils jugeront convenables pour assurer le remboursement desdits droits consulaires. Ordonnance du 21 juillet 1736, en explication de celle du 2 octobre 1728, qui avait fait défenses aux capitaines de signer les connaissemens que les droits des consuls ne fussent payés, sur peine d'en répondre.

En faveur du commerce de France dans les états du Grand Seigneur, il y a diverses ordonnances qu'il importe de connaître, entre autres celles qui suivent.

Ordonnance du 4 août 1688, qui, en défendant aux Français de prêter leurs noms pour favoriser le commerce des

rangers en Egypte, à peine de confiscation et de 3,000 liv.
amende, ordonne au consul du Caire d'informer contre
s contrevenans et de les envoyer en France, avec les
formations et autres preuves, pour être leur procès ex-
aordinairement fait par les commissaires qui seront à cet
fet nommés.

Autre ordonnance du 7 janvier 1689, portant défenses à
us Français négocians en Egypte d'y faire aucun commerce
décharger aucunes marchandises, soit pour leur compte,
u celui des autres nations, sur des bâtimens étrangers et
ni ne portent point pavillon de France, sur pareille peine
e confiscation et de 3,000 liv. d'amende : ordonnance renou-
elée par autre du 5 avril 1713, et rendue commune pour
utes les échelles du Levant, et l'une et l'autre renouvelées
ncore avec extension aux échelles de Barbarie et aux ports
'Italie, par une dernière ordonnance du 10 juillet 1719.

Autres ordonnances des 23 avril 1692 et 29 avril 1693,
isant aussi défenses aux Français de porter dans le Levant
ucunes draperies d'Angleterre et de Hollande, à peine de
onfiscation qui sera prononcée par le consul, dont un quart
our lui, un autre quart pour le dénonciateur, et la moitié
estante au profit de la chambre du commerce de Marseille.

Et pour éviter toute fraude à cet égard, aussi bien que
our soutenir la réputation des draperies de France, autre
rdonnance du 23 septembre 1699, qui veut que toutes pièces
'étoffes de France qui ne seront pas marquées de la marque
les échevins et de l'inspecteur de Marseille, soient renvoyées
par les consuls, avec les procès-verbaux qu'ils en auront
dressés, auxdits échevins, pour y être par eux statué conformément aux règlemens.

Autres ordonnances encore des 21 octobre 1685 et 3 novembre 1700, portant défenses à tous marchands et autres
Français de s'embarquer pour le Levant à dessein de s'y
établir, qu'après avoir été examinés et reçus par la chambre

du commerce de Marseille, qui n'en doit recevoir aucuns qui n'aient l'âge de 25 ans.

On conçoit par-là et par différens articles de ce titre, que Marseille est le centre et l'entrepôt du commerce de France dans le Levant ; et cela est vrai aussi, tant pour les marchandises qui sont envoyées aux échelles, que pour celles qui en viennent. Sur quoi, voir l'arrêt du Conseil du 10 juillet 1703, avec les édits, ordonnances et autres arrêts qui y sont énoncés. Mais l'auteur des Questions sur le commerce des Français dans le Levant, ouvrage imprimé à Marseille, chez *Cara Patria*, en 1755, a pensé que ce privilége exclusif, attribué à la ville de Marseille, s'opposait au progrès de notre commerce dans ces pays-là ; ce qui lui a fait souhaiter que la liberté de faire ce commerce fût donnée à tous les autres ports du royaume. Son aveu a enfin été rempli par arrêt du Conseil du 15 janvier 1759. L'auteur propose aussi quantité d'autres réformes à faire pour rendre ce commerce plus florissant. V. le journal de Trévoux, octobre 1755, pag. 2362.

Une dernière ordonnance du Roi qu'il importe encore de connaître, est celle du 6 juillet 1649, par laquelle défenses sont faites à tous Français, consuls et autres, résidant dans les échelles du Levant et de Barbarie, d'y acquérir aucuns biens-fonds, parce que ces acquisitions pourraient les attacher en Turquie, et éloigner leur retour dans le royaume. Cette ordonnance, en 7 articles, se trouve dans le Journal historique du mois de septembre 1749, pag. 233 et 234. *

---

*Ce titre est sans contredit un des plus précieux de l'ordonnance ; l'intérêt qu'il doit inspirer est d'autant plus grand, que le *Code de com.* est absolument muet relativement aux consuls et aux consulats : aussi les dispositions de l'ord. sont-elles encore aujourd'hui la loi qui régit ce sujet important. On trouvera à la fin de l'ouvrage les lois et règlemens anciens et modernes qui complètent l'ensemble de notre législation sur ce point.

1.

Aucun ne pourra se dire consul de la nation franaise dans les pays étrangers, *sans avoir commission e nous*, qui ne sera accordée qu'à ceux qui auront *âge de trente ans*.

Sans avoir commission de nous. Cela était déjà usité longmps avant cette ordonnance, par abrogation de l'ancien usage, uivant lequel c'étaient les maîtres et patrons de vaisseaux qui hoisissaient les consuls dans le Levant, comme il a été obrvé. Rien n'était plus mal établi, eu égard surtout au pouoir que les consuls ont eu de tout temps. Il n'appartient aturellement qu'au roi ou à ceux à qui il a communiqué n autorité de conférer de tels emplois.

L'âge de trente ans. La raison de la loi se fait sentir d'elle-ième dès que l'on considère qu'un consul est le chef, le onseil et le protecteur de sa nation dans le lieu de son étalissement. Un poste de cette conséquence ne peut donc conenir qu'à une personne d'un âge mûr et d'une prudence prouvée. Il n'est pas étonnant au reste que pour le remplir on xige 30 ans, puisqu'on ne veut pas que des gens au-dessous e 25 ans puissent aller s'établir dans le Levant, suivant les reuves qui viennent d'en être rapportées.

2.

Le consulat venant à vaquer, le plus ancien des éputés de la nation qui se trouvera en exercice fera à fonction de consul jusqu'à ce qu'il y ait été par ious pourvu.

Les fonctions du consulat étant d'une continuité nécessaire, a mort du consul ne doit pas y apporter la moindre interruption : c'est pour cela que notre article veut qu'arrivant la vacance du consulat, le plus ancien des députés en exercice en fasse les fonctions jusqu'à ce que le roi y ait pourvu en nommant un autre consul, et que le nouveau consul ait rempli les formalités requises pour être reconnu tel.

Il n'y a que deux députés de la nation; l'élection s'en fait tous les ans dans la semaine après la fête de St-Louis. A cet effet le consul convoque une assemblée générale de la nation, dans laquelle six anciens négocians sont nommés pour choisir, de concert avec le consul, quatre sujets capables d'être élus députés à la place de ceux qui doivent sortir d'exercice.

La liste de ces quatre sujets éligibles étant faite et signée, le consul en fait la lecture dans une autre assemblée générale convoquée deux jours après la première. Là on écrit le nom de chacun des quatre sujets sur quatre billets séparés, qui sont roulés et mis dans un vase; deux desquels billets sont tirés par un des plus jeunes négocians de la nation, et présentés au consul, qui les ouvre publiquement, les fait voir à l'assemblée, et déclare députés de la nation les deux négocians dont les noms se trouvent écrits dans les deux billets ainsi tirés au sort : il confirme en même temps leur élection, et leur fait prêter serment d'exécuter les ordonnances. C'est la disposition des articles 16 et 17 de l'Ordonnance du 24 mai 1728, qui, quoique faite directement pour le consulat de Cadix, ne m'en paraît pas moins une loi générale pour tous les autres consulats. Ce qui surprend seulement en ceci, c'est qu'on exige tout ce cérémonial pour une élection qui vraisemblablement n'est que l'ouvrage du consul.

Ce qui ne dépend pas de lui néanmoins, c'est de faire élire pour député quelqu'un qui ne soit pas naturel français, ou naturalisé par lettres dûment enregistrées dans la chancellerie du consulat. Il ne peut pas non plus faire élire quelqu'un qui aurait épousé une femme du pays sans la permission du roi. Art. 18 et 19 de la même Ordonnance.

Il n'est rien dit de l'élection des sujets propres à remplir le consulat, parce que le roi s'en est réservé l'entière nomination; mais on comprend que Sa Majesté règle son choix à ce sujet sur la recommandation de son ambassadeur, qui ne l'accorde naturellement qu'à quelqu'un qui soit agréable à la nation et qui ait été élu député.

5.

Celui qui aura obtenu nos lettres de consul dans les villes et places de commerce des états du Grand Seigneur, appelées échelles du Levant, et autres lieux de la Méditerranée, en fera faire la publication en l'assemblée des marchands du lieu de son établissement, et l'enregistrement en la chancellerie du consulat, et aux greffes tant de l'amirauté que de la chambre du commerce de Marseille; et prêtera le serment suivant l'adresse portée par ses provisions.

Ici il faut distinguer les consulats des échelles du Levant et des autres états du Grand Seigneur, d'avec ceux des pays soumis à d'autres souverains.

Par rapport aux premiers, il suffit à l'égard des Français que le consul ait fait enregistrer sa commission aux greffes tant de l'amirauté que de la chambre du commerce de Marseille, avec prestation de serment, suivant l'adresse portée par ses provisions; et qu'ensuite, après en avoir fait la publication dans une assemblée générale des marchands du lieu de son établissement, il l'ait fait enregistrer en la chancellerie du consulat, pour devoir être reconnu consul par tous les Français, avec plein pouvoir d'en exercer les fonctions sur eux. Mais, en ce qui concerne le gouverneur et autres officiers du lieu, il est de la règle qu'il leur notifie sa dignité, de même qu'à l'ambassadeur de France à la Porte, avec

I. 16

lequel il doit entretenir des relations pour l'informer de tout ce qui intéressera le bien du commerce.

Pour ce qui est des consulats des autres pays, tels que ceux d'Espagne, de Portugal et autres états de l'Europe, outre la publication de la commission du consul dans une assemblée générale de la nation, et son enregistrement en la chancellerie du consulat, il faut des lettres d'*exequatur* de la part du souverain du pays et l'attache de l'amiral, et qu'ensuite le tout soit enregistré au greffe de l'amirauté du lieu, puisque nous en usons de même en France à l'égard des consuls étrangers, et que la réciprocité doit être entière. C'est aussi ce qui se pratique ailleurs. *Casa regis, disc.* 175, n. 33, dit à ce sujet : *Nullam possunt exercere jurisdictionem, nisi accedat consensus principis illius loci in quo ipsi residere debent. Idem* Targa, pag. 396, et Decormis, tom. 2, pag. 1315.

4.

Enjoignons aux consuls d'appeler aux assemblées qu'ils convoqueront pour les affaires générales du commerce et de la nation, tous les marchands, capitaines et patrons français étant sur les lieux, lesquels seront obligés d'y assister, à peine d'amende arbitraire, applicable au rachat des captifs.

S'il était libre aux consuls de n'appeler aux assemblées convoquées pour délibérer sur les affaires générales du commerce et de la nation, que ceux qu'ils jugeraient à propos, il est évident qu'ils se rendraient les maîtres des délibérations, et que par-là ils s'arrogeraient un pouvoir despotique. Pour remédier à un abus aussi pernicieux, il lui est enjoint par cet article d'appeler aux délibérations tous ceux qui ont droit d'y assister, sans en excepter les capitaines, maîtres

t patrons français qui se trouveront sur les lieux ; sans quoi
les délibérations seront nulles, et les consuls seront coupables
e prévarication.

D'un autre côté il est enjoint à tous ceux qui sont convo-
ués d'assister à l'assemblée pour y donner leur avis, s'ils
l'ont une excuse légitime, à peine d'amende arbitraire, appli-
able au rachat des captifs, dit notre article. Mais, par l'or-
onnance du 26 décembre 1708, renouvelée par l'article 26
e celle du 24 mai 1728, l'amende est fixée à 50 livres,
ui doit être employée aux besoins des Français pauvres.

Cependant cela peut n'avoir rien changé à notre article,
ar rapport aux échelles du Levant; et ce qui le ferait penser
e la sorte, c'est l'ordonnance du 12 avril 1702, qui applique
out de même au rachat des captifs les amendes auxquelles
eront condamnés par les consuls ceux qui refusent de com-
araître, sur les assignations qui leur seront données, pour
époser et rendre témoignage des faits sur lesquels ils doivent
tre interrogés pour la découverte des crimes. L'amende du
remier défaut est de 20 livres, et en cas de contumace,
lle peut aller jusqu'à 100 livres ; le provenu desquelles
mendes doit être remis à la chambre du commerce de
Marseille.

5.

Les artisans établis dans les échelles, ni les matelots, ne seront admis aux assemblées.

Des artisans et des matelots ne sont pas propres à opiner,
s ne pourraient qu'apporter du trouble et de la confusion
ans les assemblées.

L'article 26 de l'ordonnance du 24 mai 1728 fait allusion
celui-ci, en prescrivant au consul d'appeler soigneusement
ux assemblées tous les Français *qui ont droit d'y assister.*

6.

Les résolutions de la nation seront signées de ceux qui y auront assisté, et exécutées sur les mandemens des consuls.

Il est de la règle que ceux qui assistent à une délibération la signent lorsqu'elle a passé à la pluralité requise des voix ; et ceux qui ont opiné différemment ne peuvent en justice réglée refuser de signer : cela est d'ordonnance, quoiqu'il s'agisse d'un jugement de mort. Ordonnance de 1670, tit. 25, art. 14. Dans la matière dont il s'agit ici, l'obligation de signer, de la part de ceux qui ne sont pas du même avis, n'est que de police ou de bienséance, sans contrainte ; mais la déclaration n'en aura pas moins son effet contre les dissidens, si elle est signée par les deux tiers de ceux qui ont assisté à l'assemblée. Alors elle est pleinement exécutoire sur les mandemens du consul, et ceux qui ont refusé d'y consentir ne peuvent être dispensés de s'y soumettre, sous quelque prétexte que ce soit, ajoute l'art. 30 de l'ordonnance déjà citée du 24 mai 1728.

Au reste la signature de la part des deux tiers des assistans n'est suffisante qu'autant que tous les vocaux auront été dûment appelés ; et d'un autre côté elle est nécessaire pour constater une prépondérance de voix, que sans cela le consul pourrait supposer par abus de son autorité.

7.

Les députés de la nation seront tenus, après leur temps expiré, de rendre compte au consul du maniement qu'ils auront eu des deniers et affaires communes, en présence des députés nouvellement élus, et des plus anciens négocians.

Ainsi les deux députés sont les trésoriers des deniers de la nation ; et c'est ce que décide nettement l'art. 12 de la même ordonnance du 24 mai 1728.

Il faut donc qu'ils en rendent compte de la manière prescrite par cet article, auquel est conforme le 20 de ladite ordonnance de 1728. Il ajoute à la vérité qu'à l'examen et à l'arrêté de ce compte six des anciens négocians seront appelés avec les nouveaux députés ; mais cela ne fait pas loi pour les échelles du Levant, par argument de la déclaration du roi du 25 mai 1722.

Le trésor de la nation est dans un coffre déposé dans la chancellerie du consulat. Ce coffre est fermé à deux clefs, dont l'une reste entre les mains du consul, et l'autre en celles du premier député. C'est là que les députés sortant d'exercice doivent remettre le débet de leur compte ; à quoi ils peuvent être contraints par ordonnance du consul, comme pour les propres affaires de Sa Majesté.

Si au contraire ils se trouvent en avance par l'arrêté de leur compte, il doit aussitôt être pourvu à leur remboursement, par un mandement du consul et des deux nouveaux députés, sur les fonds de la nation étant dans le coffre déposé à la chancellerie : et si les fonds ne sont pas suffisans, il y sera suppléé dans une assemblée de la nation qui sera à cet effet incessamment convoquée par le consul. Tout cela est ainsi décidé par les articles 21 et 22 de ladite ordonnance de 1728.

Aux termes de l'art. 23, les députés en exercice, comme procureurs généraux de la nation, ont droit de proposer dans les assemblées et de représenter au consul ce qui leur paraît convenable, tant pour le bien général du commerce et du corps de la nation, que pour la conservation de ses privilèges ; et ils doivent l'accompagner dans les fonctions publiques et particulières du consulat, lorsqu'il les en requerra.

Du reste, quoique de droit il n'appartienne qu'au consul

de convoquer les assemblées générales ou particulières, et d'y présider, en cas d'absence ou de maladie de sa part, les assemblées peuvent être tenues par le premier des deux députés, moyennant que ce soit dans la maison consulaire, et sur une permission expresse du consul, dont sera fait mention dans le procès-verbal de l'assemblée. Article 24 de la même ordonnance, qui sur tout ceci doit servir de loi générale.

Le droit des députés ne se borne pas là encore, et, suivant l'article 25, ils sont fondés à requérir le consul au nom de la nation, et de convoquer les assemblées extraordinaires qu'ils jugeront convenables pour l'intérêt commun.

8.

Le consul enverra, de trois mois en trois mois, au lieutenant de l'amirauté et aux députés du commerce de Marseille, copie des délibérations prises dans les assemblées, et des comptes rendus par les députés de la nation, pour être communiqués aux échevins, et par eux et les députés du commerce débattus, si besoin est.

Ceci ne regarde que les consulats des échelles du Levant et des côtes d'Afrique. Dans les autres consulats, c'est au ministre de la marine qu'il faut communiquer toutes les délibérations qui regardent le commerce et l'intérêt général de la nation. Articles 10, 15 et 33 de l'ordonnance du 24 mai 1728.

A l'égard des comptes rendus par les députés sortis d'exercice, c'est au consul à les examiner et à les arrêter conjointement avec les nouveaux députés, et avec six anciens négocians du corps de la nation. Article 20 de la même ordonnance.

9.

Les consuls tiendront bon et fidèle mémoire des affaires importantes de leur consulat, et l'enverront tous les ans au secrétaire d'état ayant le département de la marine.

Cela est pour tous les consulats.

10.

Faisons défenses aux consuls d'emprunter, au nom de la nation, aucunes sommes de deniers des Turcs, Maures, Juifs ou autres, sous quelque prétexte que ce puisse être, et même de cotiser ceux de la nation, si ce n'est par délibération commune, qui en contiendra les causes et la nécessité, à peine de payer en leur nom.

Ces défenses ont été renouvelées par l'article 11 de l'ordonnance du 24 mai 1728. Du reste, pour la contribution des marchandises françaises aux avaries, ou pour le paiement des dettes et autres charges de la nation, voir l'ordonnance du 25 décembre 1685, et l'arrêt du conseil du 6 octobre 1698.

11.

Leur défendons en outre, à peine de concussion, de lever *plus grands droits* que ceux qui leur seront attribués, et d'en exiger aucun des maîtres et patrons de navires qui mouilleront dans les ports et rades de leur établissement, sans y charger ni décharger aucunes marchandises.

Plus grands droits. On trouve aussi le renouvellement de ces justes défenses dans les articles 1 et 7 de l'ordonnance du 24 mai 1728 ; et cela sous quelque prétexte que ce soit, comme pour avoir rendu des services extraordinaires aux capitaines, etc. Sentence de l'amirauté de Marseille du 11 février 1749, au rapport de M. Emerigon, en faveur des sieurs Chamai-Mousse, frères, contre le sieur Nieulon, consul français à Majorque. Les raisons ou les motifs ne manqueraient pas en effet dans ces occasions, s'il fallait entrer dans cet examen.

La raison pour laquelle les maîtres et patrons de navires qui ne font que mouiller dans les ports et rades, sans y décharger ni charger aucunes marchandises, ne doivent aucuns droits de consulat, c'est qu'alors ne profitant pas du commerce de la nation dans le lieu, il ne serait pas naturel qu'ils en partageassent les charges.

L'arrêt du Conseil dont parle le commentateur, du 31 juillet 1691, portant suppression des droits attribués aux consuls, pour y substituer des appointemens, non-seulement n'était pas général, mais encore n'a eu qu'un effet momentané, comme il résulte des arrêts subséquens, indiqués sur l'art. premier ci-dessus. Mais je crois qu'il subsiste toujours quant aux défenses qui y ont été faites aux consuls du Levant d'y faire aucun commerce par eux-mêmes, ou par leurs officiers et domestiques, directement ni indirectement, à peine de privation de leurs consulats et de 3,000 livres d'amende.

12.

Et, quant à la juridiction tant en matière civile que criminelle, les consuls se conformeront à l'usage et aux capitulations faites avec les souverains des lieux de leur établissement.

Le consul, en qualité de chef de la nation dans le lieu de son établissement, n'a pas seulement la présidence dans les

assemblées de la nation, le droit de faire exécuter les délibérations qui y ont été prises, la direction générale des affaires
concernant le commerce, le bien et l'avantage du corps de
la nation; il a encore, aux termes de cet article, toute juridiction, tant en matière civile que criminelle, sur tous ceux
qui sont soumis à son consulat; ce qui emporte en même
temps, et nécessairement, l'exercice plein de la police et de
la discipline sur eux.

Par rapport à ce droit de juridiction, on peut le distinguer
de ce qu'il est lui-même, d'avec ce qu'il peut être, l'exercice
extérieur y étant joint.

Considéré en lui-même, abstraction faite de tout exercice
extérieur, il n'en est pas moins réel, plein et entier, à l'effet
d'obliger les nationaux de reconnaître la juridiction du consul
et de se soumettre à ses décisions, sauf l'appel, sans pouvoir
réclamer la justice du pays; parce qu'ils doivent obéir à leur
souverain, qui leur a donné pour juge leur consul, avec
défenses d'en reconnaître d'autres.

Il arrivera alors que le consul ne pourra pas faire mettre ses
ordonnances à exécution contre les réfractaires, parce qu'il
n'aura pas le pouvoir coactif; mais ces réfractaires n'en
seront pas moins liés, et par conséquent coupables de désobéissance : ils le seront encore plus, s'ils ont recours à une
puissance étrangère contre les défenses du souverain.

Si à ce même droit de juridiction se trouve réuni l'exercice extérieur, il aura alors toute son activité, et la voie de
la contrainte suppléera au défaut de soumission. Mais cet
exercice extérieur, en portant contrainte, dépend uniquement
de l'usage et des capitulations faites avec le souverain du
lieu de l'établissement du consulat; parce que chaque souverain a droit d'empêcher dans ses états tout exercice de
juridiction étrangère, s'il n'a dérogé à ce droit par une
convention formelle, ou s'il n'y a renoncé tacitement en
tolérant un usage contraire.

Cet usage néanmoins, dont parle notre article, doit s'entendre d'un usage devenu en quelque sorte de droit commun, par son ancienneté et l'uniformité de sa pratique, chez les nations en possession d'avoir des consuls, relativement aux conventions originairement faites avec les souverains qui les premiers ont admis des consuls dans leurs états; et c'est cet usage qui fait loi partout, s'il n'y a quelque convention particulière qui le restreigne.

Or, par les plus anciennes capitulations, qui sont celles qui ont été conclues entre les rois de France et les empereurs ottomans, et par celles qui les ont suivies, il a été perpétuellement permis aux consuls français établis dans les échelles du Levant et dans les autres états du Grand Seigneur, d'exercer toute justice civile et criminelle sur les navigateurs et marchands français de leurs districts respectifs. Sans remonter sur cela à la première source, il suffira de recourir à la capitulation arrêtée entre Henri IV et le sultan Achmet ou Amat, le 20 mai 1604, article 18 et 35; priviléges renouvelés depuis par les articles 16 et 37 de la capitulation faite avec Louis XIV, le 5 juin 1673.

Tel est le fondement de l'usage qui s'est introduit chez les princes chrétiens, par rapport au droit de juridiction des consuls; et cela sans aucune stipulation entre eux, du moins ne voit-on pas de plus ancien monument qui y ait du rapport, que le traité conclu en 1657 entre l'Espagne et l'Angleterre, rendu commun avec la France par l'article 6 du traité des Pyrénées; et encore ce traité de 1657 n'attribue-t-il pas formellement aux consuls l'exercice de la juridiction.

En effet l'article 19, le seul qui concerne cette matière, après avoir décidé que les sujets de l'une et de l'autre des deux nations, commerçant dans les états de l'autre, ne pourront, pour les discussions qui s'éleveront entre eux, réclamer la justice du pays sous quelque prétexte que ce soit, se contente d'ajouter que l'accommodement de leurs diffé-

rends appartiendra au consul de leur nation, en telle manière
que, si quelqu'un ne se soumet pas à son arbitrage, il pourra
en appeler à la justice ordinaire du pays où il est né.

On voit bien qu'il est défendu par-là aux étrangers commerçans de reconnaître la justice du pays, et qu'il leur est
enjoint de recourir au consul de leur nation ; mais à son
égard la qualité de juge ne lui est pas donnée, mais seulement celle d'arbitre et de conciliateur.

Cependant cela a suffi pour en conclure que le consul a
tout droit de juridiction sur ses nationaux dans l'étendue de
son consulat ; et l'usage qui a confirmé cette interprétation
en est le meilleur garant. De sorte qu'aujourd'hui nul doute
que tout consul n'ait effectivement droit de juridiction en
vertu de l'usage passé en force de loi, s'il n'y a été dérogé
expressément par le souverain du pays.

Il est entendu néanmoins que pour faire mettre à exécution ses ordonnances et ses jugemens, dans les cas où il
peut passer outre nonobstant l'appel, il a besoin de recourir
à l'autorité des officiers du souverain du lieu, pour en venir
aux contraintes de rigueur en cas de résistance.

Mais que la juridiction du consul soit plus ou moins
étendue ou resserrée par l'usage du lieu, ou par les traités,
que l'exercice extérieur y soit attaché ou non, elle n'est pas
moins réelle, à l'effet, en tous cas, que les nationaux n'en
puissent pas légitimement reconnaître aucun autre dans le
lieu, sous quelque prétexte que ce soit.

Et cela regarde non-seulement les nationaux établis dans
l'étendue du consulat, mais encore les maîtres et les matelots
des navires qui y abordent pour leur commerce. C'est la
décision expresse de l'ordonnance du 18 février 1687, *suprà* ;
de celle du 15 avril 1689, liv. 8, tit. 1, art. 26 ; de celle du
24 mai 1728, art. 31, portant uniformément défenses aux
capitaines et matelots de se pourvoir ailleurs que devant le
consul du lieu, pour raison des différends qu'ils pourront

avoir entre eux, à peine de désobéissance; et injonction au consul de leur rendre la plus prompte et la plus sommaire justice qu'il se pourra.

Il ne faut point au reste distinguer les étrangers faisant partie de l'équipage d'un vaisseau d'avec ceux de la nation du consul, pour en conclure que ces étrangers du moins ne sont pas obligés de reconnaître la juridiction du consul, ni exclus de réclamer la justice du lieu. Ce serait mal l'entendre, parce que ces étrangers, en quelque nombre qu'ils soient, s'étant engagés au service du vaisseau, se sont soumis par là de plein droit au pavillon du vaisseau; ce qui emporte l'obligation de suivre les lois de ce pavillon, d'obéir au capitaine, et, par une suite nécessaire, de reconnaître le consul de la nation pour juge de tout ce qui aura rapport à la navigation pour le voyage entrepris, tout comme s'ils étaient réellement de la même nation.

Ainsi, sous prétexte qu'ils en sont étrangers, les juges du lieu n'ont pas droit de connaître des démêlés qu'ils peuvent avoir avec le capitaine du navire ou entre eux : il faut les renvoyer devant le consul de la nation dont le navire porte le pavillon, même dans le cas où le consul abuserait manifestement de son autorité: parce qu'il n'est comptable qu'au roi son maître de l'abus qu'il en peut faire. Les intérêts respectifs des souverains l'exigent de la sorte; sans quoi, tantôt sous un prétexte, tantôt sous un autre, les juges du lieu trouveraient aisément le moyen de connaître des différends que les gens de l'équipage auraient avec leur capitaine; d'où pourraient s'ensuivre des mutineries des gens de l'équipage contre leur capitaine, et un refus formel de continuer le voyage ou de ramener le navire au lieu de son départ, inconvéniens dont le moindre serait le retardement de l'expédition du vaisseau.

Ce sont sans doute ces inconvéniens, qu'il fallait éviter, qui ont fait introduire dans tous les consulats l'usage attributif

de tout droit de juridiction à chaque consul sur ses nationaux;
et en cela au reste la souveraineté et l'autorité du prince
dans les états duquel s'exerce cette juridiction, ne sont nullement blessées, puisqu'elle ne s'étend que sur des étrangers
qui ne se trouvent dans le pays qu'accidentellement, ou
sans esprit de perpétuelle demeure, et par conséquent sans
liaison de société avec les sujets du pays.

Les juges établis par le souverain du lieu doivent donc se
garder dans tous les cas de prendre connaissance des différends et des démêlés qui s'élèvent entre les sujets des princes
qui ont des consuls dans le pays; et, quelques plaintes qui
leur soient portées par les uns contre les autres, c'est à eux
à les renvoyer devant leur consul pour leur être fait droit,
sans s'en mêler en aucune manière, s'ils ne veulent pas
s'exposer aux dommages et intérêts qui en peuvent résulter,
et à quelque chose de plus fâcheux encore.

Dans le cas même qu'il n'y aurait pas de consul sur le lieu,
il faudrait les renvoyer devant les juges de leur pays pour la
décision de leurs différends, sans entreprendre d'en connaître,
suivant la décision du Code des Visigoths, *lib.* 11, *tit.* 5,
leg. 2, en ces termes: *Cùm transmarini negociatores inter
se causam habuerint, nullus de sedibus nostris eos au-
dire præsumat, nisi tantummodò suis legibus audiantur,*
apud telonarios suos, *vel* à telonariis suis, *ait glossa.* Je n'ad-
mettrais d'exception que pour la main-forte qui serait demandée par le capitaine, au juge, à défaut de consul, à l'effet
d'obliger son équipage à rendre le service au navire.

Mais les consuls eux-mêmes, en France, sont justiciables
des officiers des juridictions du royaume, s'ils font commerce
à raison duquel ils aient contracté quelques engagemens. En
ce cas ils peuvent être poursuivis dans les juridictions qui ont
droit d'en connaître, sans pouvoir excepter du privilège du
consulat: d'où il s'ensuit que dans le même cas, la condamnation étant par corps, ils peuvent être constitués prisonniers

à défaut de paiement. La faveur du commerce l'a exigé de la sorte ; c'est une réserve que le Roi ne manque jamais de faire dans les lettres *d'exequatur* qu'il accorde aux consuls étrangers.

13.

Les jugemens des consuls seront exécutés par provision en matière civile, en donnant caution, et définitivement et sans appel en matière criminelle, quand il n'écherra peine afflictive ; le tout pourvu qu'ils soient donnés avec les députés et quatre notables de la nation.

On voit par-là que le droit de juridiction des consuls est bien étendu, puisque tous leurs jugemens en matière civile sont exécutoires par provision, nonobstant l'appel, en donnant bonne et suffisante caution, par la partie qui a obtenu la condamnation, laquelle caution doit être reçue par le consul qui a rendu le jugement ; et qu'en matière criminelle leurs jugemens sont sans appel, dès qu'il n'échoit pas peine afflictive.

Mais il faut pour cela, dans l'une et l'autre matière, que ces jugemens aient été donnés avec les deux députés et quatre notables de la nation, sans quoi l'appel en suspendra l'exécution absolument, et il ne sera pas permis de passer outre, quelque caution qui soit offerte.

La difficulté de trouver néanmoins dans la plupart des consulats quatre notables marchands de la nation en état de donner leur avis sur les procès, ou du moins de les rassembler à cet effet auprès du consul, a donné lieu à une déclaration du roi du 25 mai 1722, portant qu'à l'avenir il suffira que les consuls rendent leurs jugemens ou sentences en matière civile, avec les deux députés de la nation, ou à leur défaut avec deux des principaux négocians, sans qu'ils aient besoin d'en appeler un plus grand nombre, et que moyennant cela les jugemens desdits consuls seront exécutoires par provision, en donnant caution, nonobstant ce qui est porté par cet article, auquel il a été dérogé à cet égard seulement.

Sur quoi il convient d'observer que, comme la déclaration du roi ne parle que des jugemens et sentences en matière civile, ce n'est qu'en cette partie que les consuls peuvent juger avec droit de faire exécuter leurs jugemens par provision, en y appelant seulement les deux députés de la nation, ou à leur défaut deux des principaux négocians français; et qu'à l'égard des matières criminelles les sentences ne seront en dernier ressort et sans appel qu'autant qu'elles auront été rendues conformément à cet article, auquel il n'a nullement été dérogé sur ce point.

Il semblerait au reste que cette dispense, par rapport au nombre des juges qu'il faut appeler au jugement des affaires civiles, ne regarderait pas le consulat de Cadix, aux termes des articles 31 et 34 de l'ordonnance du 24 mai 1728, d'autant plus qu'à Cadix il est aussi facile de convoquer le nombre des juges requis par notre article, qu'il est difficile de le trouver dans les autres consulats. Cependant il est plus régulier de dire que, cette déclaration de 1722 étant une loi générale, elle influe sur le consulat de Cadix comme sur les autres consulats, et que, si dans l'ordonnance de 1728 l'exécution de celle-ci a été ordonnée de nouveau, cela ne doit s'entendre que sauf les limitations et restitutions qui y ont été faites, tant par cette déclaration de 1722 que par d'autres règlemens postérieurs à notre ordonnance.

Decormis, tom. 2, pag. 1314, prétend que les consuls ne doivent connaître que des causes sommaires qui exigent célérité et une prompte exécution, mais il se trompe : toutes les affaires de commerce et de police entre les nationaux sont de la compétence du consul ; c'est sur ce principe,

puisé dans notre ordonnance, que, par arrêt du parlement
d'Aix du 22 avril 1742, une affaire de compte fut renvoyée
devant le consul d'Espagne, et que, par sentence de Marseille
du 24 mars 1750, au rapport de M. Emerigon, la reddition
d'un compte fut renvoyée devant le consul français à Constantinople.

14.

Et, où il écherrait peine afflictive, ils instruiront
le procès, et l'enverront avec l'accusé dans le premier
vaisseau de nos sujets faisant son retour en notre
royaume, pour être jugé par les officiers de l'amirauté du premier port où le vaisseau fera sa décharge.

Dans les matières où il échoit peine afflictive, ce qui dépend
de la nature du crime dont l'accusé est prévenu, les consuls
n'ont droit que d'instruire le procès par informations, décret,
interrogatoire, récolement et confrontation, sans pouvoir le
juger, soit pour condamner, soit pour absoudre. La raison est
que pour juger des procès de cette nature il faut être gradué,
et qu'il ne serait pas possible de trouver dans les consulats le
nombre de gradués requis par nos ordonnances.

Quoi qu'il en soit, la loi est écrite : les consuls n'ont pas le
pouvoir de juger les procès criminels où il échoit peine afflictive. Ils doivent alors se borner à l'instruction, et lorsqu'elle
est achevée, l'envoyer avec l'accusé, s'il a pu être arrêté et constitué prisonnier, dans le premier vaisseau français faisant
son retour en France, pour être le jugement rendu par les
officiers de l'amirauté du premier port où le vaisseau fera sa
décharge ; que ce soit là le lieu de sa destination ou un autre,
et non s'il ne fait qu'y relâcher. De sorte que c'est le port précisément où se fait la décharge, qui donne l'attribution aux
juges de l'amirauté ; et en cette partie l'amirauté de Marseille

n'a pas d'attribution privilégiée, quoique l'affaire vienne des échelles du Levant.

Du reste, comme l'article ne distingue point les crimes commis par des Français domiciliés et établis dans les ports du consulat, de ceux dont se seront rendus coupables les maîtres et les gens des équipages des vaisseaux commerçans dans les mêmes ports, il faut dire que les officiers de l'amirauté ont droit d'en connaître aussi sans distinction ni exception, les habitans français des pays de consulat étant à cet égard censés faire partie des navigateurs qui fréquentent les mêmes pays.

15.

Pourront aussi les consuls, après information faite, et par l'avis des députés de la nation, faire sortir des lieux de leur établissement les Français *de vie et conduite scandaleuse.* Enjoignons à tous capitaines et maîtres de les embarquer sur les ordres du consul, à peine de cinq cents livres d'amende, applicable au rachat des captifs.

Ce n'est ici qu'un fait de police, et voilà pourquoi, sur une simple information contenant les preuves de la vie et conduite scandaleuse de quelqu'un des nationaux, le consul, avec l'avis des deux députés de la nation, est autorisé à faire sortir du lieu, à expulser les scandaleux. Ce n'est pas tout, comme le simple changement de lieu ne remédierait pas au mal, parce que l'individu scandaleux porterait ailleurs le trouble dans la société, par le mauvais exemple de ses désordres, le consul est autorisé à l'envoyer en France, et à cet effet tout capitaine de navire prêt à partir est obligé de s'en charger et de le prendre sur son bord, aux premiers ordres du consul, à peine de 500 livres d'amende.

I.

Pour la régularité, il convient que, sur l'information, il intervienne un jugement de la part du consul et des deux députés, portant la peine du bannissement du scandaleux; qu'en le remettant au maître ou capitaine qui est obligé de s'en charger sur les ordres du consul, il lui soit délivré en même temps une copie du jugement et du procès-verbal portant remise du banni entre ses mains, avec une note du tout à la suite de son rôle d'équipage.

Au reste, ces termes, *vie et conduite scandaleuse*, sont applicables à ceux dont l'humeur fâcheuse trouble la société par des querelles et des insultes fréquentes que les punitions ordinaires ne peuvent réprimer, aussi bien qu'à ceux dont la conduite licencieuse et débauchée est un sujet de scandale continuel.

Quant à l'application de l'amende, elle ne regarde que les consulats des échelles du Levant ou des côtes d'Afrique et de Barbarie, comme il a été observé sur l'article 4, ci-dessus.

Il n'est point parlé ici de l'indemnité du capitaine ou maître de navire pour les vivres qu'il aura à fournir au banni durant la traversée; cependant cette indemnité lui est due tant dans les principes du droit que par argument de l'article 28, tit. 1 du liv. 8 de l'ordonnance du 15 avril 1689, où il est question des matelots français étant dans les pays étrangers, que les capitaines de navires doivent embarquer, leur étant présentés par les consuls de la nation française, sous pareille peine de 500 livres d'amende. Il y est dit « que la » dépense pour les vivres que les capitaines fourniront aux » matelots, leur sera payée, du jour de l'embarquement, par » les intendans de marine, sur les certificats des consuls. » Depuis ce temps-là, par ordonnance du 25 juillet 1719, cette indemnité du capitaine a été réglée à 6 sous par jour pour chaque matelot, tant pour leur passage que pour leur nourriture pendant tout le temps qu'ils seront sur le navire, payable, ladite indemnité ou rétribution, par le trésorier de

la marine, sur les certificats d'embarquement et de débar-
quement visés par l'intendant de la marine.

Mais la dépense du passage des hommes chassés des consulats, en conséquence du présent article, ne doit pas être
pour le compte du roi, comme celle des matelots, s'ils
n'ont pas de quoi y fournir : elle ne peut être regardée que
comme une avarie à supporter par le général de la nation,
comme ayant intérêt d'être délivrée de la contagion du
mauvais exemple de ces hommes dangereux.

Pour le nombre des matelots que chaque capitaine est
tenu de prendre dans les pays étrangers, voir l'article 10 du
titre des matelots, ci-après, où seront rapportées les ordonnances des 14 février 1686, et 15 juillet 1698, avec celle
déjà citée du 25 juillet 1719.

Les Français naturels ou naturalisés qui auront refusé
d'exécuter les ordonnances, et de se soumettre aux ordres
du roi qui leur auront été notifiées par le consul, ne sont pas
précisément dans le cas d'être bannis et renvoyés en France,
mais ils doivent être déférés par le consul à l'assemblée de
la nation, et déclarés exclus du corps national, sans pouvoir
y rentrer dans la suite que par un ordre exprès de Sa Majesté.
Article 27 de l'ordonnance du 24 mai 1728.

16.

Les consuls commettront, tant à l'exercice de la
chancellerie que pour l'exécution de leurs jugemens
et des autres actes de justice, telles personnes qu'ils
en jugeront capables, auxquelles ils feront prêter le
serment, et dont ils demeureront civilement responsables.

Le droit attribué par cet article aux consuls de commettre
à l'exercice de la chancellerie, qui emporte tout à la fois le

titre de greffier et de notaire public du consulat, telles personnes qu'ils en jugeraient capables, était une prérogative trop brillante et en même temps trop sujette à abus pour subsister toujours. Et c'est pour cela que, par édit du mois de juillet 1720, le roi s'est expressément réservé la faculté de nommer à l'avenir à la place de chancelier dans tous les consulats des échelles du Levant et de Barbarie, avec défenses à toutes personnes de prendre la qualité de chancelier, n'y d'en faire les fonctions, sans en avoir obtenu un brevet de Sa Majesté; sauf en cas d'absence ou de mort du chancelier, que le premier des députés pourra le représenter et en faire les fonctions, jusqu'à ce que le roi y ait pourvu.

Quoique cet édit ne parle que des consulats des échelles du Levant et de Barbarie, il n'est pas douteux que son effet ne s'étende aussi dans tous les autres consulats établis chez les princes chrétiens; et, s'il n'y a pas été fait mention de ceux-ci, c'est vraisemblablement que le roi était déjà en possession d'y nommer le chancelier.

Au reste, l'édit n'ayant pour objet que cette nomination, il a laissé subsister notre article pour le surplus; c'est-à-dire que le consul a conservé le droit de recevoir le serment du chancelier, considéré soit comme greffier, soit comme notaire, parce qu'il est réellement son juge; de même que le droit de commettre qui il lui plaira pour signifier ses jugemens et les mettre à exécution, aussi bien que les autres actes de justice, après leur avoir également fait prêter le serment ordinaire; à la charge toutefois de demeurer civilement responsable des prévarications qu'ils pourront commettre, puisque notre article le décide de la sorte; ce qui pourtant ne peut regarder celles du chancelier, puisqu'il n'est plus du choix du consul, et même paraît un peu rude par rapport à ceux qu'il prend pour servir de sergens ou d'huissiers, à moins en tout cas qu'il ne s'agisse de recouvrement de deniers qu'il les chargera de faire.

17.

Les droits des actes et expéditions de la chancellerie seront par eux réglés, de l'avis des députés de
la nation française et des plus anciens marchands.
Le tableau en sera mis au lieu le plus apparent de la
chancellerie, et l'extrait en sera envoyé incessamment par chaque consul au lieutenant de l'amirauté
et aux députés du commerce de Marseille.

Quoique ce ne soit plus aux consuls à nommer à la place
de chancelier, ils n'ont pas moins le pouvoir, en qualité de
juges, de régler les droits et émolumens de la chancellerie,
tant pour l'expédition des jugemens que des autres actes.
Mais, ce règlement, ils n'ont pas la faculté de le faire seuls;
ils ne le peuvent que de l'avis des deux députés et de quatre
des plus anciens et principaux négocians du corps de la
nation, suivant l'article 33 de l'ordonnance du 24 mai 1728,
qui supplée au silence gardé par notre article au sujet du
nombre des négocians qu'il faut appeler pour dresser le tarif
des droits de la chancellerie.

Ce tarif, ainsi réglé, doit être exposé dans le lieu le plus
apparent du bureau de la chancellerie, afin que chacun
puisse savoir ce qu'il a à payer pour chaque acte et expédition; et l'extrait, c'est-à-dire, une copie en forme de
de ce tarif, doit être envoyé, savoir : pour les échelles du
Levant et des côtes d'Afrique et de Barbarie, au lieutenant
de l'amirauté et aux députés du commerce de Marseille,
parce que c'est là que correspondent tous les consulats de ces
pays, et pour les consulats établis chez les princes chrétiens,
au secrétaire d'état ayant le département de la marine, aux
termes dudit article 33 de l'ordonnance de 1728.

Ce n'est pas que le tarif, une fois arrêté, ne puisse varier dans la suite par diminution ou augmentation des droits, suivant les circonstances ; mais il n'y pourra être fait aucun changement qu'avec les mêmes formalités prescrites par cet article, et qu'à la charge de la même notoriété.

Du reste, suivant l'obligation imposée en général à tous greffiers, de même qu'aux receveurs publics, le chancelier doit faire mention, sur chacune de ses expéditions, de la somme qui lui aura été payée pour ses droits, afin qu'on puisse vérifier s'il n'a rien exigé au-delà de ce qui lui était dû. *Vide suprà* les articles 4 et 14 du tit. du greffier.

18,

Les appellations des jugemens des consuls établis tant aux échelles du Levant qu'aux côtes d'Afrique et de Barbarie, ressortiront au parlement d'Aix, et toutes les autres au parlement le plus proche du consulat où les sentences auront été rendues.

Toutes les sentences des consuls étant exécutoires par provision, en matière civile, moyennant caution, il n'aurait pas été naturel que les appellations en pussent être portées ailleurs qu'aux parlemens.

En matière criminelle, il n'y a pas lieu à l'appel à l'égard des consuls, puisqu'ils jugent en dernier ressort dans les cas où il n'échoit aucune peine afflictive, et que dans ceux qui méritent peine afflictive ils n'ont pas le pouvoir de juger, n'ayant droit que de faire l'instruction, qu'ils doivent envoyer ensuite avec l'accusé en France, pour y être jugé par les officiers de l'amirauté, sauf l'appel. Tout cela est ainsi réglé par les articles 13 et 14, ci-dessus.

Par celui-ci, qui n'a donc pour objet que les appellations

des jugemens rendus par les consuls en matière civile, il est décidé qu'elles seront portées au parlement d'Aix, par rapport aux consulats établis tant aux échelles du Levant qu'aux côtes d'Afrique et de Barbarie, et qu'à l'égard de tous les autres consulats, les appels des jugemens qui y auront été rendus seront portés au parlement le plus proche de chacun de ces consulats.

La raison de cette attribution, par préférence au parlement d'Aix, n'est pas qu'il soit précisément le plus proche de toutes les échelles du Levant et des côtes d'Afrique et de Barbarie, celui de Toulouse pourrait l'emporter de ce côté-là à certains égards; mais c'est que le commerce des français dans ces pays-là a commencé et s'est toujours soutenu par la correspondance de Marseille, ville qui est du ressort du parlement d'Aix.

Nous n'avons guère de consuls ailleurs qu'en Espagne et en Portugal.

Nous n'en avons point en Angleterre ni en Hollande, et ces puissances n'en ont pas non plus en France. Cela a été ainsi stipulé réciproquement par les traités de Risvik, et d'Utrecht, et cela par une nouvelle convention, le contraire ayant lieu auparavant, comme il résulte de l'article 34 du traité de commerce conclu à Nimègue avec les états généraux, le 10 août 1678.

Au reste nul consul ne peut être établi chez un prince étranger sans son consentement, ou si cela n'a été réglé par quelque traité; et encore, malgré toute convention, le consul nommé par son maître est-il obligé de prendre *l'exequatur* du prince dans les états duquel il doit exercer ses fonctions, l'attache de l'amiral, et faire enregistrer le tout au greffe de l'amirauté du lieu de sa résidence, avant de pouvoir prendre cette qualité, comme il a été observé dans la préface de ce titre et sur l'article 3.

19.

En cas de contestation entre les consuls et les négocians, tant aux échelles du Levant qu'aux côtes
d'Afrique et de Barbarie, pour leurs affaires particulières, les parties se pourvoiront au siége de l'amirauté de Marseille.

C'est sans doute en considération de ce que le commerce
de Marseille a formé et toujours soutenu celui des Français,
tant aux échelles du Levant qu'aux côtes d'Afrique et de
Barbarie, que notre Ordonnance, par un privilège bien flatteur pour l'amirauté de Marseille, lui a attribué la connaissance des contestations qui pourraient s'élever entre les consuls et les négocians de ces pays-là pour leurs affaires
particulières.

Je dis que c'est là un privilége bien flatteur : car enfin il
pouvait être bien ordonné que ces contestations seraient réglées ou dans une assemblée générale du corps de la nation,
ou par un certain nombre de commissaires nommés aussi
dans une assemblée générale pour les juger, sauf l'appel au
parlement.

Il n'est point parlé des vice-consuls; mais la décision de
notre article y est applicable, parce que dans leurs vice-
consulats, quoique subordonnés aux consuls, ils ont la même
autorité qu'eux; de sorte que, s'ils ont des contestations
avec les négocians, c'est à l'amirauté de Marseille tout de
même qu'elles doivent être jugées.

A l'égard des chanceliers, c'est autre chose, rien n'empê-
chant que les consuls, comme leurs juges naturels, n'aient
droit de juger leurs contestations avec des négocians, tout
comme les causes des autres particuliers.

Ces contestations au reste, que suppose notre article, doivent s'entendre non-seulement de celles qui peuvent concerner les droits du consul, mais encore de toutes autres de quelque nature qu'elles puissent être.

Le privilége de l'amirauté de Marseille ne se borne pas là encore, au sujet de ces consuls des échelles du Levant et des côtes d'Afrique et de Barbarie : le règlement du premier mars 1716 veut qu'en cas de contravention de leur part aux dispositions des articles 9 et 10, le procès leur soit fait et parfait à l'amirauté de Marseille, aux officiers de laquelle la connaissance de ces sortes de délits est attribuée, privativement à tous autres juges ; ce qui ne doit s'entendre néanmoins que sauf l'appel au parlement.

20.

Le consul sera tenu de faire l'inventaire des biens et effets de ceux qui décéderont sans héritiers sur les lieux, ensemble des effets sauvés des naufrages, dont il chargera le chancelier au pied de l'inventaire, en présence de deux notables marchands qui le signeront.

Les dispositions de cet article, des deux suivans et du 24, seraient inutiles par rapport aux Français qui décèdent dans les pays de consulat, si leur succession était sujette au droit d'aubaine envers les souverains des lieux ; mais, par les capitulations anciennes conclues entre nos rois et les empereurs ottomans, renouvelées par celles du 20 mai 1604 et du 5 juin 1673, article 28 de l'un et de l'autre, il a constamment été stipulé que les Français auraient toute liberté de rester dans les états du grand seigneur, et que les biens qu'ils y laisseraient, mourant *ab intestat,* seraient recueillis par les consuls, pour les faire passer à leurs héritiers ; ce qui a depuis servi de loi chez tous les princes chrétiens, l'usage s'en étant établi partout d'un consentement unanime. De sorte que dès qu'un souverain permet qu'il s'établisse un consul dans ses états, il renonce tacitement au droit d'aubaine sur les biens tant de ce consul que de tous ses nationaux commerçans, qu'ils soient domiciliés dans le même lieu, ou qu'ils ne fassent qu'y trafiquer, sans intention de s'y fixer. Et c'est ainsi qu'il faut restreindre ce que disent nos auteurs au sujet du droit d'aubaine sur les biens des marchands étrangers établis en France, qui y décèdent : toutefois cette exception n'a lieu que pour les meubles et effets, comme il sera observé dans la suite.

Alors c'est au consul ou à son représentant à veiller à la conservation des biens du décédé de sa nation, sans que la justice du lieu ait droit de s'en mêler, non plus qu'en cas de naufrage, si son secours n'est imploré par le consul même.

Aux termes de notre article, le consul, ou à son défaut le premier des députés en exercice, est obligé en ce cas de faire un inventaire fidèle et exact des biens et effets de celui de sa nation qui est décédé sans héritiers sur les lieux : car, s'il y a quelque légitime héritier sur le lieu, il est évident que le consul n'a rien à faire, à moins qu'il ne soit requis de la part des créanciers d'apposer les scellés sur les meubles et effets du défunt.

En cas de naufrage, c'est au consul tout de même à travailler au sauvement des effets, en observant ce qui est prescrit à ce sujet aux officiers de l'amirauté dans le titre des naufrages, ci-après; et l'inventaire qu'il est tenu d'en faire, aussi bien que des effets du défunt, pour être régulier, doit être fait avec le chancelier, qu'il chargera de la garde des effets en qualité de greffier, et avec deux notables marchands qui signeront avec lui et avec le chancelier; d'où il s'ensuit qu'il ne peut prendre pour témoins que des marchands qui sachent signer.

A Marseille, en vertu de l'édit du port franc de 1669,

tous marchands étrangers sont exempts du droit d'aubaine, qu'il y ait un consul de leur nation, ou non. La même exemption a lieu pour les marchands étrangers établis à Lyon (Rousseau de Lacombe, Recueil de jurisprudence, *verbo* aubaine, sect. 1, n. 9, *fol.* 48); mais ce n'est que pour les meubles, et nullement pour les immeubles et les rentes constituées. La raison est que l'exemption n'est fondée que sur la faveur du commerce, et que des fonds employés en acquisition d'héritages ou de rentes, dans les pays au moins où elles sont immeubles, sont des objets étrangers au commerce. C'est aussi de cette manière qu'il faut entendre l'exemption du droit d'aubaine, à l'égard des marchands étrangers qui décèdent dans un lieu où ils ont un consul.

21.

Si toutefois le défunt avait constitué un procureur pour recueillir ses effets, ou s'il se présente un commissionnaire porteur du connaissement des marchandises sauvées, les effets leur seront remis.

Le défunt ayant constitué un procureur pour recueillir ses effets en cas de mort, il n'est plus question alors d'inventaire à faire de la part du consul; son pouvoir ou son obligation cesse en ce cas, parce que le procureur représente le défunt ou ses héritiers.

Il en serait de même si le défunt, par son testament, avait nommé un exécuteur testamentaire, quoique celui-ci soit obligé de droit de faire un inventaire; parce que ce n'est point au consul à examiner sa conduite, le défunt lui ayant donné sa confiance, et que d'ailleurs l'exécuteur testamentaire peut faire faire l'inventaire par le chancelier, en qualité de notaire, sans l'intervention du consul.

Mais ce serait autre chose, si le défunt n'eût point nommé d'exécuteur testamentaire, quoique par son testament il aurait fait quelqu'un du lieu son légataire universel. La raison est que le légataire n'est pas saisi des biens de la succession comme l'exécuteur testamentaire, et que son legs étant sujet à délivrance de la part de l'héritier, qui peut avoir des moyens pour contester le testament, il importe dans l'incertitude de veiller aux intérêts de l'héritier.

Dans ce cas donc, il est du devoir du consul, sans s'arrêter au testament, d'apposer les scellés dans la maison du défunt, et de faire l'inventaire des effets de la manière prescrite par l'article précédent.

Quant aux effets sauvés du naufrage, non-seulement il est décidé tout de même dans le titre des naufrages, ci-après, qu'ils seront remis et délivrés aux commissionnaires porteurs des connaissemens des marchandises et d'autres pièces suffisantes pour justifier le droit des réclamateurs, mais encore l'article 17 porte que, si lors de l'échouement les propriétaires ou commissionnaires se présentent, etc., les officiers de l'amirauté seront obligés de se retirer et de leur laisser la liberté entière de sauver les effets : décision qu'il convient de rapprocher du présent article pour suppléer à son silence à cet égard, et conclure que le consul n'aura pas droit en ce cas de faire l'inventaire des effets qui seront sauvés.

22.

Sera tenu le consul d'envoyer incessamment copie de l'inventaire des biens du décédé et des effets sauvés des naufrages, aux officiers de l'amirauté et aux députés du commerce de Marseille, auxquels nous enjoignons d'en avertir les intéressés.

Pour l'envoi qui doit être fait, suivant cet article, aux officiers de l'amirauté et aux députés du commerce de Marseille, cela ne regarde encore que les consuls des échelles du Levant et des côtes d'Afrique et de Barbarie. Les consuls des autres pays doivent envoyer les copies de ces inventaires au secrétaire d'état ayant le département de la marine, qui ordonnera sur cela de faire les proclamations et perquisitions convenables pour avertir ceux qui auront droit de réclamer les effets.

Par cette ordonnance et par les règlemens postérieurs, il y a deux ans pour réclamer les successions, et un an seulement pour la réclamation des effets naufragés; mais il semble que dans le cas présent ces délais ne doivent se compter que du jour que l'ouverture de la succession, ou l'accident du naufrage, aura été rendu notoire en France. Après tout, il n'y a point de fatalité attachée à ces délais. *Vide infrà* les observations sur l'art. 36 du tit. des naufrages.

23.

Tous actes expédiés dans les pays étrangers où il y aura des consuls, ne feront aucune foi en France, s'ils ne sont par eux légalisés.

Cette disposition a été renouvelée et confirmée par l'article 32 de l'Ordonnance du 24 mai 1728; et en cela il n'y a rien de nouveau ni d'extraordinaire, le chancelier étant tout à la fois greffier et notaire. Or les expéditions délivrées en France par les greffiers ou notaires ne font foi, par nos ordonnances, ni hors du royaume, ni hors de leur district, qu'elles ne soient légalisées par le juge ordinaire de leur domicile.

Dans les pays étrangers où il n'y a pas de juge-consul ordinaire de la nation, il faut faire légaliser les actes par l'ambassadeur, résident ou envoyé du roi; ou, si cela n'est pas praticable, par un certain nombre de notables négocians de la nation.

On comprend que, dans l'absence du consul, le premier député qui le représente peut légaliser les actes, et que dans tous les cas il faut que la légalisation soit accompagnée du sceau public dont on a coutume de se servir dans le lieu.

24.

Les testamens reçus par le chancelier, dans l'étendue du consulat, en présence du consul et de deux témoins, et signés d'eux, seront réputés solennels.

Ainsi un testament revêtu de ces formalités est valable partout, quelque disposition que le testateur ait faite de ses biens, puisqu'il a toute l'authenticité qu'un testament peut avoir. Il est même plus solennel que ne le sont les testamens ordinaires faits en France, puisque le chancelier est notaire en même temps que greffier, et qu'ainsi deux témoins avec lui devraient suffire, sans la présence du consul ou de son représentant.

Cependant, puisque la loi est écrite, il faut s'y tenir, et dire en conséquence que le testament ne serait pas valable, s'il n'était pas fait en présence du consul ou son représentant, quoique à sa place on aurait appelé un troisième témoin.

Du reste le chancelier ne peut recevoir le testament que dans l'étendue de son consulat; et, comme l'article porte que le testament sera signé de deux témoins, aussi bien que du consul et du chancelier, il s'ensuit, contre le sentiment du commentateur, qu'on ne peut y appeler que des témoins qui sachent signer, et qui aient d'ailleurs les qualités requises par l'Ordonnance de 1735, art. 39 et suiv. Mais à l'égard du testateur, il n'est nullement nécessaire ni qu'il soit domicilié dans l'étendue du consulat, ni qu'il sache signer; il suffira de l'interpeller de signer, et de déclarer la cause pour laquelle il n'aura pas signé, comme on doit en user au sujet des testamens passés en France.

Encore une fois le testament fait aux termes de cet article est un vrai testament solennel, d'une autre espèce par conséquent que le testament d'un homme embarqué dans un vaisseau pour un voyage sur mer, qui, fait avec moins d'authenticité, a aussi des effets limités. *Iinfrà* liv. 3, tit. 11, art. 2. Au lieu que celui dont il s'agit doit valoir pour tous les biens dont le testateur aura disposé, quelque part qu'ils soient situés, si les coutumes des lieux de leur situation n'y forment pas quelque obstacle en ordonnant la réduction des legs.

Et, comme cet article ne parle point des formalités de *dicté, nommé, lu et relu*, il s'ensuit que leur omission n'empêchera nullement le testament de valider, puisque ce ne sont pas des formalités d'ordonnance. Il sera bon néanmoins qu'il paraisse dans le testament que le testateur aura dicté ses volontés au chancelier, et que celui-ci en aura donné lecture, conformément à l'art. 23 de l'Ordonnance du mois d'août 1735.

A l'égard du testament olographe, rien ne peut empêcher un Français d'en faire un en pays de consulat, au lieu d'un testament solennel, si par la coutume ou la loi statutaire du pays où il avait son domicile avant de passer dans le lieu du consulat, il a eu la faculté de tester de cette manière. *Secùs à contrà.*

25.

Les polices d'assurances, les obligations à grosse aventure ou à retour de voyage, et tous autres contrats maritimes, pourront être passés en la chancellerie du consulat, en présence de deux témoins qui signeront.

Non-seulement les contrats maritimes, mais encor tous autres contrats pourront être reçus, entre les Français, pa. le chancelier du consulat. Savary, liv. 5, chap. 2, pag. 705. E. non-seulement encore le chancelier a le pouvoir de les recevoir, mais même il est défendu aux. Français de passer aucuns actes absolument par-devant les notaires publics desdits lieux, à peine de nullité desdits actes. Article 31 de l'Ordonnance du 24 mai 1728.

Nouvelle preuve par conséquent que le chancelier est tout à la fois le notaire et le greffier de la nation, et qu'il est autorisé à faire toutes les fonctions qui dépendent de l'un et de l'autre ministère : d'où il s'ensuit, comme le remarque fort judicieusement le commentateur, aussi bien que Decormis, tom. 2, pag. 1315, que les actes reçus par le chancelier emportent hypothèque, et sont aussi exécutoires sur les biens des obligés, quelque part qu'ils soient situés, que s'ils étaient passés par-devant des notaires en titre d'office. Cela fait d'autant moins de difficulté, que les chanceliers sont à présent à la nomination du Roi.

Sur ce plan, il y a lieu d'être surpris de ce que dans l'article précédent la présence du consul est requise pour la validité du testament, sans se contenter de l'assistance de deux témoins.

Du reste, comme notre article exige tout de même la signature de deux témoins, on ne peut pas admettre cette restriction, *s'ils savent signer*. Ce n'est que pour les parties qu'il convient de la suppléer, parce qu'un homme ne peut pas être privé de la faculté de contracter, sous prétexte qu'il ne sait pas signer. Mais la liberté des contrats n'est pas altérée ni gênée, en imposant la condition de n'y appeler que des témoins qui savent signer; et lorsque la loi s'en est expliquée nettement, il n'est pas permis de chercher à l'éluder. D'ailleurs il est très-facile aujourd'hui de trouver partout des témoins qui sachent signer; et quand bien même notre article n'exigerait pas la signature des deux témoins; il faudrait du moins, suivant nos ordonnances, que l'un d'eux signât pour la validité de l'acte.

Observez encore que le pouvoir donné par cet article au chancelier, de recevoir les polices d'assurances et autres contrats maritimes, n'empêche nullement les parties de les passer sous signature privée, suivant la faculté que leur en accorde la présente ordonnance, conformément au droit commun.

26.

Le chancelier aura un registre coté et paraphé en chaque feuillet par le consul et par le plus ancien des députés de la nation, sur lequel il écrira toutes les délibérations et les actes du consulat, enregistrera les polices d'assurances, les obligations et contrats qu'il recevra, les connaissemens ou polices de chargement qui seront déposés en ses mains par les mariniers et passagers, l'arrêté des comptes des députés de la nation, et les testamens et inventaires des effets délaissés par les défunts ou sauvés des naufrages, et généralement les actes et procédures qu'il fera en qualité de chancelier.

Tout cela est dans l'ordre et de règle générale, excepté qu'il est requis ici que le registre du chancelier soit coté et paraphé tant par le consul que par le premier des députés en exercice; tandis que dans toutes les juridictions il suffit que les registres des greffiers soient cotés et paraphés par le premier officier du siége. L'article 28 de l'ordonnance du 24 mai 1728 veut même que le registre dont il s'agit soit coté et paraphé par les deux députés en exercice avec le

I.   18

consul; ce qui est tout propre à faire croire que l'expérience a appris qu'il pouvait y avoir de la collusion et de l'intelligence entre le consul et le chancelier, et qu'il était à propos d'y remédier.

D'un autre côté, l'obligation imposée au chancelier, non-seulement d'écrire sur son registre les délibérations et les actes du consulat, mais encore d'y enregistrer les polices d'assurances, les obligations de grosse aventure et autres contrats qu'il recevra, ensemble les connaissemens qui seront déposés entre ses mains par les mariniers et passagers, et tous autres actes, est une précaution sagement prise pour la sûreté publique, en ce qu'elle prévient la suppression, la supposition ou l'antidate, qui pourrait sans cela être faite de ces actes au préjudice des parties intéressées; et certainement il serait à souhaiter qu'il en fût de même partout, c'est-à-dire que les notaires fussent obligés d'écrire sur leur registre courant tous les actes qu'ils reçoivent, excepté ceux qui sont de nature à être expédiés en brevet, et qu'à l'égard des polices d'assurances, des contrats de prêt à la grosse et des connaissemens, mais surtout des actes des deux premières espèces, qu'ils fussent sujets à être déposés et enregistrés au greffe de l'amirauté du lieu où l'armement du vaisseau aurait été fait, pour éviter les surprises qui sont faites au public à cette occasion, et qui sont bien plus communes qu'on ne pense, parce qu'elles n'éclatent que rarement.

Et qu'on ne pense pas que sur ce dernier objet j'aie en vue l'intérêt des amirautés; car, outre que dans mon idée les droits de dépôt et d'enregistrement ne devraient regarder que le greffier, c'est qu'on pourrait les modérer de manière à n'être point à charge au commerce. Par édit du mois de décembre 1657, furent créés en chaque siège d'amirauté deux offices de notaires-greffiers, avec privilége exclusif de recevoir et passer tous contrats maritimes, etc., et d'en tenir registre; mais cet établissement parut si dangereux, qu'il demeura sans exécution. Sur quoi voir l'article 2 du titre des assurances, ci-après. Je n'avais donc garde de proposer le renouvellement de ce projet; et, si je me suis fixé à la formalité du dépôt et de l'enregistrement au greffe de l'amirauté, c'est que ce parti, pourvu qu'il ne soit point question de contrôle ni de sceau, m'a paru le plus convenable à tous égards et le moins sujet à alarmer les négocians. Il ne pouvait en tout cas exciter de plaintes que parmi ceux dont les démarches équivoques craignent la lumière; et ceux-là ne méritent pas d'être écoutés. Voir l'article 68 du même titre des assurances.

Dans les pays de consulat, le consul étant chargé de la régie des droits des invalides, il doit en tenir un registre en forme, qu'il est obligé à son tour de faire coter et parapher par le chancelier. Article 6, titre 10 de l'édit du mois de juillet 1720, concernant les invalides. On le trouvera ci-après sur le titre des loyers des matelots.

27.

Les maîtres qui abordent les ports où il y a des consuls de la nation française, seront tenus, en arrivant, de leur représenter leurs congés, de faire rapport de leurs voyages, et de prendre d'eux, en partant, un certificat du temps de leur arrivée ou départ, et de l'état et qualité de leur chargement.

La navigation de chaque nation étant assujétie à des règles et à des formalités générales et particulières, il est de la suite que tout navigateur rende compte de sa navigation aux officiers établis par son souverain, pour tenir la main à l'observation de ces règles et formalités, sans préjudice de celles qu'il doit aussi observer suivant les lois et les usages des différens ports étrangers qu'il peut fréquenter.

Mais, pour se borner ici à ce qui concerne les pays de consulat, il est ordonné par cet article à tout maître, capitaine ou patron de navire qui y abordera, de se présenter au consul du lieu, de lui exhiber le congé qu'il a dû prendre à son départ de France, de lui faire le rapport de son voyage et de ses particularités, comme il le ferait ou devrait faire au greffe de l'amirauté, s'il était dans un port du royaume ; et, à son départ, de prendre un certificat du même consul, contenant la déclaration du temps de son arrivée aussi bien que de son départ, et l'état et qualité de son chargement.

Sous prétexte que ces certificats sont nécessaires aux maîtres des bâtimens, qui des pays de consulat s'en retournent en France, quelques consuls s'imaginèrent que, comme ils tenaient lieu en quelque sorte de congés ou passe-ports, ils pouvaient effectivement les convertir en congés, et en conséquence ils se mirent en possession d'en délivrer. Mais, comme en cela ils entreprenaient sur les prérogatives de la charge d'amiral, ils ne tardèrent pas à être avertis de leur méprise, au moyen de l'ordonnance du 22 décembre 1686, qui, en confirmant M. l'amiral dans le droit exclusif de donner les congés nécessaires pour toute navigation, fit des défenses expresses aux consuls du Levant et à tous autres de délivrer aucun congé ni passe-port, sous quelque prétexte que ce fût, à peine de punition ; défenses renouvelées par le règlement du 1er mars 1716, art. 10, qui a ajouté à peine de destitution et de punition exemplaire.

Par l'article 16 du même règlement, les maîtres de bâtimens doivent s'en retourner en France avec le congé qu'ils ont pris en partant du royaume, en y joignant le certificat du consul ; et afin d'éviter toute irrégularité ou omission dans les certificats que doivent donner les consuls à ce sujet, il en a été dressé des formules que l'on trouve à la suite dudit règlement. Voir au surplus pour ce qui regarde les consuls les articles 9 et 19 du même règlement, du premier mars 1716, rapporté sur l'art. 5 du titre suivant.

Dans les pays où il n'y a pas de consul de la nation, ni de vice-consul, si un capitaine français est dans le cas d'y faire un rapport, il doit le faire devant le magistrat du pays; et, s'il y manque, ce défaut ne peut être réparé. *Casa regis, disc.* 1, n. 38. Arrêt du parlement d'Aix du 27 juin 1724, en faveur des assureurs sur le navire *le Victorieux*, contre le sieur Sarrebourse et autres assurés, faute par le capitaine d'avoir fait son rapport à l'île de Prince, où il avait touché, devant le commandant ou juge portugais.

De même, lorsque les marchandises provenant des îles et colonies françaises, après avoir été mises en entrepôt dans le port du royaume où elles ont été conduites, sont ensuite chargées pour l'étranger, il faut alors rapporter la preuve qu'elles ont effectivement été déchargées dans le pays étranger pour lequel elles ont été destinées, par un certificat signé du consul français, s'il y en a dans le lieu; ou, à son défaut, il y a obligation de rapporter un certificat des juges des lieux ou d'autres personnes publiques, à peine de payer le quadruple des droits. Article 16 des lettres-patentes du mois d'avril 1717.

Ce titre ne se trouve point non plus encore dans l'ordonnance de 1684 concernant la Bretagne, sans doute parce que les Bretons ne font pas le commerce du Levant. Cependant, comme il y a des consuls de la nation ailleurs que dans le Levant, et qu'ainsi les Bretons, comme les autres navigateurs, peuvent se trouver dans le cas de communiquer avec les consuls et de prendre les ordres que ceux-ci sont autorisés en général à leur donner, il faut dire que ce titre les a regardés dans le principe, comme depuis qu'il n'y a plus d'amiral particulier pour la Bretagne.

TITRE X.

DES CONGÉS ET RAPPORTS.

Le congé dont il est ici question est la permission que doit prendre de l'amiral tout capitaine de navire ou maître de bâtiment avant de sortir d'un port du royaume et de mettre en mer : on l'appelle *bref* ou *brieu* en Bretagne.

Le rapport est la déclaration que doit aussi faire au greffe de l'amirauté tout capitaine ou maître de bâtiment, à son arrivée dans un port du royaume : on l'appelle *consulat* à Marseille et dans les autres ports de la Méditerranée.

Il ne s'agit que des congés dans les trois premiers articles de ce titre, les autres concernent les rapports.

I.

Aucun vaisseau ne sortira des ports de notre royaume, pour aller en mer, sans congé de l'amiral enregistré au greffe de l'amirauté du lieu de son départ, à peine de confiscation. *

C'est un des plus beaux droits et priviléges attachés à la charge d'amiral, que celui en vertu duquel aucun vaisseau

---

*. Aujourd'hui les congés nécessaires aux navires pour sortir des ports du royaume, sont délivrés au nom du Roi par l'administration des douanes. L'obligation de prendre un congé, et celle de faire un rapport, étant imposée à tout capitaine par nos lois anciennes et modernes, Cod. de com., art. 242, 243, 244, 245, 246, 247, le lecteur verra sans doute avec intérêt les détails historiques dans lesquels Valin est entré sur ce point important. On trouvera à la fin de l'ouvrage le règlement du 1er mars 1716, qui fut fait pour l'exécution des dispositions renfermées dans le présent titre.

ne peut sortir des ports du royaume et mettre en mer sans
un congé de sa part.

Du côté de l'ancienneté, il est vrai que ce droit ne se perd
pas comme d'autres dans la nuit des temps, que son établissement est connu, et qu'il se rapporte à l'ordonnance de
Charles VI, de 1400, article 3; mais les motifs qui le firent
introduire doivent le faire regarder comme une dépendance
naturelle et immédiate de cette importante charge.

En effet ce furent d'une part les délits, excès et déprédations qui se commettaient en mer par des armateurs de navires, et d'autre part le peu de soin que plusieurs armateurs
apportaient à l'équipement et à l'armement des vaisseaux,
ce qui exposait souvent le pavillon français à recevoir des
affronts : tels furent les motifs des défenses faites à toutes
personnes d'armer à l'avenir des navires sans congé de l'a-
miral.

Et, comme de tout temps la connaissance des crimes
commis en mer et sur les grèves lui avait appartenu, de même
que le commandement des armées navales, avec inspection
sur toutes sortes de bâtimens armés en guerre, il est tout
naturel de conclure que l'obligation imposée aux armateurs
de prendre de lui un congé, de souffrir la visite de leurs navires et de faire serment entre ses mains, *de ne porter aucun
dommage aux sujets du roi, amis et alliés*, fut moins un
droit nouvellement attaché à sa charge, que la confirmation
de ses anciens priviléges en cette partie, une sage précaution
prise pour le mettre plus en état de connaître les armateurs,
d'arrêter leurs excès par la crainte de la punition, et de faire
respecter le pavillon français.

Ceux qui veulent que nous n'ayons rien de bon dans notre
police, comme dans notre jurisprudence, que nous n'ayons
emprunté du droit romain, prétendent que c'est là que nous
avons puisé l'idée des congés qu'il faut prendre à l'amirauté,
pour avoir la permission de naviguer.

Ils citent à ce sujet la loi unique *Cod. de littorum et itinerum custodiâ*; la loi seconde *de Naviculariis*, aussi au Code; la loi 21, *Cod. Theodosiano, eodem titulo*, et la loi *quoties Cod. de naufragiis*.

Ils ajoutent que ces congés s'appelaient *securitates*, et que l'officier qui les donnait était nommé *comes commerciorum*, ce qui convient à la dénomination d'intendant du commerce.

Ils se prévalent aussi de ce qu'il était défendu de naviguer pendant l'hiver, c'est-à-dire, depuis le 1er octobre jusqu'au 1er avril, durant lequel temps la mer était close, et rapportent à cette occasion ce vers de Lucain :

Hæc eadem suadebat hyems quæ clauserat æquor.

A quoi fait allusion ce que Cicéron, écrivant à son frère Quintus, lui disait : « Comme je ne recevais point de vos nou- » velles, je jugeais bien que la mer était encore fermée, etc. »

Ils ajoutent encore qu'au retour du printemps, qui rendait la navigation libre, les Romains faisaient des jeux et des sacrifices en l'honneur de Neptune, tandis que les Grecs offraient un vaisseau à Diane, c'est-à-dire à la lune, qu'ils regardaient comme la déesse de la mer ; d'où il semble que les Vénitiens aient emprunté la cérémonie que leur doge fait tous les ans d'épouser la mer le jour de l'Ascension.

Tout cela est accompagné d'un passage d'Apulée, tiré du livre 11, où l'on fait parler Diane en ces termes : « La religion » des peuples m'a consacré de tout temps ce jour heureux » où les tempêtes et les orages finissent avec l'hiver, où la » mer, oubliant sa fureur, recommence à devenir navigable. » C'est dans ce jour que mes prêtres me consacrent un vais- » seau qui n'a jamais servi, comme les prémices de toutes » les navigations qui se doivent faire sur la mer. »

Enfin ils citent d'Argentré, sur l'article 56 de la coutume de Bretagne, note 1re, n° 43, comme s'il insinuait que c'est de là que procède la plus ancienne pratique des congés et des permissions de naviguer, tandis qu'il fait honneur à sa province de l'établissement de cet usage, ce qui au fond n'est pas mieux imaginé.

Mais tout cela est de l'érudition perdue ; c'est tirer les choses de trop loin.

En effet, outre la défense de naviguer en hiver, tout ce qu'on trouve à ce sujet dans les lois romaines se réduit à la confiscation des marchandises prohibées, dont l'exportation était faite sans une permission expresse de l'empereur ou de ses officiers, à l'effet de quoi il fallait déclarer le lieu de la destination du navire. Or qu'est-ce que tout cela a de commun avec le congé de l'amiral, qui, sans aucun rapport aux marchandises, est nécessaire pour toute navigation légitime ?

Et à l'égard des *brefs* ou *brieux* que Pierre de Dreux, dit Mauclet, s'engagea, par transaction avec saint Louis (de l'an 1231, suivant Cleirac, page 543, et Pierre Garcie, dit Ferrande, dans son Grand-Routier composé en 1483), de faire délivrer à ceux qui voudront avoir la faculté d'entrer dans ses ports et havres, et de naviguer dans ses parages sans danger de confiscation ; on ne voit là qu'un trait d'avarice de la part de ce duc de Bretagne, qui ne consentit à faire cesser la cruauté et la barbarie dont il usait dans ses états, en cas de naufrage, qu'à condition que les navigateurs prendraient de lui, moyennant finances, ces brefs ou brieux, sans lesquels on ne pouvait être jeté sur les côtes de Bretagne, ou y aborder, qu'aux risques de perdre tout à la fois les biens et la liberté, et même la vie.

A s'en rapporter néanmoins à d'Argentré, sur l'article 56 de la coutume de Bretagne, *loco cit.*, l'origine de ces brefs ou brieux ne pourrait que faire honneur aux ducs de Bretagne. Selon lui, parce que la côte de Bretagne est toute hérissée d'écueils, les ducs, par principes d'humanité, firent des défenses à tous navigateurs d'entrer dans aucun port de

Bretagne, ou d'en sortir sans congés de leur part, et sans prendre des pilotes du pays, qui, par une longue expérience, étaient en état d'éviter les écueils et de prévenir les naufrages ; par où il donne à entendre que le droit de bris et naufrages exercé contre les navigateurs n'était que la juste peine de leur négligence à se munir de ces brefs et brieux. Mais cette idée, qui lui a suggéré le désir d'excuser une coutume aussi barbare, ne s'accorde nullement avec les brefs de sauveté qu'il fallait prendre et payer bien chèrement pour se rédimer de la confiscation des effets en cas de naufrage, ni avec les deux autres brefs appelés de conduite et de victuailles.

Quoi qu'il en soit, il est toujours vrai que l'usage de prendre des congés de l'amiral n'a point été emprunté ni des Romains, ni des Bretons, et que l'époque de son établissement, qui est de l'année 1400, suivant l'Ordonnance de Charles VI, déjà citée article 3, n'a eu que des causes justes et légitimes.

Jusque-là néanmoins il n'était encore question que des navires armés en guerre ou équipés en temps de guerre ; mais, parce que même, en temps de paix, il se commettait de la part des Français des pillages et brigandages sur mer, tant à l'égard des sujets du Roi que des amis et alliés, désordres dont il était difficile d'avoir la preuve contre les coupables, François premier, par son Ordonnance de 1517, en confirmant celle de 1400, ordonna, article 22, que, soit en temps de paix, soit en temps de guerre, aucun navire ne pourrait *aller à voyage lointain* sans congé de l'amiral, *et sans bailler caution juratoire de ne méfaire aux amis et alliés.*

L'objet du législateur était, comme l'observe Carondas sur le code Henri, *fol.* 610 *verso*, « que l'amiral pût connaître » les armateurs des navires *et la cause de leur voyage, afin* » *que sous prétexte d'icelui ils ne commissent larcins et* » *pilleries, et ne devinssent corsaires et pirates pour piller* » *les amis et alliés de la France.* »

Jusque-là encore, et long-temps après, il n'était aussi

question que des voyages lointains, et la peine de la contravention était arbitraire ; mais, par l'article 31 de l'ordonnance
de Henri III, du mois de mars 1584, l'obligation de prendre
un congé de l'amiral fut étendue à tout voyage, même de port
en port, et il fut ajouté que l'enregistrement en serait fait au
greffe du lieu du départ du navire, le tout sur peine de confiscation du navire et des marchandises.

Depuis ce temps-là le droit de l'amiral, dans la possession
duquel l'ordonnance de 1543, article 48, avait déjà fait défenses à quiconque de le troubler, se trouva si bien établi,
que l'amiral de Montmorency fut autorisé à rendre une ordonnance, le 26 janvier 1620, contre ceux qui naviguaient sans
commission et congé de sa part, et contre les *déprédeurs*,
portant que leur procès leur serait fait par les officiers de
l'amirauté, à la requête du procureur du roi.

Sur la démission de cet amiral, le roi Louis XIII ayant
jugé à propos de supprimer cette charge, dont le pouvoir était
alors si étendu, et d'y substituer celle de grand maître, chef
et surintendant général de la navigation et du commerce de
France, qu'il créa en faveur du cardinal de Richelieu, celui-ci
ne tarda pas à faire un règlement daté à Paris du 2 janvier 1617,
par lequel il fixa les sommes qui lui seraient payées à l'avenir
pour ses droits de congés, avec défenses à tous capitaines et
maîtres des navires de sortir des ports et havres du royaume
sans congé, à peine d'être traités comme pirates et d'être
procédé contre eux suivant la rigueur des ordonnances.

Le tarif porté par ce règlement subsiste encore aujourd'hui
sans augmentation, quoique la valeur des espèces ait triplé
depuis ce temps-là ; mais aussi la navigation a depuis considérablement augmenté.

Peu après intervint l'ordonnance de 1629, qui, article 455,
enjoignit de nouveau à tous navigateurs, avant de mettre en
mer, de prendre des congés du grand maître et surintendant
de la navigation, sur les peines portées par les ordonnances.

Quoique cette ordonnance n'eût point été enregistrée au parlement de Paris, ni dans celui de Rouen, le cardinal de Richelieu, dont le droit était antérieur à cette ordonnance, ne craignit point d'en rendre une autre, le 28 octobre 1637, par laquelle défenses furent faites aux officiers de l'amirauté de laisser sortir aucuns vaisseaux sans congé de sa part, à peine de suspension de leurs charges.

En 1641, le 23 mars, il fit aussi un règlement pour fixer les droits et vacations des officiers de toutes les amirautés du royaume, tant pour l'enregistrement des congés que pour leurs autres fonctions; et ce règlement, confirmé par arrêts du conseil des 7 mai 1644, 14 octobre 1650, et 6 septembre 1661, à quelques petits changemens près, faits par les règlemens postérieurs des 28 mars et 20 août 1683, subsiste aussi encore aujourd'hui.

Au reste ce n'est pas parce qu'il était premier ministre, qu'il faisait ainsi des ordonnances et règlemens sur le fait de l'amirauté, c'était en vertu des prérogatives de sa charge de grand maître et surintendant général de la navigation, substituée à celle d'amiral, en quoi il ne faisait que suivre l'exemple des amiraux ses prédécesseurs, qui de tous temps avaient réglé la police des amirautés, nommé leurs officiers, et fixé les droits qu'ils étaient fondés à percevoir, quoiqu'ils fussent officiers royaux comme à présent.

Sans doute que les défenses si souvent réitérées de laisser sortir des ports du royaume aucuns navires sans congé de l'amiral, n'étaient pas ponctuellement exécutées, puisqu'elles furent encore renouvelées par deux ordonnances des 20 mai et 28 novembre 1645, et par la déclaration du roi du premier février 1650, article 3 et 7, suivie d'une ordonnance de M. de Vendôme du premier août de la même année, et d'une du roi du 20 juin 1651.

Cependant cela ne regardait pas encore la navigation aux îles de l'Amérique; ce n'était point de l'amiral qu'il fallait prendre les congés nécessaires pour y aller. Par arrêt du conseil du 22 juin 1669, le roi s'était réservé le droit de les donner, et il ne les accordait que sur les certificats des directeurs de la compagnie des Indes-Occidentales, qui avaient dans ce temps-là le commerce exclusif de ces îles.

Mais lorsque le roi Louis XIV rétablit, au mois de novembre de la même année 1669, la charge d'amiral, en faveur du comte de Vermandois, il fit cesser cette différence ou exception, puisque dans l'énumération des droits que par confirmation il attacha à cette charge, celui de délivrer des congés à tous les vaisseaux indistinctement sortant des ports du royaume, se trouve formellement compris; et enfin il a été invariablement confirmé par cet article, qui, loin d'avoir reçu la moindre atteinte depuis ce temps-là, a au contraire été étendu jusqu'aux vaisseaux du roi frétés ou prêtés à des particuliers, et aux navires marchands pris pour le service du roi, toutefois avec quelque modification ou restriction.

Cette restriction est pour le cas où le roi paie et nourrit l'équipage, et qu'il nomme le capitaine. Or de là, qu'il s'agisse d'un vaisseau du roi frété à quelque particulier ou à une compagnie, ou d'un vaisseau aussi du roi armé en course pour le compte et risque des particuliers, ou enfin d'un navire marchand que le roi a pris à fret, il est enjoint aux capitaines qui montent et commandent ces vaisseaux ou autres bâtimens de prendre un congé de l'amiral et de remplir les autres formalités auxquelles sont sujets les capitaines des vaisseaux marchands, avec défenses de sortir des ports sans congé, et sans avoir payé les droits de l'amiral, sur les peines portées par les ordonnances. Arrêt du conseil d'état du 25 juillet 1702.

Par rapport aux vaisseaux du roi armés en course pour le compte et risque des particuliers, cela avait déjà été décidé auparavant; et en conséquence, dans la guerre de 1688, les sieurs de Nesmond et de Pointis avaient été obligés de prendre des commissions de l'amiral, comme dans la guerre de 1700; furent aussi assujétis à en prendre, les sieurs de Beaubriant, de la Rue, Dugué-Trouin, Herbin, Chauvel, Graton-Echard, du Bocage, Saint-Pol et autres.

Durant plus de 25 ans, la compagnie des Indes-Orientales, aujourd'hui connue sous le nom de compagnie des Indes, se prétendit exempte de prendre aussi des congés et des commissions en guerre de l'amiral; mais, par arrêt du conseil du 26 novembre 1707, les capitaines et écrivains de ses vaisseaux y furent déclarés assujétis, de même qu'à faire leurs rapports à leur retour aux officiers de l'amirauté, à leur remettre les papiers trouvés dans les prises, et les prisonniers, pour en faire les procédures, et généralement à toutes les autres formalités prescrites pour tous les navires des sujets de Sa Majesté.

Depuis ce temps-là la règle n'a point varié, et le présent article a toujours eu sa pleine et entière exécution.

Aux termes de cet article et du 7ᵉ de la déclaration du roi du premier février 1650, l'un et l'autre confirmés par l'article premier du règlement du 1ᵉʳ mars 1716, il ne suffit pas même de prendre un congé de l'amiral avant de mettre en mer, il faut encore que le congé soit enregistré au greffe de l'amirauté du lieu du départ du vaisseau, le tout à peine de confiscation, laquelle est au profit de M. l'amiral, comme toutes les autres qui se prononcent dans les amirautés pour contravention aux ordonnances et règlemens concernant l'amirauté. Mais la confiscation des effets naufragés ou échoués appartenant aux ennemis de l'état, a été jugée dévolue au roi, à l'exclusion de l'amiral. *Vide infrà*, l'article 26 du tit. des naufrages.

Au reste il n'a rien été statué de nouveau par cet article. On a pu remarquer ci-dessus que cela avait déjà été ordonné par l'article 31 de l'Ordonnance de 1584, qui avait même

ajouté la confiscation des marchandises. Ce dernier objet
ayant été omis dans le présent article, il semblait que cette
confiscation du chargement avait été rejetée tacitement comme
trop rigoureuse, l'obligation de prendre un congé de l'amiral
ne regardant pas naturellement les marchandises, mais seulement le vaisseau et l'objet de son voyage.

Cependant ce n'était au fond qu'une simple omission
qui n'avait pu donner atteinte à l'Ordonnance de 1584; et
la preuve en résulte de l'article premier du règlement général dudit jour 1er mars 1716, qui prononce tout à la fois
la confiscation du vaisseau et de son chargement.

Quant à l'enregistrement du congé, quoique cette Ordonnance de 1584 soit la première qui en ait parlé, il y a
toute apparence néanmoins que la formalité était pratiquée
auparavant, et même dès l'origine des congés, puisque l'enregistrement est la preuve spécifique du congé obtenu.

On confond assez souvent les termes de congé et de
passe-port, pour désigner la permission de l'amiral à l'effet
de la navigation. L'on ne peut pas dire en rigueur que ce
soit une méprise, puisque l'art. 3 du tit. premier ci-dessus
emploie les mêmes expressions; cependant aujourd'hui, et
depuis long-temps, le congé ne s'entend que de la permission
de naviguer de la part de l'amiral, et le passe-port est la
permission que le roi accorde, soit à des étrangers sujets
d'une puissance ennemie, de venir dans nos ports en temps
de guerre; soit aux Français, lorsque la navigation est interdite en certains lieux; soit enfin aux amis, alliés ou neutres,
d'aller en certaines circonstances à nos colonies, où tout
commerce leur est étroitement défendu. Ces passe-ports, tous
extraordinaires, sont toujours accompagnés de l'attache de
l'amiral; et c'est dans ce sens qu'on peut dire que ce
sont les siens, en même temps que ceux du roi.

Le congé n'est donc proprement que la permission que
l'amiral accorde à un maître de navire qui est dans un port

du royaume, d'en sortir pour aller dans un lieu désigné où la navigation et le commerce sont libres, de plein droit, ou par une permission particulière du roi.

Sans ce congé de l'amiral, nul vaisseau ne peut mettre en mer qu'il ne soit sujet à confiscation. Mais ce même congé ne donne pas droit au maître du navire d'aller dans un lieu prohibé, ou d'apporter dans le royaume des marchandises non permises des pays étrangers; il lui faut outre cela un passe-port ou une permission du roi, parce que l'amiral ne peut pas permettre de naviguer dans des lieux que le roi a défendus.

D'un autre côté le passe-port de la cour ne tient pas lieu du congé de l'amiral et ne dispense pas d'en prendre, parce que le roi, en permettant à un particulier d'aller dans un port prohibé, ne fait que lever les défenses à l'égard de ce particulier, et n'entend pas l'exempter des formalités établies pour la navigation en général.

Autrefois il n'était pas permis, comme il a été observé, d'aller commercer aux îles de l'Amérique sans un passe-port du roi; et cet usage a subsisté jusqu'à l'édit du mois de février 1716; mais depuis 1669 cela n'a jamais dispensé de prendre en même temps un congé de l'amiral.

En temps de guerre, que l'entrée de nos ports est interdite à l'ennemi, le roi accorde aussi quelquefois des passe-ports à des capitaines de navires ennemis, à la faveur desquels ils sont reçus dans nos ports, y déchargent et vendent leurs marchandises comme en temps de paix, sans danger de confiscation, pourvu toutefois qu'ils se conforment exactement à la teneur des passe-ports du roi, et que du reste ils se comportent comme s'ils étaient alliés, et non ennemis: autrement le procureur du roi de l'amirauté pourrait informer contre eux et les faire punir suivant l'exigence du cas.

Mais, comme ces passe-ports n'ont pour objet que d'affranchir les ennemis à qui ils sont accordés, de la rigueur des lois de la guerre, en leur permettant de venir dans nos ports, et d'y décharger leurs marchandises, sans danger de la confiscation ni d'être faits prisonniers de guerre, leur effet aussi se borne là; et de peur qu'un même passe-port ne serve pour plus d'un voyage, il n'est accordé que pour un temps limité et sous le cautionnement de la personne à laquelle il est délivré. A l'expiration du délai, la caution doit le rapporter au bureau où elle a fait sa soumission, sur peine de l'amende stipulée, avec le certificat des officiers de l'amirauté du lieu où le navire a dû faire la décharge de ses marchandises, et en prendre d'autres en retour, et un autre certificat des officiers du lieu où il a dû porter ses marchandises de retour.

Quoique ce passe-port, qui autrefois devait être déposé à l'amirauté, serve maintenant pour le retour comme pour l'aller, le maître du navire n'est pas moins obligé, suivant l'ancien usage, de prendre un congé de M. l'amiral pour s'en retourner chez lui comme en temps de paix : car il n'est pas douteux que cet article, confirmé par le règlement du 1er mars 1716, art. 1er, ne regarde les vaisseaux étrangers comme les navires français; c'est-à-dire, qu'ils ne soient obligés, comme les Français, de prendre un congé de l'amiral pour sortir du port et mettre en mer, soit pour s'en retourner chez eux, soit pour aller dans quelques autres ports du royaume : et cela avait déjà été décidé après tout, par arrêt du conseil du 19 juillet 1645, en faveur du duc de Brezé, pair et grand maître, chef et surintendant général de la navigation et du commerce de France, successeur du cardinal de Richelieu; ce qui rend d'autant moins excusable la méprise du commentateur, qui a pensé que l'obligation de prendre des congés de l'amiral ne regardait que les sujets du roi.

Par le même arrêt, les capitaines étrangers furent déclarés aussi sujets, comme les Français, à faire leur rapport ou

I. 19

déclaration d'arrivée à l'amirauté, et à souffrir la visite de leurs bâtimens.

Comme cet article n'impose aux capitaines et maîtres de navire la nécessité de prendre un congé de l'amiral que pour la sortie des ports, il est évident qu'il n'en faut pas pour l'entrée. Ordonnance de 1543, art. 13; et de 1584, art. 57. Mais, comme à l'entrée il faut qu'ils représentent le congé en vertu duquel ils ont navigué, en faisant leur rapport d'arrivée ou de relâche, il s'ensuit qu'à défaut de représentation du congé, leurs navires seront tout de même sujets à confiscation, tant par rapport aux étrangers qu'aux Français.

En effet un Français serait convaincu alors d'avoir navigué sans congé, puisque son entrée dans un port suppose nécessairement sa sortie d'un autre, pour laquelle sortie il lui a fallu prendre un congé; et à l'égard de l'étranger, quoique en temps de paix il n'ait pas besoin d'un congé de l'amiral pour entrer dans un port du royaume, venant directement de son pays, dès qu'il ne représenterait pas le congé de l'amirauté de sa nation, il serait réputé venir d'un autre port de France, d'où il serait sorti sans congé; ce qui par conséquent le soumettrait à la confiscation. Il y a plus, il serait même justement soupçonné d'avoir navigué sans aucun congé, et alors il courrait encore plus de risques, étant sujet, pour ce manquement, à être arrêté et traité comme forban ou pirate, principe reçu chez toutes les nations.

Il ne s'ensuivrait pas de là néanmoins que pour cela seul il dût être puni de mort : il faudrait pour mériter la peine du dernier supplice prononcée contre les pirates, qu'il eût réellement exercé la piraterie; autrement il en serait quitte pour la confiscation de son navire et de tout son chargement, sauf les indices qui pourraient le faire soupçonner d'avoir eu intention de commettre des déprédations.

Au reste, ce n'est pas seulement dans les ports du royaume qu'il est obligé de prendre un congé de M. l'amiral, c'est aussi dans les ports des colonies françaises, soit pour retourner en France ou autre lieu d'où il est venu, soit pour aller directement en France ou dans les autres colonies, à peine tout de même de confiscation du vaisseau et de son chargement. Art. 1er, tit. 4 du règlement du 12 janvier 1717.

Pour les différentes sortes de congés de l'amiral, voir l'art. 3 ci-après.

2.

Ne seront néanmoins les maîtres tenus de prendre aucun congé pour retourner au port de leur demeure, s'il est situé dans le ressort de l'amirauté où ils auront fait leur décharge.

Telle est aussi la disposition de l'article 1er du règlement du 1er mars 1716 ; et l'on comprend qu'elle ne peut regarder que les Français, puisqu'il n'y a qu'eux qui puissent avoir leur demeure dans l'amirauté où ils ont fait leur décharge.

Il en est de même aussi par rapport aux vaisseaux qui partent de quelque port des colonies françaises. Art. 3, tit. 4 du règlement du 12 janvier 1717.

Le cas de l'article, le voici : Un maître de bâtiment français de Marans, par exemple, est venu avec son chargement à La Rochelle ; dès qu'il a pris un congé à Marans, lieu de son chargement, pour venir en ce port, il est en règle. Après sa décharge, il déclare qu'il s'en retourne à Marans, lieu de sa demeure : il n'est point sujet alors à prendre un congé pour s'en retourner, parce que Marans est dans le ressort de cette amirauté, où il a fait sa décharge.

Mais, par la raison contraire, si ce maître de bâtiment est parti de Marans pour aller en Saintonge ou dans une autre amirauté, et que là il ait pris un chargement pour venir en ce port de La Rochelle, non-seulement il lui a fallu prendre un congé à Marans pour aller en Saintonge, un autre en Saintonge pour venir à La Rochelle, mais encore il a besoin d'un nouveau congé pour s'en retourner chez lui, à Marans. Ainsi le commentateur n'a pas pris le sens de cet article. Le congé ne sert pour le retour comme pour l'aller, qu'autant que le lieu du retour est dans le ressort de la même amirauté où le chargement a été pris et où la décharge a été faite : c'est l'identité ou la diversité d'amirauté qui décide si pour le retour il faut un nouveau congé, ou non.

Au reste, que le bâtiment de Marans, mis en exemple, s'en retourne de ce port de La Rochelle chez lui, chargé ou vide, c'est la même chose ; il n'est pas plus obligé dans un cas que dans l'autre de prendre un congé pour son retour.

Mais aussi il faut prendre garde que l'exemption d'un nouveau congé n'est que pour le retour en droiture, car l'article dit simplement *pour retourner;* de sorte que, si le maître du bâtiment, au lieu de s'en retourner directement à Marans, passe à l'île de Ré, y décharge ou y charge des marchandises, quoique l'île de Ré soit aussi de cette amirauté, il sera sujet sans difficulté à faire sa déclaration au bureau de l'amirauté du lieu où il déchargera ou chargera des marchandises, et à prendre un congé pour aller ensuite à Marans même, ou ailleurs ; parce qu'alors ce n'est pas un retour simple qu'il fait, mais un nouveau voyage, et que pour chaque voyage il faut un congé, aux termes de l'article précédent, qui ne reçoit d'exception par celui-ci que pour le retour simple et en droiture dans le lieu de la demeure d'où l'on est parti, situé dans le ressort de l'amirauté où la décharge s'est faite.

Par identité de raison, si un navire étranger ou d'une autre amirauté, qui pour s'en retourner chez lui a nécessairement besoin d'un congé, au lieu de s'en aller en droi-

ture, touche aussi à l'île de Ré, à Marans, ou à quelque
autre port de cette amirauté, pour y charger ou décharger
des marchandises, le maître est obligé tout de même de
faire sa déclaration et de prendre un nouveau congé. En
rigueur même, le navire serait sujet à confiscation : car c'est
la même chose au fond de naviguer sans congé, ou de naviguer différemment de la permission donnée par le congé.
Mais les capitaines ou maîtres ne manquent jamais de s'excuser au moyen d'une déclaration de relâche qu'ils savent
colorer aisément, et dont on veut bien se contenter.

Mais, quoi qu'il en soit de la confiscation en ce cas, la
déclaration est toujours de droit, et il y a nécessité de prendre
un nouveau congé, attendu que c'est réellement un nouveau
voyage que fait le navire, et que, si le maître en partant de
ce port eût déclaré qu'il voulait aller à l'île de Ré ou à
Marans, il ne lui aurait été délivré de congé que pour cet
endroit; ce qui l'aurait mis dans l'obligation d'y prendre un
nouveau congé pour s'en retourner chez lui ou s'en aller
ailleurs.

A cette occasion il se commet fréquemment des fraudes
contre les droits de M. l'amiral. Les maîtres des bâtimens
qui savent qu'en abordant quelqu'un des ports de l'île de
Ré, ils seraient sujets à déclaration et à prendre un nouveau congé, ont soin de se tenir en rade, d'où leurs correspondans leur envoient des barques ou alléges, soit pour
verser des marchandises dans leurs navires, soit pour y en
prendre et les porter à terre.

A la vérité, ces correspondans et ces maîtres de barques
seraient responsables des droits avec amende, s'ils étaient
ainsi surpris en contravention, suivant les règlemens des 21
mars 1680, 20 juillet 1696, 26 janvier 1770, et plusieurs
autres rendus en conformité; mais ils savent si bien cacher
leur manœuvre, que c'est un grand hasard si l'on peut les en
convaincre.

Il ne reste plus d'autre observation à faire sur cet article, sinon que c'est le maître qui est spécialement chargé de prendre les congés nécessaires pour sa navigation, et que sa contravention emporte la confiscation du navire, quoiqu'il ne lui appartienne pas, sauf le recours du propriétaire contre lui pour son indemnité.

3.

Le congé contiendra le nom du maître, celui du vaisseau, son port et sa charge, le lieu de son départ et de celui de sa destination.

Ce qui est prescrit par cet article énonce tout ce qu'un congé en général doit contenir d'essentiel, lorsqu'il est donné pour un voyage soit de cabotage ou de long cours.

Mais à cela près, qui fait la base de tout congé, il en est de plusieurs sortes et de formes différentes que les commis à leur distribution doivent observer, aux termes du règlement du 1ᵉʳ mars 1716, confirmé par une déclaration du roi du 4 du même mois.

Il y a des congés pour les vaisseaux étrangers, et des congés pour les navires français : le titre en marque la différence.

Les premiers ont leur emploi en temps de paix, et sont nécessaires pour tous les vaisseaux étrangers qui veulent sortir de nos ports, soit pour s'en retourner chez eux, soit pour aller d'un de nos ports dans un autre ; mais en temps de guerre, à cause de l'interdiction du commerce avec les ennemis, ils ne leur servent qu'autant qu'ils ont soin de se munir d'un passe-port de la cour.

Les autres, c'est-à-dire les congés français, sont ordinaires ou extraordinaires pour un voyage déterminé. Les premiers sont pour le cabotage, et peuvent être expédiés, comme les étrangers, par tous les commis des ports particuliers ou obliques de chaque amirauté.

Les extraordinaires ne sont que pour les voyages de long cours, ou pour amener dans un port du royaume un vaisseau construit ou acheté en pays étranger; et non-seulement ils ne peuvent être expédiés qu'au bureau principal de chaque amirauté, mais encore, par rapport aux voyages de Guinée et aux îles de l'Amérique, ils ne peuvent l'être que dans les ports où il est permis d'équiper et armer des navires pour ces sortes de voyages.

On comprend que les congés ordinaires sont du plus grand usage, puisqu'ils servent non-seulement au grand cabotage, mais encore au petit, de port en port, et qu'ils s'étendent jusqu'aux barques et alléges qui sortent du port pour aller aux navires étant hors des rades, soit pour y décharger des marchandises, soit pour y en prendre et les apporter dans le havre; pour chacun desquels voyages il faut un congé comme pour les voyages hors des pertuis, avec cette différence seulement que les droits de ces congés sont beaucoup plus modiques que ceux du grand ou du petit cabotage : mais dans les rades il n'y a point de congé à prendre par les maîtres des barques ou alléges allant aux navires en charge ou décharge.

Aux termes de l'article 2 du règlement du 23 janvier 1727, la navigation au petit cabotage comprend tous les ports depuis Bayonne jusqu'à Dunkerque inclusivement. Le grand cabotage par conséquent s'étend de toute autre navigation plus éloignée qui n'est pas déclarée voyage de long cours. Sur quoi voir l'article 59 du tit. des assurances, *infrà*. Voir aussi l'ordonnance du 18 octobre 1740, qui, après avoir déterminé les voyages de long cours et ceux du grand cabotage, et avoir donné plus d'extension qu'auparavant à la navigation au petit cabotage, déclare, art. 4, que tous voyages non déclarés de long cours ou du grand cabotage seront censés et réputés au petit cabotage; mais sans donner atteinte pour cela aux droits dus tant à M. l'amiral qu'aux officiers de l'amirauté, suivant l'art. 5.

Il y a aussi les congés pour la pêche journalière du poisson frais; mais ceux-là durent un an , suivant l'article 3, tit. 1, liv. 5 , ci-après, confirmé par l'article 7 du règlement du 31 août 1722. Cependant, si un maître de barque pêcheur chargeait des marchandises pour quelque endroit, il serait sujet à déclaration et à prendre un congé particulier pour remettre en mer. En cette partie les sardines salées et les huîtres sont au rang des marchandises ; ainsi ceux qui les achètent des pêcheurs et qui les apportent vendre sont sujets aux droits comme les autres maîtres de bâtimens marchands.

Il faut observer qu'il n'y a que les bâtimens portant mât qui soient sujets à prendre des congés et à avoir un rôle d'équipage , suivant le règlement ci-dessus cité du 31 août 1722.

Les maîtres des pataches et autres bâtimens au service des fermes du roi , sont sujets à prendre un congé, comme ceux des autres bâtimens de mer, et cela sous les peines portées par la présente ordonnance. Article 10 de l'arrêt du conseil du 25 mai 1728. Ces congés durent un an , et il faut les faire renouveler chaque année sous les même peines, suivant l'article 13. Outre cela, le fermier ou son préposé est obligé de remettre tous les six mois au greffe de l'amirauté un état de lui certifié des noms et surnoms de ceux qui y sont employés, aux termes de l'article 11 dudit arrêt du conseil; ce qui avait déjà été ainsi prescrit par l'article 16, tit. 14 de l'ordonnance du mois de février 1687 , portant règlement pour la police de la ferme. Cet arrêt du 25 mai 1728 a été rapporté sur l'article 10, tit. 2 de la compétence.

De même il y a nécessité de prendre un congé de l'amiral pour tous les bâtimens employés par les entrepreneurs de la voiture des sels des gabelles, soit que les bâtimens appartiennent auxdits entrepreneurs, soit qu'ils soient par eux pris à fret. Les maîtres desdits bâtimens sont aussi obligés, comme les autres, de faire leurs déclarations aux greffes de l'amirauté, de souffrir la visite dans les ports de leur arrivée, et de payer les droits portés par les tarifs. Arrêt du conseil du 18 octobre 1723.

En Bretagne il y a des congés particuliers pour la navigation de port en port dans la province, et ces congés durent aussi un an. Mais, si les maîtres des bâtimens qui en sont porteurs vont dans une autre amirauté charger ou décharger des marchandises, ils sont sujets aux droits ordinaires de la navigation en commerce, et à prendre un congé particulier pour s'en retourner. Il y a aussi des congés qui se délivrent dans les ports des colonies françaises, dont la durée est d'un an. Articles 5, 6 et 8 du règlement du 12 janvier 1717.

Autrefois les congés se délivraient en parchemin, aujourd'hui ils sont en papier imprimé, tant pour les étrangers que pour les Français, mais distingués par le titre. Tous sont au nom de M. l'amiral, signés de lui, scellés de son sceau en cire rouge, et contre-signés par le secrétaire général de la marine, depuis la déclaration du roi du 24 mars 1670, renouvelée par arrêt du conseil du dernier juillet 1687.

Tous les congés français servent en guerre comme en paix ; mais avec un simple congé, si le maître ou capitaine du navire fait une prise, il n'a aucune part à y prétendre : il faut pour qu'il profite de la prise, qu'il ait obtenu de l'amiral une commission pour faire la course, ce qu'on appelle une commission en guerre, qui l'oblige de donner caution jusqu'à 15,000 liv. *Infrà,* article 2, tit. 9, liv. 3.

Cette commission, lorsqu'outre cela on veut faire le commerce, n'empêche pas qu'on ne prenne encore un congé à part, à moins que la commission ne soit tout à la fois en guerre et en marchandises, auquel cas elle vaut aussi congé. Les commissions dans l'un et l'autre cas s'expédient toujours en parchemin.

Il y a eu en différens temps des règles établies pour la

distribution des congés. Le règlement du premier mars 1716, qui est la loi subsistante à cet égard, les a réunies, et y en a ajouté quantité d'autres. *

La première, qui est générale et capitale, est qu'il n'en doit être délivré que pour des vaisseaux étant actuellement dans les ports du royaume. Il n'y a d'exception que pour ceux qui auront été achetés ou construits dans les pays étrangers, à l'égard desquels il pourra être délivré des congés, mais pour trois mois seulement, sans qu'il en puisse être donné d'autres, si dans ce temps-là ils ne sont amenés dans les ports du royaume. Cela avait déjà été prescrit par les articles 2 et 3 du règlement de Strasbourg; mais l'article 2 du règlement du 1ᵉʳ mars 1716 ajoute que ces congés ne seront délivrés que sous la soumission des maîtres ou capitaines pour le retour du navire dans quelque port du royaume dans ledit temps, à peine de 1,500 liv. d'amende et de punition corporelle, s'il est vérifié qu'ils aient abusé du congé.

Cependant, si les propriétaires français d'un vaisseau acheté ou construit en pays étranger avaient occasion de lui faire faire un voyage avantageux avant d'être amené en France, les officiers de l'amirauté pourraient leur faire expédier un congé pour un temps proportionné, qui serait fixé dans le congé, en faisant soumettre néanmoins l'armateur de rapporter les certificats des consuls français des lieux, tant du départ du vaisseau que de celui où il sera permis d'aller, et de ramener le vaisseau en France dans le temps prescrit: le tout sous la même peine de 1,500 liv. d'amende, dont il sera tenu de donner caution en recevant le congé, qui ne lui sera point délivré autrement. C'est encore ce que porte ledit article 2 du règlement de 1716; mais cela a été changé par la déclaration du roi du 24 décembre 1726, portant qu'il

---

* On trouvera ce règlement en entier à la fin de l'ouvrage.

ne sera délivré à l'avenir des congés pour les vaisseaux achetés ou construits dans les pays étrangers, que pour le terme
de trois mois seulement, à l'effet de revenir directement en
France, sans que les capitaines, maîtres ou patrons, puissent
entreprendre aucune autre navigation dérogeant, quant à
ce seulement, au règlement du 1ᵉʳ mars 1716, lequel sera
au surplus exécuté selon sa forme et teneur.

Ce n'est pourtant pas le seul changement qui ait été fait
à ce règlement, et l'article 3 ne subsiste plus que par rapport à l'obligation imposée aux propriétaires de ces vaisseaux
achetés ou bâtis en pays étranger, de déposer au greffe de
l'amirauté le rôle des équipages desdits vaisseaux, soit que
ceux qui les composeront aient été engagés en France ou
en pays étranger, et pour les défenses qui y sont faites de
faire enregistrer de faux rôles, sous peine des galères et de
confiscation de la part que le coupable aura dans le navire
et son chargement.

Du reste, au lieu de déposer ces rôles au greffe de l'amirauté du lieu où les vaisseaux auront été construits ou
achetés, c'est au greffe de l'amirauté du lieu où le congé
sera expédié qu'il faut les déposer, suivant ladite déclaration
du roi du 24 décembre 1726.

Et en ce qui concerne les personnes dont ces rôles doivent
être composés, qui, aux termes dudit article 3, doivent être
tous Français, sans qu'à l'avenir il pût y avoir aucun étranger
(contre la disposition de l'article 8 du règlement de Strasbourg, qui permettait d'y en employer jusqu'au tiers, moyennant que les officiers fussent Français), comme ce nouvel
arrangement était préjudiciable au commerce, par ordonnance du 20 octobre 1723, la permission d'employer des
étrangers jusqu'au tiers dans les rôles d'équipage fut rétablie,
à condition néanmoins que tous les officiers, jusque et compris le maître au premier pilote, fussent tous Français résidant actuellement en France ; laquelle permission a été

renouvelée et confirmée par ladite déclaration du 24 décembre
1726. Elle paraît exiger néanmoins que non-seulement le
capitaine ou maître, mais encore tous les officiers mariniers
et les deux tiers des matelots soient Français actuellement
demeurant dans le royaume; mais aussi elle n'a pour objet
que les navires achetés ou construits en pays étranger; au
moyen de quoi rien n'empêche que l'ordonnance du 20
octobre 1723 ne subsiste pour les équipages des navires armés
et expédiés dans le royaume. Voir l'art. 10, tit. des matelots,
infrà.

Tous les autres articles dudit règlement de 1716 sont restés
dans leur force et vigueur. En conséquence, par rapport aux
bâtimens français ou étrangers dont les capitaines ou maîtres
se présentent pour prendre des congés, il ne doit leur en
être délivré que sur un certificat du lieutenant de l'amirauté,
que le navire est actuellement dans le port, avec sa déclaration s'il est Français ou étranger, à cause de la différence
des formules; et, si c'est un vaisseau français pour lequel il
y ait déjà eu un congé expédié, il en sera fait mention dans
le certificat, et du siége où il aura été expédié, afin que le
commis à la distribution ait soin, comme il est tenu, de
retirer l'ancien et d'en faire mention dans le nouveau congé
qu'il délivrera; et, faute par le capitaine de représenter
l'ancien congé, le vaisseau sera confisqué comme étant sorti
sans congé du lieu de son départ. Tout cela est ainsi réglé,
d'après l'arrêt du conseil du 31 juillet 1687, par l'article
4 dudit règlement, qui ajoute que, si le navire a déjà été
monté par un autre maître ou capitaine, celui qui demandera le congé sera tenu de représenter le congé du précédent
voyage, et le premier maître obligé de le lui remettre, sous
peine d'amende arbitraire et de prison, qu'il tiendra jusqu'à
ce qu'il ait satisfait, ou qu'il ait fait voir ce qu'est devenu
le congé; faute de quoi le vaisseau et son chargement seront
confisqués comme ayant navigué sans congé.

Le certificat que doit donner le lieutenant de l'amirauté sera délivré *gratis* et sur un papier commun, pour être remis au commis à la distribution des congés, qui en fera mention dans le congé; et, après l'avoir empli et enregistré, il l'enverra au greffe de l'amirauté pour y être enregistré par ordre de date et de numéro, article 5; ce qui avait déjà été ordonné par l'arrêt du conseil du 31 juillet 1687.

L'article 6 fait défenses aux lieutenans d'amirauté d'expédier aucuns certificats pour des Français, qu'à ceux qui auront été reçus capitaines ou maîtres en la manière prescrite par l'ordonnance de 1681; à quoi il faut ajouter, et par l'ordonnance de 1689, de même que par le règlement du 15 août 1725. Voir à ce sujet les observations sur l'article 1ᵉʳ, titre du capitaine, *infrà*.

Par l'article 7 il est aussi défendu aux commis à la distribution des congés d'en délivrer aucuns aux capitaines ou maîtres qui en demanderont, et il leur est enjoint de les remettre au lieutenant de l'amirauté après en avoir reçu le certificat, qu'ils seront tenus de garder pour leur décharge; comme aussi il leur est défendu de délivrer aucun congé en blanc, d'intervertir l'ordre des numéros, ni de délivrer pour les vaisseaux étrangers des feuilles du modèle destiné uniquement pour les vaisseaux français, le tout sur peine de ,000 liv. d'amende, et de plus grande s'il y échoit.

Les articles 8, 11 et 12, concernent les Français qui achètent ou qui font construire des vaisseaux dans les pays étrangers, et ils sont conformes au règlement de Strasbourg : il en est fait mention sur l'article 1ᵉʳ, liv. 2, tit. 8 des propriétaires des navires.

L'article 9, concernant les certificats qu'il faut prendre les consuls au sujet des vaisseaux construits ou achetés en pays étranger, relativement audit règlement de Strasbourg, défend auxdits consuls de donner de fausses attestations, ni de favoriser en aucune sorte les fraudes des sujets du roi

et des étrangers à cet égard, sous peine de 1,500 livres
d'amende, d'être privés de leur consulat, et déclarés indignes
et incapables d'en posséder aucun à l'avenir ; à l'effet de
quoi le procès leur sera fait et parfait à l'amirauté.

Défenses pareillement par l'article 10 aux consuls du Levant
et de la côte de Barbarie, et à tous autres, de donner aucun
congé ou passe-port à aucun vaisseau, pour quelque cause
et sous quelque prétexte que ce soit, à peine de destitution
et de punition exemplaire ; enjoint à l'ambassadeur de France
à Constantinople et auxdits consuls de faire ôter les pavillons
français aux bâtimens étrangers qui entreprendront de le
porter ; de faire arrêter les capitaines et patrons français
qui se trouveront avoir prêté leurs noms, de les envoyer
à Marseille avec les congés qu'ils auront surpris, pour leur
procès être fait et parfait suivant la rigueur des ordonnances par les officiers de l'amirauté, ensemble à ceux qui
auront eu part à la délivrance desdits congés ; attribuant à
cet effet aux officiers de l'amirauté de Marseille, privativement à tous autres, la connaissance de ces sortes de délits,
sans exclure cependant lesdits consuls du privilége d'admettre
sous leur protection les bâtimens étrangers portant le pavillon de leur nation ou celui de Jérusalem, qui pourraient,
par ce refus, se mettre sous celle des consuls des autres nations, en leur faisant payer les droits consulaires accoutumés, suivant les capitulations et l'usage qui s'est toujours
pratiqué.

L'article 13 fait encore défenses à tous sujets du roi, capitaines, matelots et tous autres, de faire aucun commerce
des congés de l'amiral et d'en vendre aux étrangers, sous
peine des galères, à laquelle seront pareillement sujets ceux
qui leur auront servi pour capitaines de pavillon. Et l'article
14 défend aussi aux maîtres ou capitaines d'employer des
congés et passe-ports de l'amiral pour faire naviguer les vaisseaux étrangers sous pavillon français, à peine de confiscation

des vaisseaux et de leur chargement, de 1,000 livres d'amende et des galères tant contre les capitaines ou patrons que contre les marchands et autres qui se trouveront y avoir contribué.

L'article 15 porte que les congés pour les vaisseaux qui vont faire un simple voyage dans le Levant, ne seront que pour un an au plus, si ce n'est aux termes de l'article 16, pour les vaisseaux allant en caravanes, auquel cas les congés pourront être délivrés pour deux ans en payant doubles droits, etc.

L'article 17 enjoint à tous capitaines, maîtres ou patrons, d'avoir une copie dudit règlement dans leur bord, à peine de 1,000 livres d'amende pour la première fois, et de plus grande en cas de récidive, et défend aux officiers de l'amirauté d'en recevoir aucun qu'après l'avoir interrogé sur ledit règlement et avoir reconnu qu'il en sait les dispositions.

L'article 2 du règlement de Strasbourg voulait que les congés fussent limités à un temps convenable pour le voyage, et qu'ils ne fussent expédiés au plus que pour six mois, excepté les voyages de long cours, où toutefois le congé ne pourrait servir que pour un an. Mais, par la déclaration du 17 janvier 1703, confirmative de ce règlement, il y fut dérogé en cette partie, et ordonné que la durée des congés pourrait être prorogée dans les voyages de long cours jusqu'à deux ans pour le Levant et les Indes-Orientales.

Pour ce qui est de la navigation au petit cabotage, il ne doit être délivré aux maîtres ou patrons des rôles d'équipage que pour trois ou quatre mois au plus, sans que esdits maîtres ou patrons puissent excéder ce terme sous quelque prétexte que ce soit, à peine de 25 livres d'amende pour chaque mois excédant, et de confiscation des bâtimens après une année expirée. Article 9 de l'ordonnance du 18 octobre 1740. L'article 10 défend de leur délivrer aucun congé qu'ils n'aient déposé au greffe de l'amirauté un double de leur rôle.

Observez que pour quelque temps que le congé soit accordé, il cesse et demeure sans effet dès que le voyage est fini ; après lequel les capitaines, maîtres ou patrons indistinctement, sont tenus de représenter leurs rôles d'équipage à l'officier des classes, et leurs congés aux officiers de l'amirauté du port où ils feront leur retour, avant d'obtenir de nouveaux rôles et congés, à peine de 200 liv. d'amende contre les capitaines au long cours ou au grand cabotage, et de 5o liv. pour ceux du petit cabotage. Article 11 de la même ordonnance du 18 octobre 1740.

4.

Tous maîtres et capitaines de navires seront tenus de faire leur rapport au lieutenant de l'amirauté vingt-quatre heures après leur *arrivée au port*, à peine d'amende arbitraire. *

Cet article et les suivans concernent les étrangers comme les Français. Il importe en effet qu'aucun navire n'entre dans un port, qu'on ne sache de quelle nation il est, d'où il vient, s'il est en règle, ce qui lui est arrivé dans sa route, les risques qu'il a courus, ce qu'il a vu ou appris ; en un mot, les circonstances de son voyage qui méritent d'être sues ; et cela est du droit des gens observé chez toutes les nations, suivant Casa Regis, Rocus, Cleirac. Loccenius, *de jure maritimo, lib.* 1, *cap.* 8, *n° 5, fol.* 86, cité à ce sujet ce passage de Virgile, au liv. 8 de l'Enéide :

. . . . *quò tenditis? inquit,*
Qui genus? unde domo? pacemne huc fertis, an arma?

(*V. leg. unic.* cod. *de littorum custodiâ.*)

---

* *Cod. de com.*, art. 242. Le capitaine est tenu dans les vingt-quatre heures de son arrivée de faire viser son registre et de faire son rapport.

Et, parce qu'en effet tout cela est trop intéressant pour être long-temps ignoré, l'article exige que le maître du navire vienne en personne faire sa déclaration au lieutenant de l'amirauté, c'est-à-dire au greffe, en sa présence et en celle du procureur du roi, dans les 24 heures de son arrivée, à peine d'amende arbitraire; de même pour les rapports à faire dans les ports des colonies françaises, suivant l'art. 11, tit. 4 du règlement du 12 janvier 1817.

L'article dit, *arrivé au port*, à quoi il faut ajouter, ou dans la rade du port, et du moment que l'ancre y a été mouillée, car il est des navires qui n'entrent jamais dans le port. Ainsi, si le *port* était pris dans un sens restreint, il s'ensuivrait que ces navires ne seraient pas sujets à rapport ou déclaration, ce qui serait absurde et d'une dangereuse conséquence.

On ne manque pas de faire ces sortes de déclarations, si intéressantes dans leurs suites, lorsqu'on est arrivé dans un port pour y faire la décharge; mais il est bien rare qu'elles se fassent exactement dans les vingt-quatre heures; et cependant les capitaines, pour ne pas se reconnaître en contravention, ou se disent arrivés plus tard qu'ils ne sont réellement arrivés, ou supposent qu'il ne leur a pas été possible de descendre plus tôt à terre, sur quoi on ne les tracasse pas trop, surtout en temps de paix.

Quant aux déclarations de simple relâche que l'art. 6 exige tout de même, il n'est que trop de capitaines qui y manquent, quoiqu'ils aient resté plus de vingt-quatre heures en rade avant que de passer outre.

Anciennement d'autres juges que ceux de l'amirauté s'étaient arrogé le droit de recevoir les rapports et déclarations des maîtres de navires, les notaires mêmes s'étaient mis en possession de leur en donner acte; mais il fut fait défenses aux uns et aux autres d'en user de la sorte à l'avenir. Ordonnance de 1543, article 45, et de 1584, article 73. Depuis

I.

ce temps-là la compétence de l'amirauté sur ce sujet n'a point varié.

Dans les pays où il y a des consuls de France, les maîtres français sont obligés de faire leurs rapports au consul et de lui représenter leurs congés de la même manière qu'ils le doivent en France à l'égard des officiers de l'amirauté. *Suprà,* article 27 du titre précédent. Il en est aussi de même en cas de simple relâche ; et dans tous les cas il faut que le maître affirme par serment son rapport devant le juge.

5.

Le maître, faisant son rapport, représentera le congé, et déclarera le lieu et le temps de son départ, le port et le chargement de son navire, la route qu'il aura tenue, les hasards qu'il aura courus, les désordres arrivés dans son vaisseau, et toutes les circonstances considérables de son voyage. *

Avant qu'un capitaine ou maître de navire soit reçu à faire son rapport d'arrivée ou de relâche, il faut qu'il représente son congé, parce que sans cela il serait réputé avoir navigué sans congé, ou avec un faux congé, et par conséquent son navire serait dans le cas de la confiscation. Stypmanus, *part.* 4, *cap.* 16, *n.* 27 et suiv., *fol.* 552.

Par cette raison, et parce que, s'il était rencontré en mer sans congé, il pourrait être arrêté et emmené comme pirate, principe admis par toutes les nations : tout maître de bâ-

---

* *Cod. de com.*, art. 242. Le rapport doit énoncer le lieu et le temps de son départ, la route qu'il a tenue, les hasards qu'il a courus, les désordres arrivés dans les navires, et toutes les circonstances remarquables de son voyage.

timent doit soigneusement conserver son congé pour le représenter au besoin.

Si en faisant son rapport il déclarait l'avoir perdu, ce
serait au procureur du roi à faire saisir le navire pour en
requérir la confiscation ; mais le maître éviterait la confiscation
en produisant un extrait en forme de l'enregistrement de
son congé, fait au greffe de l'amirauté du lieu de son départ :
et voilà une des raisons qui ont fait introduire la formalité
de l'enregistrement du congé.

Malgré cela néanmoins, et en temps de guerre surtout,
il pourrait encore être inquiété, comme suspect d'avoir livré
son congé à un ennemi ou à quelque autre qui pourrait
en abuser. La règle est d'ailleurs qu'en donnant un nouveau congé à un maître de navire, on retire l'ancien pour
être envoyé au bureau de l'amiral à Paris ; ainsi encore une
fois les maîtres de navires ne sauraient garder trop soigneusement leurs congés.

Il y a deux sortes de rapports, qu'on appelle grands et petits.
Les grands rapports sont ceux des voyages de long cours,
et ceux du cabotage où il est arrivé quelque chose de remarquable ou des avaries extraordinaires.

Ces sortes de rapports ne peuvent se faire aux bureaux
des ports obliques, ils doivent nécessairement être faits au
greffe principal de l'amirauté, à la différence des petits
rapports. Il y a des registres séparés au greffe pour ces différens
rapports. V. le titre du greffier.

Dans les petits rapports il n'est question de déclarer que
le lieu et le temps du départ, le nom, le port et le chargement du navire, la route tenue, et le jour de l'arrivée.

S'il y a quelque autre chose à déclarer, c'est le cas du
grand rapport, dans lequel, outre ce que doit contenir un
petit rapport, il faut faire mention des hasards que le navire
a courus, des rencontres dignes de remarque qu'il a faites,
des relâches qu'il a fallu faire, des désordres arrivés dans

le vaisseau par la mauvaise conduite de l'équipage (ordonnance de la Hanse teutonique, article 34 ; article 21 de l'ordonnance de 1517 ; article 17, titre 4 du règlement du 12 janvier 1717, concernant les amirautés des colonies françaises ; à l'effet de faire punir les coupables relativement à l'article 23, titre 1er du livre 2) ; en un mot, *de toutes les circonstances considérables du voyage,* parce que tout cela est intéressant, et qu'il peut s'y rencontrer des objets dont les officiers de l'amirauté se croient obligés d'informer la Cour, surtout en temps de guerre, ou s'il s'agit de quelques nouvelles découvertes, de vigies et autres écueils, même article 21 de l'ordonnance de 1517.

Il faut aussi que le capitaine déclare les gens de son équipage qui sont morts durant le voyage, s'il est Français, et qu'il dépose leurs hardes et effets avec leur inventaire au greffe de l'amirauté, conformément à l'article 26, titre 6 de l'édit du mois de juillet 1720, et à l'article 2 du règlement du 23 août 1739. V. *infrà,* l'article 5 du titre des testamens, qui est le 11 du livre 3 ; l'article 16, titre du capitaine, et le 5 du titre de l'écrivain.

6.

Si, pendant le voyage, il est obligé de relâcher en quelque port, il déclarera au lieutenant de l'amirauté du lieu la cause de son relâchement, et lui représentera son congé, sans être tenu d'en prendre un autre pour se mettre en mer. ✱

On ne doit point relâcher dans un port sans y être forcé, ou sans cause juste et raisonnable, autrement on est réputé

✱ *Cod. de com.*, art. 245. « Si, pendant le cours du voyage, le capitaine est obligé de relâcher dans un port français, il est tenu de

faire fausse route, et par-là on s'expose à la perte de l'assurance, ou aux dommages et intérêts envers l'armateur.

Mais les prétextes ne manquent jamais pour relâcher, et presque toujours cela tient lieu de raisons.

De quelque manière qu'un navire étranger ou français soit obligé de relâcher dans un port du royaume, il est tenu d'en faire sa déclaration au greffe de l'amirauté, et d'en exprimer la cause, par les raisons alléguées sur l'article 4.

Ce rapport, comme l'observe le commentateur, n'est pas de la nature de celui qui est prescrit par l'article précédent, et par conséquent ne doit pas être si étendu; mais il ne s'ensuit pas de là que le maître qui le fait ne doive pas déclarer le nom de son navire, son port et son chargement, le lieu d'où il vient et celui où il va, le temps de son départ, et ce qu'il a vu dans sa route qui mérite d'être remarqué, surtout en temps de guerre, et lorsqu'il en est requis. Article 21 de l'ordonnance de 1517; ordonnance de 1543, art. 13, et de 1584, art. 23 et 24.

La représentation du congé est nécessaire aussi en cas de déclaration de relâche, comme dans le rapport d'arrivée au lieu de la destination, sans quoi le navire pourrait être arrêté comme corsaire ou pirate.

L'article ne dit point dans quel temps cette déclaration de relâche doit être faite; mais cela doit être suppléé par l'article 4, et en conséquence il faut dire que c'est dans les vingt-quatre heures au plus tard.

---

déclarer au président du tribunal de commerce du lieu les causes de sa relâche.

» Dans les lieux où il n'y a pas de tribunal de commerce, la déclaration est faite au juge de paix du canton.

» Si la relâche forcée a lieu dans un port étranger, la déclaration est faite au consul de France, ou, à son défaut, au magistrat du lieu. »

La déclaration faite, le navire est libre, et il pourra mettre en mer sans être tenu de prendre un autre congé pour continuer son voyage. C'est par la même raison qu'en pareil cas les droits de coutume et autres locaux ne sont pas dus (arrêt de 1595, dans Automne, sur l'article 17 de la coutume de Bordeaux, pag. 625; V. les notes sur l'article 22 des jugemens d'Oleron, et sur l'article 53 de l'ordonnance de Wisby; *idem*, Loccenius, *de jure maritimo*, *lib.* 1, *cap.* 8, *n°* 8, *fol.* 91), pourvu néanmoins qu'il n'ait déchargé ou chargé aucunes marchandises dans le lieu de relâche, autrement nul doute qu'il ne fût sujet à prendre un congé et au paiement de tous les droits, comme en cas d'arrivée au lieu de sa destination.

C'est en cette partie que les droits de l'amirauté sont le plus souvent fraudés, et il y a quantité d'exemples que des maîtres de navires s'en sont allés sans avoir même fait leur déclaration de relâche.

Quelques-uns se sont excusés sur ce qu'ils n'avaient pas demeuré vingt-quatre heures dans le port ou dans la rade; mais c'est une mauvaise excuse : la déclaration est due par le seul fait de l'arrivée et de l'ancre jetée dans la rade, quelque peu de temps que le navire y reste. Le rétablissement et le maintien de la règle en cette partie, dépendant essentiellement de l'attention des pilotes-lamaneurs, il leur a été défendu en différens temps, par les officiers de l'amirauté de La Rochelle, de piloter aucuns navires de relâche, que les capitaines n'eussent fait leur déclaration au greffe de l'amirauté; et, ces défenses ayant été renouvelées par jugement du 13 septembre 1730, avec injonction à eux de s'y conformer à peine de 100 livres d'amende, les contraventions en ce genre ont depuis été beaucoup moins fréquentes.

7.

La vérification des rapports pourra être faite par la déposition des gens de l'équipage, *sans préjudice des autres preuves.* *

Le commentateur n'a fait que balbutier sur cet article, qui est néanmoins très-aisé à entendre, surtout en y joignant l'article qui suit.

Le capitaine ou maître, faisant seul son rapport au greffe de l'amirauté, est en règle comme ayant satisfait à ce que l'ordonnance exige de lui en cette partie; de sorte qu'il peut en demeurer là sans qu'on puisse l'obliger de faire attester sa déclaration par les gens de son équipage, qui sont presque toujours témoins nécessaires.

Mais, s'il veut se prévaloir de son rapport, soit pour demander le paiement des avaries qu'il prétend avoir souffertes, soit pour se disculper des fautes ou des malversations dont il pourrait être accusé, c'est à lui à faire vérifier ou attester son rapport, attendu que ce n'est que par-là qu'il fait foi.

Ce qu'ajoute l'article, *sans préjudice des autres preuves,* s'entend naturellement en faveur du capitaine; de manière qu'en cas que le rapport soit contesté, quoique vérifié, il

---

* *Cod. de com.*, *art.* 247. « Pour vérifier le rapport du capitaine, le juge reçoit l'interrogatoire des gens de l'équipage, et, s'il est possible, des passagers, sans préjudice des autres preuves.

» Les rapports non vérifiés ne sont point admis à la décharge du capitaine, et ne font point foi en justice, excepté dans le cas où le capitaine naufragé s'est sauvé seul dans le lieu où il a fait son rapport.

» La preuve des faits contraires est réservée aux parties. »

pourra l'appuyer des procès-verbaux qu'il aura faits à bord, signés des principaux officiers de son équipage, ou produire d'autres témoins.

Cela veut dire aussi que ce rapport ne détruira pas les preuves contraires résultant, ou du rapport d'un autre capitaine, ou des procès-verbaux, ou de la déposition d'autres témoins.

8.

Les officiers de l'amirauté ne pourront contraindre les maîtres de vérifier leur rapport; mais les rapports non vérifiés ne feront point de foi pour la décharge des maîtres.

Ceci confirme ce qui vient d'être dit, que le capitaine ne peut être contraint de faire vérifier ou attester son rapport; mais aussi que sans vérification sa déclaration ne peut faire foi, ni pour sa décharge, ni pour l'autoriser à former quelque action en conséquence, quoiqu'il l'eût affirmée par serment.

Il est donc de son intérêt de faire attester son rapport, quoiqu'il n'y puisse être contraint, puisqu'avant l'attestation il ne fait preuve que contre lui, et qu'après il fait foi en sa faveur. Son rapport au reste fait tellement preuve contre lui, qu'il n'est pas recevable à rien alléguer de contraire. Ainsi jugé par arrêt du parlement d'Aix du 7 juin 1748, et par sentence de Marseille du 2 septembre de la même année. Mais dans l'espèce de cet arrêt s'agissait-il de quelque chose de contraire au rapport du capitaine? Je ne le vois pas. Quoi qu'il en soit, la maxime est sûre, sauf une juste application.

L'attestation est suffisante étant faite par deux des principaux officiers de l'équipage. Dans l'usage on n'exige rien de plus, et c'est en cet état que le rapport fait foi, non à la vérité comme un acte qui ne puisse être attaqué que par la voie de l'inscription de faux, mais comme une preuve juridique par témoins qui ne peut être détruite que par une preuve contraire résultant, ou des procès-verbaux du même capitaine, ou de la déposition des autres gens de l'équipage, ou de la combinaison de certaines circonstances avérées qui démontrent la fausseté des faits contenus dans le rapport.

Suivant le chap. 220 du consulat, les matelots ne devraient être admis à déposer en faveur du maître, et à attester son rapport, qu'après le voyage fini, parce que ce n'est qu'alors qu'ils sont censés libres; mais nous en usons autrement, surtout quand il n'y a pas d'autres témoins. Au surplus les matelots à gages sont naturellement moins suspects que ceux à la part. Cleirac, des Contrats maritimes, chap. 8, pag. 288.

9.

Faisons défenses aux maîtres de décharger aucune marchandise après leur arrivée, avant que d'avoir fait leur rapport, si ce n'est en cas de péril imminent, à peine de punition corporelle contre les maîtres, et de confiscation des marchandises contre les marchands qui auront fait faire la décharge. *

Cet article, qui suppose le vaisseau arrivé au lieu de sa destination, et dont la disposition a été confirmée par l'article 14, tit. 4 du règlement du 12 janvier 1717, concernant les amirautés des colonies françaises, est observé assez exactement;

---

* *Cod. de com.*, art. 248. « Hors les cas de péril imminent, le capitaine ne peut décharger aucune marchandise avant d'avoir fait son rapport, à peine de poursuites extraordinaires contre lui. »

et il n'y a rien là qui doive surprendre, attendu la peine qu'il prononce en cas d'infraction. Il est pourtant vrai que l'on y contrevient quelquefois ; mais l'excuse *du péril imminent* vient au secours, et, vraie ou fausse, on a coutume de s'en contenter, le rapport se faisant dans les vingt-quatre heures, ou à peu près.

Où la contravention est plus commune, quoique bien plus de conséquence, c'est la dissimulation des relâches. Un capitaine arrive dans une rade où il ferait volontiers sa décharge entière, s'il y trouvait son compte ; après avoir pris langue, il décharge sourdement une partie de ses marchandises sans avoir fait la déclaration à l'amirauté, après quoi il va plus loin.

S'il craint d'être surpris avant son départ, il se met aussitôt en déclaration de relâche, en paie les droits, qui sont extrêmement modiques, et il ne s'en va ensuite que lorsqu'il ne lui convient plus de mettre des marchandises à terre, ou qu'il ne peut plus le faire sans danger d'être découvert. C'est dans ces occasions que les capitaines et les marchands subiraient en toute rigueur la peine portée par cet article, s'il y avait preuve contre eux de la contravention.

Dans ce cas, au reste, la confiscation des marchandises doit être au profit de M. l'amiral, parce qu'il ne s'agit pas là de marchandises prohibées, mais d'une confiscation ordonnée précisément pour contravention commise au mépris de l'autorité de M. l'amiral, et en vue de le frustrer des droits de sa charge.

Cependant, si le capitaine a déchargé les marchandises sans l'aveu des marchands, il sera responsable envers eux des effets de la confiscation.

10.

Les greffes d'amirauté seront ouverts en tout temps

depuis huit heures jusqu'à onze du matin, et depuis
deux heures après midi jusqu'à six, pour l'enregistrement des congés et la réception des rapports.

Cela s'observe aussi bien dans les ports obliques où il n'y a
que des commis-greffiers, que dans le greffe principal. Outre
cela, par rapport aux pêcheurs externes, ou autres navigateurs
au petit cabotage qui se trouvent dans des cas pressans, les
greffiers sont obligés de les expédier par extraordinaire, aussi
bien les jours de fêtes et dimanches que les jours ouvrables. La
raison est qu'il y a des momens précieux à saisir pour la navigation, et que le moindre retardement pourrait causer un
tort considérable.

De sorte que, si un greffier d'amirauté retardait mal à propos les expéditions, outre la répréhension à laquelle il s'exposerait, et l'amende en cas de récidive, il pourrait encore,
suivant les circonstances, être responsable des dommages et
intérêts qui en résulteraient.

Cela s'étend, comme on le voit, bien plus loin qu'à l'obligation de se tenir assidûment au greffe aux heures marquées pour l'enregistrement des congés et la réception des
rapports. Mais il faut prendre garde que cette obligation ne
peut pas regarder la navigation au long cours et au grand cabotage, parce que rien n'empêche les capitaines, les armateurs ou leurs commissionnaires, de prendre leurs mesures de
manière à ne pas exiger que les greffiers travaillent les jours
de dimanches et fêtes pour les expédier, et qu'ainsi c'est leur
faute de n'avoir pas usé de précaution.

Par l'article 5 du titre 6 ci-dessus, le receveur de M. l'a-
miral est obligé de se tenir aussi à son bureau aux mêmes
heures, à une près de différence, pour la délivrance des
congés et passe-ports : cela est fondé sur les mêmes motifs.

TITRE XI.

DES AJOURNEMENS ET DÉLAIS.

Ici commence la procédure à tenir dans les siéges d'amirauté ; mais il n'est question encore que des matières provisoires, où les délais des assignations ne doivent pas se régler par les ordonnances de mil six cent soixante-sept, et où les causes doivent être vidées sans aucun retardement.

I.

Tous exploits donnés *aux maître et mariniers dans le vaisseau, pendant le voyage*, seront valables comme s'ils étaient faits à domicile. *

Dans la règle générale, toute assignation, pour être valable, doit être donnée à personne ou domicile.

Par exception à cette règle, cet article permet de délivrer *dans le vaisseau aux maître et mariniers*, les exploits d'assignations qui leur seront donnés *pendant le voyage*, et les déclare aussi valables que s'ils étaient faits à domicile.

Cela ne veut pas dire, comme l'a imaginé le commentateur, que les maîtres et mariniers étant en mer sont réputés n'avoir point d'autre domicile que le vaisseau sur lequel ils sont embarqués.

Interpréter l'article de cette manière, c'est lui prêter un sens étranger et même contradictoire, puisqu'en reconnais-

---

* *Cod. de proc. civ.*, *art. 419.* Toutes assignations données à bord à la personne assignée seront valables.

sant pour valables les exploits délivrés dans le vaisseau, comme s'ils étaient faits à domicile, c'est reconnaître que les maîtres et mariniers ont, ou du moins peuvent avoir un domicile réel et connu.

Si donc il permet de les assigner, en leur délaissant les exploits dans le vaisseau, ce n'est pas qu'il suppose qu'ils n'ont pas d'autre domicile, c'est uniquement parce que les objets pour lesquels ils peuvent être ainsi assignés, étant provisoires de leur nature, il importe extrêmement à ceux qui ont intérêt d'obtenir des condamnations contre eux, d'avoir une voie ouverte pour y parvenir promptement : ressource qui leur manquerait, si, au lieu de la faculté de les assigner dans le vaisseau, il fallait qu'ils se pourvussent à leur domicile.

Qu'il ne soit permis au reste d'assigner dans le vaisseau les maîtres et mariniers qu'en matière provisoire, et pour causes relatives aux engagemens par eux pris à l'occasion du navire et du voyage, c'est ce qui résulte tant de leur qualité de mariniers que de ces mots de l'article, *pendant le voyage,* qui supposent nécessairement quelque action à former pour raison du voyage. C'est aussi ce que le commentateur a compris lui-même, et ce qui lui a fait dire que, si c'était pour d'autres affaires, il faudrait alors se pourvoir dans la règle ordinaire, c'est-à-dire et au domicile, et par-devant le juge du domicile.

En effet, la cause étant étrangère au voyage du vaisseau, sur quel principe ceux qui auraient des demandes à former contre les maîtres du navire et des mariniers, auraient-ils le privilége de les assigner ailleurs qu'à leur domicile, et pour plaider devant d'autres juges que leurs juges naturels ?

Cependant ces mêmes mots de l'article, *pendant le voyage,* ne doivent pas être pris à la lettre, pour en conclure que ce n'est réellement que dans le cours du voyage que les maîtres et mariniers peuvent ainsi être assignés dans le vaisseau. Il n'est pas douteux qu'il ne soit libre de les assigner tout de même avant le départ du navire, et devant les juges de l'amirauté du lieu de l'armement, pourvu que l'objet de la demande dépende de quelque engagement qui ait du rapport au voyage ; comme s'il s'agit de quelqu'un des objets énoncés dans l'article suivant, ou s'il est question d'obliger le maître de recevoir dans son navire les effets qu'il s'est engagé d'y charger, de signer des connaissemens, de faire voile, etc. ; ou, par rapport aux mariniers, s'il s'agit de les faire condamner au paiement de leur nourriture et des hardes qu'ils ont achetées pour leur équipement.

Il en faut dire autant après le retour du navire jusqu'à ce qu'il soit achevé de désarmer, et que l'équipage ait passé en revue; aussi n'est-ce que par cette dernière opération que le voyage est censé fini.

A la vérité il est plus court, et par-là même plus ordinaire, de délivrer l'exploit parlant à la personne ; mais enfin cela n'empêche pas que le délaissement ne puisse en être fait valablement dans le navire, et il y a même nécessité d'en user de la sorte lorsque la partie que l'on veut assigner se cache, ou ne désempare pas le vaisseau.

Il est aussi d'usage d'assigner le capitaine ou le matelot par exploit délivré au lieu où il loge et prend ses repas en attendant son embarquement. Sans doute que cela ne lui forme pas un domicile ; mais enfin cette manière de procéder est autorisée, parce qu'il est de l'intérêt public que les causes maritimes soient expédiées le plus promptement qu'il est possible.

En matière de saisie de vaisseau, si le débiteur sur qui l'on veut saisir n'est pas domicilié dans le ressort, la saisie peut être signifiée et l'assignation donnée au maître. Article 3 du tit. 14 ci-après.

2.

Aux affaires où il y aura des étrangers ou *forains parties*, et en celles qui concerneront les agrès, victuailles, équipages et radoubs des vaisseaux prêts à faire voile, *et autres matières provisoires*, les assignations seront données de jour à jour, et d'heure à autre, *sans qu'il soit besoin de commission du juge*, et pourra être le défaut *jugé sur-le-champ.* *

On pardonnerait peut-être au commentateur l'érudition fastueuse dont il a chargé ses notes sur cet article, si ce n'était pas un larcin qu'il a fait à l'auteur du Traité de la juridiction de la marine, art. 2 et 3, pag. 385 et 393.

A quel propos néanmoins observer que de tous temps les étrangers ont été favorablement traités en France, tandis que cet article est autant contre eux que pour eux ? Car enfin, si l'on en peut conclure que les causes où ils sont demandeurs sont provisoires pour ne pas retarder leur départ (*Loccenius, de jure maritimo, lib.* 3, *cap.* 11, *n° ultimo*), on en doit inférer aussi, et plus directement encore, que celles où ils sont défendeurs sont également provisoires, pour ne pas leur donner le temps de s'esquiver sans payer leurs dettes, ou autrement satisfaire à leurs obligations.

---

* *Cod. de procéd. civ.*, *art.* 418. « Dans les affaires maritimes où il existe des parties non domiciliées, et dans celles où il s'agit d'agrès, victuailles, équipages et radoubs de vaisseaux prêts à mettre à la voile, et autres matières urgentes et provisoires, l'assignation de jour à jour ou d'heure à heure pourra être donnée sans ordonnance, et le défaut pourra être jugé sur-le-champ. »

Après tout, ce n'est pas seulement des étrangers sujets d'une autre puissance qu'il s'agit ici, il y est aussi question des *forains*. Ce terme à la vérité, dans sa signification générale, comprend les étrangers du royaume; mais, dans son sens restreint, il ne désigne que les habitans d'une autre province, d'un autre lieu; et c'est dans ce sens particulier que notre article l'a employé, sans le faire synonyme d'étranger.

Sur ce plan, l'observation du commentateur est encore d'autant plus déplacée, qu'il y a dans le royaume un grand nombre de villes qu'on appelle villes d'arrêt, dont les habitans ont privilége de se pourvoir contre leurs débiteurs étrangers ou forains, soit par arrêt de mainmise sur leurs personnes, soit par voies de simple saisie ou arrêt sur leurs meubles et effets, avantage dont les étrangers ne jouissent pas réciproquement. Cette ville de La Rochelle est du nombre de ces villes d'arrêt. Art. 21 de la coutume.

Notre article n'a pour objet que les matières provisoires ou sommaires, au rang desquelles il met *les affaires où il y aura des étrangers ou forains parties;* ce qui s'entend aussi bien des affaires qu'ils ont entre eux, que de celles qu'ils ont avec des habitans du lieu, soit en demandant, soit en défendant; et cela, que le fond de l'affaire soit de sa nature provisoire ou non, parce qu'à cet égard c'est uniquement la qualité d'étranger ou forain qui décide.

La raison est, comme il a été observé ci-dessus, que, s'il importe à l'étranger ou forain que son départ ne soit pas retardé par les délais des procédures ordinaires, il importe tout de même à leurs créanciers d'obtenir promptement des condamnations contre eux à l'effet de les contraindre au paiement.

Il serait difficile après tout que dans les affaires de la compétence de l'amirauté avec des étrangers ou forains, il n'y eût pas de provisoire.

Quant aux matières provisoires de leur nature, l'article n'a pas entendu en faire une énumération exacte, puisque après avoir indiqué les demandes concernant les agrès, victuailles, équipages et radoubs des vaisseaux prêts à faire voile, il ajoute, *et autres matières provisoires*. Aussi est-il vrai qu'il y a une infinité de causes provisoires autres que celles désignées par cet article, telles que sont, par exemple, les demandes en exécution des chartes-parties, soit de la part du capitaine, soit contre lui; celles en paiement d'avaries causées par abordage ou autrement; celles où il s'agit de visite et estimation d'experts; celles en paiement de gages et salaires, et de fret; celles tendant à signature de connaissemens, à chargement ou délivrance de marchandises, etc.; en un mot toutes celles qui exigent célérité, et où il y aurait du péril dans la demeure: et cela qu'il s'agisse d'un navire prêt à faire voile ou non, la circonstance d'un navire prêt à partir n'étant à considérer que pour rendre la cause encore plus provisoire.

Dans tous ces cas, aux termes de cet article, les assignations peuvent être données sans aucun délai de jour à jour et d'heure à autre, ce qu'il faut entendre nonobstant jour férié (note sur l'art. 3 de la juridiction de la marine); et de même dans les causes où les étrangers ou forains seront parties, de quelque nature que soit le fond de l'affaire, à cela près néanmoins qu'il faudrait nécessairement qu'il y eût un péril évident dans la demeure pour statuer sur l'assignation un jour de dimanche ou de fête.

L'article ajoute, *sans qu'il soit besoin de commission du juge,* non-seulement parce que cela pourrait trop retarder l'assignation, mais encore parce que, suivant l'art. 10, tit. 2 de l'ordonnance de 1667, tous ajournemens peuvent être faits par-devant tous les juges sans aucune commission ni mandement, quoique les ajournés aient leur domicile hors le ressort des juges par-devant lesquels ils seront assignés, n'y ayant

I.

d'exception à cela, par les articles 11 et 12, que pour les cours et juges en dernier ressort, et pour les assignations aux requêtes de l'hôtel et du palais.

Enfin notre article dit, *et pourra être le défaut jugé sur-le-champ*, sans aucune remise ni défaut du profit, duquel sera fait droit, comme on le pratique dans les causes ordinaires et non provisoires; car, n'y ayant point d'obligation de se présenter au greffe des présentations dans les causes des amirautés, il n'y a pas non plus de défaut à y prendre : tous les défauts se prennent et se prononcent à l'audience.

Pour ce qui est des délais des assignations en matière ordinaire, c'est sur l'ordonnance de 1667 qu'il faut se régler.

3.

Les juges d'amirauté en première instance tiendront le siége, pour les affaires ordinaires, trois jours la semaine, et pour les causes provisoires et celles des forains et étrangers, de jour en jour et d'heure à autre; et pourront les parties plaider en personne, sans être obligées de se servir du ministère d'avocats ni procureurs. *

---

* Le *Cod. de com.*, *art. 633*, attribue aux tribunaux de commerce la connaissance de toutes les contestations relatives au commerce maritime. D'après l'art. 414. Cod de proc. civ. et l'art. 627. Cod. de com., le ministère des avoués est interdit dans les tribunaux de commerce.

TITRE XII.

Des Prescriptions et Fins de non-recevoir.

Le même esprit qui a porté le législateur à abréger les délais des assignations et à accélérer le jugement dans les affaires sommaires, l'a engagé pareillement à limiter la durée des actions qui peuvent être formées dans les cas qui appartiennent tout de même aux matières provisoires et qui font le sujet de ce titre.

L'intérêt du commerce maritime et de la navigation l'exigeait de la sorte pour la tranquillité de ceux qui s'y livrent. Plus leurs opérations sont rapides et multipliées, plus leur libération doit être prompte, simple et entière.

I.

Les maîtres et patrons ne pourront, par quelque temps que ce soit, prescrire le vaisseau contre les propriétaires qui les auront établis. *

C'est qu'ils ne possèdent que *alieno nomine*, qu'au nom des propriétaires qui les ont établis, et que pour pouvoir prescrire, il faut posséder *nomine proprio et animo domini*. Il faut d'ailleurs posséder de bonne foi, et cette bonne foi ne peut pas se supposer dans un maître ou capitaine de navire, qui n'en est que le gardien et le dépositaire. Or un dépositaire ne peut jamais prescrire le dépôt, pas plus

---

* *Cod. de com., art. 430.* « Le capitaine ne peut acquérir la propriété du navire par voie de prescription. »

que le fermier le bien qu'il tient de ferme, ni le seigneur jouissant par saisie féodale du fief de son vassal : les uns ni les autres ne peuvent pas changer le titre de leur possession.

C'est aussi sur le même principe que, par l'article 19, tit. 1er, liv. 2, il est défendu au maître ou capitaine de vendre le navire sans une procuration spéciale du propriétaire; et, si par le même article il lui est permis d'engager le navire, ce n'est que dans un besoin pressant pour la continuation du voyage; de manière que l'article suivant, en cas d'abus de sa part, veut qu'il soit tenu de payer en son nom, qu'outre cela il soit déclaré indigne de la maîtrise, et banni du port de sa demeure ordinaire.

2.

Ne pourront aussi faire aucune demande pour leur fret, ni les officiers, matelots et autres gens de l'équipage, pour leurs gages et loyers, un an après le voyage fini. *

Par rapport au fret, il n'y a point de contradiction entre

---

* *Cod. de com.*, art. *433.* « Sont prescrites,

» Toute action en paiement pour fret de navire, gages et loyers des officiers, matelots et autres gens de l'équipage, un an après le voyage fini;

» Pour nourriture fournie aux matelots par l'ordre du capitaine, un an après la livraison;

» Pour fournitures de bois et autres choses nécessaires aux constructions, équipement et avitaillement du navire, un an après ces fournitures faites;

» Pour salaires d'ouvriers et pour ouvrages faits, un an après la réception des ouvrages;

» Toute demande en délivrance de marchandises, un an après l'arrivée du navire. »

cet article et le 24 du tit. du fret ou nolis, qui est le troisième du liv. 3, parce que autre chose est l'exercice du privilége attaché au fret, autre chose est l'action pour en demander le paiement. Ainsi, quoique, aux termes dudit article 24, le privilége du fret soit perdu quinze jours après la délivrance des marchandises, et même plus tôt, si elles ont passé en main tierce, rien n'empêche que le fret ne puisse être demandé à celui qui le doit, dans l'an après le voyage fini, suivant la disposition du présent article.

Avant cette ordonnance on jugeait au parlement de Toulouse que l'action en paiement du fret durait 3 ans. Arrêt du 12 septembre 1672, rapporté par Graverol sur la Roche-Flavin, liv. 6, titre 65, article premier, page 562.

Mais aussi après l'an écoulé il y a fin de non-recevoir; et, quoique l'article ne parle que du maître ou capitaine, il n'est pas douteux que la fin de non-recevoir n'ait lieu tout de même contre le propriétaire ou l'armateur du navire, d'autant plus que c'est à lui dans la réalité que le fret appartient, et que, si le capitaine est autorisé à en poursuivre le recouvrement, c'est comme son procureur né et comme le représentant de la même manière qu'il l'a représenté en stipulant et réglant le fret, soit par la charte-partie ou par les connaissemens.

De là il ne faut pas conclure néanmoins que le capitaine n'ait pas droit de demander en justice le paiement du fret, le propriétaire étant sur le lieu : il suffit pour fonder l'action du capitaine qu'il soit autorisé par l'Ordonnance à la former ; et c'est ce qui résulte, tant de cet article que de plusieurs autres du titre du fret ou nolis, où il est toujours parlé du maître en tout ce qui regarde le fret, sans distinguer si le propriétaire est présent ou absent.

Or, si le maître a droit de demander le paiement du fret, le marchand chargeur qui le doit sera valablement libéré en le payant entre ses mains, sans que le propriétaire ait rien à dire, devant s'imputer de n'avoir pas retiré les connaissemens des mains de son capitaine, et de n'avoir pas demandé lui-même le fret, s'il ne voulait pas que son capitaine le reçût. Suivant l'article 4, chapitre 18 du Guidon, le propriétaire n'avait pas même le droit de demander le paiement du fret, c'était au maître seul à en poursuivre le recouvrement.

L'action pour le paiement des gages des serviteurs et domestiques a été tout de même bornée à un an par l'article 67 de l'ordonnance de Louis XII de l'an 1510, à compter du jour de leur sortie de chez leurs maîtres; ainsi il était naturel d'assujétir les matelots à la même règle après le voyage fini, sur peine de déchéance par fin de non-recevoir. Mais, par l'arrangement pris depuis plusieurs années pour le paiement des loyers des matelots, il n'y a plus d'action à former de leur part pour leurs gages, ni par conséquent de fin de non-recevoir à leur opposer.

Cet arrangement est qu'aussitôt après la décharge entière du navire, l'équipage passe en revue devant le commissaire de la marine, en présence duquel se fait le décompte de chacun, dont le propriétaire ou armateur paie le montant à tous ceux qui demeurent dans le lieu du département, déduction faite de leurs dettes légitimes, pour raison desquelles il y a eu des saisies sur leurs gages; et à l'égard de ceux d'un autre département, on ne donne à chacun que ce qu'il leur faut pour se rendre chez eux, et le surplus le commissaire l'envoie au commissaire de leur département, qui à leur arrivée paie à chacun son contingent. V. l'art. 10, tit 4 du liv. 3, *infrà*.

Ce qui a donné lieu à l'introduction de cet usage, c'est d'un côté qu'il s'était trouvé des armateurs qui différaient trop le paiement des gages des gens de l'équipage de leurs navires, ce qui, outre la perte du temps, leur faisait faire une dépense superflue; et d'un autre côté que les matelots du dehors, au lieu de se rendre promptement chez eux, employaient au jeu et à la débauche un argent destiné à tous égards au soulagement de leur famille.

Non-seulement les matelots sont assujétis à cette police salutaire, mais encore les officiers mariniers, la raison étant la même. Mais il en est autrement des officiers majors, parce qu'on doit supposer qu'ils ont des sentimens : leur décompte leur est donc payé sur-le-champ, de quelque département qu'ils soient. Ainsi les uns et les autres étant satisfaits, ne peuvent plus avoir d'action pour le paiement de leurs gages.

Il n'y a d'exception qu'à l'égard du capitaine, parce qu'il n'est pas d'usage de le payer de la même manière que les gens de son équipage ; et la raison est qu'ayant toujours un compte à fournir au propriétaire ou armateur, il ne serait pas naturel de lui payer ses gages avant qu'il eût fourni son compte.

Lui seul peut donc aujourd'hui se trouver dans le cas d'être obligé d'intenter une action en paiement de gages, et par conséquent la prescription d'un an, autorisée par cet article, ne peut plus regarder que lui. Mais, afin qu'il soit non recevable à demander ses gages après l'an, il faut, outre les exceptions portées par l'article 10 ci-après, que le propriétaire ou armateur ne lui demande pas non plus un compte de la régie de la cargaison ; autrement, quelque temps qui se fût écoulé depuis l'arrivée du vaisseau, il serait fondé à demander la déduction ou compensation de ses gages par forme d'exception suivant cet axiome du droit : *Quæ sunt temporanea ad agendum, sunt perpetua ad excipiendum.*

3.

Ceux qui auront fourni le bois et autres choses nécessaires à la construction, équipement et avituaillement des vaisseaux, les charpentiers, calfateurs et autres ouvriers employés à la fabrique et au radoub, ne pourront faire aucune demande pour le prix de leur marchandise, ni pour leurs peines et salaires, après un an à compter, à l'égard des marchands, du jour de la délivrance de leur marchandise, et pour les ouvriers, du jour que leurs ouvrages auront été reçus. *

La même disposition se trouve dans l'article 7, titre 1ᵉʳ de l'ordonnance de 1673 et dans l'art. 127 de la coutume de Paris.

Ainsi tous les dénommés au présent article, pour conserver leurs créances et le privilége qui leur est accordé sur le navire par l'article 16 du titre 14 ci-après, doivent, s'ils ne sont pas fondés en reconnaissance par écrit, former leur demande dans l'an de livraison des marchandises ou de la réception des ouvrages, sans quoi la fin de non-recevoir sera acquise contre eux et pourra leur être opposée, tant de la part du propriétaire du navire que de ses autres créanciers.

Mais ce cas n'arrive point, les fournisseurs et ouvriers dont est question ayant soin de faire arrêter leur compte quelque temps après le départ du navire, ou, en cas de refus, de se pourvoir en justice pour obtenir une condamnation portant en même temps réserve de leur privilége sur le navire.

Il y a plus, et lorsque la solvabilité du propriétaire du vaisseau devient suspecte, ils demandent qu'il ait à déclarer s'il a fait assurer le vaisseau, et jusqu'à quelle somme, et qu'il ait à déposer la police d'assurance au greffe de l'amirauté, à l'effet qu'en cas de perte du navire, ils puissent exercer le privilége de leurs créances sur le recouvrement de l'assurance; sinon, et en cas de non-assurance, qu'il leur soit permis de faire assurer le navire jusqu'à concurrence de

---

* Le *Cod. de com.*, art. 433, consacre la même règle. V. l'art. qui précède.

leur dû, leur privilége toujours conservé, tant sur le navire
que sur le montant de l'assurance.

Et ces précautions ou sûretés, il est d'usage à l'amirauté
de les leur accorder, le débiteur étant en demeure de payer,
n'étant pas juste qu'il leur fît courir le risque de la perte
de leur dû, ou du moins de la majeure partie, faute d'assurance sur le navire, au cas qu'il vînt à périr.

Après tout, ceci peut être appuyé de l'exemple du créancier d'un débiteur pourvu d'un office sujet aux parties ca-
suelles. Or il n'est pas douteux que ce créancier, après sommation faite à son débiteur de payer la paulette de sa
charge, ne soit autorisé à la payer pour lui (Ferrière,
Introduction à la Pratique, *verbo* paulette), et que pour son
remboursement, il ne soit préféré à tous autres créanciers
sur le prix de l'office, *quia salvam fecit totius pignoris
causam,* dit Loyseau, Traité des Offices, liv. 2, chap. 10,
n° 43; *idem,* Lapeyrère, lettre A, n° 66. L'un et l'autre
accordent aussi à ce créancier la répétition de la somme qu'il
aura payée pour la paulette, contre son débiteur.

Ces mêmes précautions au reste, à prendre de la part
des fournisseurs et ouvriers ne me paraissent nécessaires
pour la translation du privilége sur le montant de l'assurance,
que lorsque, le débiteur propriétaire refusant ou négligeant
de faire assurer, ses créanciers privilégiés se font autoriser
à faire assurer le navire en son lieu et place. De sorte que,
s'il a réellement fait assurer sans y avoir été contraint, je
ne doute nullement qu'en cas de la perte du navire, ces
mêmes créanciers privilégiés n'aient droit d'exercer leur privilége sur le recouvrement d'assurance, tout comme s'ils
avaient été autorisés à la faire faire eux-mêmes pour leur
sûreté; à raison de quoi il est juste, le navire arrivant à
bon port, que l'assureur entre en concurrence avec eux pour
le paiement de sa prime, comme je le dirai sur le même
article 16 du titre 14, ci-après.

Cependant, par arrêt du parlement de Bordeaux, rendu au rapport de M. de Marboutin père, le 7 septembre 1758, entre les sieurs Courtés et Foussat, négocians en faillite, à eux joints les syndics de leurs créanciers chirographaires, et les sieurs Dussoullier et Senet, syndics des créanciers privilégiés, ce privilége, que j'attribue de droit aux fournisseurs et ouvriers par transmission ou subrogation sur le recouvrement d'assurance, a été rejeté sur ce principe, qu'il n'y a aucune loi qui autorise cette translation de privilége, et que tout privilége doit être fondé sur quelque loi.

Il est vrai qu'il n'y en a point pour ce cas précisément ; mais, dès que le privilége des fournisseurs et des ouvriers est formellement établi par les articles 16 et 17 du titre 14 ci-après, quoi de plus naturel que de le transférer sur le produit de l'assurance du navire même affecté à ce privilége, puisqu'au fond ce sont les choses qu'ils ont fournies et les ouvrages qu'ils ont faits au navire qui ont fait la matière de l'assurance jusqu'à concurrence de la valeur qui leur était due ? Dans la réalité, le navire est représenté par le produit de l'assurance que l'assureur doit payer. Si le navire n'eût pas été mis en état de naviguer, il n'aurait pas été assuré ; les fournisseurs et les ouvriers sont donc fondés à dire que c'est leur chose qui a été assurée lorsque leur débiteur a fait assurer le navire : et de même qu'il n'a point fallu de loi précise pour transmettre le privilége du vendeur du merrein sur les futailles qui en ont été fabriquées, ou du vendeur de vin sur les eaux-de-vie qui en sont provenues, etc., de même il n'en faut point non plus pour la translation du privilége de ces fournisseurs et ouvriers sur le produit de l'assurance du navire.

Il y va d'ailleurs essentiellement de l'intérêt du commerce, attendu que le retranchement de ce privilége porterait les fournisseurs et ouvriers à ne plus faire crédit aux propriétaires et armateurs des navires. Or, si cela arrivait, combien d'armemens seraient manqués ! Quel tort encore peut faire la translation de ce privilége, et où serait au contraire la justice d'y soustraire le recouvrement de l'assurance, pour en faire profiter les autres créanciers du failli, ou le failli lui-même directement, dans le cas où il se serait accommodé avec ses autres créanciers !

On convenait enfin, hors le procès, que, si les fournisseurs et ouvriers eussent pris la précaution de requérir l'assurance, ou qu'il leur fût permis de la faire faire, en ce cas leur privilège n'aurait pu être contesté : c'était donc reconnaître qu'il y a un principe de translation du privilège. Or, le principe admis, pourquoi la faire dépendre d'une simple formalité qui pourrait même n'avoir été négligée que sur la notoriété ou la certitude de l'assurance déjà faite ?

Cet arrêt au reste est d'autant plus remarquable, qu'il est du parlement de Bordeaux, où l'on tient pour maxime que le prix de la chose représente tellement la chose, que le vendeur d'un meuble conserve son privilége sur le prix qui s'en trouve encore dû par un second acheteur. Lapeyrère, lettre P., n° 129, confirmé aux notes.

L'application de ce cas est si naturelle à celui de l'assurance du navire affecté au privilége des marchands fournisseurs et des ouvriers, que l'on ne conçoit pas en quoi pourrait consister la raison de différence : car enfin le produit de l'assurance représente aussi essentiellement le navire que le prix de la vente d'une chose représente cette chose. Il est vrai que cette maxime du parlement de Bordeaux n'est pas suivie dans le pays coutumier; mais l'équité n'exige pas moins que le privilége des fournisseurs et ouvriers soit transféré sur le recouvrement de l'assurance du navire, puisque c'est réellement leur chose qui a été assurée au moyen de l'assurance du navire, ses agrès et apparaux.

Ceci répond en même temps à l'argument tiré de la règle, *meubles n'ont suite quand ils sont hors la possession du débiteur* ; car, s'il est vrai que le montant de l'assurance représente le navire, il est vrai de dire aussi, par l'effet de la subrogation, que le navire est encore en la possession du débiteur. Par la même raison, on ne peut pas se faire un moyen de ce que le navire a fait naufrage ou a été pris par l'ennemi, puisque l'assurance remet les choses au même état que si le navire fût arrivé à bon port.

J'avouerai néanmoins qu'à disputer *de apicibus juris*, le parti des fournisseurs et ouvriers peut souffrir difficulté ; mais sûrement l'équité est pour eux, et l'intérêt du commerce maritime s'y réunit.

4.

Ne seront non plus reçues aucunes actions contre les maîtres, patrons, ou capitaines, en délivrance de marchandise chargée dans leur vaisseau, un an après le voyage accompli. *

Cette prescription ou fin de non-recevoir est d'autant plus naturelle, qu'il n'est pas vraisemblable que le porteur d'un connaissement laisse passer un an depuis l'arrivée du navire, sans demander au maître ou capitaine la délivrance des marchandises contenues dans le connaissement. En tout cas il doit s'imputer sa négligence, et le capitaine, pour obtenir sa décharge, n'a besoin que d'opposer la fin de non-recevoir, n'étant pas juste de l'obliger de prouver après l'an qu'il a réellement et de fait délivré les marchandises. Il serait d'une trop dangereuse conséquence pour la navigation et le commerce maritime, que des actions de cette nature eussent la durée des actions ordinaires : c'est bien assez, et peut-être même trop, qu'un capitaine soit obligé pendant un an de conserver la preuve qu'il a rempli son engagement.

---

* *Le Cod. de com., art. 433,* consacre le même principe. V. l'art. 1 de ce titre.

La fin de non-recevoir aurait lieu tout de même dans le cas où celui à qui les marchandises étaient adressées n'aurait pas reçu un double du connaissement, ou autrement n'aurait pas reçu avis du chargement des marchandises, et cela à cause de l'usage où sont les capitaines et armateurs de rendre public le tableau général des effets chargés dans chaque navire, à moins que le maître ou capitaine n'eût eu la mauvaise foi de supprimer du tableau les marchandises en question.

Mais il n'y a point d'exemple de ces sortes de prévarications, et si l'on voit des demandes judiciaires en délivrance de marchandises contre des capitaines, ce n'est qu'à l'occasion des méprises qui se font quelquefois à la décharge des marchandises, par la précipitation et la confusion avec lesquelles se font toujours ces sortes d'opérations. Qu'en résulte-t-il alors contre le capitaine? Cela se verra sur l'article 5, titre des connaissemens, qui est le 2 du liv. 3.

5.

Le marchand ne sera recevable à former aucune demande contre le maître, ni contre ses assureurs, pour dommage arrivé à sa marchandise, après l'avoir reçue sans protestation; ni le maître à intenter aucune action pour avaries contre le marchand, après qu'il aura reçu son fret sans avoir protesté de sa part. *

Il est tout de même intéressant pour la sûreté et l'acti-

---

* *Cod. de com.*, art. *435.* « Sont non recevables,
» Toutes actions contre le capitaine et les assureurs, pour dom-

vité du commerce que l'action en paiement du dommage
arrivé à la marchandise ou au vaisseau n'ait qu'une durée
fort courte, et c'est à quoi il a été pourvu par cet article
et par celui qui suit.

Dans la première partie de celui-ci il est question du
dommage arrivé à la marchandise, dommage que le marchand prétend faire supporter au maître ou à ses assureurs.

A l'égard du maître ou capitaine, afin que le dommage
le regarde, il faut qu'il soit arrivé par sa faute ou par celle
des gens de son équipage ; sur quoi voir ce qui sera observé
sur l'article 28 du tit. des assurances.

Pour ce qui est des assureurs, ils sont responsables du
dommage dans tous les cas, s'il n'est arrivé par le vice propre
de la chose, ou par la faute du maître, et encore en sont-
ils tenus, s'ils se sont chargés de la baraterie de patron.
Articles 28 et 29 du même titre des assurances.

L'action en réparation du dommage étant ouverte, soit
contre le maître, soit contre les assureurs, il faut aux
termes de cet article, pour la conserver, que celui qui y
a intérêt ait soin de protester en recevant la marchandise ;
s'il l'accepte sans protestation, il n'est plus recevable à dire
qu'elle lui a été livrée défectueuse.

L'article ne déclare point dans quel temps il faut protester,
et l'usage est sur cela de le faire dans les 24 heures de la
délivrance, à l'exemple de ce qui se pratique au sujet des
marchandises qui viennent par terre. * Il serait trop rigou-

---

mage arrivé à la marchandise, si elle a été reçue sans protestation ;

» Toutes actions contre l'affréteur, pour avaries, si le capitaine a
livré les marchandises et reçu son fret sans avoir protesté ;

» Toutes actions en indemnité pour dommages causés par l'abordage dans un lieu où le capitaine a pu agir, s'il n'a point fait
de réclamation. »

* Le *Cod. de com.* a consacré cet usage et l'a érigé en loi par l'art. 436.

reux d'exiger que la protestation fût faite au moment même de la délivrance, et l'on conçoit que le plus souvent cela ne serait pas praticable.

Mais la protestation doit être par écrit, c'est-à-dire par un acte par-devant notaires, ou par une signification faite au maître ou à l'assureur, par le ministère d'un huissier ou sergent, quoique l'article ne le porte pas; parce qu'il est de règle en fait de protestations, pour quelque cas que ce soit, qu'elles soient faites par écrit, sans quoi il n'y a d'autre ressource que celle de s'en rapporter au serment de la partie adverse, sur la réalité des protestations verbales.

Il est pourtant vrai, dans la pratique, qu'autant sont fréquentes les occasions de se plaindre des avaries arrivées aux marchandises, et d'en demander raison aux assureurs, autant sont rares les protestations par écrit en pareil cas. Ce n'est guère qu'à l'égard des assureurs du dehors, ou que lorsqu'on prétend faire supporter le dommage au maître, que l'on a recours aux formalités. Ce n'est pas au reste la seule preuve que donnent nos armateurs et négocians de la bonne foi avec laquelle ils font leur commerce.

Quant aux avaries que le maître est fondé à prétendre, il y a les avaries ordinaires, que l'usage a fixées dans chaque port suivant la nature du voyage, et ces avaries ne peuvent par lui être prétendues qu'autant qu'elles sont stipulées ou qu'elles sont censées l'être par l'usage, outre et par-dessus le fret convenu; mais on n'y manque jamais dans les connaissemens, la clause y est même imprimée. Au reste, pour savoir l'effet de cette clause et ce que c'est que ces avaries, voir l'art. 9 du tit. des avaries.

A l'égard des avaries extraordinaires, il n'a droit d'en

« Ces protestations et réclamations sont nulles, si elles ne sont faites et signifiées dans les vingt-quatre heures, et si, dans le mois de leur date, elles ne sont suivies d'une demande en justice. »

demander raison qu'autant qu'elles sont grosses ou communes, c'est-à-dire qu'autant que le navire les a souffertes pour le salut commun, ou que dans le cas qu'elles ont été faites pour sauver en particulier les marchandises.

D'une ou d'autre manière, s'il a reçu son fret sans avoir protesté pour ses avaries, il est non recevable tout de même à les prétendre dans la suite.

Mais savoir s'il faut qu'il proteste précisément dans le moment qu'il reçoit son fret, ou qu'il se fasse réserve des avaries dans sa quittance, supposé qu'il en donne une, ou si les protestations générales qu'il a faites dans sa déclaration d'arrivée au greffe de l'amirauté, suffiront pour le mettre à couvert de la fin de non-recevoir ?

Je ne doute nullement que ces protestations générales ne soient suffisantes par rapport aux avaries extraordinaires, attendu que cet article exige simplement des protestations de sa part, et qu'ainsi la réception qu'il fait ensuite de son fret doit s'entendre naturellement sans préjudice des avaries dont le règlement est à faire : mais, si ce ne sont que les avaries ordinaires, comme elles sont réglées par l'usage, et qu'ainsi il a droit de les exiger en même temps que son fret, la présomption est qu'il les a reçues aussi dans le même temps, s'il n'en a pas fait réserve dans sa quittance. D'où il s'ensuit que, sur la représentation de sa quittance sans réserve, la fin de non-recevoir a lieu contre lui, sauf à requérir le serment de la partie adverse, lequel serment, ce me semble, ne peut même être exigé affirmatif, mais seulement comme serment de crédulité et de bonne foi, à cause de la modicité de l'objet dont la mémoire peut n'être pas assez sûre pour fournir matière à un serment pleinement affirmatif.

6.

Les protestations n'auront aucun effet, si dans le

mois elles ne sont suivies d'une demande en justice. *

Dans tous les cas de l'article précédent, ce n'est donc pas assez d'avoir protesté, les protestations seront inutiles et sans aucun effet, si dans le mois elles ne sont suivies d'une demande en justice.

Il convient même d'ajouter qu'il est telle circonstance où la demande, quoique formée dans le mois qui suit ces protestations, serait inutile tout de même; et cela arriverait effectivement, si le dommage était couvert de manière qu'il n'y eût plus moyen de le vérifier et de le constater : car c'est une maxime, que toute action en paiement de dommage cesse et est prescrite lorsque le dommage ne peut plus être reconnu et estimé. Sur quoi voir le commentaire sur la coutume de La Rochelle, art. 11, n. 34 et suiv.

Il est donc intéressant pour celui qui a une action à former pour cause de dommage ou avaries, de faire ses diligences à temps pour en faire constater la nature, la qualité et l'estimation; relativement aux circonstances, à l'effet de quoi il faut qu'il fasse faire la visite des marchandises ou du navire, et qu'il fasse dresser un procès-verbal de leur état, partie présente ou dûment appelée.

Dans le train ordinaire, on se contente d'un procès-verbal fait par un notaire ou un sergent; mais cela n'est pas régulier, et c'est le cas où l'office du juge est nécessaire pour faire une preuve juridique. Aussi s'est-on souvent mal trouvé d'avoir négligé de prendre cette précaution, surtout avec les étrangers, qui en sont pour les formalités exactes de même que

---

* *Cod. de com.*, *art. 436.* « Ces protestations et réclamations sont nulles, si elles ne sont faites et signifiées dans les vingt-quatre heures, et si, dans le mois de leur date, elles ne sont suivies d'une demande en justice. »

I. 22

ceux des français qu'on appelle difficultueux. S'ils ne l'étaient néanmoins qu'en pareille occurrence, ils ne mériteraient pas cette épithète injurieuse ; car enfin est-ce constater comme il convient le dommage, que de n'y employer que le ministère des notaires ou des huissiers ? surtout lorsqu'il y va de l'intérêt des absens, dont les droits ne peuvent être mis en sûreté que par le ministère du procureur du roi. Or le procureur du roi ne comparaîtra pas à un procès-verbal de notaire ou de sergent.

Un tel procès-verbal suffira sans doute, s'il est fait avec quelqu'un ayant pouvoir ou ordre de représenter l'absent ; mais, s'il n'y a personne pour le représenter, il est évident que pour faire preuve il faut que le procès-verbal soit fait par le juge en présence du procureur du roi, qui est le représentant naturel et légal des absens.

A la vérité les officiers de justice ne sont pas plus en état d'apprécier le dommage que les notaires ; mais ils constatent juridiquement l'état des choses, et par le droit qu'ils ont d'exiger le serment des experts nommés pour procéder à l'estimation, on peut tout autrement compter sur l'appréciation de ces experts travaillant sous leurs yeux, que lorsqu'ils n'ont que des notaires pour contrôleurs de leurs opérations.

Ceci au reste est observé sans autre vue que celle de l'intérêt public, sauf à ceux qui n'aiment pas que leur conduite soit éclairée de si près, ou qui se font un mérite auprès des absens de leur avoir épargné quelques petits frais qu'il en aurait coûté de plus peut-être, en prenant la voie judiciaire, à continuer leur méthode économique en apparence, aux risques de ce qui en pourra arriver.

On peut dire néanmoins que l'abus de se servir en pareilles occasions du ministère des notaires, en un mot de tous autres officiers que ceux de l'amirauté, a été réprouvé de tout temps, et la preuve en résulte des anciennes ordonnances qui ont constamment défendu à tous notaires, tabellions, juges et officiers autres que ceux de l'amirauté, « de bailler lettres ou certificats de la descente des marchandises, et autres choses qui viennent et arrivent par mer, sur peine d'amende arbitraire. » Ordonnances de 1517, art. 17; de 1543, art. 45, et de 1584, art. 73. Car enfin ces défenses renferment implicitement celles de constater les avaries reçues par les mêmes marchandises venues par mer.

En fait d'avaries arrivées à un navire, l'usage n'est point de faire dresser un procès-verbal de l'état du navire : on se contente de demander au juge que la visite en soit faite par experts avec estimation; sur quoi le juge, du consentement du procureur du roi, nomme d'office pour experts deux capitaines et deux charpentiers de navire, lesquels, après avoir accepté la commission et promis par serment de la remplir avec fidélité, procèdent à la visite et estimation, dont ils dressent leur rapport, qu'ils attestent ensuite encore par serment.

Ceux qui sans autre cérémonie se font respectivement raison dans ces circonstances, sont louables assurément, et rien ne marque mieux leur bonne foi; mais il est des gens décidés pour les formalités, et l'on ne saurait les blâmer. Ainsi le plus sûr est d'observer effectivement les formalités, et de se pourvoir dans le mois des protestations, sur peine de déchéance. Il resterait pourtant la ressource de s'en rapporter au serment de la partie adverse, sur le point de savoir si elle n'a pas été informée à temps et des protestations et de l'estimation des avaries, et si elle n'a pas promis de satisfaire en conséquence : car enfin ces courtes prescriptions ou fins de non-recevoir doivent toujours être accompagnées de bonne foi; et ce serait s'annoncer pour en manquer, que de refuser de faire un pareil serment, par lequel on est rendu juge dans sa propre cause.

Une observation importante à faire au sujet de cet article et du précédent, est qu'à l'égard des marchandises, il n'y est question que des avaries que le marchand prétend qu'elles ont essuyées ; au moyen de quoi, la fin de non-recevoir n'est pas applicable au cas où il s'agit d'un vice caché qu'il n'est pas naturel de soupçonner. Alors le marchand est recevable à s'en plaindre dès qu'il a découvert ce vice. Ainsi jugé à l'amirauté de Marseille, par sentence des 10 et 15 décembre 1750. Dans l'espèce de cette dernière, il s'agissait d'un baril trouvé rempli de clous et de vieux fers, au lieu de noix muscade. Le marchand qui avait reçu le baril fut admis dans sa demande, quoiqu'il ne se fût pourvu que huit jours après.

Reste à savoir sur cela dans quel temps précisément l'on est recevable à se plaindre en pareil cas. Je croirais, par argument du présent article, qu'après un mois la fin de non-recevoir serait acquise, le marchand devant s'imputer sa négligence à vérifier sa marchandise pendant un si long temps. Il est même tel marchand à qui il serait dangereux d'accorder un délai aussi reculé.

7.

Le maître ne sera aussi recevable, après la délivrance des marchandises, à alléguer d'autres cas fortuits que ceux mentionnés dans son rapport.

Avant ou après la délivrance des marchandises, il serait trop dangereux d'admettre le maître ou capitaine à excepter d'autres événemens ou cas fortuits que ceux mentionnés dans son rapport : il ne manquerait pas d'expédiens ou de défaites, qu'il imaginerait après coup, soit pour augmenter ses avaries, soit pour se défendre de faire raison du dommage qu'on soutiendrait être arrivé aux marchandises par sa faute ou par le mauvais état de son navire.

Son rapport doit donc être une pièce décisive contre lui,

de manière qu'il soit non recevable à alléguer aucuns autres
accidens que ceux qu'il y a déclarés, ni rien de contraire,
comme il a été observé sur l'article 8 du titre 10, ci-dessus.
Mais, de la façon que les capitaines tournent ordinairement
leurs déclarations ou rapports, il n'est pas facile de s'en prévaloir contre eux, au moyen des réserves et protestations
qu'ils ont soin de faire, où, de peur d'omission, ils exa-
gèrent autant qu'il leur est possible.

8.

Toute demande pour raison d'abordage sera formée vingt-quatre heures après le dommage reçu, si
l'accident arrive dans un port, havre ou autre lieu
où le maître puisse agir. *

Les accidens maritimes sont si fréquens, qu'il se pourrait
qu'un navire, après avoir été abordé par un autre, souffrît,
dans un intervalle assez court, d'autres avaries dont on
dissimulerait la cause pour les faire regarder comme une
suite naturelle, ou même comme un effet direct de l'abordage.

Tel est le motif de la brièveté de l'action concernant
l'abordage, et rien assurément n'est plus juste pour éviter
les surprises.

C'est aussi dans cet esprit que notre article veut que
l'action soit formée vingt-quatre heures après le dommage
reçu, si l'accident est arrivé dans un port ou autre lieu où
le maître puisse agir dans ce court espace de temps ; sans
quoi, et s'il forme sa demande plus tard, il sera déclaré
non recevable, que l'abordage ait été fortuit, ou causé par

---

* Le *Cod. de com.* établit la même règle, art. 455, § 4 et art. 436.

la faute de l'autre maître ; car l'ordonnance ne distingue point en cette partie. Il est à observer néanmoins que, s'il y a eu des pourparlers qui aient empêché d'intenter l'action dans les vingt-quatre heures, la fin de non-recevoir n'aura pas lieu : mais la preuve de ces pourparlers n'est pas, selon moi, recevable par témoins, et il n'y a que la ressource de s'en rapporter au serment de la partie adverse.

Si l'abordage s'est fait en pleine mer, ou tellement hors du port, qu'il ne soit pas possible au maître d'intenter son action dans les vingt-quatre heures après le dommage reçu, le délai ne courra que du jour de l'arrivée de son navire dans le port. *Contra non valentem agere non currit prescriptio.*

Dans ce délai au reste, quoique fatal, ne sera pas compris le jour du dimanche qui s'y rencontrera, l'ordonnance ne le disant pas, de même de la fête chômée, la raison étant égale. Sentence conforme de l'amirauté de Marseille du 17 décembre 1751.

Reste à savoir si un bâtiment chargé pour Marans, Rochefort, ou quelque autre endroit voisin, ayant été abordé hors de la rade, en un mot dans sa route, mais de manière que le dommage n'est pas capable de l'empêcher de continuer son voyage, le maître est obligé de retourner aussitôt dans ce port pour former son action dans les vingt-quatre heures, ou s'il peut achever son voyage sans s'exposer à perdre le droit de demander raison du dommage qu'il a reçu.

Je pense qu'il peut dans ce cas continuer librement son voyage, et que, moyennant qu'il intente son action dans les vingt-quatre heures de son arrivée dans le port de sa destination, si cela est possible, il sera à couvert de la fin de non-recevoir. A tout événement, il faut qu'il use de diligence, et qu'à son arrivée il ait soin de protester au greffe, s'il y en a, sinon par-devant notaires, de se pourvoir, s'il prévoit qu'il ne puisse pas intenter son action dans les vingt-quatre heures ; la raison est que les circonstances du voyage commencé mettent naturellement le maître dans l'impuissance d'agir, ou, ce qui est la même chose, excusent pleinement son inaction, à cause qu'il ne pourrait relâcher, pour se plaindre de l'abordage, sans augmenter considérablement la perte par les dommages et intérêts que causerait la relâche, et qu'on serait en droit de lui reprocher l'affectation qu'il aurait eue de relâcher, étant en état de continuer sa route.

Au fond, en matière d'abordage, le dommage doit être réparé par le maître qui l'a causé par sa faute ou par son imprudence, et à plus forte raison, s'il l'a fait par malice. Mais rien de tout cela ne se présume, pas même contre le maître dont le navire est beaucoup plus fort que l'autre : il en faut des preuves, sans quoi l'on juge que c'est un pur accident dont le dommage doit être supporté également par les deux navires ; et c'est ainsi que se terminent presque toujours ces sortes de contestations. V. *infrà* les articles 10 et 11 du tit. des avaries, avec les notes.

9.

Les taverniers n'auront aucune action pour la nourriture fournie aux matelots, si ce n'a été par l'ordre du maître ; et en ce cas ils en feront la demande dans l'an et jour, après lequel ils n'y seront plus reçus. *

Cet article contient deux parties qu'il ne faut pas confondre. Dans la première, toute action est déniée aux taverniers ou

---

* Le *Cod. de com.*, art., 433, § 5, consacre la même règle. Les termes dans lesquels le Code s'est exprimé ne sont pas aussi clairs que

cabaretiers, pour la nourriture qu'ils auront fournie aux matelots, si ce n'a été par l'ordre du maître.

Cela veut dire que, sans cela, le cabaretier est sans action, soit contre le maître, soit contre le propriétaire ou l'armateur du navire.

Il est tout de même sans action contre les matelots, conformément aux ordonnances de 1555 et de 1584. V. *infrà*, art. 14, tit. premier du liv. 2.

Cependant, comme les anciennes ordonnances et le présent article disent *sans l'ordre du maître*, ce qui suppose nécessairement des matelots engagés avec lui, auxquels par conséquent il doit la nourriture, la décision serait différente s'il s'agissait de la nourriture fournie à des matelots avant leur engagement; c'est-à-dire que le cabaretier serait fondé à leur demander, en pareilles circonstances, le paiement de leur nourriture, et qu'ils y devraient être condamnés toutefois *juxta legitimum modum*, à moins qu'ils ne fussent habitans du lieu même; auquel cas le cabaretier serait également sans action contre eux, conformément à l'article 128 de la coutume de Paris, qui en cette partie fait loi partout, le cabaretier alors devant s'imputer la faute de leur avoir fait crédit, ne pouvant pas douter qu'ils ne fussent domiciliés.

Telle est en effet l'interprétation reçue au sujet de cet article 128 de la coutume de Paris, qu'autant le cabaretier est répréhensible, qui attire à son cabaret des gens domiciliés pour les entretenir dans leur libertinage et leur débauche,

---

ceux de l'ordonnance; mais il suffit d'un peu d'attention pour découvrir que, si la loi nouvelle n'établit une prescription que contre l'action résultant de nourriture fournie aux matelots *par ordre du capitaine*, ce n'est pas pour traiter plus favorablement ceux qui auraient fait de pareilles fournitures *sans l'ordre du capitaine*, ce qui serait absurde, mais bien parce que, de pareilles fournitures ne donnant lieu à aucune action, toute prescription devient superflue.

autant il mérite de faveur pour raison de la nourriture qu'il fournit aux voyageurs, ou à ceux que leurs affaires amènent dans un lieu où ils n'ont ni établissement ni asile.

Si les matelots engagés sont autorisés par le maître à aller prendre leur repas au cabaret, sans doute que le cabaretier a droit de se pourvoir contre lui pour le paiement de leur nourriture ; mais cette dépense doit-elle retomber sur le propriétaire ou l'armateur du navire ? Le maître qui l'a payée est-il fondé à la lui porter en compte ? et le cabaretier peut-il retourner sur l'armateur, à défaut de paiement de la part du maître ? La négative est certaine, si le maître a agi sans l'aveu de l'armateur présent sur le lieu, et ce sera tout le contraire dans l'absence de l'armateur. V. au surplus les notes sur ledit art. 14, tit. premier du liv. 2.

En supposant néanmoins l'action ouverte au profit du cabaretier contre les matelots, contre le maître ou contre le propriétaire du navire, il faut toujours qu'il l'intente dans l'an et jour, faute de quoi la fin de non-recevoir pourra lui être légitimement opposée ; et c'est la seconde partie de notre article.

On comprend que l'an ne doit se compter que du jour que le cabaretier a cessé de fournir la nourriture aux matelots.

On comprend tout de même que, dans le cas où le propriétaire du navire est tenu du paiement de cette nourriture, le cabaretier est privilégié sur le navire, comme étant du nombre des créanciers pour fournitures de victuailles et autres choses nécessaires à l'équipement du navire, lesquels sont déclarés privilégiés par l'article 16 du tit. 14, *infrà*.

Et comme, par l'article 3 ci-dessus, tous ces privilégiés n'ont qu'un an pour demander le paiement de leur dû, il n'aurait pas été naturel que le cabaretier eût eu un plus long délai pour se pourvoir.

10.

Les prescriptions ci-dessus n'auront lieu lorsqu'il y aura cédule, obligation, arrêté de compte, ou interpellation judiciaire. *

On trouve les mêmes restrictions dans l'article 9, tit. premier de l'Ordonnance de 1673, et dans les art. 126 et 127 de la coutume de Paris.

Lorsque la créance est justifiée par un arrêté de compte ou autre reconnaissance par écrit, il n'est donc plus question des fins de non-recevoir établies par les articles précédens, et il n'y a plus d'autre prescription à opposer que celle de trente ans; mais on peut laisser perdre ou purger le privilége, quoique l'action personnelle soit toujours subsistante.

Quant à l'interpellation judiciaire, cela ne s'entend absolument que d'une demande en justice avec assignation. L'Ordonnance de 1673 et l'article 126 de la coutume de Paris disent, à la vérité, *sommation ou interpellation judiciaire*; mais il a toujours passé pour constant qu'une simple sommation non accompagnée d'assignation n'était pas capable d'arrêter la prescription et d'empêcher la fin de non-recevoir.

Il ne suffit pas au reste d'une assignation en forme, il faut encore en faire suite, et ne pas laisser tomber l'instance en péremption; autrement la fin de non-recevoir aurait lieu tout comme s'il n'y eût pas eu de demande judiciaire. Et à cet égard il convient d'observer que, si dans les matières ordinaires la péremption d'instance ne s'opère que par une cessation de

---

* *Cod. de com.*, art. 434. « La prescription ne peut avoir lieu s'il y a cédule, obligation, arrêté de compte, ou interpellation judiciaire. »

procédures pendant trois ans, il n'en est pas de même dans celles où la durée de l'action est bornée à deux ans, à un an , ou à six mois, la règle étant certaine, que l'instance périt alors par discontinuation des procédures pendant le même temps que l'on a pour former utilement l'action , comme , par exemple, en matière de retrait, de complainte. Sur quoi voir le Commentaire sur la coutume de La Rochelle, article 54 n. 20, art. 57 n. 40.

Mais , quoique l'action soit prescrite, on n'est pas pour cela sans ressource, le défendeur ne pouvant en pareil cas obtenir sa décharge qu'en affirmant par serment qu'il ne doit pas; ou, si c'est un héritier , qu'en affirmant qu'il n'a pas connaissance que la somme demandée soit due. C'était déjà une maxime universellement reçue avant que l'Ordonnance de 1673 en eût fait une règle dans l'article 10 du tit. premier, déjà cité. Ainsi je ne puis souscrire à une sentence de Marseille du 12 juillet 1848, qui a jugé le contraire : toute courte prescription doit être accompagnée de bonne foi.

Toutefois, afin que le demandeur puisse exiger le serment, il faut qu'il ait un principe d'action contre le défendeur : car , si c'était un cabaretier, par exemple, qui demandât à un matelot le paiement de la dépense que celui-ci aurait faite à son cabaret sans l'aveu du maître ou du propriétaire du navire , comme il serait alors sans action contre le matelot, ce serait en vain qu'il lui déférerait le serment, puisque la reconnaissance de la dette de la part du matelot ne suffirait pas pour opérer sa condamnation.

Par la même raison, le cabaretier n'en ferait pas mieux, quand il serait fondé dans un billet ou autre reconnaissance par écrit du matelot. Dès qu'il serait constant et avéré que le billet n'aurait pour cause que la dépense indûment faite par le matelot au cabaret, il n'en serait pas moins en voie de décharge, aux termes de l'article 155 de la coutume d'Estampes, et d'un arrêt du 17 décembre 1584 cité par la majeure partie des commentateurs sur l'article 128 de la coutume de Paris, qui a déclaré nulle une cédule faite par un habitant, au profit d'un cabaretier, pour dépense de bouche faite en sa taverne.

Hors de là, et lorsqu'il n'y a de fin de non-recevoir à opposer contre la dette, que sur le fondement de la prescription, si le défendeur refuse d'affirmer qu'il a payé, ce qui vaut une reconnaissance formelle de la vérité de la dette, c'en est assez pour conserver au demandeur sa créance, sans avoir égard à la prescription, et pour lui faire obtenir un jugement de condamnation contre son débiteur; mais pour cela il ne rentre pas dans tous les droits attachés à sa créance dans le principe, je veux dire qu'il ne recouvre pas le privilége qu'il avait originairement. Ce privilége est perdu pour lui, il ne peut plus l'exercer, et il ne lui reste qu'une action simple et commune contre son débiteur.

Il en est à son égard comme d'un créancier de rente constituée qui a laissé acquérir la prescription de cinq ans. La prescription des arrérages antérieurs aux cinq dernières années n'empêchera pas à la vérité le créancier d'en exiger le paiement de son débiteur, si celui-ci, renonçant à la fin de non-recevoir, reconnaît devoir tous les arrérages demandés; mais cette reconnaissance, ne pouvant nuire à ses autres créanciers, ne fera pas remonter l'hypothèque des arrérages prescrits, au jour du contrat de constitution de la rente : il n'y aura d'hypothèque à cet égard que du jour du jugement de condamnation ou de la reconnaissance par-devant notaires. Commentaire sur la coutume de La Rochelle, article 19, n.º 122; à Duplessis et Brodeau sont cités.

Or, si la reconnaissance d'une dette, après la prescription, ne fait pas revivre l'hypothèque de la créance, il en doit être de même du privilége, par identité de raison.

Outre les prescriptions et fins de non-recevoir introduites par les différens articles de ce titre, il y a encore celles concernant les assurances. Sur quoi voir l'article 48 du titre des assurances, qui est le sixième du livre 3 ; la réclamation des ancres, article 28, titre des naufrages ; la réclamation des effets en fait de prise, article 26, tit. 9 ; la réclamation des successions des gens morts en mer, article 10, titre 11 du même livre 3, et la réclamation des effets naufragés, articles 13, 24, 26, 27, 28 et 36, tit. 9 du liv. 4.

Mais, par rapport à ces derniers objets, quoique par le règlement du 23 août 1739 ces fins de non-recevoir aient été renouvelées, et que le délai pour la réclamation des effets des gens morts en mer ait été étendu jusqu'à deux ans, la prescription en ce qui concerne l'intérêt du roi, cédé aux invalides, et celui de M. l'amiral, ne s'observe point à la rigueur, l'intention du roi et de M. l'amiral étant que les réclamations soient reçues en quelque temps que ce soit, moyennant que les réclamateurs justifient suffisamment le droit qu'ils s'attribuent.

Ce n'est donc que lorsque les prescriptions ou fins de non-recevoir tournent au profit des particuliers, qu'on y fait droit à la rigueur, en déclarant les réclamateurs non recevables pour ne s'être pas pourvus dans le temps déterminé par la loi, sans examiner même s'il a été en leur pouvoir de se présenter plus tôt ; c'est-à-dire, s'ils ont eu connaissance, ou non, de l'événement qui leur donnait droit de réclamer leurs effets.

TITRE XIII.

DES JUGEMENS ET DE LEUR EXÉCUTION.

Il n'est pas de mon sujet de parler ici des règles que les juges sont obligés de suivre dans leurs jugemens ; d'examiner s'ils doivent toujours s'en tenir à la lettre de la loi, ou s'ils peuvent s'en écarter quelquefois pour en consulter l'esprit et l'adopter ; de marquer quand et comment l'usage peut suppléer à la loi, la mitiger ou l'abolir entièrement; d'indiquer enfin les caractères qui distinguent les véritables usages, des pratiques abusives. Je me réduirai donc à des observations convenables sur les dispositions contenues dans différens articles de ce titre.

1.

Tous jugemens des siéges particuliers de l'amirauté qui n'excéderont la somme de cinquante livres, et ceux des siéges généraux ès tables de marbre qui n'excéderont cent cinquante livres, seront exécutés définitivement et sans appel.

2.

Les jugemens définitifs concernant les droits de congés et autres appartenant à l'amiral, seront exécutés par provision à la caution juratoire du recéveur.

3.

Seront aussi les sentences concernant la restitution des choses déprédées ou pillées dans les naufrages exécutées, nonobstant et sans préjudice de l'appel, en donnant caution.

Il faut pour cela qu'il s'agisse de sentences rendues en matière civile. Si l'on avait pris la voie extraordinaire, il en serait autrement, parce qu'en matière criminelle l'appel suspend tout, la condamnation pécuniaire en même temps que la peine afflictive. Il n'y aurait d'exception à cela qu'autant que les effets pillés auraient été saisis et déposés par ordonnance de justice ; alors la délivrance provisoire ou définitive ordonnée en faveur des réclamateurs, aurait lieu aux termes de cet article, nonobstant l'appel, en, par eux, donnant bonne et suffisante caution.

Quoique l'article ne parle que des déprédations ou pillages en cas de naufrage, il en serait de même en fait de pillage commis par des pirates ou corsaires, relativement à l'article 37 de l'Ordonnance de 1543, et à l'article 52 de celle de 1584 ; ce qui s'entend aussi bien du pillage fait par les gens d'un navire armé en course, sur un navire ennemi pris, à raison du tort que ce pillage fait à l'armement, que de celui qui serait fait sur un vaisseau de la nation ou étranger qui ne serait pas sujet à prise.

Au reste, comme l'article 7 ci-après porte qu'au surplus l'Ordonnance de 1667 sera exécutée selon sa forme et teneur, ce qui renvoie aux titres 17 et 27 de ladite ordonnance, principalement à l'article 13 du titre des matières sommaires, et que la plupart des affaires qui se traitent à l'amirauté sont ou de police, ou au rang des matières sommaires, ou dans le cas d'être fondées en titre ; il est très-peu de jugemens ou sentences de l'amirauté qui ne soient en termes d'être exécutés par provision en donnant caution.

Il en est de même qui sont exécutoires sans donner caution, soit à raison du privilége de la dette, soit par la difficulté de fournir caution ; et tels sont les jugemens portant condamnation définitive ou provisoire, contre le propriétaire ou l'armateur d'un navire, en paiement des gages ou loyers dus tant au capitaine qu'aux autres personnes de l'équipage : l'usage est à cet égard d'ordonner le paiement ou provisionnel ou définitif, sur la simple soumission des demandeurs.

De ce que presque tous les jugemens d'amirauté sont exécutoires, nonobstant l'appel, en donnant caution, il ne s'ensuit pas néanmoins que cet article soit inutile ou superflu, puisqu'il résout un cas sur lequel, cessant sa disposition, il y aurait eu quelque doute à former par rapport à l'exécution provisoire. *

4.

Les jugemens dont l'appel interjeté n'aura point été relevé dans six semaines, seront encore exécutés, nonobstant l'appel, en donnant caution.

5.

Les jugemens donnés en matière *de ventes et achats de vaisseaux, fret ou nolis, engagemens ou loyers de matelots, assurances, grosses aventures ou autres contrats concernant le commerce et la pêche de la mer,* seront exécutoires par corps. **

De même qu'il n'est guère de jugemens d'amirauté qui ne

---

* D'après les dispositions de l'art. 439 du Cod. de proc. civ., les tribunaux de commerce peuvent ordonner l'exécution provisoire de leurs jugemens avec ou sans caution ; il me paraît même, malgré les difficultés qui se sont élevées sur cet article, que l'exécution provisoire, avec caution, des jugemens rendus par les tribunaux de commerce, est toujours de droit : c'était une maxime plus que séculaire de notre jurisprudence commerciale. Je ne vois pas que l'on puisse tirer un argument décisif de la rédaction de l'art. 439, pour modifier les anciens principes sur ce point important. Je sais bien que l'ancienneté d'une règle n'est pas toujours une preuve de sa sagesse ; mais quand, examinée sans préjugés, on ne découvre pas de raison puissante pour innover, je regarde comme une maxime fondamentale qu'il ne faut pas d'innovation. Ici il peut y avoir de bonnes raisons pour l'un et l'autre système ; mais le premier m'est garanti par une expérience de plusieurs siècles, et je m'y range. Ainsi jugé par la Cour de cassation, le 2 avril 1817.

** L'art. 4, tit. 2 de la loi du 15 germinal an VI, établit la même règle. « La contrainte par corps aura lieu également pour l'exécution

soient exécutoires par provision en donnant caution, de
même il n'en est guère aussi qui n'emportent la contrainte par
corps, parce que les condamnations sont presque toutes prononcées, ou contre des gens de mer pour fait de navigation
et d'engagement relatif à la navigation, ou contre des commerçans pour fait de leur négoce, ou enfin en exécution de
quelque contrat maritime.

Par rapport aux *jugemens donnés en matière de ventes
et achats de vaisseaux*, ce qui s'entend aussi bien de l'achat
d'une portion que de la totalité d'un vaisseau, s'il s'agit
d'une vente judiciaire, nul doute que l'adjudicataire par
décret ne soit contraignable par corps au paiement du prix
de l'adjudication, de quelque qualité et condition qu'il soit,
non-seulement parce que l'article 10 du titre suivant prononce la contrainte par corps en ce cas sans distinction, mais
encore parce qu'il est de règle que la contrainte par corps ait
lieu contre tout acheteur de biens vendus par autorité de
justice.

Il n'y a d'exception à cela que pour les filles et les femmes
qui ne seraient pas marchandes publiques, ou pour les mineurs non-marchands, ou pour les septuagénaires; mais
aussi un juge instruit ne recevrait pas de tels adjudicataires.

Si au contraire il n'est question que d'un achat volontaire
du navire, il ne sera obligatoire par corps qu'entre marchands
ou gens de mer.

Fret ou nolis. En cette partie, il y a l'action de l'affréteur
pour l'exécution du contrat d'affrétement contre le propriétaire du navire, ou contre le capitaine; et l'action de l'un ou
de l'autre, pour le paiement du fret des marchandises, contre

---

de tous contrats maritimes, tels que grosses aventures, chartes-parties, assurances, engagemens ou loyers de gens de mer, ventes et
achats de vaisseaux, pour le fret et le naulage, et autres concernant
le commerce et la pêche de la mer.

I. 23

ceux qui les ont chargées dans le vaisseau, ou qui ont manqué à leur engagement, ou contre ceux à qui elles ont été adressées.

Au premier cas, la contrainte par corps a lieu sans difficulté ; au second, il faut distinguer si c'est un marchand qui a promis de charger, ou si les marchandises sont adressées à un commerçant : il sera tout de même contraignable par corps au paiement du fret ; *secùs*, si c'est tout autre qu'à un marchand ou à un homme de mer.

Engagement ou loyers de matelots. Ce qui comprend le capitaine aussi bien que les autres officiers et les simples matelots. En cette partie, qu'il s'agisse de faire exécuter l'engagement des gens de l'équipage envers le propriétaire ou l'armateur du navire, ou l'engagement de celui-ci envers eux, c'est toute la même chose pour la contrainte par corps ; elle aura lieu dans toutes les condamnations qui interviendront à ce sujet, au profit des uns contre les autres, sans en excepter les dommages et intérêts.

Assurances, grosses aventures, ou autres contrats concernant le commerce de la mer. De droit, tous ces contrats emportent donc la contrainte par corps ; mais ce n'est tout de même qu'entre marchands, ou plutôt ce n'est que contre les commerçans ou gens de mer qui les ont souscrits, à l'exemple de ce qui est établi par rapport aux lettres de change et aux billets à ordre valeur reçue comptant ou en marchandises, conformément aux articles 1 et 2 du titre 7 de l'Ordonnance de 1673.

Il en serait autrement d'un contrat de cette nature consenti par quelqu'un qui ne ferait pas le commerce, par argument des mêmes articles. Il est vrai que ces actes dépendent du négoce ; mais un ou deux emprunts à la grosse, une ou deux assurances, en un mot un ou deux actes de commerce ne sont pas une preuve que celui qui les a passés est commerçant. Ainsi, s'il en est demeuré là sans en avoir fait d'autres d'où l'on puisse induire qu'il fait le commerce, il n'est pas sujet à la contrainte par corps, si dans l'acte il ne ne s'y est soumis expressément, relativement à l'article qui suit. *

S'il s'agissait néanmoins d'un emprunt à la grosse fait par un homme à l'occasion des marchandises qu'il embarquerait avec lui dans un navire, d'une facture de marchandises dont il se chargerait en pacotille pour la vendre à moitié profit au lieu de la destination du navire, et en faire les retours, dans l'un ou l'autre cas, à cause de la faveur de la navigation réunie à celle du commerce, je ne douterais nullement que cet homme ne fût sujet à la contrainte par corps pour l'exécution de son engagement, quoique ce fût le premier acte de navigation et de négoce qu'il eût fait. Je n'en excepterais pas même un mineur âgé de vingt ans accomplis, parce qu'à cet âge il peut être marchand, suivant l'art. 3, titre premier de la même Ordonnance de 1673 ; mais, par la raison contraire, je croirais le mineur au-dessous de vingt ans en état de se faire relever d'un pareil engagement, comme de tout autre qui lui serait préjudiciable.

Et la pêche de la mer. Cela se rapporte à tous les actes d'association qui peuvent se faire pour la pêche de la morue, du hareng et de tout autre poisson, qu'il s'agisse d'un seul navire ou de plusieurs faisant la pêche séparément ou en compagnie, dès qu'il y a convention de rapporter de part et d'autre tout le produit de la pêche pour en faire le partage. De manière ou d'autre, ces actes obligent de droit par corps

---

* Remarquez bien que cette doctrine de Valin, et la distinction qu'il vient d'établir, n'est plus applicable : tout individu commerçant ou non-commerçant qui signe un contrat maritime, fait un acte de commerce d'après les termes formels de l'art. 633 du Cod. de com., et est soumis à la contrainte par corps pour l'exécution de ce contrat, aux termes de l'art. 4 de la loi de germinal an 6.

ceux des commerçans qui les consentent, mais non ceux qui ne sont pas dans le négoce, s'ils ne font partie des employés à la pêche qui fait le sujet de l'association.

Cet article ne s'explique que sur le point de savoir si les jugemens rendus dans les matières qu'il énonce sont exécutoires, ou non, malgré l'appel, en donnant caution; et en conséquence à Marseille on défère à l'appel dès que la somme excède 60 livres. Il me semble que c'est négliger le droit de la juridiction de l'amirauté. *Vide infrà*, article 7.

6.

Permettons en outre aux parties de s'obliger par corps en tous contrats maritimes; aux notaires d'en insérer la clause dans ceux qu'ils recevront, et aux huissiers d'emprisonner en vertu de la soumission, sans qu'il soit besoin de jugement. *

Cet article me confirme dans l'opinion que les contrats maritimes ne sont de droit obligatoires par corps que contre

---

* *Cod. civ.*, art. 2063. « Hors les cas déterminés par les articles précédens, ou qui pourraient l'être à l'avenir par une loi formelle, il est défendu à tous juges de prononcer la contrainte par corps; à tous notaires et greffiers de recevoir des actes dans lesquels elle serait stipulée, et à tous Français de consentir pareils actes, encore qu'ils eussent été passés en pays étranger; le tout à peine de nullité, dépens, dommages et intérêts. »

Art. 2067. « La contrainte par corps, dans les cas même où elle est autorisée par la loi, ne peut être appliquée qu'en vertu d'un jugement.»

Tout individu commerçant ou non-commerçant étant soumis de plein droit à la contrainte par corps pour l'exécution des contrats maritimes, on n'a plus intérêt à en faire l'objet d'une stipulation spéciale.

les commerçans ou les gens de mer, et que ce n'est que pour y assujétir les autres personnes qu'il permet de stipuler la contrainte par corps dans ces sortes de contrats.

Sans cela en effet, il serait comme inutile, au moyen de l'article précedent, qui parle également de tous contrats maritimes, et en vertu duquel tous les commerçans et les gens de mer qui les consentent sont contraignables par corps à leur exécution; et cela sans qu'il soit besoin de leur part d'une soumission expresse à la contrainte par corps, parce qu'à leur égard elle est sous-entendue et de droit.

Il est pourtant vrai, même en ce qui les concerne, que la soumission à la contrainte par corps aura son utilité dans les contrats maritimes passés par-devant notaires, en ce que, sans condamnation judiciaire, et en vertu du contrat contenant l'obligation par corps, la contrainte pourra effectivement s'exercer par corps; au lieu que, si l'engagement n'était que par sous-seing privé, il ne serait exécutoire par corps qu'en conséquence d'un jugement de condamnation en conformité.

Mais au fond l'engagement par corps est toujours le même, et la différence ne consiste que dans la mise à exécution, dont un sous-seing privé n'est pas susceptible, la règle étant certaine, que nulles contraintes ne peuvent être exercées valablement contre un débiteur qu'en vertu d'un titre emportant exécution parée, tel qu'est un contrat passé par-devant notaires, ou un jugement de condamnation dont il n'y a pas d'appel, ou dont l'appel n'empêche pas l'exécution.

A cela près, il est indifférent qu'un commerçant se soit expressément obligé ou non par corps dans un contrat maritime, puisque, étant de droit assujéti par corps à son exécution, la condamnation ne pourra manquer d'être prononcée contre lui en conformité. Mais, par rapport à un non-commerçant, l'utilité de la stipulation est telle, que sans cela il ne pourrait être condamné au paiement par corps.

Cela vient de ce que, l'Ordonnance de 1667 ayant abrogé l'usage qui était observé auparavant au sujet de la contrainte par corps, il n'est plus permis aux parties de la stipuler, ni aux juges de la prononcer, si ce n'est dans les cas exceptés par cette même ordonnance, et par celles qui l'ont suivie.

Ainsi, de même que pour le paiement d'un prix de ferme d'un bien de campagne, le fermier ne saurait être valablement contraint ou condamné par corps, qu'autant que par l'acte de ferme il sera soumis à la contrainte par corps, relativement à l'Ordonnance de 1667 ; de même un contrat maritime ne peut être rendu exécutoire par corps contre un non-commerçant, qu'autant qu'il s'y sera obligé par corps en conformité de cet article.

Mais aussi, s'étant soumis à la contrainte par corps, elle aura lieu contre lui tout comme contre un négociant, ou contre un homme de mer ; de manière que, si l'acte est pardevant notaires, il ne sera nullement besoin de condamnation judiciaire pour le contraindre.

7.

Sera au surplus notre ordonnance de mil six cent soixante-sept exécutée selon sa forme et teneur.

Il n'est pas douteux, en ce qui concerne surtout la procédure, que ce ne soit à l'Ordonnance de 1667 qu'il faille avoir recours, pour les cas omis dans la présente Ordonnance, et où elle n'a rien de contraire ; mais c'est principalement pour ce qui se rapporte à l'exécution des jugemens que cet article se réfère pour le surplus à ladite Ordonnance de 1667.

TITRE XIV.

De la Saisie et Vente des Vaisseaux, et de la Distribution du Prix.

Les navires sont meubles de leur nature, et comme tels ils sont déclarés affranchis du retrait lignager et de tous droits seigneuriaux, par l'article premier, tit. 10, liv. 2, *infrà*.

Cependant, à cause de l'importance de leur objet, ils peuvent être saisis et décrétés par autorité de justice; mais les formalités requises à ce sujet sont beaucoup plus simples et plus courtes que celles qui sont en usage dans les autres procédures décrétales.

Du reste, quand il est question de l'ordre et distribution du prix de la vente, on leur rend leur qualité véritable et essentielle; de manière qu'après les créanciers privilégiés payés, ce qui reste du prix se distribue entre les autres créanciers hypothécaires ou chirographaires, comme deniers provenant de la vente d'un pur meuble. Telle est la matière du présent titre.

I.

Tous navires et autres vaisseaux *pourront être saisis et décrétés* par autorité de justice; et seront *tous priviléges et hypothèques purgés* par le décret qui sera fait *en la forme ci-après*. ★

L'édit du mois d'octobre 1666, que l'on trouve dans le

★ *Cod. de com., art. 197.* « Tous bâtimens de mer peuvent être saisis et vendus par autorité de justice, et le privilége des créanciers sera purgé par les formalités prescrites par les articles 198 et suiv.

recueil de Néron, tom. 2, *fol.* 80, avait tellement déclaré les navires meubles, qu'en les affranchissant de toute hypothèque et de tout droit de suite, il avait permis de les négocier, vendre et acheter avec toute sûreté, pour les acheteurs ou cessionnaires; ordonné qu'ils ne seraient saisis, vendus, ou adjugés, ni les deniers en provenant distribués que de la manière dont on en usait à l'égard des autres meubles.

La disposition de cet édit subsiste encore : 1° en tant que les navires y sont déclarés meubles absolument; et c'est en s'y conformant que l'article premier, tit. 10, liv. 2, ci-après, les a exemptés du retrait lignager et des droits seigneuriaux; 2° en ce qu'ils y sont aussi déclarés non susceptibles d'hypothèque de leur nature, attendu qu'il n'y a pas été dérogé en cette partie, ni par cette ordonnance, ni par aucune autre loi ; et qu'au contraire l'article qui vient d'être cité a suffisamment confirmé la décision, en réputant les navires meubles à tous égards.

En effet, étant meubles, ils ne peuvent pas plus être sujets à hypothèque que les autres meubles, qui par le droit commun du royaume n'en sont pas susceptibles. Si le contraire a lieu en pays de droit écrit et en quelques coutumes, c'est par exception à la régle générale; et encore dans ces mêmes pays l'hypothèque n'opère-t-elle qu'autant que les meubles sont trouvés dans la possession du débiteur, sans droit de suite lorsqu'ils sont en tierce main, sauf les cas privilégiés qui sont indépendans de l'hypothèque.

Quant aux autres dispositions de cet édit, elles sont abrogées par la présente Ordonnance, quoiqu'elles fussent une suite naturelle de la qualité de meuble attribuée aux navires, et qu'elles eussent pour objet l'intérêt de la navigation et du commerce maritime. C'est sans doute à cause des abus et des fraudes qui en pouvaient résulter que ce changement s'est fait; à joindre que ces créanciers sont naturellement plus en droit de regarder le navire de leur débiteur comme le gage de leur dû , que les autres effets dont la circulation est nécessaire et inévitable.

Quoi qu'il en soit, il ne faut plus dire, en conséquence de cet édit de 1666, qu'un acheteur de navire en acquiert la propriété dans l'instant du transport qui lui en est fait, sans pouvoir être inquiété par les créanciers de son vendeur, puisqu'il est décidé par l'article 2 du même tit. 10, liv. 2 de la présente Ordonnance, que les navires, quoique meubles , demeureront *affectés aux dettes du vendeur jusqu'à ce qu'ils aient fait un voyage en mer, sous le nom et aux risques du nouvel acquéreur ; et que l'article 3 porte que la vente d'un vaisseau étant au voyage ne pourra en aucune façon préjudicier aux créanciers du vendeur.*

Il ne faut plus dire tout de même, en conformité de cet édit, que la saisie, la vente et adjudication d'un navire ne pourront être faites, ni la distribution du prix en provenant être ordonnée, que suivant ce qui se pratique à l'égard des autres meubles, puisque le présent article et tous les autres du même titre en disposent autrement ; à cela près néanmoins que dans la distribution du prix, après la collocation des créanciers privilégiés, ce qui restera du prix sera sujet à répartition entre les créanciers non privilégiés, de la façon qu'on en use en saisie et vente mobilière , par conséquent sans préférence de la part des créanciers hypothécaires, si ce n'est en Normandie, à cause de l'article 519 de cette coutume, et dans les pays où les meubles en général sont susceptibles d'hypothèque.

Pourront être saisis et décrétés. Pourvu que le saisissant soit fondé dans un acte authentique emportant exécution prompte et parée, et par conséquent scellé ; car il n'y a que le sceau qui donne l'exécution parée. Ferrière, compil. sur l'art. 164 de Paris, § premier, n. 5 et 6 ; Brodeau sur le même art., n. 2 ; édit du mois de novembre 1596.

Non-seulement les navires peuvent être saisis et décrétés,

mais encore il n'y a pas d'autre voie pour en dépouiller le propriétaire malgré lui. Ce serait donc inutilement qu'un créancier demanderait le délaissement du navire de son débiteur à dire et estimation d'experts : il ne pourrait valablement obtenir ce délaissement que du consentement de son débiteur; et alors ce délaissement ne produirait absolument d'autre effet que celui qui résulte d'une vente volontaire; c'est-à-dire que ce créancier ne serait à couvert des autres créanciers de son débiteur qu'autant qu'il aurait fait faire un voyage au navire sous son nom et à ses risques, n'y ayant que le décret interposé en justice qui ait la vertu de purger dans l'instant les dettes auxquelles le navire pouvait être affecté.

Mais aussi dès que le décret est interposé, *tous priviléges et hypothèques sont purgés*, à défaut d'opposition, comme en vente d'immeubles par décret, sauf aux créanciers opposans à faire valoir leurs droits sur le prix de l'adjudication du navire, en se présentant à temps.

Au surplus, ce mot *hypothèque* ne peut regarder que les pays où les meubles sont susceptibles d'hypothèque, et est sans conséquence pour les pays qui, comme le nôtre, ne reconnaissent d'hypothèque que sur les immeubles. Cela veut dire que, quoique dans les premiers l'hypothèque soit purgée, elle ne laisse pas d'influer sur le prix qui représente le navire; au lieu que, dans les autres, il est indifférent que les créanciers opposans soient fondés en hypothèque ou non, puisque l'hypothèque n'a pas eu de prise sur le navire, par la raison qu'il est meuble, et qu'ainsi, après la collocation des créanciers privilégiés, le sort de tous les autres doit être égal, qu'ils soient hypothécaires ou simples chirographaires.

En la forme ci-après. Les formalités de la saisie réelle et du décret d'un immeuble sont trop longues et trop multipliées pour devoir être suivies dans la vente par décret d'un navire. C'est pourquoi notre Ordonnance, dans les articles suivans, a prescrit celles qu'il faut observer à ce sujet : elles sont beaucoup plus simples et elles conduisent plus promptement au but, en donnant en même temps aux créanciers tout le temps convenable pour mettre leurs droits à couvert par la voie de l'opposition.

Ces formalités au reste étaient déjà presque toutes usitées à Bordeaux avant cette Ordonnance, comme on peut le voir dans Cleirac, tit. de la juridiction de la marine, art. 5, n. 13, pag. 399, 400 et 401. C'est là aussi que le commentateur a puisé, pag. 597 et 598, toutes les autorités dont il s'est fait honneur sur cet article, quoiqu'elles auraient mieux trouvé leur place sur l'article premier du titre 10, liv. 2, déjà cité.

2.

Le sergent, après avoir fait *commandement* de payer, procédera par saisie du vaisseau, déclarera par son procès-verbal le nom du maître, celui du bâtiment, et son port, ensemble le lieu où il sera amarré; fera inventaire des agrès, ustensiles, armes et munitions, *et y établira un gardien solvable.* *

Commandement. Non-seulement toute saisie réelle, mais encore toute saisie et exécution, ou autre contrainte, doit être

---

* *Cod. de com, art.* 200. « L'huissier énonce dans le procès-verbal,

» Les nom, profession et demeure du créancier pour qui il agit;

» Le titre en vertu duquel il procède ;

» La somme dont il poursuit le paiement ;

» L'élection de domicile faite par le créancier dans le lieu où siége le tribunal devant lequel la vente doit être poursuivie, et dans le lieu où le navire saisi est amarré;

précédée d'un commandement ; et le commandement, pour être valable, doit être fait en vertu d'un titre emportant exécution parée, tel qu'est un jugement sans appel, ou un acte passé ou reconnu par-devant notaires, duquel titre il faut dénoncer copie au débiteur, à sa personne ou à son domicile, en lui faisant commandement, s'il ne lui a auparavant été signifié.

Un seul commandement suffit pour parvenir aux contraintes ; mais en matière de saisie réelle, et il en est ici question, le commandement doit être recordé à peine de nullité. D'Héricourt, traité de la vente par décret, ch. 6, n. 7, p. 91 ; acte de notoriété du Châtelet du 26 mai 1699, cité par Ferrière, sur le titre des criées de la coutume de Paris, § 2, n. 6 et 7.

Il doit y avoir un intervalle de vingt-quatre heures au moins entre le commandement et la saisie, soit réelle, soit mobilière. D'Héricourt, *ibid.* pag. 92 ; Ferrière, introd. à la pratique, *verbo* commandement ; Commentaire sur la coutume de La Rochelle, art. 14, n. 11. *

Si le commandement était suranné, il serait de la prudence de le réitérer avant de procéder par saisie du navire.

La saisie au reste, pour être valable, doit être faite pour une somme claire, liquide et exigible ; mais, savoir si cette somme doit être de 100 livres au moins, comme pour saisir réellement un immeuble, j'en fais d'autant moins de doute, qu'assez souvent les immeubles que l'on met en saisie réelle ne valent pas le plus petit navire.

» Les noms du propriétaire et du capitaine ;

» Le nom, l'espèce et le tonnage du bâtiment.

» Il fait l'énonciation et la description des chaloupes, canots, agrès, ustensiles, armes, munitions et provisions.

» Il établit un gardien. »

* *Cod. de com.*, art. *198.* « Il ne pourra être procédé à la saisie que vingt-quatre heures après le commandement de payer. »

Puisque le commandement qui doit précéder la saisie réelle du navire, doit être recordé, à plus forte raison le procès-verbal de saisie doit-il l'être. Au surplus, pour être valable, il faut, aux termes de cet article, qu'il contienne le nom du vaisseau et celui du maître ou capitaine qui le commande, le port ou capacité du bâtiment, et l'indication du lieu où il est amarré. Cela est ainsi ordonné afin que tous ceux qui ont intérêt à la vente du navire puissent le reconnaître, et effectivement il ne faut rien de plus. Il n'est point parlé du nom du propriétaire du vaisseau, parce que, la saisie étant faite sur lui, son nom est indiqué au commencement du procès-verbal de saisie.

Enfin le sergent doit établir un gardien sur le navire, pour tenir lieu du commissaire aux saisies réelles, dont les fonctions ne s'étendent pas sur les navires mis en saisie réelle. Cleirac, *ibid.* pag. 400. L'article dit, *gardien solvable ;* mais, si cela devait s'entendre d'un gardien dont les facultés seraient suffisantes pour répondre de la valeur du vaisseau, la chose serait impraticable.

Soit à cause du danger du feu, soit pour prévenir le pillage des agrès, apparaux et ustensiles des navires, il n'est point de navire dans le havre sur lequel on n'établisse un gardien, et ce gardien est toujours quelque ancien matelot sur la probité duquel on croit pouvoir compter. Lors donc que le sergent fait la saisie réelle du vaisseau, et qu'il y trouve un gardien, c'est celui-là même qu'il charge de la garde du navire par son procès-verbal de saisie, à moins qu'il n'ait ordre de le changer et d'en établir un autre à sa place. Il faut laisser sur-le-champ au gardien copie du procès-verbal de saisie.

Pour ce qui est de l'inventaire des agrès, ustensiles, armes et munitions du navire, il n'est point de l'essence de la saisie; c'est-à-dire que le vaisseau ne serait pas moins valablement saisi avec toutes ses dépendances, quoique cet inventaire ne serait pas fait : mais sûrement, si le sergent y manquait, il ferait une faute dont il serait également responsable envers le saisissant et envers la partie saisie, au cas que dans la suite on soutînt qu'il aurait été fait quelque divertissement des agrès et apparaux.

La faute serait d'autant plus grande, que n'y ayant pas de pièce contre le gardien pour l'obliger de représenter les agrès et apparaux confiés à sa garde, il pourrait lui-même en soustraire impunément une partie. Mais dans la pratique on ne voit point commettre cette faute, et l'inventaire se fait avec d'autant plus d'exactitude, que le plus souvent les agrès et apparaux valent plus que le corps du navire, et que c'est sur cet inventaire que se règlent ordinairement ceux qui se présentent pour faire les enchères, et se rendre adjudicataires du vaisseau.

Une observation à faire, est que dans la saisie du navire il faut exprimer nommément sa chaloupe et son canot, comme ne faisant pas partie des agrès et apparaux et dépendances du navire; sans quoi l'adjudicataire ne pourrait les prétendre, et le saisi aurait la faculté d'en disposer.

Argument de la loi dernière, ff. *de instr. leg.*, où il est dit, *scapha navis non est instrumentum navis;* et qu'ainsi l'acheteur du navire ne peut prétendre la chaloupe comme faisant partie de ses dépendances.

Vinnius, *de re nauticâ,* sur Peckius, pag. 80, en dit autant du légataire; *quia,* dit-il, *scapha nec pars navis est nec instrumentum, sed ipsa per se navicula est, mediocritate tantùm, non genere à navi distincta.* C'est pourquoi il pense, d'après Balde et Stracha, *de nav.*, part. 2, n. 12, qu'elle n'est pas comprise de droit dans la saisie réelle du navire. De même, Cleirac, tit. de la juridiction de la marine, art. 5, n. 13, p. 399 et 400; et Loccenius, *de jure maritimo, lib. primo, cap.* 2, n. 6; *idem,* Stypmannus, *part.* 3, *cap.* 9, n. 20 *et seq., fol.* 500; et Kuricke, quest. 5, *in fine, fol.* 856 et 857. Cela n'empêche pas néanmoins qu'en matière d'assurance, l'assureur ne réponde de plein droit de la perte

de la chaloupe ou du dommage qui y arrive, suivant le même
Stracha. *Infrà,* art. 26, tit. des assurances.

Mais en ce qui concerne les agrès et apparaux, ustensiles et munitions, ils appartiennent de droit à l'adjudicataire,
le navire lui ayant été adjugé avec toutes ses dépendances;
de manière que, s'il s'en trouve dans le navire ou dans le
magasin où ils ont été mis en dépôt, au-delà de ceux contenus dans l'inventaire, il est en droit de les retenir ou
d'en demander la délivrance, s'il n'a été fait aucune réserve
à ce sujet lors de la vente, ou, ce qui est la même chose,
s'il n'a été déclaré qu'on ne mettait en vente que les agrès
et apparaux spécifiés dans l'inventaire.

Cette déclaration toutefois est assez inutile, si l'on n'entend
pas faire vendre à part l'excédant des agrès et apparaux; parce
qu'il n'y a que ce qui est compris dans l'inventaire dont
le saisissant soit obligé de faire bon à l'adjudicataire, et qu'à
l'égard de ce qu'il peut y avoir au-delà, c'est à l'adjudicataire
à en faire la recherche à ses périls et risques, sans pouvoir
prétendre aucune garantie à ce sujet.

3.

Le procès-verbal sera signifié au domicile du saisi,
s'il en a dans le ressort, avec assignation pour voir
procéder à la vente; et, s'il n'a domicile dans le ressort, la signification sera faite, et l'assignation donnée au maître; *et, si le saisi est étranger, et hors du
royaume,* le tout sera signifié à notre procureur, qui
sera tenu d'en donner incessamment avis à notre
procureur général. *

Rien n'est plus naturel que de signifier au saisi le procès-

---

* *Cod. de com.,* art. 201. « Si le propriétaire du navire saisi de-

verbal de saisie de son navire ; et cette formalité est si essentielle, que son omission emporterait la nullité de toute la procédure décrétale.

La signification sera valable, étant faite à sa personne comme à son domicile ; et si cet article n'a parlé que du domicile, ce n'est qu'à l'occasion des distinctions qu'il fait dans la suite, n'étant pas douteux que toute signification ne puisse être faite à la personne aussi efficacement qu'au domicile, excepté celle du seigneur au vassal, *et vice versâ*.

Si la signification ne peut se faire au saisi, parlant à sa personne, il faut la faire à son domicile, s'il en a dans le ressort, c'est-à-dire, dans l'étendue de la juridiction de l'amirauté où s'est faite la saisie, laquelle juridiction a seule le droit d'interposer le décret.

Le saisi n'étant pas domicilié dans le ressort, la signification, aux termes de cet article, sera faite au maître ou capitaine du navire ; ce qui est une exception à la règle générale de la procédure, suivant laquelle il faudrait assigner le saisi à son véritable domicile dans le royaume. Mais, pour ce qui est du commandement, je crois qu'il y a nécessité de le faire au débiteur, à sa personne ou à son domicile, et qu'il ne suffirait pas d'en délaisser copie au maître, attendu que par-là le débiteur ne serait pas mis en demeure de payer, ce qui est indispensable néanmoins avant de procéder à toute saisie sur un Français.

Autre chose est de l'étranger absent, parce que le commandement dans son pays n'est pas plus praticable que la signification de la saisie ; c'est pourquoi notre article dit, et, si *le saisi est étranger, et hors du royaume, le tout sera signifié*

---

meure dans l'arrondissement du tribunal, le saisissant doit lui faire notifier, dans le délai de trois jours, copie du procès-verbal de saisie, et le faire citer devant le tribunal, pour voir procéder à la vente des choses saisies.

au procureur du Roi du siége de l'amirauté, qui sera tenu d'en donner incessamment avis à M. le procureur général; d'où il s'ensuit que le commandement doit être signifié au procureur du Roi, tout comme le procès-verbal de saisie, avec assignation pour voir procéder à la vente.

L'Ordonnance de 1667, tit. 2, art. 7, veut que les étrangers qui seront hors du royaume soient ajournés ès hôtels de MM. les procureurs généraux des parlemens où ressortiront les appellations des juges devant lesquels ils seront assignés.

La raison pour laquelle notre article s'est contenté que la signification fût faite au procureur du Roi au siége de l'amirauté, est sans doute la promptitude avec laquelle la procédure décrétale d'un navire doit être suivie. S'il eût fallu faire la signification à l'hôtel de M. le procureur général, cela aurait retardé les criées et publications; et alors les étrangers auraient été de meilleure condition à cet égard que les Français.

Au surplus, le motif de l'Ordonnance de 1667 est rempli par l'injonction qui est faite au procureur du Roi, de donner incessamment avis de la signification de la saisie à M. le procureur général; au moyen de quoi l'étranger peut être informé de la saisie de son navire, tout comme si la signification était faite directement à M. le procureur général.

Indépendamment de la signification à faire au procureur du Roi, tant du commandement que de la saisie, je pense qu'il est expédient de le faire aussi au maître ou capitaine du navire, et que ce serait une irrégularité d'y manquer. Il me semble même que l'article l'a entendu de la sorte en disant : *le tout sera signifié.*

Si le saisi français n'a pas de domicile dans le ressort, et que le navire n'ait point de maître ou capitaine, nul doute alors qu'il ne faille lui faire le commandement et lui signifier la saisie à son vrai domicile ; et s'il est absent pour faillite,

I.   24

voyage de long cours ou hors du royaume, ou s'il n'a pas de domicile connu, il faudra se conformer à l'Ordonnance de 1667, articles 8 et 9 du titre ci-dessus cité.

4.

Les criées et publications seront faites ensuite, par trois dimanches consécutifs, à l'issue de la messe paroissiale du lieu où le vaisseau sera amarré, et les affiches seront apposées, le lendemain de chaque criée, au grand mât, sur le quai, à la principale porte de l'église et de l'auditoire de l'amirauté, et autres lieux accoutumés. *

Aussitôt après la signification du procès-verbal de saisie, avec assignation au saisi pour voir procéder à la vente, et non auparavant, les criées et publications seront faites, par trois dimanches consécutifs, à l'issue de la messe paroissiale du lieu où le navire sera amarré. Autrefois à Bordeaux il fallait quatre criées (Cleirac, *Jurid. de la Marine,* pag. 400); mais en Normandie il n'en fallait que trois, et c'est cet usage que notre Ordonnance a préféré.

---

* *Cod. de com.*, art. 202. « Si la saisie a pour objet un bâtiment dont le tonnage soit au-dessous de dix tonneaux,

» Il sera fait trois criées et publications des objets en vente.

» Les criées et publications seront faites consécutivement, de huitaine en huitaine, à la bourse et dans la principale place publique du lieu où le bâtiment est amarré.

» L'avis en sera inséré dans un des papiers publics imprimés dans le lieu où siége le tribunal devant lequel la saisie se poursuit; et s'il n'y en a pas, dans l'un de ceux qui seraient imprimés dans le département. »

En quoi ces criées sont conformes à celles qui se pratiquent en matière de saisie réelle d'immeubles, c'est qu'elles doivent être faites tout de suite et sans interruption, aux jours de dimanche, issue de messe paroissiale et non des vêpres; et en quoi elles diffèrent, c'est que trois suffisent de huitaine en huitaine; au lieu que les criées d'un héritage saisi doivent être au nombre de quatre de quinzaine en quinzaine.

Comme il n'est pas permis de faire les criées le jour de Pâques, si cette fête arrivait l'un des trois dimanches des criées, il faudrait la faire le lendemain lundi, pour ne pas faire d'interruption; et néanmoins, parce qu'alors il n'y aurait pas effectivement trois publications à trois jours de dimanche, il faudrait en faire une autre surabondante, le dimanche après la dernière, comme il se pratique en saisie réelle d'immeubles.

Par rapport aux affiches des publications, il y a cette différence qu'au lieu d'être apposées chaque dimanche que ce sont les criées, ce n'est que le lendemain que cet article veut qu'elles soient apposées, savoir, au grand mât du navire saisi, sur le quai, au lieu accoutumé à mettre les affiches, à la principale porte de l'église paroissiale devant laquelle les criées auront été faites, à la porte de l'auditoire de l'amirauté, c'est-à-dire du palais royal où l'amirauté a son siége, avec droit de tenir ses audiences dans la salle d'audience du présidial et de la sénéchaussée, suivant l'édit du mois de mai 1711; et enfin aux autres lieux accoutumés, c'est-à-dire ceux où l'on est dans l'usage d'afficher les criées des immeubles en saisie réelle.

La raison pour laquelle notre article a remis au lendemain l'apposition des affiches, n'est pas précisément l'indécence qu'il y aurait que le sergent se transportât un jour de dimanche dans le navire pour attacher l'affiche au grand mât, comme le pense le commentateur, car il n'y a pas plus d'indécence à cela qu'à faire les criées; c'est plutôt parce qu'il a prévu que le navire saisi pourrait n'être pas à quai dans le lieu du siége de l'amirauté, et qu'ainsi il ne serait pas facile de faire toutes ces affiches dans ce qui reste du jour du dimanche après la célébration de la messe de paroisse.

On comprend que le sergent doit faire son procès-verbal d'apposition d'affiches comme celui de la publication des criées.

5.

Les publications et affiches déclareront aussi le nom du vaisseau saisi et son port, et le lieu *où il sera gisant ou flottant*, et indiqueront les jours d'audience auxquels les enchères auront été remises. *

De même que le procès-verbal de saisie réelle du navire, et l'assignation qui est donnée en conséquence au saisi, doivent indiquer les jours que se feront les criées et publications, de même les publications et affiches doivent indiquer les jours

---

* *Cod. de com.*, art. 204. « Les criées, publications et affiches doivent désigner,

» Les nom, profession et demeure du poursuivant;

» Les titres en vertu desquels il agit ;

» Le montant de la somme qui lui est due ;

» L'élection de domicile par lui faite dans le lieu où siége le tribunal, et dans le lieu où le bâtiment est amarré;

» Les nom et domicile du propriétaire du navire saisi ;

» Le nom du bâtiment, et, s'il est armé ou en armement, celui du capitaine;

» Le tonnage du navire;

» Le lieu où il est gisant ou flottant;

» Le nom de l'avoué du poursuivant;

» La première mise à prix;

» Les jours des audiences auxquelles les enchères seront reçues. »

d'audience auxquels les enchères seront reçues et auront été remises.

Ces mêmes affiches doivent aussi, comme la saisie réelle, exprimer les noms du saisi, du vaisseau et du maître, son port et lieu où il sera *gisant ou flottant*, puisque c'est ce qui rend la saisie notoire, et ce qui annonce au public la vente à faire du navire, avec des indications suffisantes pour la reconnaître.

Au reste, ces mots, *gisant ou flottant*, font voir qu'il n'est pas nécessaire qu'un vaisseau soit amarré à quai pour pouvoir être saisi valablement, et qu'il peut l'être tout de même quoique flottant, c'est-à-dire hors du havre, étant à flot sur ses ancres.

6.

Il sera procédé à la réception des premières enchères, incontinent après la première criée, au jour désigné par l'affiche, et le juge continuera de les recevoir, après chaque criée, de huitaine en huitaine, à jour certain et limité. *

Dans les saisies réelles d'immeubles on ne reçoit point d'enchères que toutes les criées ne soient achevées, et qu'elles n'aient été certifiées. Ici il est ordonné de procéder à la réception des premières enchères, incontinent après la première criée, au jour désigné par l'affiche, et de continuer de recevoir les enchères après chaque criée de huitaine en

---

* *Cod. de com.*, art. 205. « Après la première criée, les enchères seront reçues le jour indiqué par l'affiche.

» Le juge commis d'office pour la vente continue de recevoir les enchères après chaque criée, de huitaine en huitaine, à jour certain fixé par son ordonnance. »

huitaine, à jour également certain et limité par les affiches, c'est-à-dire au premier jour d'audience qui suit la publication de chaque criée suivant l'usage.

On conçoit, à cause de la rapidité de cette procédure, et que les criées en fait de saisie de navires ne sont point sujettes à confiscation, qu'il y a nécessité de les signifier, à mesure qu'elles se font, à la partie saisie, ensemble les jugemens qui donnent acte des enchères et prononcent les remises, avec assignation pour procéder en conséquence. S'il est question d'un saisi étranger, toutes ces significations doivent être faites au procureur du Roi.

7.

Après la troisième criée l'adjudication sera faite par le juge au plus offrant et dernier enchérisseur, sans autre formalité. *

Aussitôt après la troisième criée, sur les enchères faites à l'audience suivante, l'adjudication peut être faite par le juge, sans aucune autre formalité, au plus offrant et dernier enchérisseur.

D'où il s'ensuit qu'il ne faut ni jugement de certification des criées, ni congé d'adjuger, ni d'observer les autres formalités prescrites pour la vente par décret des immeubles : que deviendrait en effet un navire pendant tout ce temps-là?

Cela n'empêche pas néanmoins la partie saisie d'excepter

---

* *Cod. de com.*, art. 206. « Après la troisième criée, l'adjudication est faite au plus offrant et dernier enchérisseur, à l'extinction des feux, sans autre formalité.

» Le juge commis d'office peut accorder une ou deux remises, de huitaine chacune.

» Elles sont publiées et affichées. »

des nullités de la saisie et des criées, s'il y en a, pour empêcher l'adjudication ; et alors il faut statuer sur les nullités proposées, ce qui doit se faire sommairement à l'audience ou sur un délibéré.

Si les nullités sont rejetées, il sera ordonné en conséquence qu'il sera passé outre à la vente et adjudication au jour qui sera indiqué par le juge, à l'effet de quoi il faudra tout de même appeler la partie saisie.

Alors il sera effectivement passé outre à la vente, nonobstant l'appel que la partie saisie aura interjeté du jugement qui l'aura déboutée de son opposition à fin d'annuler, en néanmoins donnant, par le saisissant, bonne et suffisante caution pour répondre de l'événement.

Il est vrai qu'en matière de saisie réelle d'immeubles, il faut déférer à l'appel du congé d'adjuger, et que l'on ne peut passer outre à la vente au préjudice de l'appel. D'Héricourt, ch. 9, n. 10, pag. 191. Brodeau, sur Louët, let. D. som. 66. Mais il en est autrement en saisie et vente de meubles : il est sans contredit que l'on peut procéder à la vente, nonobstant toute opposition ou appel, en donnant caution. Commentaire sur la cout. de La Rochelle, art. 18, n. 8. Or il s'agit ici de la vente d'un meuble, puisqu'un navire est déclaré meuble à tous égards.

Qu'on ne dise pas que les navires étant susceptibles de saisie réelle, il faut en user pour l'obligation de surseoir à la vente de la même manière qu'on en use à l'égard des immeubles saisis réellement, et par conséquent différer la vente jusqu'à la décision de l'appel.

Car si les navires sont sujets à être saisis réellement et à être vendus par décret, ce n'est qu'à raison de l'importance de leur objet. Leur nature n'est pas pour cela changée ; et il n'y a pas d'apparence de les réputer immeubles en cette partie, pour en conclure qu'ils ne peuvent être vendus au préjudice de l'appel.

La présente Ordonnance a voulu que l'on observât certaines formalités particulières avant que d'en faire la vente
judiciaire, à peu près comme l'Ordonnance de 1667, tit. 53,
article 15, a défendu de vendre les bagues, joyaux et vais-
selle d'argent au-dessus de la valeur de 300 liv., qu'après
trois expositions à trois jours de marchés différens. L'une
et l'autre n'ont pas porté leurs vues plus loin à cet égard ;
et moyennant l'accomplissement de ces formalités particulières, elles ont laissé le reste dans les termes du droit
commun concernant les ventes judiciaires de meubles, à
cela près seulement, que l'adjudication d'un navire saisi
ne peut être faite que par le juge, au lieu que les autres
meubles peuvent être vendus et adjugés par le ministère d'un
huissier ou sergent.

Concluons donc qu'un navire peut être vendu par décret,
nonobstant toute opposition ou appellation quelconque, en
donnant caution. Et cela peut d'autant moins faire de difficulté dans l'esprit de notre Ordonnance, que c'est pour éviter les
inconvéniens qui résulteraient nécessairement de la saisie d'un
navire, si elle était tirée en longueur, qu'elle a extrêmement sim-
plifié et abrégé la procédure nécessaire pour parvenir à la vente.

Or son objet serait manqué ou éludé, si l'appel pouvait
suspendre la vente.

8.

Pourra toutefois le juge accorder une ou deux remises, qui seront publiées et affichées comme les
précédentes. *

L'usage s'est tellement introduit d'accorder une ou deux
remises après les enchères faites sur la troisième criée, que

---

* Cod. de com., art. 206.

ceux qui se présentent pour se rendre adjudicataires ne font jamais d'enchères sérieuses que dans ce temps-là, de sorte que ce qui n'avait été pratiqué dans le principe que par grâce en faveur de la partie saisie, est devenu en quelque sorte de nécessité.

Aux termes de cet article, le juge peut donc accorder au saisi une ou deux remises, et même il peut les ordonner d'office, s'il voit que le navire ne soit pas porté à peu près à sa juste valeur. Mais il n'a pas droit d'en accorder d'autres, si ce ce n'est à la réquisition du créancier saisissant ou des opposans, à cause des frais que les remises occasionent, y ayant nécessité de publier et afficher celles qui sont accordées par grâce, aussi bien que celles qui sont de droit rigoureux, comme les criées, et par conséquent de les signifier tant à la partie saisie qu'au syndic des procureurs des créanciers opposans.

A la dernière remise, l'adjudication se fait à l'audience au profit du plus haut et dernier enchérisseur, et naturellement cette adjudication devrait être définive et sans retour, sauf l'audience, comme il se pratique à la sénéchaussée de cette ville, par rapport aux décrets des immeubles. Mais il y a en ce siége * un usage très-ancien suivant lequel l'adjudication définitive se remet, issue d'audience, au canton où s'assemblent les négocians, où il est dit que toutes parties seront tenues pour assignées sans autre formalité.

Là, en présence du juge, l'huissier de service à l'amirauté publie la vente et l'adjudication du navire à tel prix, sur quoi les enchères étant ouvertes, elles sont reçues jusqu'à l'adjudication absolue et définitive qui se fait au dernier enchérisseur.

Le singulier est que la plupart de ceux qui ont des vues

---

* J. Valin était procureur du Roi au siége de l'amirauté de La Rochelle.

sur le navire, complant exactement sur la remise de l'adjudication au canton des négocians, négligent de paraître à l'audience pour faire leurs enchères, se réservant de les faire à ce canton. Il est pourtant vrai que c'est par pure complaisance, ou, si l'on veut, pour le bien de la chose, que le juge se transporte ainsi au canton, n'étant pas douteux qu'il n'ait droit de consommer l'adjudication à son audience.

C'est ainsi que l'amour de la justice fait quelquefois condescendre des juges à des tempéramens dont ils pourraient d'autant plus se dispenser, qu'ils dégénèrent pour eux en une espèce de servitude. Après tout, cette cérémonie de la vente et adjudication au canton tenant lieu de bourse, a du moins cela d'utile, qu'elle prouve au corps des négocians assemblés avec quelle exactitude et franchise procèdent des juges avec lesquels le commerce maritime a des liaisons si étroites.

L'adjudication une fois faite ou confirmée, en présence des négocians assemblés, l'adjudicataire est fait propriétaire incommutable du navire, sans que personne puisse être reçu ensuite à enchérir par voie de tiercement ou autrement. Il est vrai qu'on a prétendu assez souvent que le tiercement devait être admis dans ces occasions, aussi bien que dans les autres judiciaires que font les juges de l'amirauté, d'effets saisis, naufragés ou de prise; mais on y a jamais eu d'égard, même en faveur des mineurs, soit parce qu'on en use de même dans la sénéchaussée et au parlement, en fait d'adjudication par décret des immeubles saisis, soit parce que la ressource du tiercement étant admise, ce serait donner moyen de tirer en longueur des ventes qui exigent célérité, et par-là détourner des enchérisseurs qui quelquefois viennent de loin pour se rendre adjudicataires, et qui n'auraient pas le temps de rester jusqu'à ce que l'instance du tiercement fût vidée.

Il arrive quelquefois à ces publications d'enchères au canton des négocians, que le juge ordonne des remises lorsque les navires ou autres effets mis en vente ne paraissent pas portés à leur juste valeur; sur quoi l'on a demandé si le dernier enchérisseur pouvait s'opposer à la remise et demander l'adjudication absolue, avec déclaration que sans cela il retirerait son enchère.

La solution de la question dépend d'une distinction simple et naturelle. S'il s'agit d'une remise du nombre des deux que cet article permet au juge d'accorder, en ce cas, qu'elle soit requise de la part du poursuivant, ou qu'elle soit ordonnée d'office par le juge, comme il en a le droit sans contredit, malgré le poursuivant même, nul doute alors que ce dernier enchérisseur ne soit tenu d'y acquiescer ou de la souffrir, sans pouvoir rétracter son enchère, parce qu'il a dû s'attendre à la remise sur le fondement de cet article, et de l'usage qui a presque établi la nécessité d'accorder des remises après l'adjudication sur la troisième criée.

Si au contraire, après ces deux remises devenues ordinaires, quoique de grâce, le juge en ordonne une autre, ce qui ne se peut toutefois que sur la réquisition du poursuivant, c'est alors que le dernier enchérisseur peut s'y opposer, et déclarer que, si l'adjudication pure et absolue ne lui est pas faite, il rétracte son enchère; parce que, n'ayant pas dû s'attendre à cette remise, il n'est pas naturel qu'elle soit accordée à son préjudice. Si donc il déclare alors qu'il rétracte son enchère, sur le refus de lui faire l'adjudication, il doit nécessairement lui en être donné acte, moyennant quoi il est déchargé de son enchère. Et comme tous les précédens enchérisseurs ont aussi été déchargés de plein droit de leurs enchères, à mesure qu'elles ont été ouvertes (commentaire sur la coutume de La Rochelle, article 19, n° 49 et 50), les choses sont remises par-là au même état que s'il n'y avait encore point eu d'autre enchère que celle que le poursuivant a faite en faisant publier la vente pour la première fois.

Cependant il peut arriver qu'à la nouvelle publication de

vente au jour indiqué par l'ordonnance de remise, les enchères n'aillent pas à la somme offerte par le dernier enchérisseur auquel la livraison a été refusée; et alors ce sera un
embarras pour le poursuivant, s'il a demandé la remise de
son chef, et sans le concours des créanciers opposans, qui
pourront lui imputer à faute le refus qu'il aura fait de consentir l'adjudication en demandant une nouvelle remise.
C'est pourquoi avant de demander la remise, il doit, pour sa
sûreté, ou se munir du consentement du procureur-syndic
des créanciers opposans, ou engager le dernier enchérisseur
à souffrir la remise, son enchère tenant, ou se déterminer à
prendre la chose mise en vente pour son compte propre et
particulier, au prix offert par le dernier enchérisseur, au cas
que par événement la dernière enchère ne soit pas ouverte,
ou qu'elle ne le soit pas de manière à indemniser des frais de
la remise; et à payer alors les frais de cette remise, autant
que le bénéfice de la surenchère ne suffira pas pour les
remplir.

On ne dit rien de la partie saisie, parce qu'elle n'a pas de
voix en pareille occurrence; de sorte que ce serait en vain
qu'elle s'opposerait à la remise en consentant l'adjudication,
elle ne serait pas écoutée, ne pouvant pas faire la loi à ses
créanciers; sans compter qu'il se pourrait fort bien qu'il y
eût de la collusion entre elle et le dernier enchérisseur qui ne
ferait que lui prêter son nom.

9.

L'adjudication des barques, chaloupes et autres
bâtimens du port de dix tonneaux et au-dessous,
sera faite à l'audience après trois publications seulement, sur le quai à trois divers jours ouvrables con-

sécutifs, pourvu qu'il y ait huit jours francs entre la saisie et la vente. *

Les barques, chaloupes et autres bâtimens du port de dix tonneaux et au-dessous, peuvent et doivent donc être saisis réellement comme les grands navires, et dans la même forme. Mais, parce que les bâtimens qui n'excèdent pas le port de dix tonneaux forment un objet peu considérable, en comparaison des vaisseaux d'un plus grand port, l'Ordonnance a jugé qu'il convenait de ne pas rapporter à leur vente et adjudication les mêmes formalités que celles prescrites pour la vente des grands navires.

C'est pourquoi il est établi par cet article, conformément à l'ancienne pratique de Bordeaux (Cleirac, *Jurid. de la marine*, pag. 401, n° 24), que la vente de ces petits bâtimens pourra être faite après trois publications seulement, sur le quai, à trois divers jours ouvrables consécutifs, pourvu toutefois qu'il y ait huit jours francs entre la saisie et la vente.

Il n'est point parlé d'affiches; cependant il me paraît de la règle qu'il y en ait au moins une attachée au mât de la barque ou autre petit bâtiment saisi, lors de la première publication, et que pareille affiche soit apposée sur le quai, ainsi qu'à la principale porte du palais.

L'usage de ce siége n'est point fixe sur ce sujet: les uns veulent qu'il y ait autant d'affiches que de publications, pour

---

* *Cod. de com.*, art. 207. « Si la saisie porte sur des barques, chaloupes et autres bâtimens du port de dix tonneaux et au-dessous, l'adjudication sera faite à l'audience, après la publication, sur le quai, pendant trois jours consécutifs, avec affiche au mât, ou, à défaut, en autre lieu apparent du bâtiment, et à la porte du tribunal.

» Il sera observé un délai de huit jours francs entre la signification de la saisie et la vente. »

augmenter les frais; les autres, par économie, ne croient pas qu'il soit nécessaire de faire aucune affiche : le plus sûr, selon moi, est d'en faire une.

Il résulte de cet article qu'il n'est point question de recevoir les enchères d'une publication à l'autre, mais seulement au jour d'audience indiqué par les criées et publications pour la vente.

Par cette raison, et parce que d'ailleurs la disposition de l'article précédent, qui est parfaitement applicable à l'espèce, ne reçoit aucune atteinte par celui-ci, il n'est pas douteux que le juge ne puisse, même d'office, accorder une ou deux remises pour l'adjudication définitive, et la renvoyer tout de même au canton d'assemblée des négocians, comme à l'égard des grands navires et des autres ventes judiciaires de l'amirauté.

10.

Les adjudicataires seront tenus, dans les vingt-quatre heures de leur adjudication, d'en payer le prix, sinon de le consigner entre les mains d'un notable bourgeois, ou au greffe de l'amirauté, sans frais; et, le temps passé, ils y seront contraints par corps, et le vaisseau sera publié de nouveau à l'issue de la messe paroissiale, et adjugé trois jours après à leur folle enchère. *

En décret d'immeubles, l'adjudicataire a huit jours pour payer ou consigner le prix de son adjudication, et cet ar-

---

* *Cod. de com.*, art. 209. « Les adjudicataires des navires de tout tonnage seront tenus de payer le prix de leur adjudication dans le délai de vingt-quatre heures, ou de le consigner, sans frais, au

ticle ne donne à l'adjudicataire d'un vaisseau que vingt-quatre heures. La brièveté de ce délai n'a rien de surprenant néanmoins, eu égard à celle de la procédure qui doit précéder le décret.

L'obligation de payer ou consigner dans les vingt-quatre heures est la même au surplus dans toutes les ventes judiciaires de l'amirauté.

En toute vente judiciaire, l'adjudicataire est contraignable par corps au paiement du prix de son adjudication; ainsi, faute par lui de payer ou consigner dans les vingt-quatre heures, il y peut être contraint par corps et par saisie de ses biens. Et cependant, comme les poursuites à faire à ce sujet pourraient tirer en longueur, indépendamment de ces poursuites que rien ne doit arrêter, le créancier saisissant, non-seulement est en droit, mais encore est dans l'obligation, surtout si les opposans le requièrent, de faire procéder à la revente du navire à la folle enchère de l'adjudicataire, comme il se pratique en décret d'immeubles. Pour parvenir à cette revente, il suffit, aux termes de cet article, de la faire publier et afficher une seule fois à l'issue de la messe paroissiale, par conséquent un jour de dimanche, par argument de l'article 4 ci-dessus, et d'attendre qu'il se soit écoulé trois jours après cette publication.

Comme cet article ne distingue point en cette partie la vente des gros navires de celle des petits bâtimens de dix tonneaux et au-dessous, il faut dire que ce qu'il prescrit

---

greffe du tribunal de commerce, à peine d'y être contraints par corps.

» A défaut de paiement ou de consignation, le bâtiment sera remis en vente, et adjugé trois jours après une nouvelle publication et affiche unique, à la folle enchère des adjudicataires, qui seront également contraints par corps pour le paiement du déficit, des dommages, des intérêts et des frais. »

pour la revente à la folle enchère les regarde également.

Il est entendu néanmoins que pour parvenir à la revente à la folle enchère, le créancier poursuivant doit donner sa requête au juge à cette fin; que c'est en vertu de l'ordonnance mise au bas de cette requête qu'il faut faire la publication dont il s'agit, et que le tout doit être signifié tant à la partie saisie, à l'adjudicataire en demeure de payer, qu'au plus ancien procureur des opposans, avec assignation à jour certain pour voir procéder à la revente, comme il se pratique en revente d'immeubles adjugés par décret.

Par identité de raison, il faut dire aussi que l'adjudicataire doit non-seulement faire bon de ce qui manquera aux prix de la revente et des frais pour y parvenir, mais encore payer les intérêts du prix de son adjudication.

S'il arrive que le vaisseau soit revendu au plus haut prix, il ne profitera sûrement pas de cet excédant; mais dans ce cas il sera juste de déduire sur le profit de la nouvelle adjudication les frais faits pour y parvenir, en telle sorte qu'il ne supportera de ces frais que la portion qui excédera le bénéfice de la revente. Pothier sur l'art. 478 de la coutume d'Orléans, pag. 431 et 432. V. commentaire sur la coutume de La Rochelle, art. 19, n. 96 et 97.

II.

Les oppositions à fin de distraire seront formées au greffe avant l'adjudication, après laquelle elles seront converties en opposition pour deniers. *

Les formalités des criées et publications n'ont été intro-

---

* *Cod. de com.*, art. 210. « Les demandes en distraction seront formées et notifiées au greffe du tribunal avant l'adjudication.

» Si les demandes en distraction ne sont formées qu'après l'adjudication, elles seront converties, de plein droit, en oppositions à la délivrance des sommes provenant de la vente. »

duites que pour avertir ceux qui ont des droits à prétendre sur les biens saisis et mis en vente, de se présenter à temps pour leur conservation.

En saisie réelle d'immeubles, il y a quatre sortes d'oppositions; savoir : à fin d'annuler, à fin de distraire; à fin de charge et à fin de conserver.

Notre Ordonnance ne parle point de l'opposition à fin d'annuler, qui ne regarde absolument que le saisi, ni du temps dans lequel elle doit être formée, parce qu'elle a retranché tacitement la formalité du congé d'adjuger; mais cela n'empêche pas la partie saisie d'attaquer la saisie de nullité, ce qui vaut opposition à fin d'annuler, qui est recevable, attendu la brièveté des criées, jusqu'à l'adjudication, à l'effet d'empêcher la vente, si elle paraît fondée de manière à déterminer les juges à prononcer la nullité. Mais, si au contraire l'opposition paraît frivole, et qu'elle soit rejetée comme telle, il sera passé outre à la vente nonobstant l'appel, comme il a été observé sur l'article 7, sauf à la partie saisie à faire suite de son appel et à faire condamner le saisissant en tous ses dépens, dommages et intérêts, si elle obtient en fin de cause.

Notre Ordonnance ne parle pas non plus de l'opposition à fin de charge, parce que cette opposition ne peut avoir pour objet qu'une rente ou une servitude, et que les navires ne sont pas sujets à ces charges comme les immeubles. Il n'est pas possible en effet d'imaginer des servitudes ou des rentes foncières sur des navires, puisque ce sont de purs meubles. Ils ne pourraient en tout cas qu'être affectés à des rentes ou foncières sur d'autres biens, ou simplement constituées; et pour ces sortes de rentes il n'y a que l'opposition à fin de conserver. Ainsi c'est mal à propos que le commentateur sur cet article, à ces mots, *à fin de distraire,* ajoute ceux-ci, *ou de charge;* ces sortes d'absences lui sont fort ordinaires.

I.   25

Il est question ici de l'opposition à fin de distraire, c'est-à-dire d'une opposition formée par quelqu'un qui a part dans le navire saisi.

L'article veut qu'elle soit formée au greffe avant l'adjudication, et que, si elle vient après, elle soit convertie en opposition pour deniers; mais cette dernière partie ne doit s'entendre que relativement à l'art. 14 ci-après; c'est-à-dire que l'opposition à fin de distraire ne sera même sujette à la conversion en opposition pour deniers, qu'au cas qu'elle soit formée dans les trois jours après l'adjudication.

En matière de saisie réelle d'un immeuble appartenant par indivis à la partie saisie et à l'opposant à fin de distraire, si le partage ne peut s'en faire sans quelque inconvénient, la règle est que son opposition n'empêche pas la vente de la totalité du bien, et que tout son droit se borne alors à être payé, par privilége et sans supporter aucuns frais, de la valeur de sa portion sur le pied de la vente, sans pouvoir être reçu à demander la licitation, sauf à lui à enchérir ou à faire trouver des enchérisseurs si bon lui semble. D'Héricourt, *Traité de la Vente par décret*, chap. 8, n. 15, pag. 171. *Commentaire sur la coutume de La Rochelle*, art. 19, n. 16.

Et, comme rien n'est plus indivisible qu'un navire, on demande s'il en doit être de même en cas de saisie réelle et vente d'un vaisseau appartenant tout de même à la partie saisie et à l'opposant à fin de distraire?

Il me semble qu'il faut tenir la négative, et dire au contraire que l'opposition à fin de distraire devra opérer son plein effet étant formée avant l'adjudication; de manière, par exemple, que, si l'opposant est fondé pour un quart dans le navire, on ne pourra absolument faire vendre que les trois quarts appartenant à la partie saisie; et c'est ce que cet article paraît décider bien nettement, en ne parlant de la conversion de l'opposition à fin de distraire en opposition pour deniers, qu'au cas qu'elle n'ait été formée qu'après l'adjudication.

S'il n'y avait que cela néanmoins, on pourrait interpréter autrement cet article et y adopter la règle observée en saisie réelle d'un immeuble possédé par indivis; mais en rapprochant l'art. 6, tit. 8 du liv. suivant, de celui-ci, tout doute est levé à mon sens.

En effet cet article 6, déclarant, par des raisons de commerce, que l'associé dans un navire ne pourra être contraint de procéder à la licitation du navire, fournit une raison décisive de différence et de disparité pour écarter l'application qu'on voudrait faire à la vente par décret des navires, de la règle pratiquée par rapport au décret d'un immeuble possédé par indivis, en ce que rien ne peut empêcher la licitation d'un domaine, lorsqu'elle est requise par l'un des copropriétaires, et que le partage n'est pas praticable, et qu'il en est autrement d'un navire appartenant en commun à deux ou plusieurs.

Il est vrai qu'il a été dit ci-dessus que l'opposant à fin de distraire la portion qu'il a dans le domaine saisi, est obligé d'en souffrir la vente sans pouvoir demander la licitation; mais il ne s'agit là que de la licitation ordinaire, c'est-à-dire de celle que l'opposant demanderait entre lui et la partie saisie seulement, ou avec ses créanciers, comme la représentant. Et une preuve qu'il ne s'agit en effet que de cette sorte de licitation, c'est l'obligation où est l'opposant de souffrir la vente de la totalité du bien, par conséquent de subir la licitation générale, à laquelle toutes personnes sont admises à enchérir. Ainsi la décision qui l'oblige à souffrir la vente, n'étant fondée que sur ce qu'il ne peut empêcher la licitation du bien en y admettant les étrangers, n'est nullement applicable à la saisie réelle d'un navire, attendu que l'associé au navire, opposant à fin de distraire, ne pouvant être forcé d'en consentir la licitation, ne peut par conséquent être forcé tout de même d'en souffrir la vente en entier. D'où il s'ensuit que son opposition doit opérer réellement la distraction de sa portion, en telle sorte qu'il n'y ait de vente à faire que des portions appartenant à la partie saisie.

Pour ce qui est de la manière de former opposition, il est tellement essentiel de la former au greffe, que, si elle est faite entre les mains de l'huissier ou sergent durant les criées, comme cela est licite, il y a nécessité de la réitérer au greffe : c'est ainsi qu'on en use en saisie réelle d'immeubles. Il est utile, au reste, de former opposition avant la fin des criées, par les raisons remarquées dans le commentaire de la coutume de La Rochelle, art. 19, déjà cité, n. 18

Si l'opposition à fin de distraire ne vient qu'après l'adjudication, ce qui ne doit s'entendre qu'après l'adjudication définitive précédée de toutes les remises, il n'est plus question alors de distraction ; et, aux termes du présent article, l'opposition est convertie de plein droit en simple opposition pour deniers, autrement à fin de conserver ; mais, parce que réellement la portion de l'opposant dans le navire est étrangère à celle du saisi, sur lesquelles seules les créanciers ont droit de prétendre leur paiement, l'opposition, quoique inutile pour la distraction effective contre l'adjudicataire, opère toujours cet effet, que du prix de l'adjudication, il faut lui délivrer la portion correspondante à celle qu'il avait dans le navire, avec ses frais d'opposition et d'instance.

Mais, comme il a été observé, il faut nécessairement que cette opposition soit formée dans le temps où les oppositions pour deniers sont encore recevables, conformément à l'article 14 ci-après ; sans quoi non-seulement l'opposant perdra la portion qui lui appartenait dans le navire, mais même sera exclus du droit d'en demander le prix, sauf son recours simple à ce sujet contre son saisi, sur ses autres biens ou sur les

deniers de la vente, s'il en reste après tous les créanciers-
opposans payés.

12.

Les opposans à fin de distraire seront tenus de
bailler leurs moyens d'oppositions dans trois jours
après qu'elle aura été formée, pour y défendre dans
le même délai, et ensuite être la cause portée à l'audience sur un simple acte. *

Cet article me confirme encore dans l'idée que l'opposition
à fin de distraire, étant bien fondée, doit opérer la distraction
effective de la portion de l'opposant, et empêcher qu'elle ne
soit vendue conjointement avec les parts du saisi. Mais, comme
il ne serait pas juste que par des délais affectés il retardât une
procédure décrétale que l'Ordonnance a voulu abréger pour
l'intérêt du commerce, il n'a que trois jours, après avoir formé
son opposition, pour bailler ses moyens et signifier les titres
sur lesquels il la fonde.

De même, et dans les trois autres jours suivans, il faut que
le poursuivant et les créanciers opposans y répondent, pour
en venir ensuite à l'audience sur un simple acte, c'est-à-dire
un avenir, à l'effet de statuer sur l'opposition.

Sans doute qu'en connaissance de cause, et suivant les circonstances, ces délais peuvent être prolongés par le juge; mais
il est toujours certain qu'il faut user de diligence, et que ces
sortes d'incidens doivent être terminés à l'audience, ou par

---

* *Cod. de com.*, art. 211. « Le demandeur ou l'opposant aura
trois jours pour fournir ses moyens.
» Le défendeur aura trois jours pour contredire.
» La cause sera portée à l'audience sur une simple citation. »

délibéré, ou tout au plus sur un appointement à mettre, n'y ayant pas là matière à appointement en droit.

Si par événement l'opposition est reçue et la distraction ordonnée, il ne sera procédé à la vente du navire que pour le surplus, à moins que le créancier poursuivant, de l'avis des autres opposans, n'interjette appel, auquel cas il sera sursis nécessairement à la vente; et, si au contraire l'opposition est rejetée, il sera alors passé outre à la vente du tout, non-obstant l'appel déclaré par l'opposant, sauf ses dépens, dommages et intérêts, s'il réussit sur l'appel.

13.

La maîtrise du vaisseau ne pourra être saisie ni vendue, ni aucune opposition à fin de distraction ou de charge être reçue pour raison de ce; et pourront les adjudicataires en disposer, sauf au maître à se pourvoir par son dédommagement, si aucun lui est dû contre ceux qui l'auront proposé.

La maîtrise d'un vaisseau ne pouvant donner aucun droit au maître dans la propriété du navire, puisque ce n'est qu'une commission qu'il reçoit du propriétaire pour commander le navire sous ses ordres, commission par conséquent révocable à volonté, suivant la nature de toute commission, il y aurait lieu de s'étonner que cet article eût été fait exprès pour décider que *la maîtrise ne pourra être saisie ni vendue, ni aucune opposition à fin de distraction ou de charge reçue pour raison de ce*, si autrefois le contraire n'eût été pratiqué, comme il résulte de ce que dit Cleirac, tit. de la juridiction de la marine, art. 5, n. 13, pag. 399, en ces termes : *et si la dette procède du fait du maître, il (le sergent) y comprendra la maîtrise.* Ou regardait donc alors la maîtrise comme un droit inhérent au navire, susceptible de saisie sur la tête du maître, qui par conséquent ne pouvait être révoqué par le propriétaire, ou plutôt par ses copropriétaires; car il était aussi d'usage de n'établir pour maître qu'un des propriétaires, à raison de quoi le maître était appelé *com-bourgeois*, et ne pouvait être destitué qu'en cas d'abus ou de malversation de sa part. Note 4 sur le premier des jugemens d'Oleron.

C'est à juste titre que cet usage mal entendu a été changé par notre Ordonnance; et, comme par cet article elle a déclaré que la maîtrise n'était pas susceptible de saisie non plus que d'opposition à fin de distraire ou de charge, elle a décidé aussi, dans l'article 4, tit. 8, liv. 2, que le maître, quoique intéressé dans le navire, pouvait être congédié par les autres propriétaires, en le remboursant, sur sa réquisition, de sa portion dans le vaisseau.

L'adjudicataire du navire est donc libre de garder le maître ou de le congédier à son gré, sans que celui-ci ait rien à dire, ni rien à prétendre contre lui.

Mais, comme c'est par le fait ou par la faute du propriétaire qui l'avait établi maître, qu'il perd le commandement du navire, l'article lui réserve à se pourvoir contre lui pour *son dédommagement*, en ajoutant néanmoins, *si aucun lui est dû.*

J'examinerai, sur ledit article 4, tit. 8, liv. 2, s'il est vrai, comme quelques-uns le prétendent, que le maître peut être congédié sans cause raisonnable, qu'il ne lui soit dû des dommages-intérêts. Je dirai pourtant d'avance que la question me paraît ici préjugée en faveur du maître, en ce qu'il lui est réservé à se pourvoir pour son dédommagement contre la partie saisie qui l'avait préposé pour commander le navire, et que ces mots, *si aucun lui est dû*, ne peuvent pas être pris à la lettre pour former une exception ou limitation, parce que, entendus de la sorte, il y aurait contradiction dans les termes, ce qui ne peut pas se supposer dans une loi.

En effet, ne serait-il pas absurde de considérer cet article comme laissant à décider s'il est dû au maître un dédommagement ou non contre la partie saisie, tandis qu'il lui sauve précisément à se pourvoir contre elle à ce sujet?

Ces mots, *si aucun lui est dû*, ne peuvent donc raisonnablement signifier autre chose, sinon que le dédommagement du maître sera plus ou moins considérable suivant les circonstances, c'est-à-dire, suivant le plus ou moins de perte que son déplacement lui causera. Mais il reste toujours qu'il lui est dû un dédommagement, dès qu'il lui est sauvé à se pourvoir à cette fin, et qu'il n'y a plus d'examen à faire que pour déterminer jusqu'où ira le dédommagement, eu égard à la perte du maître.

Je dis eu égard à sa perte réelle et effective, car il ne peut pas être question ici de dommages et intérêts tels qu'il pourrait les prétendre, étant congédié sans cause, pour raison du tort fait à sa réputation et des profits qu'il aurait pu faire naturellement, puisque ce n'est pas le propriétaire qui l'avait établi maître, qui le révoque par malice ou par caprice, et qu'il donne seulement occasion à la révocation en ne payant pas ses dettes.

C'est pour cela que l'article parle de dédommagemens simplement, au lieu de dommages et intérêts; et, comme le dédommagement suppose nécessairement une perte à réparer, et rien plus, il faut dire, pour explication finale de ces mots, *si aucun lui est dû*, qu'ils ne regardent que la question de fait, c'est-à-dire que le point de savoir si le maître est véritablement constitué en perte ou non, jusqu'à quel degré; mais qu'en point de droit, il est absolument décidé qu'il faut un dédommagement proportionné au préjudice qu'il souffre.

Or, si cela est juste et inévitable dans un cas comme celui-ci, comment refuser des dommages et intérêts au maître qui est congédié ou chassé sans cause par celui-là même qui l'avait préposé pour commander son navire?

14.

Les oppositions pour deniers ne pourront être reçues trois jours après l'adjudication. *

En saisie réelle et décret d'immeubles, nulle opposition n'est recevable après le décret levé et scellé; ce qu'il y a seulement de plus, c'est que le décret ne peut être scellé que vingt-quatre heures après l'adjudication : mais, comme on est extrêmement attentif à le sceller au bout de vingt-quatre heures, il est vrai de dire que depuis l'adjudication définitive les créanciers n'ont plus que vingt-quatre heures absolument pour former opposition.

Cet article leur est beaucoup plus favorable, puisqu'il leur accorde trois jours au lieu de vingt-quatre heures; mais il n'y a rien en cela de surprenant, attendu la rapidité de la procédure décrétale usitée en vente de navire, rapidité telle, que ceux qui ont des droits ou créances sur des navires, sans une grande vigilance, peuvent être exposés à tout moment à perdre leur dû. Car enfin il en est du décret d'un vaisseau, comme du décret d'un immeuble; c'est-à-dire que, faute d'opposition dans le temps, de la part de ceux qui avaient quelque droit à prétendre, tout est purgé, et les créanciers sont non recevables à se présenter dans la suite, quelque privilégiées que soient leurs créances; et cela, sans distinguer les absens des présens, les mineurs des majeurs, les femmes sous puissance de maris, de celles qui ont la jouissance de leurs droits.

La seule ressource qui reste aux créanciers qui ont manqué de former leur opposition à temps, est de saisir les deniers de l'adjudication entre les mains de celui qui en est le

---

* *Cod. de com.*, art. 411. V. la note sur l'art. 12.

dépositaire. Mais quelle faible ressource ! puisqu'ils ne peuvent espérer d'être payés, malgré le privilége de leurs créances, qu'autant qu'il restera des deniers suffisans après que tous les créanciers opposans auront été satisfaits, ceux-ci étant préférables sans difficulté, quoique leurs créances n'emportent aucune sorte de privilége, attendu que le privilége des autres est purgé par le décret, et cela avec un tel effet, que, s'ils se trouvent en concours avec d'autres créanciers également négligens, ils ne pourront toucher les deniers restans que par contributions au sou la livre avec eux, quoique les créances de ceux-ci soient simples et ordinaires. Voyez le commentaire de la coutume de La Rochelle, art. 19, n° 26.

Et il en faut dire autant d'un intéressé dans le navire, qui, au lieu de former son opposition à fin de distraire avant l'adjudication, ne se serait de même présenté que hors le délai accordé par cet article pour former opposition à fin de conserver.

On peut opposer, à la vérité, que, quoiqu'il soit absolument non recevable à inquiéter l'adjudicataire pour lui demander la distraction de la portion qu'il avait dans le vaisseau, rien n'empêche que, se présentant avant l'ordre et distribution des deniers, il n'ait droit de réclamer et de toucher la portion du prix de l'adjudication correspondant à sa portion dans le navire, sans qu'aucun des créanciers du saisi puisse raisonnablement s'y opposer, sous prétexte que le décret purge tout. Pour fortifier cette objection, on peut même ajouter que l'exception ne serait valable de la part des créanciers que contre d'autres créanciers moins diligens qu'eux, et qu'elle n'est point proposable contre un copropriétaire de la chose saisie et vendue par décret, qui, quoiqu'il ait laissé purger le droit de propriété qu'il y avait, n'est pas moins fondé à dire que le prix de sa portion vendue lui appartient en propre, et qu'il ne fait nullement partie des biens du saisi, à l'effet

que ses créanciers puissent le distribuer entre eux. Mais, je le
répète, si ce copropriétaire ne se présente qu'après les trois
jours de l'adjudication, tout son droit est purgé, et il ne peut
empêcher que l'ordre ne se fasse à son préjudice en faveur
des créanciers opposans. Cependant, si, après tous les opposans satisfaits, il restait encore des deniers, je croirais volontiers qu'il devrait être admis à faire valoir son privilége sur
ces deniers restans, à l'exclusion des créanciers non opposans
à temps comme lui, par la raison que c'est au fond sa chose,
et que ces autres créanciers ne sont pas en termes de lui opposer la fin de non-recevoir, pas plus que s'il eût laissé vendre
volontairement la totalité du navire par le copropriétaire,
et qu'il se fût borné ensuite à en saisir le prix entre les mains
de l'acquéreur, pour demander la délivrance de sa portion.
Mais il faut avouer que ce cas est si difficile à rencontrer,
qu'on peut le regarder comme chimérique.

15.

Les créanciers opposans seront tenus, trois jours
après la sommation qui leur en sera faite, de donner
leurs causes d'opposition, et de produire les titres
de leur créance au greffe, pour y répondre trois
jours après, et ensuite être procédé à la distribution
du prix. *

Il s'agit ici de l'ordre et distribution à faire du prix de l'adjudication après le décret; et la brièveté de cette procédure

---

* *Cod de com.*, *art. 213.* « Les créanciers opposans sont tenus de
produire au greffe leurs titres de créance, dans les trois jours qui
suivent la sommation qui leur en est faite par le créancier poursuivant ou par le tiers saisi; faute de quoi il sera procédé à la distribution
du prix de la vente, sans qu'ils y soient compris. »

subséquente, dans l'esprit de notre Ordonnance, répond à celle de la procédure antérieure au décret.

Pour parvenir à l'ordre, le procureur du poursuivant fait rendre un appointement à mettre et produire de la part de tous les créanciers opposans. En conséquence il fournit ses causes et moyens d'opposition, et produit les titres particuliers de ses créances, avec sommation aux autres créanciers d'en faire autant de leur côté, et de contredire sa production.

Sur cela, le plus ancien procureur des opposans prend communication de la production du poursuivant, et la contredit en même temps qu'il établit les moyens d'opposition de sa partie. Les autres créanciers fournissent aussi leurs moyens d'opposition et produisent, après quoi le poursuivant fait les contredits généraux de toutes les productions, sauf la réplique de chaque créancier.

Tout cela, aux termes de cet article, devrait être fait dans une semaine; mais on sent que cela n'est pas possible, pour peu qu'il y ait des créanciers opposans, quoique dans cette matière les questions de préférence ne soient pas susceptibles d'une longue discussion, à raison de quoi il n'intervient jamais d'appointement en droit pour les décider.

Il arrive donc nécessairement que ces deux délais, de trois jours chacun, sont fort prolongés; et cependant il est vrai de dire que la procédure en cette partie est toujours courte, en comparaison de celle qui est en usage dans la sénéchaussée, pour parvenir à la sentence d'ordre et distribution du prix d'un immeuble vendu par décret.

L'ordre au reste se fait sur pièces vues, en vertu de l'appointement à mettre; et à cela il n'y a rien à dire, n'étant pas possible de faire droit à l'audience entre le poursuivant et les autres créanciers opposans, et de décider de la préférence entre eux. Aussi cet article ne dit-il pas, comme le douzième, qu'au bout de trois jours du second délai, la cause sera portée à l'audience sur un simple acte.

Quant à la distribution du prix que le commentateur dit devoir être faite suivant le privilége et l'ordre d'hypothèque de chaque créancier opposant, cela est vrai par rapport à l'ordre des priviléges ; mais, pour ce qui est de l'ordre des hypothèques, il n'en doit nullement être question, ne s'agissant que du prix d'un meuble, si ce n'est dans les pays où les meubles sont susceptibles d'hypothèque.

16.

Les loyers des matelots employés au dernier voyage seront payés par préférence à tous créanciers ; après eux, les opposans pour deniers prêtés pour les nécessités du navire pendant le voyage ; ensuite, ceux qui auront prêté pour radoub, victuailles et équipement avant le départ ; en quatrième lieu, les marchands chargeurs, le tout par concurrence entre les créanciers étant en même degré de privilége. Et quant aux créanciers chirographaires et autres non privilégiés, ils seront payés suivant les lois et coutumes des lieux où l'adjudication aura été faite. *

On ne trouve point dans cet article une énumération exacte

---

* *Cod. de com.*, art. *191.* « Sont privilégiées, et dans l'ordre où elles sont rangées, les dettes ci-après désignées :

» 1º Les frais de justice et autres faits pour parvenir à la vente et à la distribution du prix ;

» 2º Les droits de pilotage, tonnage, cale, amarrage et bassin ou avant-bassin ;

» 3º Les gages du gardien et frais de garde du bâtiment, depuis son entrée dans le port jusqu'à la vente ;

des collocations à faire par ordre de préférence, mais seulement la règle qu'il faut garder pour la préférence entre les
seuls créanciers privilégiés qui y sont dénommés.

Il ne s'ensuit donc point, ni qu'il n'y ait pas d'autres créanciers privilégiés, ni que ceux-ci doivent absolument entrer
les premiers en ordre.

En effet, quoique les matelots soient placés en tête pour
leurs loyers, ce qui comprend en même temps le capitaine et

» 4° Le loyer des magasins où se trouvent déposés les agrès et les
apparaux ;

» 5° Les frais d'entretien du bâtiment et de ses agrès et apparaux,
depuis son dernier voyage et son entrée dans le port ;

» 6° Les gages et les loyers du capitaine et autres gens de l'équipage employés au dernier voyage ;

» 7° Les sommes prêtées au capitaine pour les besoins du bâtiment
pendant le dernier voyage, et le remboursement du prix des marchandises par lui vendues pour le même objet ;

» 8° Les sommes dues au vendeur, aux fournisseurs et ouvriers
employés à la construction, si le navire n'a point encore fait de
voyage ; et les sommes dues aux créanciers, pour fournitures, travaux,
main-d'œuvre ; pour radoub, victuailles, armement et équipement
avant le départ du navire, s'il a déjà navigué ;

» 9° Les sommes prêtées à la grosse sur le corps, quille, agrès,
apparaux, pour radoub, victuailles, armement et équipement avant
le départ du navire ;

» 10° Le montant des primes d'assurances faites sur le corps,
quille, agrès, apparaux, et sur armement et équipement du navire,
dues pour le dernier voyage ;

» 11° Les dommages-intérêts dus aux affréteurs pour le défaut
de délivrance des marchandises qu'ils ont chargées, ou pour remboursement des avaries souffertes par lesdites marchandises, par la
faute du capitaine ou de l'équipage.

» Les créanciers compris dans chacun des numéros du présent
article viendront en concurrence, et au marc le franc, en cas d'insuffisance du prix. »

tous les autres officiers du navire de retour du voyage, il est sans difficulté qu'avant eux doivent passer :

1° Les frais de justice occasionés par la sentence d'ordre ;

2° Les frais de la saisie réelle et de décret (Cleirac, *loc. cit.* , pag. 401, n. 15), sans distinguer les ordinaires des extraordinaires, comme dans le décret des immeubles, parce que jamais l'adjudicataire d'un navire n'est chargé d'aucuns frais, si ce n'est quelquefois de ceux de l'expédition du décret ;

3° Les gages du gardien du navire, tant avant que depuis la saisie réelle du navire ;

4° Le loyer du magasin où auront été placés les agrès et apparaux, s'ils ont été tirés du navire ;

5° Si les voiles et cordages ont été raccommodés, ce qu'il en a coûté pour cela, attendu que le prix de l'adjudication en a d'autant augmenté ;

6° Les droits de calage et amarrage du navire depuis son arrivée au quai.

Ensuite viennent sans contredit les loyers des gens de l'équipage, et cela sans qu'on puisse renvoyer les matelots à se faire payer sur le fret des marchandises, sous prétexte qu'il est affecté à leurs gages comme le corps du navire, par l'article 19, tit. 4, liv. 3; parce qu'il est permis à un créancier qui a plus d'une voie pour se procurer le paiement de son dû, de prendre celle qui lui plaît le plus, quelque intérêt qu'aient d'autres créanciers à ce qu'il en choisisse une autre.

Après les loyers des gens de l'équipage viennent les créanciers opposans pour deniers prêtés à la grosse ou autrement, pendant le voyage, pour les nécessités du navire ; de même ceux dont les marchandises ont été vendues pour même cause, qu'ils y aient consenti ou non.

Il semblerait que des créanciers de cette nature, sans le secours desquels le navire n'aurait pas achevé son voyage,

devraient concourir avec les gens de l'équipage ; cependant
il est vrai de dire qu'en quelque endroit que le navire eût
été retenu, ne pouvant plus continuer son voyage, les matelots auraient trouvé le moyen de se faire payer de leurs gages
sur le navire. Ainsi la préférence que cet article leur donne
est juste à tous égards, d'autant mieux qu'ils contribuent plus
efficacement encore, par leur travail, au retour du navire,
que tous créanciers, prêteurs ou fournisseurs, et qu'au surplus ils n'ont que le navire et le fret pour gage de leurs
loyers.

Ensuite sont colloqués ceux qui ont prêté aussi à la grosse ou
autrement, pour radoub, victuailles et équipement du navire
avant son départ : ce qui comprend par conséquent les charpentiers, calfateurs, et les autres ouvriers qui ont travaillé au
radoub ; les fournisseurs des bois, des planches et du fer, qui
y ont été employés ; les fournisseurs de voiles et cordages, et
généralement de tout ce qui a servi à mettre le navire en état
de faire le voyage ; et les cabaretiers qui ont fourni la nourriture
aux matelots et aux autres gens de l'équipage, par ordre du
maître avoué en cela par le propriétaire ou armateur, comme
il a été observé sur l'article 9, tit. 12, *suprà*. Il faut joindre
aussi à tous privilégiés le vendeur, et le ranger dans la même
classe, par argument de l'article qui suit, *ubi dicam*.

Le privilége de tous les créanciers de cette classe est évident,
et il ne l'est pas moins qu'il ne doit passer qu'après ceux de
la précédente, puisque, sans le secours de ceux-ci, le navire
n'aurait pu achever son voyage ; ce qui les met dans le droit
de dire, *salvam fecimus totius pignoris causam*. De là naît
la préférence en leur faveur, à l'exemple de celui qui a fait
des réparations à une maison, sans lesquelles elle aurait péri.
Loccenius, *de jure maritimo, lib.* 2, cap. 6, n. 8, *fol.* 198.
Vinnius in Peckium, tit. de *exercit. actione, fol.* 95. Kuricke,
quest 13, *fol.* 865, 866

Notre article ne compte plus ensuite pour créanciers privilégiés que les *marchands chargeurs ;* cependant il y a encore les assureurs sur le corps du navire, ses agrès et apparaux, pour la prime qui leur est due.

Si cet article n'en a pas parlé, c'est vraisemblablement parce que l'Ordonnance suppose, en plusieurs articles du titre des assurances, que la prime se paie comptant au moment de la signature de la police ; tandis que, par l'usage de cette place et de plusieurs autres, elle ne se paie qu'après l'arrivée du navire à bon port.

Quoi qu'il en soit, l'assureur du navire a sans difficulté un privilége sur le navire pour le paiement de sa prime, comme l'assureur d'un chargement a privilége sur le même chargement. C'est ce qui résulte de la disposition de l'article 18 du tit. des contrats à la grosse, en même temps qu'il donne la préférence au prêteur à la grosse, ce qui toutefois est sujet à explication et à restriction, comme on le verra sur ledit article. Par cette raison, je pense que l'assurance étant légitime (et elle le sera si la valeur du navire remplit exactement le montant de l'assurance et du prêt à la grosse tout ensemble), l'assureur et le prêteur à la grosse simplement, avant ou après le départ, doivent être colloqués par concurrence, sans préférence de l'un sur l'autre.

De là il s'ensuit que, le prêteur à la grosse étant préféré par cet article aux marchands chargeurs, l'assureur doit l'être aussi tout de même. Il y a plus, il doit entrer aussi en concurrence avec les ouvriers et fournisseurs, etc., d'autant mieux que, si le navire eût péri, le privilége de ces ouvriers, fournisseurs, etc., aurait été transféré sur le montant de l'assurance, comme je l'ai établi sur l'article 3, tit. 12, ci-dessus ; au moyen de quoi, ayant eu l'expectative de l'assurance, il ne serait pas juste qu'ils touchassent, au préjudice de la peine due à l'assureur.

Pour ce qui est de ces marchands chargeurs, mis au rang des créanciers privilégiés, on ne conçoit que deux cas où ils

I. 26

puissent se présenter : l'un est, si les marchandises chargées
pour leur compte dans le navire ne leur ont pas été remises,
l'armateur du navire ou le capitaine les ayant retenues en
tout ou partie ; l'autre, si les marchandises leur ayant été
délivrées, elles se sont trouvées avariées par le fait du maître
ou des gens de l'équipage, dont le propriétaire du navire est
responsable.

Mais l'un et l'autre cas sont également difficiles à rencontrer, surtout le premier, un marchand chargeur étant, comme
il est naturel, extrêmement attentif à demander la délivrance
de sa marchandise, et à la suivre partout, si le propriétaire
et le capitaine refusent ou diffèrent de lui en faire la
remise.

Toujours est-il vrai que, hors ces deux cas, il n'y a pas
de privilége à prétendre de la part des marchands chargeurs :
car, s'il ne s'agit que des dommages et intérêts prétendus par
un affréteur qui, à l'occasion de la saisie réelle du navire
ou autrement, aura été obligé de retirer du navire les marchandises qu'il y avait chargées, ou qui aura été empêché
d'y faire son chargement, il est évident qu'à cet égard sa
créance est simple et ordinaire, sans aucune sorte de privilège ; du moins c'est ainsi que je crois qu'on doit limiter la
disposition de l'article 11 du titre des chartes-parties.

Mais enfin, dans la supposition qu'il y ait parmi les opposans des marchands chargeurs privilégiés, leur privilége n'a
toujours que le dernier rang.

Du reste, il est décidé par cet article, conformément au
droit commun qui règle l'ordre des priviléges par la nature
de la cause de la créance, sans avoir égard à l'antériorité ou
postériorité de la date, et sans considérer si les titres des
créances sont authentiques ou sous signature privée ; il est
décidé, dis-je, que les créanciers en même degré de privilège
doivent être colloqués par concurrence entre eux et par préférence à ceux d'un degré inférieur ; de manière que ceux de

la seconde classe ne peuvent toucher qu'après ceux de la première, ainsi du reste; et qu'au cas d'insuffisance des deniers pour satisfaire ceux de la classe qui sont en tour de toucher, ils partageront ces deniers restans par contribution au sou la livre. Loccenius, *de jure maritimo, lib.* 2, *cap.* 6, n. 8, *fol.* 198. Vinnius in Peckium, *de exercit. actio., fol.* 95.

Si après le paiement de tous les créanciers opposans privilégiés, il reste des deniers, l'article porte que la distribution en sera faite entre les autres créanciers opposans, suivant les lois et coutumes des lieux où l'adjudication aura été faite, ce qui regarde indistinctement les créanciers hypothécaires et les chirographaires; aussi l'article dit-il, *chirographaires et autres non privilégiés.*

De là il s'ensuit que dans les pays où les meubles sont susceptibles d'hypothèque, les créanciers hypothécaires seront colloqués; suivant l'ordre de leurs hypothèques, au préjudice des chirographaires; et qu'ailleurs, ou comme ici, l'hypothèque n'a aucune influence sur les meubles : ce sera le poursuivant qui sera colloqué par préférence, comme premier saisissant, à moins que le débiteur saisi ne soit en déconfiture, ce qui est comme inévitable; auquel cas il n'aura pas de préférence à prétendre, et les autres créanciers opposans toucheront par concurrence avec lui au sou la livre, sans distinction, comme il a été observé, de ceux qui sont fondés en hypothèque, d'avec ceux qui ne sont que simples chirographaires.

Ces mots, *où l'adjudication aura été faite,* font naître une question qui est de savoir si le statut est réel en cette partie, c'est-à-dire, s'il déroge ou non à la règle ou maxime générale qui veut que les meubles soient régis par la coutume du lieu du domicile de celui à qui les meubles appartiennent.

Pour entendre ceci, on suppose qu'un négociant de cette ville ait envoyé son navire à Bordeaux, que là il soit saisi réellement, et l'on demande si les deniers restans de l'adjudication, après les créanciers privilégiés payés, devront être distribués par ordre d'hypothèque, sous prétexte que l'adjudication a été faite à Bordeaux, où les meubles sont sujets à hypothèque; ou si au contraire, le navire d'un marchand de Bordeaux étant saisi et vendu en cette ville, ces mêmes deniers restans doivent être distribués sans préférence pour les créanciers hypothécaires sur les chirographaires.

Je réponds sans hésiter que c'est la coutume du domicile du débiteur saisi qu'il faut suivre absolument, au lieu de celle du lieu de l'adjudication du navire, et que cet article n'a du tout point entendu changer la règle suivant laquelle les meubles doivent être régis par la coutume du domicile en quelque autre endroit que se trouvent les meubles de celui à qui ils appartiennent.

Cette règle n'a jamais souffert d'exception qu'en cas de confiscation ou de déshérence, où chaque seigneur prend les meubles qui se trouvent dans sa haute justice; et encore, en ce qui concerne les meubles incorporels, tels que sont les billets, les obligations, les rentes constituées et les offices, est-il décidé qu'ils appartiennent au seigneur du lieu du domicile. *Commentaire sur la coutume de La Rochelle,* art. 2, n. 41, 59 et 60.

Ainsi, pour déroger à une règle aussi anciennement et aussi universellement établie, il aurait fallu que notre article l'eût déclaré expressément : ne l'ayant pas fait, il faut présumer qu'il a supposé que le navire serait saisi et vendu dans le lieu même du domicile du débiteur, parce qu'en effet c'est ce qui arrive presque toujours.

Cette interprétation est d'autant plus naturelle, qu'il ne doit pas dépendre d'un débiteur de faire la condition de quelques-uns de ses créanciers pire ou meilleure que celle des autres, ou qu'un événement fortuit et passager ne doit pas régler différemment leur sort. Que le débiteur puisse changer effectivement leur sort en changeant de domicile, à la bonne heure; mais aussi alors ses créanciers actuels peuvent prendre leurs précautions avant la translation du domicile effectuée, ou ceux qui contractent avec lui dans la suite doivent savoir ce qu'ils font : mais que subitement il ait la faculté d'augmenter le droit des uns et de diminuer celui des autres, c'est ce qui ne peut être admis.

Il y a même sur cela une décision qui influe naturellement sur notre question : c'est au sujet des rentes constituées, qui suivent, comme les meubles, le domicile du créancier; de manière que, d'immeuble qu'était une rente de cette nature sur sa tête, tant qu'il a eu son domicile dans une coutume qui déclare ces rentes immeubles, elle devient meuble par l'acquisition d'un nouveau domicile dans une coutume où elles sont meubles.

Or il est décidé que ce changement de qualité de la rente ne peut se faire au préjudice des créanciers qui avaient une hypothèque formée sur cette rente. Arrêt du 19 août 1687, au *Journal du Palais, fol.* 683 et suiv. V. le *Commentaire sur la coutume de La Rochelle,* art. 44, n. 199, et les auteurs qui y sont cités.

Et cette décision est d'autant plus applicable à l'espèce d'un navire de Bordeaux, vendu par décret en cette ville, qu'il ne s'agit pas même là d'un changement de domicile, mais d'un simple événement qui fait trouver le navire dans ce port. Ainsi, si par cet événement les créanciers ne peuvent être privés de l'exercice de l'hypothèque qu'ils avaient acquise sur le navire, il s'ensuit, par la raison des corrélatifs, que les créanciers chirographaires ne seront pas de pire condition, dans le cas d'un navire Rochellois vendu à Bordeaux, que s'il eût été effectivement vendu à La Rochelle; c'est-à-dire qu'alors les créanciers hypothécaires n'auront sur eux aucun avantage, par la raison que ces mêmes créanciers hypothécaires conserveraient la préférence de leurs hypothèques, s'il était question d'un navire Bordelais vendu ici.

Je reviens aux prêteurs à la grosse sur le corps du navire. Leur privilége sur le navire est le même, et il ne faut pas le faire dépendre du plus ou du moins de précautions qu'ils auront prises en faisant le prêt, cela serait trop dangereux.

Je m'explique, et j'entends non-seulement qu'il n'y aura aucune différence entre eux, que les prêts aient été faits avant le départ ou depuis, et qu'ils soient par-devant notaires ou sous signature privée, mais encore que, si, entre les prêteurs, quelques-uns ont stipulé que les deniers seront employés au paiement de partie des ouvriers qui ont travaillé au radoub, ou des fournisseurs de cordages, victuailles, etc., qu'il y ait preuve de l'emploi ou non, ils ne seront nullement préférés aux autres qui y auront manqué, parce que de telles précautions sont des subtilités qui ne s'accommodent pas avec la conduite unie et simple qu'exige le commerce. Dès qu'il s'agit d'un prêt à la grosse sur le navire, la présomption est de droit que les deniers ont servi à la mise hors, ou à payer ce qui était dû à ce sujet. C'est pourquoi on ne voit point dans les sentences d'ordre que les ouvriers et les fournisseurs soient colloqués avant les prêteurs à la grosse, ni qu'entre eux la collocation se fasse autrement que par concurrence, sans distinction des prêts faits avant le départ du navire, de ceux faits depuis, et sans qu'il soit question de vérifier l'emploi. Arrêt de Provence du 30 mars 1672, dans Boniface, tom. 4, liv. 8, tit. 7, chap. premier. Ce que je crois indubitable, à moins que, par les circonstances, le prêt à la grosse ne fût justement suspect de simulation et de fraude, comme dans l'espèce rapportée par Loccenius, *de jure maritimo, lib.* 2, *chap.* 6, n. 12, *fol.* 201, où il fut ordonné au conseil royal de Suède que les demandeurs en paiement du contrat de grosse feraient preuve que la somme avait été réellement comptée au maître du navire, faute de quoi ils demeureraient déchus. L'affaire était singulière.

En effet ce serait en vain que les prêteurs antérieurement au départ, prétendraient la préférence sur les autres, à la faveur de la présomption que leurs deniers ont servi à la mise hors du navire, attendu que les autres pourraient leur opposer aussi la présomption que leurs deniers ont été employés au paiement des dettes contractées pour la même mise hors. Et, d'un autre côté, les prêteurs durant le voyage prétendraient inutilement tout de même devoir être préférés, comme ayant prêté pour les nécessités du navire durant le voyage, dès qu'ils ne justifieraient pas l'emploi des deniers pour cette cause, qui seule a besoin de preuve; mais la preuve sera suffisamment établie par la reconnaissance du capitaine, pourvu qu'il ait fait l'emprunt de l'avis des principaux de l'équiqage, aux termes de l'art. 19, tit. premier, liv. 2.

Une observation qui convient à toutes les collocations, est que tout créancier qui est colloqué, l'est tant pour son principal que pour ses intérêts et frais; c'est-à-dire que ses intérêts et frais, comme étant l'accessoire du principal, doivent lui être payés avec le même privilége, ou avec la même hypothèque lorsqu'elle a lieu, comme il arrive dans les jugemens d'ordre et de distribution du prix d'un décret d'un immeuble *Commentaire sur la coutume de La Rochelle*, article 19, n. 120.

Ainsi, quoique le profit maritime du prêt à la grosse soit beaucoup plus considérable que l'intérêt ordinaire, le prêteur à la grosse entre nécessairement en collocation pour son profit maritime, avec pareil droit et privilége que pour le principal et les frais. Cela résulte au reste de l'art. 7, tit. du prêt à la grosse.

17.

Si le navire vendu n'a point encore fait de voyage, le vendeur, les charpentiers, calfateurs et autres ouvriers employés à la construction, ensemble les créanciers pour les bois et cordages, et autres choses fournies pour le bâtiment, seront payés par préférence à tous créanciers, et par concurrence entre eux. *

Le raisonnement du commentateur sur cet article est tout-à-fait singulier, sans prendre garde qu'il y est question uniquement d'un navire qui n'a encore pas fait de voyage depuis qu'il a été vendu; il dit sur ces mots, *par préférence à tous créanciers:* « même aux loyers des matelots, et aux » créanciers opposans pour deniers prêtés pour les nécessités » du navire pendant le voyage, ou pour radoub, victuailles et » équipement avant le départ du navire, et même aux mar- » chands chargeurs; » comme s'il s'agissait d'un navire saisi au retour d'un voyage, ce qui d'ailleurs rendrait son raisonnement encore plus absurde. Ces sortes de méprises lui sont si ordinaires, que la surprise diminue à mesure qu'on les rencontre.

Il était de la règle étroite que le vendeur entrât effectivement en concurrence avec les autres créanciers dont parle l'article, puisqu'en point de droit, ceux qui n'ont fait que des réparations ou améliorations à une maison ou à quelque autre héritage, n'ont de préférence sur le vendeur qu'au cas que sans leurs travaux l'héritage aurait péri. Sur quoi V. le *Commentaire de la coutume de La Rochelle*, art. 19, n. 107 et 108. Or on ne peut pas dire que le navire eût péri absolument sans le radoub qui lui a été donné; ainsi c'est le cas de la concurrence des priviléges entre tous les dénommés dans cet article.

Il faut supposer néanmoins que ces ouvriers et fournisseurs

---

* *Cod. de com.*, art. 191, § 9.

n'ont pas laissé acquérir contre eux la prescription ou fin de non-recevoir portée par l'art. 3, tit. 12, ci-dessus ; autrement le vendeur serait payé à leur exclusion, en vertu de son privilége, qui ne peut se prescrire, comme sa créance, que par 30 ans. Et cela arriverait quoique le débiteur commun aurait reconnu leurs créances, dès qu'il n'aurait fait cette reconnaissance qu'après la prescription accomplie ; à cause qu'une pareille reconnaissance ne peut faire revivre le privilége, et ne peut former qu'une dette nouvelle et ordinaire, comme il a été observé sur l'art. 10 du même tit. 12.

Mais, sous prétexte qu'il n'est point parlé du vendeur dans l'article précédent, s'ensuit-il que le vendeur, au retour du voyage du navire qu'il a vendu, ne doive pas entrer en concurrence, tout de même qour le reste du prix qui lui est dû, avec les créanciers pour cause de *radoub, victuailles et équipement avant le départ ?*

Je ne le pense nullement, et c'est pour cela aussi que, sur l'article précédent, je l'ai admis à concourir avec eux. En effet où serait la raison de différence ? Dira-t-on qu'il a perdu son privilége ? Mais, à ce compte, eux l'auraient dû perdre tout de même, idée que l'article précédent rejette.

Dira-t-on encore que, par argument de l'art. 2, tit. 10 du livre suivant, le vaisseau n'est plus affecté aux dettes du vendeur lorsque le nouvel acquéreur lui a fait faire un voyage à ses risques ? Mais cet article n'est que contre les créanciers du vendeur et non contre le vendeur lui-même, au profit duquel le navire demeure toujours affecté, par privilége, pour le reste du prix de la vente, quelque voyage que l'acheteur lui fasse faire. Que cet acquéreur prescrive contre les créanciers de son vendeur, il n'y a rien là que de naturel, puisqu'il ne prescrit que contre des gens à qui il ne doit rien ; mais que ce même article lui servît pour se mettre à couvert de ce qu'il doit à son vendeur pour reste du prix de la vente, c'est ce qui répugnerait absolument. D'où je conclus que, le privilége du vendeur étant le même sur le vaisseau après comme avant tout voyage, il est en droit de le faire valoir dans le cas de l'article précédent, comme dans l'espèce de celui-ci.

Au reste, tout ce qui est dit ici du vendeur doit s'entendre tout de même de ses créanciers opposans en sous-ordre, en exerçant ses droits.

Une observation importante à faire au sujet du privilége des charpentiers et autres ouvriers employés à la construction ou au radoub d'un navire, est que, pour être en état de l'exercer, il faut qu'ils aient travaillé par l'ordre du propriétaire. S'ils n'ont été employés par un entrepreneur à qui le propriétaire ait payé le prix convenu entre eux deux, ils n'ont alors aucun privilége à prétendre sur le navire, et il ne leur reste qu'une action simple contre l'entrepreneur dont ils ont suivi la foi. (*Consulat*, chap. 52); de même de celui qui a prêté des deniers aux constructeurs, s'il l'a fait sans l'aveu du propriétaire du navire. Domat, *Lois civiles*, liv. 3, titre premier, sect., 5, n. 10, *fol.* 205. Dans le même cas, si le propriétaire n'a pas payé l'entrepreneur en entier, ils n'ont que la voie de saisir entre les mains du propriétaire ce qu'il peut leur devoir pour en demander la délivrance à leur profit. M. le Camus, *Observ.* sur l'art. 176 de la coutume de Paris, pour le cas de la construction d'une maison, *ubi eadem ratio*. Tout cela s'entend néanmoins, si les ouvriers et fournisseurs ont su que l'ouvrage était à l'entreprise, et qu'ils n'avaient à faire qu'à l'entrepreneur.

18.

Les intéressés au navire dont on saisira quelque portion lorsqu'il sera prêt à faire voile, pourront le faire naviguer, en donnant caution jusqu'à concurrence de l'estimation qui sera faite de la portion saisie. *

On peut donc sans difficulté saisir une portion du navire comme un navire entier : mais; parce que les autres intéressés n'en doivent pas souffrir, cet article leur permet, lorsqu'il sera prêt à faire voile au temps de la saisie, de le faire naviguer en donnant toutefois caution jusqu'à concurrence de l'estimation qui sera faite par préalable de la portion saisie.

Tout cela suppose par conséquent une procédure à faire; puisqu'il s'agit de donner caution et de procéder à l'estimation de la portion saisie. Cependant on ne conçoit pas la raison de cette estimation, ni du cautionnement pour en répondre; et certainement l'article est en défaut à ce sujet. Car enfin, le navire étant supposé prêt à faire voile, pourquoi ne pas permettre aux autres intéressés de le faire naviguer aux risques communs, au lieu de les charger de faire estimer la portion saisie et de donner caution jusqu'à concurrence ? Les créanciers du saisi doivent-ils être de meilleure condition qu'il ne le serait lui-même s'il était libre ?

Cela se conçoit d'autant moins, qu'il paraît, par l'article suivant, que les profits du retour appartiendront au saisi et à ses créanciers, quoiqu'ils n'aient couru aucuns risques, aux termes du présent article, et que les autres intéressés, toujours garans du prix de l'estimation, n'ont d'autre ressource que celle de faire assurer cette portion saisie, avec faculté

---

* *Cod. de com.*, art. 215. « Le bâtiment prêt à faire voile n'est pas saisissable, si ce n'est à raison de dettes contractées pour le voyage qu'il va faire; et même, dans ce dernier cas, le cautionnement de ces dettes empêche la saisie.

» Le bâtiment est censé prêt à faire voile lorsque le capitaine est muni de ses expéditions pour son voyage. »

de prendre deniers à la grosse pour le coût de la prime d'assurance. Mais ils demeurent toujours exposés au péril de l'insolvabilité des assureurs, de même qu'à la perte de la prime, si le voyage est malheureux, puisque le remboursement de cette prime ne leur est accordé que sur les profits du retour.

Ces deux articles ne peuvent donc être plus mal combinés, et néanmoins le commentateur n'en a pas eu seulement la moindre idée.

Si l'on voulait dresser cet article tel qu'il est, il fallait décider en même temps que la portion saisie serait pour le compte des autres intéressés à perte ou à profit, et dire tout simplement, dans l'article suivant, qu'ils pourraient faire assurer pour leur compte la valeur estimée de cette portion saisie, sans parler des profits du retour, à moins que ce ne fût pour les leur attribuer à raison de leurs risques.

Ou si au contraire on voulait que cette portion restât pour le compte du saisi et de ses créanciers à perte ou à profit, il fallait décharger les autres intéressés de donner caution de la valeur de la portion saisie, n'en ordonner l'estimation que pour fixer la somme jusqu'à la concurrence de laquelle l'assurance pourrait être faite, avec faculté de prendre deniers à la grosse pour le coût de l'assurance, précaution qui ne devait regarder absolument que les créanciers du saisi. Car enfin, on le répète, il est absurde que les autres intéressés répondent de l'estimation de la portion saisie en cas de perte du navire, ou qu'autrement le voyage soit malheureux, et que les profits du retour, s'il y en a, ne soient pas pour eux.

Au reste, quoique le présent article ne parle que du cas où le navire est prêt à faire voile au temps de la saisie, ce qui ne doit pas même être pris à la lettre, mais doit s'entendre aussi bien d'un navire en chargement, en conséquence d'un voyage concerté avec le saisi, à l'occasion duquel les dispositions auront déjà été faites pour le voyage avant la saisie;

il ne s'ensuit nullement que les autres intéressés ne puissent pas se pourvoir en justice pour se faire autoriser à faire naviguer le navire, nonobstant la saisie de la portion de leur associé, et qu'il n'y eût encore rien de conclu avec lui pour le voyage, s'ils ont à eux tous la plus grande part au vaisseau, et si la saisie tire en longueur, par la négligence du saisissant à faire interposer le décret : car on conçoit que, la procédure étant suivie comme il convient, les autres intéressés n'auraient pas le temps de concerter un voyage avant que d'avoir un nouvel associé par le moyen de l'adjudication du navire.

Si donc le saisissant ne faisait pas les diligences convenables pour mettre à fin la procédure décrétale, les autres intéressés seraient en droit d'intervenir pour l'y obliger, sinon pour se faire autoriser à faire visiter le navire et estimer la portion saisie ; ensuite à faire faire le radoub et tout ce qui serait nécessaire pour mettre le vaisseau en état de naviguer à frais communs, sauf à répéter sur la portion saisie ce qu'elle devrait supporter de ses frais. Alors le saisi, le saisissant et les créanciers opposans ne pourraient s'en défendre qu'en abandonnant la portion saisie sur le pied de l'estimation : mais cette procédure serait interdite aux autres intéressés, si leurs portions réunies n'excédaient pas celle du saisi, parce qu'alors ils ne seraient pas en état de lui faire la loi, ni à ses créanciers, comme il sera observé sur l'article 5, titre 8 du livre suivant. Ils pourraient seulement se plaindre du retardement de la procédure décrétale, et faire ordonner qu'elle serait mise à fin sans perte de temps, à peine de tous dépens, dommages et intérêts.

Mais dans l'espèce de notre article, où il s'agit d'un vaisseau prêt à faire voile, sa disposition doit être exécutée sans examiner si les autres intéressés ont la plus grande part dans le navire ou non, ou plutôt quelque petite que soit leur portion, par la raison que le navire se trouve dans des circonstances qui ne permettent pas que le départ soit retardé.

19.

Pourront aussi les intéressés faire assurer la portion saisie, et prendre deniers à la grosse aventure pour le coût de l'assurance, dont ils seront remboursés par préférence sur le profit du retour.

Il vient d'être observé que de la combinaison de cet article avec le précédent, il résulte des conséquences mal assorties avec la justice, comme étant préjudiciables au droit des autres intéressés au navire, qui ne devraient pas naturellement, et suivant les règles de l'équité, être de pire condition à l'occasion de la saisie de la portion de leur intéressé, que s'il n'y avait de sa part, ou par son fait, aucun obstacle à l'accomplissement du voyage.

Cependant, si dans cet article on lisait ces mots, *sur le produit du retour*, au lieu de ceux-ci, *sur le profit du retour*, la condition des autres intéressés serait beaucoup moins grevée, en ce qu'ils ne courraient en tout cas que le risque de l'insolvabilité des assureurs et du dépérissement naturel ou fortuit de la portion saisie, sans être exposés encore à perdre le remboursement du coût de l'assurance, si le voyage était infructueux, c'est-à-dire, s'il arrivait que les produits des retours fussent au-dessous de l'estimation donnée à la portion du saisi avant le voyage commencé.

Au lieu que, le remboursement de la prime de l'assurance n'étant assigné que sur les profits du retour, c'est le leur refuser absolument, s'il n'y a pas réellement de profit. Et, comme cela paraît souverainement injuste, cet événement malheureux ne pouvant pas leur être imputé, je substituerais volontiers dans cet article le mot *produit* à celui de *profit*, afin de corriger autant qu'il se pourrait, par ce léger changement, le tort qui y est fait aux autres intéressés, si l'on prenait ce mot *profit* dans sa signification naturelle.

Je ferais plus, si j'en étais le maître : ou j'abandonnerais aux autres intéressés la portion saisie pour leur compte et risque, à perte comme à profit ; ce qui serait de toute justice, puisqu'on les charge de répondre de l'estimation à faire de la valeur de la portion saisie, et qu'ainsi la perte qui peut survenir étant pour leur compte, il est de l'équité que le profit, s'il s'en trouve par événement, soit aussi pour eux, en considération des risques auxquels ils ont été exposés ; ou je voudrais que, cette portion saisie restant pour le compte du saisi et de ses créanciers, à perte ou profit tout de même, les autres intéressés fussent déchargés de l'obligation de faire estimer la portion saisie, et de demeurer garans de l'estimation. Au lieu que, de la manière que cet article et le précédent sont conçus, le sort de ces autres intéressés ne pourrait être qu'à plaindre, s'ils prenaient le parti de s'y soumettre sans modification, c'est-à-dire, sans des conditions différentes, convenues ou ordonnées en justice avec le saisi et ses créanciers. Autrement il vaudrait mieux pour eux retarder le départ du navire, et faire leurs diligences pour mettre à fin la saisie réelle, dans la vue d'un arrangement convenable avec celui qui se rendrait adjudicataire de la portion saisie.

FIN DU LIVRE PREMIER.

LIVRE SECOND.

DES GENS ET DES BATIMENS DE MER.

===

TITRE PREMIER.

Du Capitaine, Maître ou Patron.

À proprement parler, ces mots, *capitaine, maître ou patron,* ne sont synonymes que dans ce sens, qu'ils désignent indifféremment celui qui commande un vaisseau ou autre bâtiment de mer.

À cela près, le titre de capitaine ne convient naturellement qu'à l'officier qui commande un vaisseau du Roi. *Piganiol de la Force,* tom. premier, pag. 643. La qualité de maître est le partage de celui qui commande un vaisseau marchand, et les us et coutumes de la mer ne l'ont jamais appelé autrement que maître. À l'égard du titre de patron, il a toujours été réservé pour ceux qui commandent des barques, des traversiers, des alléges ou autres petits bâtimens.

Il est pourtant vrai que, dans l'usage actuel, on donne communément la qualité de capitaine à celui qui commande un navire marchand pour un voyage de long cours, et que la qualité de maître semble être restreinte à la navigation au cabotage.

ARTICLE PREMIER.

Aucun ne pourra ci-après être reçu capitaine, maître ou patron de navire, qu'il n'ait navigué pen-

I.

dant cinq ans, et n'ait été examiné publiquement sur le fait de la navigation, et trouvé capable par deux anciens maîtres, en présence des officiers de l'amirauté et du professeur d'hydrographie, s'il y en a dans le lieu. *

2.

Défendons à tous mariniers de monter aucun bâtiment en qualité de maîtres, et à tous propriétaires d'en établir sur leurs vaisseaux, qu'ils n'aient été reçus en la manière ci-dessus, à peine de trois cents liv. d'amende contre chacun des contrevenans.

3.

Ceux qui se trouveront maîtres lors de la publication des présentes, ne seront néanmoins tenus de subir aucun examen.

4.

Celui qui aura été reçu pilote, et qui aura navigué en cette qualité pendant deux années, pourra aussi être établi maître, sans subir aucun examen, ni rendre aucun acte au siége de l'amirauté.

---

* Nous avons rapporté sur le titre 8, liv. 1, l'ordonnance du Roi du 7 août 1825, qui détermine, avec beaucoup de précision et de détails, les règles et conditions pour les examens et la réception des capitaines au long cours et maîtres au petit cabotage. On a fondu dans cette ordonnance plusieurs dispositions qui se trouvaient éparses dans une foule de règlemens : c'est un point du plus haut intérêt pour la prospérité du commerce maritime.

5.

Appartiendra au maître de faire l'équipage du vaisseau, de choisir et louer les pilote, contre-maître,
matelots et compagnons ; ce qu'il fera néanmoins de
concert avec les propriétaires, lorsqu'il sera dans le
lieu de leur demeure. *

Puisque la conduite et la conservation du vaisseau, aussi bien
que la direction de la cargaison sont essentiellement confiées
au maître ou capitaine, il est tout naturel qu'il ait le choix
du pilote, du contre-maître, des matelots et compagnons de
son voyage, conformément à l'article 2, chap. 16 du *Guidon,*
aux chap. 55 et 195 du *Consulat*, et au *Droit hanséatique,*
titre 3, *art.* 2, dans Kuricke, *fol.* 647 ; en un mot qu'il
ait le droit de faire son équipage, comme étant plus capable qu'aucune autre personne de juger de la capacité de
ceux qu'il s'associe, de leur ardeur pour le service ; enfin de
leur caractère ou humeur, et de leurs bonnes ou mauvaises qualités : objets à considérer pour le moins autant que
leur expérience au fait de la navigation.

Un équipage n'est jamais mieux composé que lorsqu'il est
du choix du maître. Ainsi les commissaires aux classes qui
s'avisent sur cela de gêner les capitaines, et de vouloir leur
faire la loi, sont d'autant plus blâmables, qu'en s'arrogeant
un droit qu'ils n'ont pas, ils vont directement contre le bien
du service des vaisseaux marchands.

Qu'à l'occasion ils recommandent à un capitaine quelques

---

* *Cod. de com.*, *art.* 223. « Il appartient au capitaine de former
l'équipage du vaisseau, et de choisir et louer les matelots et autres
gens de l'équipage ; ce qu'il fera néanmoins de concert avec les propriétaires, lorsqu'il sera dans le lieu de leur demeure. »

matelots qu'ils affectionnent, à la bonne heure ; mais qu'ils ne
le forcent pas de prendre ces gens-là, s'il a de la répu-
gnance. Il est vrai, exactement parlant, qu'ils ne peuvent
pas l'y obliger, leur autorité ne s'étendant pas jusque-là; mais,
ce qui est un abus intolérable, ils ne savent que trop l'y contraindre en lui ôtant tous ses bons matelots à mesure qu'il
les engage, sous prétexte que le Roi en a besoin pour son
service. Il n'y a que trop d'exemples de cette sorte de vexation,
sans compter l'abus des pacotilles.

Cependant la liberté que doit avoir le capitaine de faire son
équipage ne va pas jusqu'à en user à l'insçu, encore moins
contre le gré du propriétaire ou de l'armateur du navire, lorsqu'il est sur le lieu. Cet article l'oblige avec raison, conformément à l'article 16 de l'Ordonnance de la Hanse teutonique,
de concerter avec lui, en ce cas, l'engagement des gens de
l'équipage : et rien n'est plus juste, puisque le propriétaire
ou l'armateur est la partie la plus intéressée au succès du
voyage projeté, et que d'ailleurs il est responsable des fautes
et délits des gens de l'équipage comme des faits du maître.
Leg. 1, § 2, ff. *de exercitoriâ actione, et ibi* Vinnius sur
Peckius, *fol.* 78, note B.

Sans doute qu'un armateur prudent ne tracassera pas sur
cela son capitaine, et qu'il lui laissera volontiers le choix de
la majeure partie des gens de son équipage, d'autant mieux
que le maître est responsable aussi lui des faits et délits de
l'équipage, aux termes de la loi 7, ff. *nautæ caupones, lib.* 4,
tit. 9; *idem* le *Consulat*, chap. 59, 77 et 195 ; Cleirac, sur
l'art. 13 des jugemens d'Oleron, n. 9, *in fine*, et sur l'art. 62
de la juridiction de la marine, pag. 525; *Casa regis disc.* 23,
n. 81; Kuricke, *ad jus hanscaticum*, tit. 3, art. 19, n. 9,
fol. 724. Mais enfin le capitaine doit avoir cette déférence
pour l'armateur, de n'engager personne sans son aveu, de
prendre les officiers et matelots que l'armateur lui indiquera,
et de ne pas retenir ceux qui ne lui seront pas agréables.

Du même principe il s'ensuit que c'est l'armateur qui doit fixer le *quantum* des loyers, et que le maître, après avoir reçu les gens de l'équipage des mains de l'armateur, ne peut plus les congédier que de son consentement, absent comme présent, si ce n'est qu'en cas d'absence il y ait cause raisonnable. V. *infrà* les articles 1 et 10 du tit. de l'engagement et des loyers des matelots.

Si l'armement se fait hors du lieu de la demeure des propriétaires du navire, le pouvoir du maître par rapport au choix de l'équipage sera absolu, s'il est autorisé par les propriétaires à faire lui-même l'armement selon sa prudence; mais, si, comme il est ordinaire, les propriétaires font l'armement par le ministère d'un commissionnaire ou correspondant, ce sera avec ce commissionnaire, comme revêtu des pouvoirs des propriétaires, que le capitaine devra concerter l'engagement des gens de son équipage, de même que le congé qu'il voudra donner à quelques-uns d'eux.

Ces termes, *matelots et compagnons*, employés dans cet article, sont synonymes. De tout temps, suivant les us et coutumes de la mer, les matelots ont été désignés sous le nom de *compagnons* du maître.

6.

Dans les lieux où il y aura des pauvres renfermés, les maîtres, en faisant leur équipage, seront tenus d'y prendre les garçons dont ils auront besoin pour servir de mousses dans leurs vaisseaux.

Les pauvres enfermés dans les hôpitaux n'étant pas moins les sujets du Roi que ceux qui jouissent d'une liberté entière, et d'ailleurs ces maisons de charité toujours plus surchargées à mesure que le nombre des pauvres augmente par la misère des temps, il est de l'intérêt de l'Etat à tous égards de leur procurer du soulagement.

C'est par ces motifs qu'entre autres priviléges, celui de fournir par préférence des mousses pour les navires armés dans le lieu de leur établissement, leur a été accordé par cet article.

L'Ordonnance de 1689, liv. 8, tit. 1er, art. 31, sans rien changer à cette disposition, ayant ensuite prescrit qu'il y aurait un mousse par dix hommes, relativement à l'édit du mois de mai 1670, rendu pour la Provence, et à l'édit général du mois d'août 1673, les hôpitaux furent par-là mis en droit de fournir, pour les navires, autant de mousses que le nombre de dix hommes serait multiplié, pour former chaque équipage.

Quelques difficultés s'étant élevées à ce sujet, par rapport aux armemens faits dans les ports du Ponant, le Roi rendit une nouvelle ordonnance, en date du 15 août 1732, dont le premier article porte « qu'il sera embarqué sur chaque na» vire qui sera armé dans les ports du Ponant, un mousse » par dix hommes, et ce conformément à l'Ordonnance du » 15 avril 1689. »

Et le second, que « dans les lieux où il y aura des pauvres » enfans enfermés, les capitaines et les maîtres, en faisant » leurs équipages, seront tenus, conformément à l'Ordon. » du mois d'août 1681 (c'est-à-dire au présent art. 6.), d'y » prendre les garçons dont ils auront besoin pour servir » de mousses. »

L'article 3 apporte une restriction en faveur des capitaines et maîtres qui auront fait leur équipage dans une autre ville que celle où seront lesdits pauvres enfans renfermés, et leur permet en ce cas d'y prendre des mousses à proportion des matelots qu'ils y auront engagés; mais, à cela près, l'article 4 continue de donner la préférence aux jeunes garçons des hôpitaux, et veut que les mousses ne soient pris, même parmi les enfans des officiers mariniers et matelots, qu'autant que les hôpitaux ne pourront pas en fournir : ce qui avait même déjà été ainsi prescrit de nouveau par Ordonnance du 10 janvier 1730.

7.

Le maître qui débauchera un matelot engagé à un autre maître, sera condamné à cent liv. d'amende, applicable, moitié à l'amiral, et moitié au premier maître, lequel reprendra le matelot, si bon lui semble.

La peine du matelot qui s'engage à deux maîtres n'est pas ici exprimée, il y est seulement question de celle qu'encourt un maître qui débauche un matelot engagé à un autre maître.

Elle est, aux termes de cet article, de 100 liv. d'amende, applicable, moitié à M. l'amiral, et l'autre moitié au premier maître.

Eu égard à la différence des monnaies, cette amende est moindre que celle de 25 liv. prononcée à ce sujet par l'article 48 de l'Ordonnance de la Hanse teutonique; aussi est-elle augmentée par les nouveaux règlemens. V. l'article 3, tit. 7 des matelots, *infrà*.

Notre article ajoute que le premier maître pourra reprendre le matelot, si bon lui semble ; et cela avait déjà ainsi été réglé avec justice par l'Ordonnance de Wisbuy, article premier.

Ce même article de l'Ordonnance de Wisbuy porte de plus que ce premier maître, en reprenant le matelot, ne sera pas obligé de lui payer aucuns gages ou loyers pour tout le voyage, si bon lui semble ; et l'on peut dire que cette décision est confirmée par l'art. 3 du titre des matelots, ci-après, attendu que c'est réellement quitter le premier maître que de s'engager à un autre.

L'article 48 déjà cité de l'Ordonnance de la Hanse teutonique, sans parler du droit qu'a le premier maître de revendiquer son matelot, dit simplement que ce matelot lu paiera, pour dommages et intérêts, la moitié des gages que le second lui aura promis.

Mais on ne voit nulle part la peine que doit subir le matelot à l'égard du second maître à qui il aura caché qu'il a été déjà engagé à un autre. Elle doit donc consister dans une amende et en des dommages et intérêts à l'arbitrage du juge, dans le cas où le premier maître reprendra le matelot : car, s'il ne le reprenait pas, le second maître n'aurait évidemment rien à prétendre.

Pour la peine du matelot déserteur, telle que les derniers règlemens l'ont fixée, voir les observations sur ledit article 3 du titre des matelots.

8.

Il verra, avant que de faire voile, si le vaisseau est bien lesté et chargé, fourni d'ancres, agrès et apparaux, et de toutes choses nécessaires pour le voyage.

C'est assez inutilement que le commentateur s'est attaché à expliquer ces mots, *lesté, chargé, ancres, agrès et apparaux*, et plus inutilement encore qu'il a observé que ce serait une imprudence inexcusable de la part du maître, d'attendre qu'il fût en pleine mer pour examiner si son navire est dans l'état qu'il doit être.

Il s'en faut bien, au reste, que les soins que le capitaine doit se donner pour l'équipement du navire dont le commandement lui est confié, soient bornés à ce qui est prescrit par cet article ; c'est-à-dire que ce n'est pas seulement au moment que le navire est prêt à faire voile, que le capitaine doit s'as-

surer de toutes ces choses : il est supposé avoir vu tout cela
en détail auparavant; et cela doit être en effet, à moins qu'il
ne soit établi maître tout nouvellement par remplacement
d'un autre; mais alors cet autre est censé aussi avoir vu tout
ce qui s'est fait pour l'armement.

Il est de règle et d'usage que, dès que le capitaine ou
maître est choisi, et que ses conventions sont faites, il fasse
la visite du navire qu'il doit commander pour reconnaître ce
qu'il y a à faire, et y faire travailler convenablement *à l'instar*
du capitaine de haut-bord. Comme lui, il doit veiller au radoub, et tenir la main à ce qu'il se fasse avec soin et exactitude. Ordonnance de 1689, liv. premier, tit. 3, article 8, et
tit. 7, art. 5 et 6.

Comme lui encore, lorsque le vaisseau sortira de la carène
et du port pour aller en rade, il sera dessus, afin de pourvoir
à sa sûreté et de lui donner un bon mouillage en lieu sûr et
commode (même titre 3, art. 5 et 10, et tit. 7, art. 11); ce
qui avait déjà été ainsi prescrit par diverses Ordonnances particulières, notamment par celle du 20 août 1676, à peine de
cassation.

Il doit de même visiter les cordages, voiles et autres agrès
et apparaux, et ceux de rechange, les vivres et autres appro-
visionnemens du vaisseau. Même tit. 3, art. 4 et 9, et 7,
art. 10 et 12 de ladite Ordonnance de 1689.

En un mot, dès qu'il est nommé pour commander un navire, c'est à lui à veiller, par lui-même et par ses officiers,
à tout ce qui concerne l'équipement, l'avituaillement et le
chargement du navire.

Et, parce que tout cela, aussi bien que ce qui regarde la
conduite du navire et la direction de son chargement, exige
autant de sagesse et de fidélité que de capacité et d'expérience
au fait de la navigation, l'Ordonnance de la Hanse teutonique,
article 15, a défendu *à tout bourgeois de prendre aucun
maître sans lui faire au préalable exhiber son attestation,*

et le congé qu'il aura eu par écrit des autres bourgeois qu'il a servis précédemment, à peine de 25 écus d'amende.

Les capitaines et autres officiers mariniers sont trop connus aujourd'hui pour qu'on ait besoin de prendre ces précautions avant de les engager.

9.

Demeurera responsable de toutes les marchandises chargées dans son bâtiment, dont il sera tenu de rendre compte sur le pied des connaissemens. *

C'est au maître du navire que sont confiées les marchandises qui y sont chargées; c'est donc à lui à en répondre, sauf les accidens maritimes non procédant de son fait ou de sa faute, ou de ses gens, et par conséquent à les livrer aux termes des connaissemens qui forment à cet égard son engagement spécifique. Il est tenu de toute faute procédant de son fait ou de sa négligence, même de la faute appelée très-légère; de manière qu'il n'y a que le cas fortuit qui puisse l'excuser. *Leg.* 3, § 1, *ff. nautæ, etc.; et leg.* 5, *ff. eodem* Stypmannus, *ad jus maritimum, cap.* 10, *n.* 189 *et seq., fol.* 517; *et cap.* 15, *n.* 522 *et seq., fol.* 556; Casa

---

* *Cod. de com.*, *art.* 222 « Il est responsable des marchandises dont il se charge.

» Il en fournit une reconnaissance.

» Cette reconnaissance se nomme *connaissement.* »

Toutes les questions que Valin agite sur cet article, peuvent se présenter sous le Code de commerce, qui sur ce point, comme sur tant d'autres, n'a presque rien ajouté aux dispositions de l'Ordonnance, et par conséquent abandonne aux jurisconsultes la tâche de résoudre les difficultés qui s'élèvent journellement. Heureusement Valin en a aplani un très-grand nombre avec un talent qui donne à ses décisions, du moins à mes yeux, une autorité presque égale à celle de la chose jugée.

regis, disc. 19, n. 33; Stracha, *de nautis, part.* 2, *n.* 4.
Et c'est à lui à prouver le cas fortuit. Peckius, *ad leg.* 5,
ff. nauta, etc., § 3, *n.* 9, *fol.* 34, *et ibi* Vinnius; Stypmannus, *loc. cit., fol.* 557, *n.* 345 et suiv.; *Casa regis,*
disc. 23, n. 8. Ces mêmes auteurs ajoutent que, si la partie
adverse du maître soutient que le cas fortuit est arrivé par sa
faute, c'est à elle alors à le prouver, parce que c'est une
exception qui la rend demanderesse en cette partie.

C'est une faute de sa part dont il doit répondre, si, sans
nécessité, il charge sur un autre navire moins bon que le
sien les marchandises qui lui ont été confiées (*Leg.* 13, *ff.*
locati conducti, et leg. 10, § 1, *ff. ad legem Rhodiam*),
l'autre navire dans lequel il les aurait placées fût-il même
meilleur que le sien. Stypmannus, *ad jus maritimum,*
cap. 10, *n.* 215, *fol.* 518; Kuricke, *ad jus hanseaticum,*
art. 16, tit. 3, n. 6, *fol.* 724. Cependant, si les deux navires
périssent, il n'y a plus alors de dédommagement à prétendre
contre lui. *Dict. lege* 10, § 1, *ff. ad legem Rhodiam*; Stypmannus, *ib.*; Peckius et Vinnius, *in dictâ lege, fol.* 286 et 287.

Cette restriction au reste n'est pas incompatible avec la
disposition de l'art. 32, tit. des assurances, *infrà*, qui paraît
fournir un argument contraire. En effet le principe de décision
est différent; savoir, que l'assureur a voulu précisément
partager les risques, et que le contrat d'assurance *est stricti*
juris. Il suffit donc, pour la décharge de l'assureur, qu'il
n'ait été rien chargé sur les autres navires désignés; au
lieu qu'ici, par rapport au chargeur, navire pour navire,
cela doit lui être égal dès que tous deux ont péri: il aurait
perdu tout de même quand il n'y aurait pas eu de changement de navire.

Mais tout ceci a besoin peut-être de développement.

Il est sûr que le maître ne peut, sans nécessité, mettre
sur un autre navire les marchandises qu'il s'est chargé de
conduire dans le sien, et que, si elles se perdent, il en est

responsable, ayant choisi un navire moins bon que le sien, à moins que son propre navire n'ait péri comme l'autre. C'est la disposition de la loi 10 déjà citée, *ff. ad legem Rhodiam.*

La raison de la restriction en est rendue par Vinnius sur Peckius, *fol.* 286 : *Cujus rei ratio hæc est, quòd æquè peritura erant merces meæ, et si in deteriorem illam navim translatæ non fuissent. Nullum enim videtur nauta meis mercibus damnum dedisse, quas constat æquè fuisse perituras.*

A cela il n'y a rien à dire ; mais, comme la loi ne parle que d'un navire d'une moindre qualité et bonté, s'ensuit-il, par argument contraire, que le maître puisse subroger à son navire un autre aussi bon, ou même meilleur que le sien, sans courir aucun risque ? Peckius, *ibid.* et *fol.* 287, trouve la question problématique, et néanmoins il se détermine avec raison contre le maître, s'il en a usé de la sorte sans nécessité, ou sans le consentement du chargeur.

Cela est en effet sans difficulté, si le navire dans lequel les marchandises sont reversées est commandé par un autre maître ; soit parce que le maître qui a pris des marchandises sur son navire, s'est soumis de les conduire lui-même à leur destination, convention à laquelle il ne lui a pas été permis de déroger ; soit parce que le marchand chargeur, lui ayant donné sa confiance, à raison de son expérience qui lui était connue, ou autrement, le chargement de capitaine n'a pu se faire à son préjudice sans son aveu.

Le doute ne pourrait donc rester que pour le cas où le maître, changeant de navire, se chargerait lui-même de le conduire ; mais, cela se faisant tout de même sans nécessité ou sans l'aveu du chargeur, je n'excuserais pas le maître, et je le rendrais également responsable de la perte qui surviendrait, comme n'ayant pu faire ce changement de navire sans manquer à son engagement, qui était tout à la fois, et de conduire les marchandises, et de les conduire dans son navire.

Toutefois cela ne doit s'entendre qu'avec la restriction ci-dessus, qui suppose la perte des deux navires; attendu qu'en ce cas c'est tout comme s'il n'y eût pas eu de changement de navire : et cependant l'excuse du maître cesserait, si du naufrage de son navire il arrivait que l'on sauvât les marchandises en tout ou partie.

Dans le cas de nécessité au contraire, c'est-à-dire, lorsque le navire a fait naufrage, ou qu'autrement il est hors d'état de continuer son voyage, que le maître puisse prendre un autre navire aussi bon que le sien, sans qu'il y ait rien à dire, cela n'est pas douteux, conformément à l'avis de Peckius, *ibid.* : mais pourra-t-il en prendre un ou plusieurs de moindre force, et en particulier des barques ou gabares ? Je ne le crois nullement, et je tiens qu'il ne le peut qu'à ses risques, à moins que les marchands chargeurs n'y consentent. Il ne lui est pas permis en effet de disposer de leurs marchandises sans leur aveu, et d'aggraver ainsi leur condition en chargeant leurs effets dans des bâtimens d'une sûreté moindre que celle que leur présentait son navire; à joindre l'intérêt qu'ils ont de recourir contre leurs assureurs, ou s'ils n'en ont pas encore, de se faire assurer. V. *infrà*, art. 11, tit. du fret ou nolis.

Sur la question de savoir si le connaissement engage le capitaine à rendre les marchandises telles qu'elles y sont énoncées précisément et sans restriction, V. *infrà*, liv. 3, tit. 2, art. 2.

Il ne faut pas oublier que le propriétaire du navire est tenu des faits et des engagemens de son capitaine, mais que ce n'est que jusqu'à concurrence du navire et du fret. *Infrà*, art. 2, tit. 8.

10.

Sera tenu d'avoir un registre ou journal coté et

paraphé en chaque feuillet par l'un des principaux
intéressés au bâtiment, sur lequel il écrira le jour
qu'il aura été établi maître, le nom des officiers et
matelots de l'équipage, le prix et les conditinos de
leur engagement, les paiemens qu'il leur fera, sa
recette et sa dépense concernant le navire, et généralement tout ce qui regarde le fait de sa charge, ou
pour raison de quoi il aura quelque compte à rendre,
ou quelque demande à faire. ∗

Outre le registre ou journal prescrit par cet article, le
capitaine doit encore, suivant l'usage, avoir un journal de
route sur lequel il fait mention de tout ce qui lui est arrivé
ou qu'il a vu de remarquable durant le cours de son voyage.

Mais sur ce premier registre ou journal, il n'est plus
nécessaire qu'il écrive le jour qu'il a été établi maître, ni
les noms des officiers et matelots de son équipage, non plus
que le prix et les conditions de leur engagement, et les
avances qu'ils ont reçues, parce que tout cela st constaté
par le rôle d'équipage qui leur doit être délivré par le commissaire aux classes, et dont il est obligé de déposer un
double en forme au greffe de l'amirauté, sans quoi les officiers de l'amirauté ne lui feràient pas délivrer un congé et

---

∗ *Cod. de com.*, art. 224. « Le capitaine tient un registre coté et
paraphé par l'un des juges du tribunal de commerce, ou par le maire
ou son adjoint, dans les lieux où il n'y a pas de tribunal de commerce.

» Ce registre contient,

» Les résolutions prises pendant le voyage;

» La recette et la dépense concernant le navire, et généralement
tout ce qui concerne le fait de sa charge, et tout ce qui peut donner
lieu à un compte à rendre, à une demande à former. »

les autres expéditions nécessaires pour son départ. Article 8 du règlement de Strasbourg du 24 octobre 1681 ; art. 18 et 19, tit. premier, liv. 8 de l'Ordonnance de 1689 : cet article a lieu tout de même pour la navigation au petit cabotage ; art. 10 du règlement du 23 janvier 1727, qui, en cas de contravention, assujétit le commis à la délivrance des congés à une amende de 500 liv., et les officiers de l'amirauté à la peine de l'interdiction.

Du reste, comme il fait aujourd'hui les fonctions de l'écrivain, il doit observer ce qui est prescrit à ce sujet au titre de l'écrivain, ci-après, avec les modifications qui y seront apportées.

11.

Si toutefois il y avait dans le navire un écrivain chargé, du consentement du maître, de tenir état de tout le contenu en l'article précédent, le maître en sera dispensé.

Il n'est pas d'usage d'établir un écrivain sur les navires marchands, c'est une dépense que les propriétaires et armateurs de navires ont épargnée, suivant la faculté que cet article leur en a laissé ; car, en disant, *si toutefois il y avait dans le navire un écrivain*, c'est leur avoir permis de n'y en pas mettre.

Au lieu d'un écrivain en titre, il est tel armateur qui place sur son navire un directeur de la cargaison ; alors le capitaine est borné à la conduite du navire et au soin de la navigation.

Quelquefois aussi on lui donne un associé ou adjoint à la vente de la cargaison et à l'achat des effets de retour ; mais l'expérience a assez fait voir que les choses n'en vont pas mieux, l'un se déchargeant sur l'autre des fautes qui peuvent arriver.

12.

Faisons défenses aux maîtres et patrons de charger aucune marchandise sur le tillac de leurs vaisseaux, sans l'ordre ou consentement des marchands, à peine de répondre en leur nom de tout le dommage qui en pourrait arriver.*

On comprend en effet que des marchandises sur le tillac courent trop de risques dans une longue navigation, et même dès que le navire est obligé de prendre le large, ne pouvant plus ranger les côtes. Ainsi c'est à juste titre qu'il est défendu au maître ou patron, conformément au ch. 183 du *Consulat*, de charger aucunes marchandises sur le tillac, si ce n'est du consentement exprès des marchands (lequel consentement doit naturellement être prouvé par écrit, si la marchandise excède la valeur de 100 liv.), sur peine de répondre en son nom de tout le dommage qui en pourra arriver.

Dans la navigation au petit cabotage, cet article néanmoins n'est pas observé, même à l'égard des marchandises sujettes à être extrêmement avariées par les coups de mer. Tous les jours on voit des sacs de farine chargés à Marans pour cette ville, ou pour Rochefort, soit dans des bâteaux

---

* *Cod. de com.*, art. 229. « Le capitaine répond également de tout le dommage qui peut arriver aux marchandises qu'il aurait chargées sur le tillac de son vaisseau sans le consentement par écrit du chargeur.

» Cette disposition n'est point applicable au petit cabotage. »

L'on voit, par le parag. 2 de cet article, que la modification établie par Valin et par la jurisprudence pour le petit cabotage, a été adoptée par nos législateurs.

sans pont, soit sur le tillac des bateaux pontés; et, quoique ces farines soient fort souvent avariées, l'usage de les charger de cette manière a toujours été toléré, en considération que, s'il en était autrement, le fret de ces bâtimens serait beaucoup plus considérable.

Il y eut une contestation, il y a quelques années, au siège de l'amirauté de cette ville, au sujet de quantité de sacs de farine qui avaient été ainsi chargés à Marans sur le tillac d'un bateau, et qui avaient été jetés à la mer pour éviter le naufrage du bateau. Ceux dont les farines avaient été chargées sous le pont prétendaient qu'ils étaient dispensés de contribuer au jet de celles qui étaient sur le tillac, se fondant sur cet article et sur le treizième du tit. 8, livre 3.

Par sentence du 28 septembre 1747, rendue au profit de René Riquet, boulanger, demeurant à Rochefort, contre Philippe-Fête Narbonneau le jeune, marchand de la Mothe-Ste-Héraye, en Poitou, ledit Narbonneau, attendu la notoriété de l'usage, fut condamné de contribuer au jet en question au *prorata* de la valeur des quarante-sept sacs de minot qu'il avait dans le bateau, conjointement avec les autres marchands chargeurs, et avec le propriétaire du bâtiment pour la moitié de sa valeur et du fret. Cette sentence, dont il n'y a point eu d'appel, a depuis servi de règle en pareil cas.

13.

Les maîtres seront tenus, sous peine d'amende arbitraire, d'être en personne dans leur bâtiment lorsqu'ils sortiront de quelque port, havre, ou rivière. *

Il a été déjà observé, sur l'article 8, qu'à l'exemple du

---

* *Cod. de com.*, art. 227. « Le capitaine est tenu d'être en pér-

capitaine de haut-bord, le maître d'un navire marchand doit s'y trouver en personne, lorsqu'il est question de le mener en rade, de lui donner un bon mouillage et de le mettre en sûreté.

Celui-ci, en confirmant la proposition, veut qu'il en soit de même lorsqu'il s'agira de faire sortir le bâtiment de quelque port, havre ou rivière, et cela à peine d'amende arbitraire contre le capitaine qui manquera à un devoir aussi essentiel ; c'est-à-dire que l'amende sera plus considérable selon les avaries que le navire aura souffertes, ce qui n'empêchera pas néanmoins que le capitaine ne soit tenu indéfiniment des dommages et intérêts qui en seront résultés.

Mais, le navire une fois en rade et sur ses ancres, le maître n'est point obligé de s'y tenir assidûment, en quoi il diffère du capitaine de vaisseau du Roi, qui, suivant l'article 16, tit. 7, livre premier de l'Ordonnance de 1689, ne peut plus le quitter pendant la nuit, ni coucher à terre ou sur quelque autre vaisseau, à peine d'interdiction, et de plus grande s'il y échet ; ce qui avait déjà été ainsi réglé par les Ordonnances particulières des 30 janvier 1668, 16 mars 1669 et 6 mars 1671.

La raison de différence est que le capitaine du haut-bord, quoiqu'il ne soit pas chargé, comme celui d'un vaisseau marchand, du soin de veiller au chargement des marchandises, des victuailles et de tout ce qui est nécessaire pour l'équipement du navire, est obligé essentiellement de veiller à la

---

sonne dans son navire, à l'entrée et à la sortie des ports, havres ou rivières. »

Art. 228. « En cas de contravention aux obligations imposées par les quatre articles précédens, le capitaine est responsable de tous les événemens envers les intéressés au navire et au chargement. »

conservation de son vaisseau, qui est un objet autrement précieux. Malgré cela néanmoins, les maîtres vigilans sont exacts à se rendre coucher à bord dès qu'on a commencé de charger le navire. C'est aussi ce que recommande le droit hanséatique, tit. 3, article 3; *et ubi* Kuricke, *fol.* 704; *idem Casa regis, disc.* 23, *n.* 69.

Pour le temps de guerre, il y a même sur cela une Ordonnance, du 24 août 1712, à l'égard des vaisseaux en rade. Ce qui donna lieu à cette ordonnance, c'est que des navires avaient été enlevés dans la rade de La Rochelle par des corsaires.

La voici : « Sa Majesté étant informée que des corsaires
» ennemis ont enlevé dans la rade de La Rochelle plusieurs
» navires marchands qui étaient mouillés, parce qu'ils n'a-
» vaient à bord aucuns officiers pour les défendre; et Sa
» Majesté estimant nécessaire de remédier à un abus aussi
» considérable, qui pourrait entraîner la perte du commerce
» maritime, s'il n'y était pourvu. Sa Majesté a ordonné à
» tous capitaines et maîtres de navires et autres officiers
» subalternes de coucher à bord des bâtimens sur lesquels
» ils serviront, lorsqu'ils seront mouillés dans les rades, à
» peine de perdre leurs appointemens et d'être mis en prison
» pendant trois mois. Fait Sa Majesté très-expresses inhibi-
» tions et défenses, sous les mêmes peines, aux officiers
» subalternes, de sortir desdits navires pendant le jour, sans
» permission des capitaines ou maîtres. Mande et ordonne
» Sa Majesté à M. le comte de Toulouse, amiral de France,
» de tenir la main à l'exécution de la présente ordonnance;
» et aux intendans, commissaires de la marine et des classes,
» et aux officiers de l'amirauté, de la faire lire et enregistrer,
» publier et afficher partout où besoin sera. Fait à Fontai-
» nebleau le 24 août 1712. Signé Louis, et plus bas, Phe-
» lypeaux. Et scellé. »

14.

Défendons d'arrêter pour dettes civiles les maîtres, patrons, pilotes et matelots *étant à bord* pour faire voile, si ce n'est pour les dettes qu'ils auront contractées pour le voyage. *

La faveur du commerce maritime, et l'intérêt quetant de personnes ont ordinairement à ce que le voyage d'un

---

* *Cod. de com.*, art. 231. « Le capitaine et les gens de l'équipage qui sont à bord, ou qui, sur les chaloupes, se rendent à bord pour faire voile, ne peuvent être arrêtés pour dettes civiles, si ce n'est à raison de celles qu'ils auront contractées pour le voyage; et même, dans ce dernier cas, ils ne peuvent être arrêtés, s'ils donnent caution. »

Le lecteur qui comparera l'art. du Cod. de com. avec l'art. 14 de l'Ordonnance et le commentaire, verra aisément que le législateur a érigé en loi, *ipsis terminis*, la doctrine enseignée par Valin, relativement aux gens de l'équipage qui se rendent à bord sur les chaloupes.

Le législateur moderne, améliorant l'art. 14 d'après Valin, a voulu aller plus loin encore en accordant aux gens de l'équipage qu'on voudrait saisir, la faculté de donner caution; mais cette addition, humaine sans doute, n'est guère conciliable avec les principes: car, puisque le créancier a droit de saisir, la dette est exigible, et il faut payer à l'instant; il ne s'agit donc pas de caution, mais d'argent comptant. On peut supposer que le législateur a pensé, ce qui paraît présumable, qu'un créancier rassuré par une caution très-solvable, préférerait accorder quelque temps que de faire incarcérer son débiteur; mais il est vrai de dire que l'intervention de la loi était inutile, s'il dépend du créancier d'accepter ou de refuser la caution, ce qui me paraît incontestable d'après tous les principes du droit commun. Cette innovation n'est pas heureuse.

navire ne soit pas retardé, exigeaient naturellement qu'il
ne fût pas en effet retardé par un intérêt purement civil,
particulier et non privilégié; et c'est à quoi cet article a
pourvu, conformément à la loi 3, *cod. de naviculariis*,
à la loi unique, *cod. de nundinis*, et particulièrement sur
l'article 6 de l'ordonnance de Visbuy, qui est conçue en ces
termes : *Il est inhibé d'arrêter et prendre prisonniers le
maître, le pilote ou matelots, dans le navire, pour dette
civile, lorsqu'ils sont près de faire voile ; mais,* est-il
ajouté, *le créancier pourra faire exécuter, saisir et vendre
ce qu'il trouvera dans le navire appartenant à son débiteur.*

Cela avait déjà aussi été jugé de la sorte au parlement
de Paris, par arrêt du 2 mai 1545, rapporté par Laurent
Bouchel dans sa *Bibliothèque du Droit français*, *verbo*
commandement de payer; cet arrêt ayant déclaré nulle et
tortionnaire la capture d'un débiteur, dans un navire, pour
dette civile, *quasi*, dit l'auteur, *interpellatus non oppor-
tuno loco. Idem* le ch. 275 du *Consulat*, et Kuricke, quest.
27, pag. 885, avec les autorités qu'il cite.

Il est à observer néanmoins que toutes ces autorités ne
regardent précisément que l'arrêt et emprisonnement faits
dans le navire chargé et prêt à faire voile : ainsi, suivant la
maxime, *exceptio firmat regulam in cæteris,* il est naturel de conclure que l'arrêt en toute autre circonstance peut
être valablement fait. Je croirais pourtant que ces mots,
étant à bord, ne doivent pas tellement être pris à la lettre,
qu'ils ne puissent s'entendre du cas des dernières chaloupes,
où le capitaine s'embarque avec le reste de ses gens ; et
qu'ainsi, qu'ils soient déjà embarqués dans ces chaloupes,
ou qu'ils soient encore sur le quai à ce dessein, ils ne peuvent
être arrêtés pour dette civile, attendu que, dans ces circonstances, c'est tout comme s'ils étaient à bord.

Mais, comme la défense n'est faite que pour les dettes

civiles, ce sera toute autre chose, s'il s'agit de crime ou d'une dette qui procède de crime. De manière que le capitaine ou le matelot pourra être arrêté à bord en quelque temps que ce soit, non-seulement en vertu d'un décret de prise de corps, mais encore en conséquence ou d'une provision décernée contre lui, ou d'une sentence qui l'aura condamné au paiement d'une somme pour réparation civile, ou enfin une condamnation aux dépens, soit qu'ils tiennent lieu d'intérêts civils ou autrement, le tout en matière criminelle.

Notre article excepte aussi, en matière civile, les dettes contractées pour raison du voyage, et cela parce que ces dettes sont privilégiées et provisoires, telles que sont celles causées pour hardes et vêtemens achetés à l'occasion du voyage, ou pour achat d'effets et marchandises payables comptant.

Je ne parle point, en ce qui concerne les officiers mariniers et matelots, de dettes qu'ils auront contractées pour dépense de bouche faite au cabaret, parce que de tout temps il a été défendu aux taverniers ou hôteliers de donner à manger chez eux ou, de prêter de l'argent aux mariniers, sans le consentement du maître ou capitaine qui en aura répondu, sur peine de perdre la nourriture qu'ils leur auront fournie, et l'argent qu'ils leur auront prêté. Ordonnance de 1555, et article 63 de celle de 1584. *Suprà*, liv. premier, tit. 12, art. 9.

Il ne pourrait donc y avoir que la dépense par eux faite pour leur nourriture avant leur engagement, qui fût à leur charge; mais, outre qu'il n'y aurait pas à ce sujet de contrainte par corps contre eux, c'est que, dans ces occasions, le maître ne manque guère de payer pour eux cette dépense, à déduire sur leurs avances.

Quant à la dépense du maître ou capitaine, tant pour sa nourriture que pour celle des gens de son équipage, il n'est pas douteux qu'il ne puisse être condamné par corps de la payer, et que, faute de paiement, il ne puisse être arrêté et constitué prisonnier : mais ce ne sera jamais un sujet de retardement pour un voyage de long cours, parce que, en pareille circonstance, le propriétaire ou l'armateur paiera sur-le-champ ou répondra de la dette, sauf à contester au retour du navire, entre son capitaine et lui, sur le point de savoir qui d'eux deux en sera tenu.

Sur quoi il est à remarquer qu'il est de règle que, dès que l'armateur a commencé de nourrir l'équipage à bord, ce qu'on appelle *y faire bouillir la marmite ou chaudière,* il ne doit plus être permis au capitaine ni aux gens de l'équipage de prendre des repas à l'auberge ou au cabaret, lorsqu'ils viennent à terre, même pour le service du navire, sans le consentement de l'armateur, qui sans cela demeurerait doublement chargé de leur nourriture.

Ainsi, si le capitaine, s'écartant de cette règle, donne lieu à une action pour le paiement de cette dépense superflue, faite contre le gré de l'armateur, l'événement retombera sur lui; et même, étant assigné avant son départ conjointement avec l'armateur, comme c'est l'ordinaire, il sera seul condamné, s'il ne justifie qu'il n'a agi que du consentement de l'armateur.

Mais les cabaretiers, bien conseillés, attendent que le navire soit parti pour attaquer l'armateur, comme tenu des faits de son capitaine; parce qu'alors, étant incertain si le capitaine a tort, on a coutume de condamner par provision l'armateur de payer, sauf à répéter de sa part sur les appointemens du capitaine, s'il se trouve dans le cas de supporter cette dépense en son nom; à l'effet de quoi il demeure subrogé au privilége du cabaretier ou autre qui a fourni la nourriture, le cas arrivant.

Il faut avouer néanmoins qu'on ne voit s'élever des discussions de cette nature que lorsque la dépense paraît forte et affectée de la part du capitaine; sans cela en effet un armateur aurait mauvaise grâce à se plaindre.

Une dernière observation à faire sur cet article, est que, comme il ne défend que l'arrêt et l'emprisonnement du débiteur à bord, rien n'empêche le créancier ayant un titre exécutoire, de procéder par voie de saisie et exécution sur les effets de son débiteur étant dans le navire, conformément à l'article 6 de l'Ordonnance de Wisbuy, déjà cité; ce qui doit s'entendre toutefois d'effets autres que ses hardes et ses armes, puisque ce serait l'arrêter indirectement que de le priver des secours dont il ne peut se passer dans le voyage.

Cela ne regarde donc que les effets et les marchandises; et alors, parce que le créancier ne peut pas avoir plus de droit que son débiteur, il n'aura la faculté de faire enlever les effets et marchandises du navire qu'en payant la moitié du fret par préalable, suivant l'article 6 du titre du fret ou nolis, sauf à lui à faire supporter à son débiteur la somme qu'il aura payée à ce sujet.

15.

Le maître, avant que de faire voile, prendra l'avis des pilote, contre-maître et autres principaux de l'équipage.

Ce que prescrit cet article a été pratiqué de tout temps suivant les us et coutumes de la mer, et rien n'est plus juste.

La disposition de l'article 2 des jugemens d'Oleron, sur ce sujet, mérite d'être ici rapportée; la voici:

« Si une nef est en un havre, et elle demeure pour attendre
» son fret et son temps, quand vient à son départir, le maître
» doit prendre conseil avec ses compagnons, et leur dire:
» *Seigneurs, que vous haiste ce temps* (que vous semble ce
» temps). Aucuns y aura qui diront, ce temps n'est pas bon,
» car il est nouvellement venu, et le devons laisser rasseoir;

» et les autres diront, le temps est bel et bon. Lors le maître
» est tenu de soi accorder avec la plus grande partie des
» opinions de ses compagnons; et s'il faisait autrement, et la
» nef se perdait, il est tenu de rendre la nef ou la somme
» qu'elle sera prisée, s'il a de quoi. »

De même, et en moins de paroles, l'article 14 de l'Ordonnance de Wisbuy.

Le commentateur a pris, sans en rien dire à son ordinaire, des notes sur ce jugement d'Oleron, ce qu'il a observé sur le présent article.

Par les articles 1 et 2 du titre du jet, le maître doit tout de même prendre l'avis tant des marchands que de son équipage; et il en faut dire autant de toute circonstance où il y a quelque résolution importante à prendre. De sorte que, s'il agit et se détermine contre l'avis commun, il se rend responsable de tous les dommages et intérêts qui en résulteront, et, suivant les circonstances, il pourra à ce sujet être poursuivi à l'extraordinaire pour lui faire subir la juste peine de sa témérité.

16.

Sera tenu, avant que de se mettre en mer, de donner au greffe de l'amirauté du lieu de son départ, les noms, surnoms et demeure des gens de son équipage, des passagers et des engagés pour les îles, et de déclarer à son retour ceux qu'il aura ramenés, et les lieux où il aura laissé les autres.

L'obligation imposée au capitaine par cet article, conformément aux art. 47 et 66 de l'Ordonnance de 1584, de donner, avant son départ, au greffe de l'amirauté, un état contenant les noms, surnoms et demeure des gens de l'équipage, etc., se remplit aujourd'hui, et depuis long-temps, au moyen du rôle d'équipage qu'il est obligé de prendre au bureau des classes, et dont il doit déposer un double au greffe de l'amirauté, comme il a été observé sur l'article 10 ci-dessus.

Ce rôle d'équipage, outre les noms, surnoms et demeure du capitaine, des officiers, des matelots, des novices et des mousses, fait mention encore de leur signalement, de la quotité de leurs appointemens, gages ou loyers, des mois qui leur ont été payés pour avances, et de la retenue qui a été faite sur chacun de dix deniers pour livre au profit des Invalides; les passagers enfin et les engagés pour les îles y sont aussi exactement marqués.

17.

Ne pourra, dans le lieu de la demeure des propriétaires, faire travailler au radoub du navire, acheter voiles, cordages ou autres choses pour le bâtiment, ni prendre pour cet effet argent sur le corps du vaisseau, si ce n'est de leur consentement, à peine de payer en son nom. *

Quoiqu'il soit du devoir du capitaine de veiller au radoub du navire et à tout ce qui est nécessaire pour le voyage, comme il a été observé sur l'article 8 ci-dessus, il est entendu, et c'est la décision du présent article, que l'armement se faisant dans le lieu de la demeure du propriétaire ou commissionnaire

---

* Cod. de com., art. 232. « Le capitaine, dans le lieu de la demeure des propriétaires ou de leurs fondés de pouvoirs, ne peut, sans leur autorisation spéciale, faire travailler au radoub du bâtiment, acheter des voiles, cordages, et autres choses pour le bâtiment, prendre à cet effet de l'argent sur le corps du navire, ni fréter le navire. »

qui le représente, il ne pourra ordonner le radoub, acheter
voiles, cordages ou autres choses pour le bâtiment, ni prendre
pour ce sujet argent à la grosse sur le corps et quille du vaisseau, ses agrès et apparaux, si ce n'est du consentement
formel du propriétaire ou de l'armateur; autrement il sera
tenu de payer en son nom sans recours contre le propriétaire.
Idem art. 3 et 4 de l'Ordonnance de la Hanse teutonique.

Cependant, si, par rapport au radoub et aux achats
qu'il aurait faits de voiles, cordages ou autres choses concernant le bâtiment, il n'avait fait que le nécessaire, et
qu'employer à juste prix ce que le propriétaire n'avait pas à
fournir, quoique blâmable pour avoir ainsi agi de son chef,
il ne serait pas naturel de lui en refuser le remboursement:
nemo enim debet locupletari cum alterius jacturâ, art. 65
de l'Ordonnance de Wisbuy.

Mais, pour l'emprunt à la grosse, il n'est pas douteux que
l'armateur ne fût en droit absolument de le lui laisser pour
son compte, en payant ou remboursant ce qui serait juste et
raisonnable pour les dépenses convenablement faites à l'occasion du navire.

Il en serait de même quoique le maître ou capitaine aurait
une portion dans le navire, ne lui étant permis d'emprunter
à la grosse que jusqu'à concurrence de sa portion, suivant
l'art. 8 du titre des contrats à la grosse, sauf le cas de l'art. 9
et de celui qui suit.

18.

Si toutefois le navire était affrété du consentement
des propriétaires, et qu'aucuns d'eux fissent refus de
contribuer aux frais nécessaires pour mettre le bâtiment dehors, le maître pourra en ce cas emprunter
à grosse aventure pour le compte et sur la part des

refusans, *vingt-quatre heures après leur avoir fait sommation par écrit de fournir leur portion.* ✝

Le navire étant affrété par les propriétaires et le capitaine, ou par le capitaine, de leur consentement, le fréteur a action contre eux tous pour les obliger d'exécuter la charte-partie. Ainsi les propriétaires peuvent se contraindre respectivement de fournir leur contingent pour mettre le navire en état de faire le voyage, et c'est aussi le cas où le capitaine ou maître peut les y faire condamner, qu'il soit intéressé au navire ou non.

Et, faute par eux de satisfaire, il pourra prendre de l'argent à la grosse pour le compte de ceux qui seront en demeure de contribuer de leur part. Art. 11 et 59 de l'Ordonnance de la Hanse teutonique.

Notre article, en confirmant la proposition, ajoute, *vingt-quatre heures après leur avoir fait sommation par écrit de fournir leur portion;* mais cela ne doit pas être pris à la lettre, comme il sera observé sur l'article 9, titre des contrats à la grosse.

Un emprunt fait de cette manière serait trop brusque : il convient auparavant que le maître ou capitaine assigne les refusans pour les faire condamner de fournir leur contingent sans délai et dans vingt-quatre heures au plus tard, et qu'il

---

✝ *Cod. de com.*, art. 233. « Si le bâtiment était frété du consentement des propriétaires, et que quelques-uns d'eux fissent refus de contribuer aux frais nécessaires pour l'expédier, le capitaine pourra, en ce cas, vingt-quatre heures après sommation faite aux refusans de fournir leur contingent, emprunter à la grosse pour leur compte sur leur portion d'intérêt dans le navire, avec autorisation du juge.»

On voit facilement, en comparant cet article à son corrélatif dans l'Ordonnance, que les législateurs ont profité des sages observations de Valin.

fasse ordonner que, faute par eux de se mettre en règle, il demeurera autorisé à prendre à la grosse, pour leur compte et risque, des deniers suffisans pour remplir leur portion.

Il en doit être de même des propriétaires du navire qui ne seront pas domiciliés au lieu de l'armement, s'ils y ont des correspondans ou commissionnaires qui aient été indiqués au capitaine; c'est-à-dire qu'il faudra qu'il fasse la même pro-cédure contre ces correspondans ou commissionnaires, pour pouvoir valablement emprunter à la grosse pour le compte des propriétaires en demeure de fournir leurcontingent.

Au surplus, quand notre article parle d'un navire affreté du consentement des propriétaires, cela ne suppose pas précisément un consentement unanime de leur part, il suffit que l'affrétement soit fait de l'aveu du plus grand nombre pour qu'il fasse loi à l'égard des autres. C'est ce qui résulte de l'article 5 du tit. 8 ci-après, et c'est aussi la décision formelle de l'art. 59 de l'Ordonnance de la Hanse teutonique.

19.

Pourra aussi, pendant le cours de son voyage, prendre deniers sur le corps et quille du vaisseau, pour radoub, victuaille et autres nécessités du bâti-ment; même mettre des apparaux en gage, ou vendre des marchandises de son chargement, à condition d'en payer le prix sur le pied que le reste sera vendu : le tout *par l'avis des contre-maître et pilote*, qui attesteront, sur le journal, la nécessité de l'emprunt et de la vente, et la qualité de l'emploi, sans qu'en aucun cas il puisse vendre le vaisseau qu'en vertu de procuration spéciale des propriétaires. *

---

* *Cod. de com.*, *art.* 234. « Si, pendant le cours du voyage, il

De tout temps, par les us et coutumes de la mer, il a été permis au maître, pendant le voyage, de prendre deniers à la grosse ou autrement sur le corps et quille du navire, pour radoub, victuailles et autres nécessités du bâtiment, afin de se mettre en état de continuer le voyage. *Consulat,* chap. 104, 105 et 236; *Assurances d'Anvers,* art. 19; *Ordonnance de Wisbuy,* art. 45 : l'Ordonnance de la Hanse teutonique, art. 60, ajoute, étant en pays étranger, et ne pouvant mieux faire.

Pour les mêmes causes, notre article l'autorise à mettre des apparaux du navire en gage, ce qui est aussi conforme à l'art. premier des jugemens d'Oleron, à l'art. 13 de l'Ordonnance de Wisbuy; et enfin à vendre des marchandises de son chargement. *Idem,* les articles 35 et 45 de l'Ordonnance de Wisbuy, l'art. 22 des jugemens d'Oleron, et l'art. 19 des assurances d'Anvers.

Le tout, ajoute notre article, *par l'avis des contre-maître et pilote.* Sans doute que ce sont, après le maître, ceux qui sont le plus en état de juger des besoins du navire, et de la nécessité d'emprunter ou de vendre des marchandises :

---

y a nécessité de radoub, ou d'achat de victuailles, le capitaine, après l'avoir constaté par un procès-verbal signé des principaux de l'équipage, pourra, en se faisant autoriser en France par le tribunal de commerce, ou, à défaut, par le juge de paix; chez l'étranger, par le consul français, ou, à défaut, par le magistrat des lieux, emprunter sur le corps et quille du vaisseau, mettre en gage ou vendre des marchandises jusqu'à concurrence de la somme que les besoins constatés exigent.

» Les propriétaires, ou le capitaine qui les représente, tiendront compte des marchandises vendues, d'après le cours des marchandises de même nature et qualité, dans le lieu de la décharge du navire, à l'époque de son arrivée. »

mais pour cela l'avis des autres officiers et des matelots même ne doit pas être négligé; et un capitaine qui y manquerait serait blâmable sans contredit, malgré la disposition de cet article, qui ne s'est pas expliqué d'une manière assez précise pour le dispenser de prendre l'avis d'aucun autre que du contre-maître et du pilote.

Aussi l'art. premier des jugemens d'Oleron porte-t-il, *par le conseil des mariniers de la nef;* l'Ordonnance de Wisbuy, art. 13, *avec l'avis des matelots.*

Notre article ajoute encore que la nécessité de l'emprunt ou de la vente, et la qualité de l'emploi, seront attestées sur le journal; mais, à la précaution d'en faire écriture sur le journal, l'usage a ajouté celle de dresser un procès-verbal à ce sujet, aussi bien que dans toutes les autres occasions importantes qui se présentent durant le cours du voyage; lequel procès-verbal doit être signé de tous ceux du navire qui ont opiné et qui savent signer, avec déclaration que les autres n'ont su ou pu signer, et avec énonciation de la cause dans ce dernier cas. V. *infrà* l'art. 13 du tit. de l'écrivain.

Au surplus cette formalité n'est nécessaire que pour la sûreté du capitaine, et pour le disculper envers l'armateur ou propriétaire du navire. Cela ne regarde nullement le prêteur, à qui l'engagement du capitaine suffit pour être en droit d'exiger du propriétaire ou armateur du navire, le profit maritime avec le principal, en cas de prêt à la grosse, et que le navire arrive à bon port, ou le paiement de la somme empruntée, à l'échéance du mandement ou de la lettre de change, sans qu'il soit obligé de prouver que la somme qu'il a prêtée a réellement tourné au profit du vaisseau (sentence de Marseille du 9 août 1748): et cette décision est fondée sur la loi première, § 9, *ff. de exercitoriâ actione.*

Loccenius, *de jure maritimo, lib.* 3, *cap.* 8, n. 7 et 8,

voudrait néanmoins que le prêteur fût en état de prouver la nécessité du prêt, à raison des besoins du navire, conformément à la loi septième, ff. *eodem*, qui exige de plus que la somme prêtée au maître n'ait pas excédé les besoins du navire, et que dans le temps où le prêt a été fait, on trouvât à acheter sur le lieu des choses dont le vaisseau avait besoin ; toutes lesquelles conditions, Vinnius in Peckium, *fol.* 183, *nota A*, croit nécessaires pour ne pas exposer les propriétaires des navires à devenir les victimes des fraudes et des malversations des capitaines. *Idem Casa regis, disc.* 71, n. 15, 33 et 34. Mais tout cela, comme trop subtil et trop pointilleux, a été rejeté dans l'usage du commerce ; et il suffit pour autoriser le créancier prêteur à agir contre le propriétaire du navire, qu'il ait prêté la somme de bonne foi au capitaine, c'est-à-dire qu'il n'y ait ni preuve ni présomption suffisante de collusion entre le capitaine et lui.

Il a en conséquence, pour sûreté de son remboursement, un privilége spécial sur le navire, qui passe incontinent après celui des matelots pour leurs loyers (*suprà*, art. 16, tit. 14 du liv. premier) ; et ce privilége est tel, aux termes de l'art. 45 de l'Ordonnance de Wisbuy, qu'il subsiste pendant un an, nonobstant que le navire se vende, et qu'il soit mis un autre maître à la place de celui qu'il a emprunté. Toutefois cela doit s'entendre avec cette restriction, si la vente n'a été faite judiciairement, sans opposition de la part du prêteur, parce qu'il est de règle que le décret purge toutes les dettes pour lesquelles il n'y a pas eu d'opposition, quelque privilégiées qu'elles soient et sans distinguer si les créanciers ont été à portée ou non de former opposition. La sûreté publique l'exige de la sorte.

Il est rare, lorsque le maître est en voyage, et qu'il a besoin d'argent pour les nécessités du navire, qu'il emprunte à la grosse, soit que le profit maritime que le prêteur voudrait exiger lui paraisse trop considérable, soit que le prêteur ne veuille pas courir le risque de l'événement. Pour l'ordinaire il emprunte simplement moyennant l'intérêt convenu, qui ne doit pas excéder le taux courant du commerce ; et en paiement il tire une lettre de change sur le propriétaire ou armateur du navire, dont il lui donne avis le plus promptement qu'il se peut, afin que l'armateur puisse ajouter la somme à la valeur qu'il a donnée au navire, et la faire assurer, s'il le juge à propos.

A l'échéance de la lettre de change, l'armateur est obligé de la payer, sans pouvoir s'en dispenser sous prétexte que le navire a depuis fait naufrage, ni sous quelque autre prétexte que ce soit. Il est vrai que par-là son capitaine peut l'exposer à payer ce qui n'aura peut-être pas tourné au profit du navire ; mais la sûreté publique le demande, et c'est le cas de dire qu'il doit s'imputer *talem personam elegisse*. Il ne peut même se mettre à couvert du paiement en déclarant qu'il abandonne le navire et fret, l'art. 2 du tit. 8, ci-après, n'étant pas applicable à l'espèce. V. l'art. 14, tit. *du fret*, aussi ci-après. Il est pourtant vrai qu'il faut que l'acte du prêt ou la lettre de change énonce formellement que c'est pour les besoins du navire, comme pour radoub, victuailles, etc. (sentence de l'amirauté de Marseille, du 22 mai 1750), sans quoi le propriétaire serait en voie de décharge. *

---

* Valin accorde formellement au capitaine le droit d'emprunter sur lettre de change, lorsqu'il ne trouve point à emprunter à la grosse. Emerigon s'est fortement élevé contre cette opinion ; et il est certain que le droit d'emprunter sur lettres de change était refusé au capitaine, d'après la jurisprudence du parlement d'Aix : jurisprudence dont on comprend toute l'importance par rapport à la navigation française sur la Méditerranée. Le capitaine, dit Emerigon, ne doit contracter aucune obligation qui ne soit inhérente au navire : s'il tire des lettres de change, cet engagement lui est personnel.

Il est à regretter que les législateurs qui travaillèrent évidemment avec Valin et Emerigon sous les yeux, n'aient pas décidé ce point

Faute de trouver à emprunter, même en mettant des agrès
et apparaux en gage, le maître peut vendre alors des marchandises du navire; et, pour procéder comme il convient,
il doit vendre celles de la cargaison avant de toucher à

---

controversé entre nos deux oracles du droit maritime; leur opinion,
toujours vénérée en raison des lumières de ceux qui les consulte-
ront, peut occasioner une pénible incertitude. Dieu préserve les
justiciables du magistrat qui ne sentirait pas combien les systèmes
opposés de ces deux grands jurisconsultes rendent une décision difficile!

M. Locré, dans ses observations sur l'article 234, croit y voir une
solution conforme à la doctrine de Valin; et, par une confusion assez
naturelle, quand on considère la position particulière de ce jurisconsulte estimable, secrétaire général du Conseil d'Etat, il semble
décider que son opinion doit être regardée comme l'esprit même de
la loi, et adoptée en conséquence. Après avoir lu et relu un nombre
infini de fois l'art 234 du Cod. de com., et l'avoir comparé à l'art. 19
de l'Ord., je déclare qu'il m'a été impossible d'y rien trouver qui
ressemblât à la conséquence que M. Locré veut en inférer : je crois y
lire au contraire une décision opposée; car *emprunter sur le corps
et quille* d'un vaisseau me paraît, dans cet article, signifier emprunter à la grosse. Les navires, étant dans la classe des biens meubles et
non susceptibles d'hypothèques, ne peuvent être affectés au paiement
des emprunts contractés dans l'intérêt de ces navires, que conformément aux principes généraux pour les dettes privilégiées, art. 190 et
suiv., et alors les prêteurs seront primés par les prêteurs subséquens,
art. 323, ou bien il faut mettre ces navires en gage comme les marchandises et les apparaux, chose impossible, puisqu'on n'emprunte
que pour continuer le voyage, et par conséquent mettre les navires
hors de la possession des prêteurs. Pour remédier à ces inconvéniens
et à l'impossibilité de mettre les navires en gage comme les marchandises, la loi a autorisé les capitaines à emprunter sur le corps
et quille du vaisseau, c'est-à-dire à faire du corps et quille du vaisseau la matière d'un contrat à la grosse, avec les avantages et chan-
ces du profit maritime, et non pas à consentir seulement un droit de

celles des marchands chargeurs (puisque cela se fait pour les besoins du navire, auxquels c'est au propriétaire à pourvoir), à moins que l'acheteur ne préfère d'autres marchan-

---

privilége en faveur des prêteurs sur le corps et quille ; car ce privilége, résultant d'ailleurs de la loi elle-même, art. 190, et de la nature de la créance, ne déterminerait personne à prêter des capitaux : de droit commun, tout individu qui emprunte, emprunte sur ses biens meubles et immeubles, sans qu'il soit besoin d'aucune stipulation.

Le Code de commerce, rédigé exactement comme l'Ordonnance, ne décide donc pas ce qu'elle avait laissé d'indécis sur ce point ; car, Valin ne pensant pas que prendre des deniers sur le corps et quille du vaisseau signifie d'une manière absolue emprunter à la grosse, comme je serais porté à le croire, je soumets mon interprétation à la sienne, parce que la présomption est qu'un homme qui a tant approfondi notre droit maritime, et qui a fait un si beau travail sur l'Ordonnance, en pénètre infiniment mieux que moi le sens et l'esprit. Quoi qu'il en soit, si emprunter sur le corps et quille du vaisseau, ne veut pas dire emprunter à la grosse, il est du moins incontestable que cela ne signifie pas emprunter sur lettre de change, et que le Code est entièrement muet sur la question. Les raisons qu'Émerigon donnait pour défendre au capitaine les emprunts par lettres de change étaient puissantes : cet auteur ne voulait pas que lorsque le navire venait à périr postérieurement aux emprunts, les armateurs eussent à en effectuer le remboursement : voilà pourquoi il ne leur permettait que des emprunts à la grosse ; et j'avoue que l'intérêt du commerce maritime m'aurait fait préférer ce système, si le Code de commerce n'eût adopté, sur un autre point, une décision qui me paraît le rendre inadmissible aujourd'hui. L'Ordonnance de la marine autorisait les capitaines à vendre des marchandises pour les besoins pressans du navire, et cette loi si belle avait omis de s'expliquer sur le point de savoir si le prix de ces marchandises devait être remboursé lorsque le navire avait péri postérieurement. Ce silence avait encore fait naître deux systèmes : celui d'Emerigon, d'après lequel les armateurs ne devaient pas payer les marchandises ; celui de Valin et de Pothier, qui pensaient le con-

dises à celles de la cargaison; auquel cas celui dont les marchandises seront vendues n'aura rien à dire, et il ne sera question que de lui en payer le prix, non sur le pied de la

---

traire : le Cod. de commerce, art. 298, § 2, a érigé ce dernier système en loi. Quoique les raisons données par Pothier ne me paraissent pas concluantes, et que l'intérêt des armateurs de navires m'eût semblé préférable à cette bonne fortune que la loi fait aux propriétaires des marchandises, et dont ils doivent se réjouir, comme l'a dit Pothier lui-même, *gaudeant bonâ fortunâ*; ce qui, je le répète, ne me paraît pas décisif : la loi étant formelle, il faut s'y conformer ; et voici la conséquence que j'en tire pour la question proposée.

Le capitaine ne trouvant point à emprunter à la grosse, n'a évidemment que la ressource de vendre des marchandises ou de tirer des lettres de change : or, les armateurs n'ont aucun intérêt à lui interdire ce dernier mode d'emprunt; car la loi décidant formellement qu'en cas de perte du navire, il faut néanmoins payer ces marchandises, il leur importe peu d'avoir à les payer ou à acquitter ces lettres de change, la défense de contracter des obligations qui ne soient *inhérentes* au navire, suivant l'expression énergique d'Emerigon, c'est-à-dire qui existent après son naufrage, ne pouvant plus être soutenue dans l'empire du Code, qui établit formellement le système contraire. Telles sont les raisons qui me portent à embrasser l'opinion de Valin sur le droit du capitaine, d'emprunter par lettres de change; je crois aussi, comme l'enseigne cet auteur, qu'en pareil cas les armateurs doivent payer les lettres de change, sans pouvoir s'en dispenser sous le prétexte que le navire a fait naufrage. M. Pardessus, tom. 3, n° 910, pense que le paiement de ces lettres est subordonné à l'heureuse arrivée du navire : je ne saurais partager cet avis, contraire à celui de Valin; de pareilles lettres de change ne seraient évidemment qu'un prêt à la grosse : ceux qui se auraient consenti à une pareille condition auraient nécessairement exigé un profit maritime; ce seraient donc de véritables prêts à la grosse sans une désignation des objets affectés au prêt, sans enregistrement au greffe, et sans aucune des conditions exigées par loi pour la validité de ces contrats.

vente, qui peut être faite à vil prix, mais sur le pied que le reste sera vendu. Cela s'entend au lieu de la décharge du navire, suivant l'article 14, tit. *du fret ou nolis*, à la déduction du fret en plein; ce qui est juste et conforme à l'art. 19 des assurances d'Anvers, à l'article 22 des jugemens d'Oleron, et aux articles 35 et 69 de l'Ordonnance de Wisbuy.

Dans le cas néanmoins où le navire vient à périr dans la suite, l'art. 68 de la même Ordonnance de Wisbuy refuse au maître le droit de retenir le fret sur le prix de ces marchandises vendues; mais cela n'est pas régulier, le fret étant dû au moins à proportion du voyage avancé, que les marchandises soient estimées au temps qu'elles auront été vendues, ou sur le pied de leur valeur, au lieu où le naufrage est arrivé. V. pour le surplus les observations sur ledit art. 14, tit. *du fret ou nolis.*

Quant à la défense faite au maître, à la fin de notre article, de vendre le vaisseau sans une procuration spéciale des propriétaires, elle est de droit; *vocabulum enim istud* maître, *intelligendum est tantùm de peritiâ in arte navigandi, non de dominio et proprietate navis;* et on la trouve tout de même, tant dans l'art. premier des jugemens d'Oleron, et dans le 57ᵉ de l'Ordonnance de la Hanse teutonique, que dans l'article 13 de l'Ordonnance de Wisbuy. L'article 15 ajoute, avec raison, que le maître ne peut pas non plus vendre les cordages, ce qui veut dire les agrès et apparaux. Tel est aussi l'esprit de notre article, en tant qu'il lui permet seulement de mettre en gage ceux dont il peut se passer pour trouver l'argent nécessaire pour les besoins du navire.

Or, de ce qu'il n'a pas le pouvoir de vendre le vaisseau, il s'ensuit que le propriétaire est fondé à le revendiquer et à le retirer des mains de l'acheteur. (*Consulat,* ch. 2533), et cela sans être obligé de rembourser cet acheteur, attendu qu'il n'a pu acheter de bonne foi.

Le commentateur a encore tiré ce qu'il dit sur cet article, des notes sur l'article premier des jugemens d'Oleron. L'arrêt emprunté d'Automne, sur l'art. premier de la coutume de Bordeaux, est à la page 9.

Un capitaine ou maître ne s'avise pas de vendre son navire ; mais quand il veut s'en défaire, il trouve aisément le secret de le faire condamner : du moins y en a-t-il assez d'exemples pour qu'on puisse penser, sans jugement téméraire, qu'il y a eu des navires condamnés qui ne méritaient pas de l'être ; mais quand il n'y a pas de preuve de la friponnerie, il n'y a pas moyen de la punir.

20.

Le maître qui aura pris sans nécessité de l'argent sur le corps, avituaillement ou équipement du vaisseau ; vendu des marchandises, engagé des apparaux, ou employé dans ses mémoires des avaries et dépenses supposées, sera tenu de payer en son nom, déclaré indigne de la maîtrise, et banni du port de sa demeure ordinaire. *

Tout ce que fait le maître ou capitaine contre le devoir de sa charge mérite punition, parce que c'est une infidélité dont il se rend coupable, et un abus manifeste de la confiance que les propriétaires ou l'armateur lui ont donnée.

---

* *Cod. de com., art.* 236. « Le capitaine qui aura, sans nécessité, pris de l'argent sur le corps, avituaillement ou équipement du navire, engagé ou vendu des marchandises ou victuailles, ou qui aura employé dans ses comptes des avaries et des dépenses supposées, sera responsable envers l'armement, ou personnellement tenu du remboursement de l'argent ou du paiement des objets, sans préjudice de la poursuite criminelle, s'il y a lieu. »

C'est en effet une prévarication criminelle et inexcusable de sa part, de prendre sans nécessité de l'argent à la grosse ou autrement, sur le corps et quille du vaisseau, son avituaillement, et sur ses agrès et apparaux; de vendre des marchandises ou engager des apparaux aussi sans nécessité; enfin d'employer dans ses comptes ou mémoires des avaries et dépenses supposées ou frauduleusement enflées et grossies.

La peine civile qu'il encourt à ce sujet est celle de payer en son nom tout ce qu'il a emprunté sans nécessité, de rapporter la véritable valeur des marchandises qu'il a vendues, de dégager et restituer à ses frais les apparaux engagés, le tout avec dommages et intérêts, et de souffrir la radiation ou la réduction de tous les articles faussement employés ou exagérés dans ses mémoires de dépenses.

Et, parce que toutes ces prévarications, outre le dommage qu'elles peuvent causer au propriétaire ou armateur du navire, (qui, comme il a été dit sur l'article précédent, est tenu indistinctement des emprunts faits par le capitaine durant le voyage, pour les besoins vrais ou supposés du navire), intéressent encore l'ordre public, notre article y ajoute la punition publique et exemplaire, et en conséquence veut qu'en pareil cas le capitaine soit déclaré indigne de la maîtrise, et banni du port de sa demeure ordinaire; à l'effet de quoi, suivant la remarque du commentateur, il y a nécessité de lui faire son procès par une procédure régulièrement faite à l'extraordinaire, conformément à l'Ordonnance criminelle de 1670, sur les conclusions du procureur du Roi de l'amirauté.

Stypmannus, *ad jus maritimum,* cap. 5, n. 134 et 135, *fol.* 419, veut que la peine d'une telle prévarication puisse aller jusqu'à la mort, suivant les circonstances; à quoi est conforme le Droit hanséatique, tit. 6, art. 3, sur quoi Kuricke, *fol.* 766, dit que ces capitaines infidèles, *etiam pro qualitate facti, corporali pœnâ, ad necem usque, puniri debent.*

Ce que le commentateur ajoute, que la déchéance de la maîtrise sera perpétuelle, et non à temps, est dans la règle, parce qu'un homme déclaré une fois indigne d'un emploi ne peut cesser de l'être, s'il n'est réhabilité par lettres du prince; mais, pour le bannissement, l'article ne disant pas qu'il sera perpétuel, rien n'empêche les juges de le réduire à un certain temps.

En tout cas, comme le bannissement dont il s'agit n'est que pour le lieu de la demeure ordinaire du capitaine, qu'il soit prononcé à temps ou à perpétuité, il n'emportera sûrement pas la confiscation des biens du condamné, puisqu'il ne le rendra pas mort civilement, n'y ayant que le bannissement à perpétuité hors du royaume qui opère la mort civile.

On comprend que la condamnation pécuniaire qui interviendra contre le capitaine, aux termes de cet article, soit au civil, soit au criminel, emportera nécessairement contre lui la contrainte par corps, non seulement parce qu'il s'agit ici d'un délit, mais encore parce qu'en général il n'est peut-être point de condamnation à prononcer contre le capitaine, qui ne soit sujette à la contrainte par corps.

Au surplus, dans l'idée de prévenir les fausses dépenses du capitaine, ou empêcher qu'il n'enfle les articles vrais au fond, l'Ordonnance de la Hanse teutonique, art. 6, lui enjoint de déclarer dans son état le nom et la demeure de ceux de qui il aura acheté les choses nécessaires pour le navire, et le soumet, en cas de fraude, à la peine corporelle. Maintenant que l'écriture est bien plus commune, il convient qu'il rapporte des reçus des fournisseurs, sur peine de radiation des articles non justifiés, à moins qu'il ne s'agisse d'objets médiocres et peu importans.

C'est aussi en vue de prévenir non-seulement les folles dépenses des capitaines dans les fêtes qu'ils donnent dans les rades, mais encore les inconvéniens et même les accidens qui en peuvent résulter, que l'Ordonnance du 8 avril 1721 leur a défendu expressément, à peine de 100 liv. d'amende, et du double en cas de récidive, de tirer à l'avenir, sous quelque prétexte que ce puisse être, aucun coup de canon, lorsqu'ils seront mouillés dans les rades des colonies françaises, à moins que ce ne soit pour faire signal d'incommodité ou pour quelque autre nécessité, sans permission expresse de l'officier du Roi qui commande dans lesdits lieux et rades.

21.

Les maîtres frétés pour faire un voyage seront tenus de l'achever, à peine des dommages et intérêts des propriétaires et marchands, et d'être procédé extraordinairement contre eux, s'il y échoit. *

Cet article regarde le maître qui est engagé envers le propriétaire du navire pour un voyage, comme celui qui a frété le navire à un ou plusieurs marchands chargeurs. Dans l'un et l'autre cas, il est obligé de remplir son engagement et de faire le voyage, à peine de tous dépens, dommages et intérêts, soit envers le propriétaire, soit envers les marchands chargeurs.

Il n'y a que l'interdiction de commerce avec le pays pour lequel le navire était destiné qui puisse l'en dispenser, art. 7, tit. *des chartes-parties.* Si le voyage n'est que suspendu, parce que le port est fermé, ou que le navire est arrêté par ordre souverain, il est obligé d'attendre que l'empêchement soit levé, et de faire ensuite le voyage, art. 8 du même titre. Et, si le vaisseau est arrêté par son fait, il est tenu tout de

---

* *Cod. de com.*, art. 238. « Tout capitaine de navire, engagé pour un voyage, est tenu de l'achever à peine de tous dépens, dommages-intérêts envers les propriétaires et les affréteurs. »

même des dommages et intérêts, art. 10, tit. *du fret ou notis.*

L'art. 11 de l'Ordonnance de la Hanse teutonique veut que deux ou trois jours après le chargement du navire, il soit obligé de faire voile, si le vent est bon, à peine de 200 livres d'amende.

Notre article, au lieu de cela, dit en mitigeant l'art. 75 de l'Ordonnance de 1584, qui parle de punition corporelle indistinctement, qu'il pourra être procédé extraordinairement contre le maître, s'il refuse de faire le voyage; et cela est juste eu égard à l'importance de l'objet, à moins que pour cause de maladie ou autre raison suffisante, il n'ait une excuse

S'il quittait pendant le voyage, aussi sans cause valable, ce serait sûrement le cas de la procédure extraordinaire contre lui, à l'effet de lui faire subir une punition exemplaire, et même afflictive, suivant les circonstances.

22.

Pourront, par l'avis des pilote et contre-maître, faire donner la cale, mettre à la boucle, et punir d'autres semblables peines, les matelots mutins, ivrognes et désobéissans, et ceux qui maltraiteront leurs camarades, ou commettront d'autres semblables fautes et délits dans le cours de leur voyage.

On a encore à reprocher au commentateur d'avoir emprunté, sans en rien dire, des notes sur le 31e article des jugemens d'Oleron, tout ce qu'il a observé ici au sujet de la peine de la cale.

Il est de la dernière conséquence que le bon ordre soit gardé et la subordination entretenue sur les navires. C'est pourquoi l'obéissance a été perpétuellement recommandée à l'équipage envers le maître, avec pouvoir à celui-ci d'infliger certaines peines aux mutins, aux ivrognes, aux querelleurs, aux jureurs, à ceux qui maltraitent leurs camarades, à tous ceux en un mot qui troublent l'ordre et le service, ou qui commettent des fautes pour lesquelles ils peuvent être chassés et congédiés sans gages; sur quoi voir les notes sur l'article 10 ci-après, tit. des loyers des matelots.

Ici il n'est question que du châtiment que le capitaine peut faire subir, pour l'exemple, aux gens de son équipage, dans le cas de cet article, punition qui ne passe pas le droit de correction et de discipline. Les autres peines pour d'autres cas, moindres ou plus graves, sont marquées par les art. 3, 5, 6, 7, 8 et 9 du titre des matelots, et les crimes pour raison desquels il y a lieu de faire le procès aux coupables, font la matière de l'article suivant.

La punition permise dans le navire par le présent article, est celle de la cale, d'être mis à la boucle ou aux fers, au pain et à l'eau; et les autres semblables peines dont parle l'article, consistent à faire mettre le délinquant dans quelque posture humiliante qui l'expose à la risée de ses camarades, à lui faire donner quelques coups de garcette ou bout de corde, ou à le faire mettre sur une barre de cabestan, avec deux boulets aux pieds, pendant une ou deux heures, etc.

Rien de tout cela, au reste, ne doit point être ordonné par le maître ou capitaine seul; il ne peut le faire régulièrement que de l'avis du pilote et du contre-maître, à quoi il faut ajouter et de l'avis des autres officiers majors, s'il y en a sur le navire, comme il est assez d'usage actuellement.

Le commentateur dit que cela ne peut se pratiquer que durant le cours du voyage, et non dans les ports, havres, grèves ou rivières; mais, comme ces peines appartiennent précisément à la police du navire, il n'est pas douteux que le capitaine n'ait droit de les infliger aussi bien dans les ports ou les rades qu'en pleine mer, le délit ne valant pas la peine d'en porter les plaintes à la justice ou au commissaire de la marine.

Ce qui me confirme dans cette opinion, c'est que par l'Ordonnance de 1689, tit. 2 *des peines*, liv. 4, pour toutes ces menues peines à faire subir sur les vaisseaux du Roi, il n'est nullement besoin d'assembler le conseil de guerre ; ce n'est que pour les cas qui méritent la mort ou les galères, aux termes de l'art. 39. Cependant, par l'art. 42 du tit. 3, lorsque le capitaine est en escadre ou en corps d'armée, il ne peut faire donner la cale sans en avoir obtenu l'autorisation de l'officier général ou commandant.

Il ne faut pas conclure de là neanmoins, par rapport aux navires marchands, qu'il ne soit nécessaire de déférer à la justice que ceux qui sont coupables de crimes qui méritent la mort ou les galères : comme notre Ordonnance, à la différence de celle de 1689, reconnaît des peines qui tiennent le milieu entre la simple correction dans le navire, et la peine de mort ou des galères, il est sans difficulté que, pour faire subir aux coupables ces peines mitoyennes, il est indispensable d'avoir recours à l'autorité de la justice.

Le plus grand abus n'est pas de manquer de dénoncer à la justice ceux des gens de l'équipage qui méritent d'autres peines que celles portées par le présent article, quelque utilité qui revienne des punitions exemplaires ; c'est la licence que se donnent les capitaines de maltraiter, avec ou sans sujet, ceux de leurs gens qui ont commis quelques fautes à leurs yeux. Il en est même dont la brutalité va jusqu'à assommer ces pauvres misérables, qui, à leur retour, n'osent s'en plaindre le plus souvent, parce qu'il est arrivé que quelques-uns, pour l'avoir fait, ont été envoyés en prison d'autorité par les commissaires de marine : abus qui ne manqueront pas de se multiplier en tout genre, si l'on souffre l'affaiblissement du pouvoir des tribunaux pour le rendre purement arbitraire.

Il est pourtant certain qu'un capitaine qui, en justice, serait convaincu d'avoir ainsi maltraité un matelot, au lieu de le faire punir conformément à cet article, pour cela seul serait sujet à punition, et même, suivant les circonstances, à être interdit de commander tout navire, sinon pour toujours, du moins pendant un certain temps, outre les dommages et intérêts auxquels il pourrait échoir de le condamner; et le moins qui en arriverait, c'est qu'il lui serait enjoint de mieux en user à l'avenir sous les peines de droit. Les sujets du Roi ne sont pas faits pour être maltraités, et lorsqu'ils font des fautes il ne faut les punir que conformément aux lois.

Il est à observer que les peines établies par cet article ne regardent que les matelots et les officiers mariniers, et nullement les officiers majors, auxquels le capitaine peut seulement ordonner les arrêts, et, en cas d'infraction des ordres, les faire mettre aux fers, sauf à les déférer ensuite à la justice à l'arrivée du vaisseau.

Casa regis, disc. 136, n. 14, s'est exprimé sur le pouvoir du capitaine à l'égard des gens de son équipage, en des termes qui méritent d'être rapportés : *Magister*, dit-il, *nullam habet jurisdictionem ingentem suarum navium, sed quamdam tantùm œconomicam potestatem vel disciplinam, quæ usque ad levem castigationem, pro corrigenda insolentia, et malè morata vita, seu licentia nautarum et vectorum, quemadmodùm eam tenet pater in filios, magistrer in discipulos, dominus in servos vel familiares.*

23.

Et pour ceux qui seront prévenus de meurtres, assassinats, blasphèmes ou autres crimes capitaux commis en mer, les maître, contre-maître et quartier-maître seront tenus, à peine de cent livres d'amende solidaire, d'informer contre eux, de se saisir de leur personne, de faire les procédures urgentes et nécessaires pour l'instruction de leur procès, et de les remettre avec les coupables entre les mains des officiers de l'amirauté du lieu de la charge ou décharge du vaisseau dans notre royaume.

La punition des crimes capitaux n'est point du tout de la compétence du capitaine; il en est de même de toute peine qui va à la diffamation ou à l'interdiction : c'est à la justice qu'il faut avoir recours en pareil cas.

Ce qu'ordonne cet article au sujet des crimes capitaux, par rapport à la procédure que doivent faire les maître, contre-maître et quartier-maître, ne s'observe point et n'est pas même praticable, ces sortes de gens n'ayant pas la capacité requise pour faire de semblables procédures. Ce qui est de leur devoir seulement, c'est, conformément à l'art. 30 de l'Ordonnance de la Hanse teutonique, au 46e de l'Ordonnance de 1584 et au présent article, d'arrêter les coupables, et de se saisir des intrumens dont ils se sont servis pour commettre le crime, afin de remettre le tout entre les mains des officiers de l'amirauté du lieu de la charge ou décharge du vaisseau dans le royaume : ce qui s'entend de l'amirauté du lieu de l'armement du navire, si le crime a été commis avant le départ ou durant la traversée du retour, ou de l'amirauté de la colonie où le navire a fait sa décharge en allant, si le crime a été commis dans la traversée de l'aller, ou avant le départ du navire pour le retour.

Il ne serait pas permis, en cas de relâche dans un port étranger, même ami, de déférer les coupables à la justice du lieu, parce qu'il n'appartient qu'aux officiers du Roi de faire le procès à ses sujets et de les punir. Et, supposé que dans le pays de la situation de ce port il y eût un consul de la nation française, tout ce que pourrait le capitaine, ce serait de livrer les coupables au consul pour instruire leur procès seulement, à la charge par lui d'envoyer les coupables, avec les pièces du procès, par le premier vaisseau qui retournerait en France, pour être jugés par les officiers de l'amirauté du premier port où ce vaisseau ferait sa décharge ; le consul n'ayant droit de juger, en matière criminelle, que quand il n'y a pas lieu à peine afflictive, le tout suivant les articles 13 et 14 du tit. 9 ci-dessus, livre premier.

L'amende de 100 livres portée par cet article, faute de livrer le coupable à la justice, ne peut être remise ni modérée ; la peine est même trop légère, attendu que le criminel ne peut s'échapper sans collusion de la part du capitaine.

Ce qui prouve encore que l'amende est trop légère, c'est que, par l'article 34 de l'Ordonnance de la Hanse teutonique, elle est de 25 écus contre le maître *qui manque de déclarer à justice, à son retour, les forfaits et les cas pour lesquels les amendes sont encourues.*

24.

Défendons aux maîtres, à peine de punition exemplaire, d'entrer sans nécessité dans aucun havre étranger ; et, en cas qu'ils y fussent poussés par la tempête, ou chassés par les pirates, ils seront tenus d'en partir et de faire voile au premier temps propre.*

Un des principaux devoirs du capitaine ou maître étant de faire son voyage à droiture, il prévarique s'il fait fausse

---

* *Cod. de com.*, art. 245. « Si pendant le cours du voyage le capitaine est obligé de relâcher dans un port français, il est tenu de

route, ou si autrement il allonge son voyage en entrant sans nécessité dans quelque port, même du royaume, quoique sur sa route.

A plus forte raison est-il coupable, s'il entre aussi sans nécessité dans un havre étranger, soit ami ou ennemi. Il se rend même suspect par-là de quelque mauvais dessein ou commerce frauduleux; et c'est pour cela sans doute que cet article veut qu'il soit puni exemplairement : ce qui s'entend, outre les dommages et intérêts, de la privation ou suspense de son emploi, sauf les circonstances qui peuvent lui faire infliger une peine plus grande; aussi l'art. 35 ci-après porte-t-il qu'il pourra être puni corporellement.

Si c'est par tempête, ou parce qu'il est chassé par les pirates ou ennemis, ou enfin parce que son navire ne peut plus tenir la mer, pour faire trop d'eau ou pour manquer des choses nécessaires pour se rendre au lieu de sa destination, il est excusable alors, pourvu qu'il sorte de ce port et qu'il fasse voile au premier temps propre : sans cela il serait punissable tout comme s'il y fût entré de sa propre volonté et sans besoin. Il faut avouer néanmoins qu'en pareilles circonstances il est difficile de convaincre un capitaine de prévarication, parce qu'il a soin de se munir de procès-verbaux qui constatent en apparence la nécessité de la relâche, auxquels procès-verbaux les gens de son équipage se prêtent d'autant plus volontiers, qu'étant loués au mois, leurs gages augmentent à mesure que le voyage s'allonge.

---

déclarer au président du tribunal de commerce du lieu les causes de sa relâche.

» Dans les lieux où il n'y a pas de tribunal de commerce, la déclaration est faite au juge de paix du canton.

» Si la relâche forcée a lieu dans un port étranger, la déclaration est faite au consul de France, ou, à son défaut, au magistrat du lieu. »

Le cas de la fausse route et de l'entrée du navire dans un autre havre que celui de sa destination, est prévu par l'article 53 de l'Ordonnance de Wisbuy, et il est décidé que le maître sera tenu d'affirmer, avec deux ou trois des principaux de son équipage, que c'est par nécessité qu'il a fait cette fausse route ; ensuite qu'il pourra se remettre en mer et achever son voyage, ou envoyer les marchandises par autres vaisseaux à ses dépens, moyennant quoi il sera payé de son fret. Il n'est rien dit du cas où il l'aura fait sans nécessité ; mais nul doute alors que le maître ne soit tenu des dommages et intérêts envers le propriétaire du navire et les marchands chargeurs.

S'il s'agissait d'effets du Roi que le capitaine fît périr ou détournât en faisant ainsi fausse route, ou en entrant dans un port étranger, il serait punissable de mort, aux termes de la loi septième, *Cod. de naviculariis,* en ces termes : *Qui fiscales species suscepit deportandas, si, rectâ navigatione contemptâ, littora devia sectatus, eas avertendo distraxerit, capitali pœnâ plectetur.*

25.

Enjoignons à tous maîtres et capitaines qui feront des voyages de long cours, d'assembler chaque jour à l'heure de midi, et toutes fois qu'il sera nécessaire, les pilote, contre-maître, et autres qu'ils jugeront experts au fait de la navigation, et de conférer avec eux sur les hauteurs prises, les routes faites et à faire, et sur leur estime.

L'observation exacte de cet article intéresse trop les maîtres et capitaines pour qu'ils y manquent ; il serait seulement à souhaiter qu'ils ne crussent pas toujours avoir raison et mieux opérer que les autres. Combien y en a-t-il qui ont perdu leurs navires par un entêtement d'orgueil qui les a fait roidir contre l'avis de leurs pilotes et autres officiers mariniers ?

26.

Leur faisons défenses d'abandonner leur bâtiment pendant le voyage, pour quelque danger que ce soit, sans l'avis des principaux officiers et matelots ; et, en ce cas, ils seront tenus de sauver avec eux l'argent, et ce qu'ils pourront des marchandises les plus précieuses de leur chargement, à peine d'en répondre en leur nom, et de punition corporelle. *

La fidélité oblige le maître de veiller autant qu'il est en lui à la conservation du navire et des marchandises dont la conduite lui a été confiée, et l'honneur qu'il a de commander ceux qu'il s'est associés pour compagnons, le presse de leur donner l'exemple d'un courage qui ne s'ébranle pas à la vue du péril.

C'est sur ces principes que cet article lui fait défenses d'abandonner son navire pour quelque danger que ce soit, de prise, de feu et de naufrage, si ce n'est de l'avis des principaux officiers et matelots. Le cas de la crainte d'être pris

---

* *Cod. de com.*, art. 241. « Le capitaine ne peut abandonner son navire pendant le voyage, pour quelque danger que ce soit, sans l'avis des officiers et principaux de l'équipage ; et, en ce cas, il est tenu de sauver avec lui l'argent et ce qu'il pourra des marchandises les plus précieuses de son chargement, sous peine d'en répondre en son propre nom.

» Si les objets ainsi tirés du navire sont perdus par quelque cas fortuit, le capitaine en demeurera déchargé. »

par les ennemis est prévu par l'article 5 de l'Ordonnance de 1400.

Ce n'est pas assez dire encore: comme il doit avoir plus de fermeté qu'eux tous en qualité de leur chef, l'avis de l'équipage ne suffit pas pour le sauver du reproche de la lâcheté, s'il y défère trop facilement ; il faut qu'il le combatte, qu'il exhorte ses gens à faire tous leurs efforts pour écarter le danger, qu'il les presse, qu'il les menace; en un mot qu'il ne se rende à leur avis que lorsque la prudence ne lui permet plus de faire autrement : enfin, s'il veut conserver sa réputation, il doit être le dernier à abandonner le navire.

S'il ne reste plus d'autre parti à prendre que celui d'abandonner le navire, il faut du moins alors que le capitaine, avec ses gens, sauve tout ce qu'il pourra de l'argent et des marchandises les plus précieuses qui sont dans le vaisseau : *exercitor verò cum nautis opem ferat ut salvetur*, dit l'art. 31 des lois Rhodiennes; *idem jus Hanseaticum*, tit. 9, art. 4, *et ibi* Kuricke, *fol.* 800. Il doit aussi avoir la même attention à sauver ses expéditions, les connaissemens et les autres papiers du navire.

Quant à la peine tant civile que corporelle prononcée contre lui par ce même article, elle est indivisible, de manière que l'une ne peut avoir lieu sans l'autre. Il n'y a point de milieu en effet : ou le capitaine en pareil cas est coupable, ou il est excusable. S'il n'y a rien à lui imputer, et cela sera vrai si, après avoir fait ce qu'on était en droit d'attendre d'un brave et fidèle capitaine, il a cédé le plus tard qu'il a pu aux instances de son équipage, il n'y a aucune peine à lui infliger. Si au contraire, loin de combattre la peur des timides de son équipage, il a par sa lâcheté entraîné ceux que la vue du danger n'étonnait pas encore, et leur a donné l'exemple de la désertion du navire, il n'en doit pas être quitte pour un simple dédommagement civil, fût-il même en état de le payer : l'intérêt public exige qu'il intervienne contre lui une condamnation exemplaire, portant peine corporelle et afflictive, avec dégradation et note d'infamie. La déclaration du Roi du 26 septembre 1699 veut même que l'abandon d'un vaisseau en mer soit puni de trois ans de galères.

27.

Si les effets ainsi tirés du vaisseau sont perdus par quelque cas fortuit, le maître en demeurera déchargé. *

Cela est d'une justice évidente, le maître ne pouvant pas plus répondre du cas fortuit dans cette circonstance qu'en toute autre. Il est même à présumer qu'après avoir sauvé ces effets en quittant le navire, leur perte survenue a été la suite nécessaire d'un danger plus pressant encore que celui qui avait causé l'abandon du vaisseau. Au reste, quel que soit le sort du navire et de sa cargaison, la perte de ces effets regarde uniquement ceux à qui ils appartenaient, sans contribution ou indemnité, par la même raison qu'ils en auraient seuls profité, s'ils eussent été réellement sauvés.

28.

Les maîtres et patrons qui naviguent à profit commun ne pourront faire aucun négoce séparé pour leur compte particulier, à peine de confiscation de leurs marchandises au profit des autres intéressés. **

Cet article est fondé sur les lois de la société, qui ne per-

---

* Cod. de com., art. 241. (Voyez la note sur l'art. 26.)
** Cod. de com., art. 239. « Le capitaine qui navigue à profit

mettent pas à l'un des associés de rien faire au préjudice des autres, d'appliquer à son profit particulier aucune partie du fonds de la société, ni de faire à part aucun négoce qui ait du rapport à celui de la société, ou qui puisse y faire tort.

Tels sont les principes sur lesquels il est défendu par cet article aux maîtres et patrons qui naviguent à profit commun, c'est-à-dire, soit en société avec les propriétaires du navire, soit à la part du profit avec les gens de leur équipage, de faire aucun négoce séparé pour leur compte particulier, à peine de confiscation de leurs marchandises au profit des autres intéressés.

Ce négoce particulier ne s'entend néanmoins que relativement au voyage du navire en société, et ne regarde nullement le commerce de terre ou maritime que le maître peut faire par ailleurs, et en d'autres pays, par lui-même ou par ses associés.

Mais aussi il regarde non-seulement celui que le maître voudrait faire à part sur le même navire, soit de la même espèce de marchandises ou d'une autre; mais encore celui qu'il prétendrait faire sur d'autres bâtimens, dans le même lieu de la destination du navire où il est en société, avant ou après l'arrivée du navire, et jusqu'à ce que toute sa cargaison soit vendue.

La raison est qu'en cela il ferait doublement tort à la société; savoir : en faisant diminuer le prix des marchandises en commun, pour en avoir augmenté le nombre, et en donnant, comme cela n'est que trop naturel, plus d'attention à

---

commun sur le chargement, ne peut faire aucun trafic ni commerce pour son compte particulier, s'il n'y a convention contraire. »

Art. 240. « En cas de contravention aux dispositions mentionnées dans l'article précédent, les marchandises embarquées par le capitaine, pour son compte particulier, sont confisquées au profit des autres intéressés. »

la vente de ses marchandises particulières qu'à celle des effets de la cargaison commune. A joindre encore que pour l'achat des marchandises de retour, la même prédilection serait à craindre, avec l'augmentation du prix de l'achat.

De tout cela il s'ensuit, par identité de raison, que celui des propriétaires du navire qui en a l'armement, ne peut mettre sur ce navire des effets en pacotille ou autrement pour son compte particulier, ou en commun avec d'autres que tous ses co-intéressés, et que, s'il le fait, il sera sujet tout de même à la peine de la confiscation, sans pouvoir l'éviter en offrant de payer le fret de ces marchandises.

Et, comme notre article porte que la confiscation tournera au profit des autres intéressés, il faut dire que ni lui ni le maître naviguant *à profit commun* n'auront aucune part à prétendre dans ces marchandises confisquées, et cela en haine de leur infidélité.

Si donc, par exemple, dans un voyage à la part du profit de la pêche sur le banc de Terre-Neuve, le maître, à l'insu et sans le consentement de ses part-prenans, achetait des morues pour son compte avant ou après la pêche, il serait dans le cas de la confiscation prononcée par cet article.

Mais, s'il ne s'agissait que d'une navigation à la part du fret entre lui et son équipage, rien n'empêcherait qu'il ne chargeât dans le navire telles marchandises qu'il lui plairait pour son compte particulier, à condition d'en porter le fret dans le compte à faire entre lui et ses associés à la part du fret, la société alors n'ayant pas d'autre objet, et par conséquent ne pouvant que gagner au chargement des marchandises.

Au surplus, la peine de la confiscation prononcée par cet article autorise tout de même la stipulation de la confiscation des marchandises que les capitaines s'avisent de charger frauduleusement au-delà de leur port permis. Sur quoi voir ce qui sera observé ci-après sur l'article 2, tit. *de l'engagement et des loyers des matelots.*

29.

Leur faisons défenses d'emprunter pour leur voyage plus grande somme de deniers que celle qui leur sera nécessaire pour le fonds de leur chargement, à peine de privation de la maîtrise et de leur part au profit.

La disposition de cet article n'a de relation qu'avec celle de l'article précédent, c'est-à-dire qu'elle ne regarde tout de même que le maître ou patron naviguant *à profit commun*, qu'il soit copropriétaire du navire ou non.

Il lui est défendu avec raison d'emprunter à la grosse ou d'une autre manière, plus d'argent qu'il n'en faut pour l'équipement du navire et pour le fonds de son chargement.

Cependant, par rapport à la double peine prononcée contre lui par cet article, qui est la privation de la maîtrise et de sa part au profit, il faut, ce me semble, qu'il ait fait l'emprunt frauduleusement, et qu'en conséquence il ait porté la somme entière dans la dépense de son compte, supposant l'avoir employée en total pour l'utilité commune; alors, convaincu de fraude par ce faux emploi de la somme dans son compte, il ne pourra éviter la peine dont il s'agit.

Mais si dans son compte il ne fait entrer en dépense que la partie de la somme qu'il a réellement appliquée au profit commun, il n'y a rien à lui imputer à crime, et tout ce qu'il échoit, c'est de lui faire supporter en son nom propre et particulier l'excédant de la somme.

Le cas du maître ou capitaine qui, sans naviguer à profit commun, emprunte sans nécessité sur le navire, est prévu par l'article 20 ci-dessus, *ubi vide notata.*

30.

Seront tenus, *sous pareille peine,* de donner, avant

leur départ, aux propriétaires du bâtiment, un compte signé d'eux, contenant l'état et le prix des marchandises de leur chargement, les sommes par eux empruntées, et les noms et demeures des prêteurs.

Ces mots, *sous pareille peine*, font penser que la première partie de cet article ne regarde tout de même que les maîtres et patrons qui naviguent à profit commun.

Il est entendu aussi que c'est le maître qui a fait la cargaison et qui a acheté les marchandises, lorsqu'il lui est enjoint de donner aux propriétaires du bâtiment un compte signé de lui, contenant l'état et le prix des marchandises : car, si c'étaient les propriétaires qui eussent fait le chargement, ce serait à eux à en dresser la facture générale, dont ils feraient donner simplement une reconnaissance par le maître, pour leur en compter sur le double qu'ils lui en laisseraient.

Quant à l'obligation de donner l'état des sommes empruntées, et de déclarer les noms et demeures des prêteurs, il est évident qu'elle regarde tout maître ou capitaine, de quelque nature que soit son engagement envers les propriétaires du navire ; et cela est juste afin que les intéressés puissent vérifier les emprunts. Aussi cette précaution a-t-elle été prise tout de même par l'Ordonnance de Wisbuy, art. 6, au sujet des achats faits par le maître, des choses nécessaires pour le navire, comme il a été observé sur l'art. 20 ci-dessus, où il a été ajouté que le capitaine devait de plus appuyer de pièces justificatives tous les articles de dépense de son compte.

Le commentateur suppose ici, et sur quantité d'autres articles, que le maître ou capitaine peut ne savoir pas signer. La supposition n'est admissible qu'à l'égard des patrons de barques ou autres petits bâtimens destinés simplement au petit cabotage, à l'égard desquels on n'exige pas véritablement qu'ils sachent signer; mais pour ce qui est des capitaines ou maîtres qui font le grand cabotage, et à plus forte raison de ceux qui se destinent aux voyages de long cours, ils doivent nécessairement savoir signer et écrire, aux termes tant de cet article que des articles 1 et 10 ci-dessus, et des articles 1, 4 et 6, titre *des connaissemens.*

L'examen que doit subir celui qui se présente pour être reçu capitaine, consiste principalement dans une opération que le professeur d'hydrographie lui fait faire sous ses yeux, au sujet d'une navigation supposée, à partir d'un tel endroit pour arriver à un autre avec tel et tel air de vent, etc.; et cela ne se peut faire qu'avec le secours de l'écriture. Il est vrai que l'Ordonnance n'a pas prescrit l'examen dans cette forme; mais l'article 10 du présent titre prouve invinciblement que le capitaine doit savoir écrire, puisqu'il lui ordonne d'avoir un registre sur lequel il écrira, etc.

Il n'est pas douteux en un mot que le capitaine de navire au long cours ne doive savoir signer; et, si l'on cite pour exception contraire l'exemple du capitaine Midy, la réponse est que cet exemple-là même sert à confirmer la règle, puisque ce particulier n'a été reçu capitaine à l'amirauté, et n'a été admis à monter en cette qualité des navires qu'en vertu d'une dispense du Roi.

31.

Si les victuailles du vaisseau manquent dans le voyage, le maître pourra contraindre ceux qui auront des vivres en particulier de les mettre en commun, à la charge de leur en payer le prix.*

La disposition de cet article est tirée de la loi 2, § 2, *in*

---

* *Cod. de com.*, art. 249. «Si les victuailles du bâtiment manquent

fine, ff. de lege Rhodiâ, excepté que cette loi ne dit pas, comme notre article, à la charge de payer le prix des vivres à celui que l'on aura obligé de les mettre en commun : mais cette condition est juste et naturelle ; et Vinnius, en expliquant cette même loi, l'a pensé de la sorte, pag. 215, en ces termes : *Utique tamen non gratis, ut nihil restitui necesse sit, sed cum onere restituendi ubi necessitas cessaverit.*

L'auteur des notes sur les jugemens d'Oleron, article 17, nº 6, a pensé aussi de même avant notre Ordonnance ; ce qu'il appuie tant de l'opinion de Barthole, de Paul de Castre et de Cassiodore, cités d'après lui par le commentateur, que du droit espagnol, qui en pareille occurrence permet de prendre, même par voie de fait, les vivres de ceux qui refusent d'en faire part, toutefois en les payant à prix raisonnable.

Pour ce qui est du conseil que donne le commentateur de ménager les vivres de façon à prévenir le malheur d'en manquer, il n'y a rien à dire ; mais ce n'est qu'au retour des navires qu'on a occasion d'user de cette économie, qu'il recommande avec tant de soin.

32.

Défendons à tous maîtres de revendre les victuailles de leur vaisseau, et de les divertir ou recéler, à peine de punition corporelle.

On n'embarque des vivres que proportionnellement au nombre des gens de l'équipage, et à la longueur du voyage ;

---

pendant le voyage, le capitaine, en prenant l'avis des principaux de l'équipage, pourra contraindre ceux qui auront des vivres en particulier de les mettre en commun, à la charge de leur en payer la valeur. »

ainsi ce serait souvent une témérité et une imprudence de la part d'un capitaine de revendre des victuailles aux risques d'en manquer. On suppose néanmoins en cela que c'est à dessein de faire bon aux propriétaires du prix de la vente de ces vivres ; car, si c'était pour les divertir ou recéler, et les appliquer à son profit, ce serait un vol d'autant plus criminel, qu'en faisant tort aux propriétaires du navire, il exposerait les gens de l'équipage à périr, ou à trop souffrir de la faim.

C'est pour prévenir de tels accidens, que l'avarice ne rendait que trop communs, que notre article veut que cette prévarication soit sujette à la punition corporelle ; ce qui est conforme à l'article 9 de l'Ordonnance de la Hanse teutonique, qui dit : « à peine d'être punis comme larrons. » Mais je ne pense pas que cette peine tombe sur le cas de la simple revente des victuailles sans fraude, à moins qu'elle ne soit faite en telles circonstances qu'elle ne puisse être excusée de témérité.

Ce qui est dit ici des victuailles doit s'appliquer tout de même aux munitions de guerre que le capitaine aurait revendues, consommées ou dissipées mal à propos, ces munitions étant nécessaires en temps de paix comme en temps de guerre, pour se défendre des corsaires et des forbans. (V. l'article 34 ci-après, et le 20ᵉ ci-dessus, *in fine.*)

33.

Pourront néanmoins, par l'avis et délibération des officiers du bord, en vendre aux navires qu'ils trouveront, en pleine mer, dans une nécessité pressante de vivres, pourvu qu'il leur en reste suffisamment pour leur voyage, et à la charge d'en tenir compte aux propriétaires.

L'exception portée par cet article se trouve tout de même

dans l'article 9 de l'Ordonnance de la Hanse teutonique, qui vient d'être citée ; mais notre article ajoute deux autres conditions essentielles : l'une, qu'il ne soit vendu de victuailles aux navires trouvés en pleine mer qui en manqueront, que de l'avis des officiers du bord, ce qui s'entend des officiers mariniers aussi bien que des officiers majors ; l'autre, que cette vente soit faite de manière qu'il reste suffisamment de vivres dans le navire pour achever le voyage : car la charité, qui oblige d'assister son prochain dans le besoin, ne va pas jusqu'à s'exposer évidemment à se trouver dans la même nécessité.

D'un autre côté, néanmoins, trop de prévoyance pourrait faire manquer au précepte de la charité ; ainsi il faut que ce soit la prudence qui décide en pareil cas, et c'est pour cela que le capitaine doit prendre l'avis des principaux de son équipage.

Au reste, comme la charité s'étend à tous les hommes, dans les cas pressans surtout, sans reconnaître d'ennemis, quelque interdiction de commerce qui soit survenue entre deux nations, elle n'empêche nullement que les sujets de l'une et de l'autre ne puissent et ne doivent s'assister réciproquement en semblables circonstances ; de même qu'en cas de naufrage ou de combat, on doit sauver la vie à son ennemi devenu le jouet des flots, ou autrement en danger de périr.

Ce qu'il y a seulement à observer, aussi bien en temps de paix à cause des pirates, qu'en temps de guerre par rapport aux signaux d'incommodité faits par des navires, c'est de n'en approcher qu'avec précaution, pour ne pas s'exposer, par un mouvement de charité, à devenir la victime de la fourberie d'un ennemi qui ne connaît les sentimens de l'humanité que pour en abuser : les exemples n'en sont que trop récens. (Voyez *Journal historique*, avril 1756, pag. 316.)

34.

Au retour des voyages, le reste des victuailles et munitions sera consigné par le maître entre les mains des propriétaires.

Cet article est tiré, pour ainsi dire, mot à mot, de l'art. 10 de l'Ordonnance de la Hanse teutonique.

Il est évident en effet qu'au retour du voyage, et après le désarmement du navire, le maître doit remettre aux propriétaires ce qui reste des victuailles et munitions, puisque c'est à eux que le tout appartient, et qu'il n'en est plus besoin pour l'usage et le service du navire.

Mais, parce qu'il ne s'agit plus du salut de l'équipage, l'article ne dit pas, comme le trente-deuxième, que le capitaine, faute de remettre ce reste de victuailles et de munitions, sera puni corporellement. Ainsi de droit il n'y a contre lui, à cet égard, qu'une action civile à exercer, sauf le cas où il aurait détourné et diverti ces vivres restans pour les appliquer à son profit ; car, par-là s'étant rendu coupable du crime de vol, il serait sujet sans contredit à être poursuivi extraordinairement.

Par rapport aux munitions de guerre, et surtout de la poudre, il n'était que trop ordinaire aux capitaines de les dissiper dans les fêtes qu'ils donnaient dans les rades des colonies. Il résultait de là, outre la dépense qui était à charge aux armateurs, des accidens assez fréquens, et même que, faute de poudre, les navires n'étaient plus en état de se défendre des corsaires et des forbans. C'est ce qui a donné lieu à l'Ordonnance du 8 avril 1721, article 20, portant défenses à tous capitaines de navires de tirer aucun coup de canon dans les rades des colonies, à moins que ce ne fût pour faire signal d'incommodité , ou pour quelque autre nécessité, sans permission expresse de l'officier du Roi, commandant dans lesdits lieux et rades, à peine de 100 livres d'amende, et du double en cas de récidive. Mais cette permission du commandant ne dispenserait pas le capitaine de faire raison à son armateur des munitions qu'il aurait mal à propos consommées.

35.

Si le maître fait fausse route, commet quelque larcin, souffre qu'il en soit fait dans son bord, ou donne *frauduleusement* lieu à l'altération ou confiscation des marchandises ou du vaisseau, il sera puni corporellement.

La fausse route, qui, aux termes de cet article, mérite punition corporelle, ne s'entend que d'une véritable fausse route qui expose le navire, qui l'écarte du lieu de sa destination, ou qui allonge considérablement le voyage, le tout par le fait propre du capitaine, en fraude et par affectation. Car, s'il ne l'a fait que par un bon motif, comme, par exemple, si, sur un avis vrai ou faux qu'il y avait des vaisseaux ennemis sur sa route, il a changé la sienne, et de même, si sans avis il ne l'a changée que de concert avec ses officiers, dans la crainte de rencontrer l'ennemi dans les parages de sa route à droiture, il n'y a aucun reproche à lui faire. V. *infrà* l'article 26, titre *des assurances*.

Le seul fait même de l'entrée d'un navire sans nécessité dans un havre étranger, n'est pas la fausse route qui mérite punition corporelle, puisque l'article 24 ci-dessus ne parle pour ce cas que d'une punition exemplaire; de sorte que ce ne serait qu'à raison des circonstances que la peine corporelle pourrait suivre.

À l'égard du larcin, soit que le capitaine le commette par

lui-même ou par le ministère de quelques-uns de ses gens, soit qu'il le laisse commettre, il est également et très-justement sujet à punition corporelle, à raison de son manquement de fidélité, et de l'abus qu'il a fait de la confiance des propriétaires et de l'armateur, envers lesquels il s'est rendu coupable par-là d'avoir violé le dépôt qu'ils lui ont mis en mains.

Mais pour ce qui est du larcin commis par autrui, afin qu'il soit censé l'avoir souffert, et par-là en être réputé complice, il est entendu qu'il doit en avoir eu une pleine connaissance, soit dans le temps ou depuis, et qu'il y en ait preuve, sans qu'il y ait fait les diligences et perquisitions convenables pour découvrir le coupable et l'arrêter pour le faire punir.

Ces vols à bord sont assez communs, tant à la décharge qu'au chargement des navires à l'Amérique ; mais il est extrêmement rare qu'on en découvre les auteurs. La police qui s'observe pour dédommager du vol le propriétaire de la chose volée, lorsque le voleur ne peut pas être reconnu, est d'en faire supporter la valeur à tout l'équipage indistinctement, aussi bien au capitaine qu'aux officiers et aux matelots, le tout au sou la livre des gages d'un chacun. C'est une perte qui se régale sur eux tous, non par tête précisément, mais eu égard au prix de leurs gages.

Il n'est certainement pas de tempérament plus judicieux à prendre, quoiqu'on ne doive pas présumer naturellement que le vol puisse avoir été fait par les officiers majors, encore moins par le capitaine, et qu'ainsi c'est leur faire supporter, pour une bonne partie, les friponneries des matelots ; mais enfin l'ordre l'exige. Ce n'est donc pas parce qu'on les soupçonne d'avoir concouru au vol qu'on les oblige de contribuer à la perte, mais seulement pour les rendre plus attentifs, par leur intérêt personnel, à empêcher ces vols, en veillant de plus près sur la conduite des matelots.

Qu'il s'agisse d'une chose aisée à cacher, ou d'un gros

volume, telle qu'une futaille de sucre ou indigo, d'une balle de coton ou autre marchandise, dès qu'elle ne se trouve pas au recensement des effets, à la charge ou à la décharge du navire, et qu'il est vérifié qu'elle a été envoyée par le marchand chargeur pour être embarquée, et qu'elle a été prise en compte par l'officier préposé pour tenir l'état général du chargement, elle est réputée volée; et par conséquent c'est le cas de la contribution dont il est parlé, sauf la preuve de l'erreur, ou qu'elle a été volée par quelque particulier.

Quant à l'altération des marchandises àlaquelle le capitaine peut donner lieu, il faut qu'il y ait fraude de sa part pour qu'il subisse à ce sujet la peine corporelle; et c'est ce qui résulte de ce terme *frauduleusement*, employé dans cet article. Or il y aura fraude, s'il soutire en tout ou en partie des barriques de vin ou d'autre liqueur; s'il en procure le coulage par quelque autre voie; s'il tire d'excellent indigo d'une futaille pour y en substituer d'une mauvaise qualité ou inférieure, etc. Mais, si c'est seulement par impéritie, négligence ou étourderie; comme s'il fait mal placer les marchandises en mettant des marchandises sèches ou de prix sous d'autres sujettes à coulage; s'il les laisse sur le tillac; s'il manque de tenir fermés les écoutilles et les sabords du navire; si, par contravention à l'Ordonnance de 1689, liv. 1, tit. 3, art. 2, obligeant un capitaine de vaisseau du Roi à lui lâcher quelques coups de canon, sur son refus d'aller à bord lui montrer ses instructions, les marchandises en reçoivent quelque dommage, etc., dans tous ces cas il est responsable sans difficulté des dommages et intérêts; mais ce ne peut être que par action purement civile.

De même, par rapport à la confiscation des marchandises à laquelle il peut donner lieu, il faudrait aussi qu'il y eût de la fraude de sa part pour être sujet à punition corporelle; mais la fraude en pareil cas est encore plus difficile à prouver, à présumer même, qu'à l'égard de l'altération des marchandises

Si les marchandises sont confisquées, c'est parce qu'il aura manqué de se pourvoir des expéditions nécessaires pour leur transport, ou parce qu'il n'aura pas fait les déclarations requises au bureau de la douane, etc. Or, tout cela ne devant être imputé qu'à oubli ou négligence, il ne peut y avoir contre lui qu'une action civile pour l'obliger, par voie de garantie, au paiement des dommages et intérêts. Stypmannus, *ad jus maritimum*, cap. 10, n. 212, fol. 518; Kuricke, *ad jus Hanseaticum*, art. 19, tit. 3, n. 10, fol. 725; Stracha, *de nautis*, part. 3â, n. 22.

Il en faut dire autant de la confiscation du vaisseau, qui ne peut avoir lieu que pour mêmes causes, ou pour n'avoir pas pris un congé de M. l'amiral pour le voyage.

Mais encore une fois, dans tous ces cas, et partout où il y a de sa faute, même légère, il est tenu des dommages et intérêts, comme étant obligé d'apporter dans toute sa conduite les mêmes soins et précautions dont use un diligent père de famille. V. *suprà* art. 9 *hujus tituli*; Loccenius, *de jure maritimo*, lib. 2, cap. 1, n° 9, où il expose tout de suite les qualités dont un maître ou capitaine de navire doit être pourvu, et les obligations de son emploi.

36.

Le maître qui sera convaincu d'avoir livré aux ennemis, ou *malicieusement* fait échouer ou périr son vaisseau, sera puni du dernier supplice. ✱

Un capitaine ou maître sera convaincu d'avoir livré son

✱ Loi du 10 avril 1825, sur les crimes de piraterie et baratterie.

TITRE II. -- *Du crime de baratterie.*

11. Tout capitaine, maître, patron ou pilote, chargé de la conduite d'un navire ou autre bâtiment de commerce, qui, volontairement

navire à l'ennemi, s'il est prouvé, non-seulement qu'il ait conduit dans un port, ou trop près des gardes-côtes ou corsaires du pays ennemi, sans être moralement en état de résister, mais encore s'il y a preuve qu'il n'a pas fait tout ce qui dépendait de lui pour éviter un vaisseau ennemi avec lequel il n'était pas en état de se mesurer. Il en sera de même,

---

et dans une intention frauduleuse, le fera périr par des moyens quelconques, sera puni de la peine de mort.

12. Tout capitaine, maître ou patron, chargé de la conduite d'un navire ou autre bâtiment de commerce, qui, par fraude, détournera à son profit ce navire ou bâtiment, sera puni des travaux forcés à perpétuité.

13. Tout capitaine, maître ou patron qui, volontairement et dans l'intention de commettre ou de couvrir une fraude au préjudice des propriétaires, armateurs, chargeurs, facteurs, assureurs et autres intéressés,

Jettera à la mer ou détruira sans nécessité tout ou partie du chargement, des vivres ou des effets de bord,

Ou fera fausse route,

Ou donnera lieu, soit à la confiscation du bâtiment, soit à celle de tout ou partie de la cargaison,

Sera puni des travaux forcés à temps.

14. Tout capitaine, maître ou patron qui, avec une intention frauduleuse,

Se rendra coupable d'un ou de plusieurs des faits énoncés en l'art. 236 du Code de commerce,

Ou vendra, hors le cas prévu par l'art. 237 du même Code, le navire à lui confié,

Ou fera des déchargemens en contravention à l'art. 248,

Sera puni de la reclusion.

15. L'art. 386, paragraphe 4 du Code pénal, est applicable aux vols commis à bord de tout navire ou bâtiment de mer par les capitaines, patrons, subrécargues, gens de l'équipage et passagers.

L'art. 387 du même Code est applicable aux altérations de vivres et marchandises commises à bord par les mêmes personnes.

si, n'ayant pu absolument empêcher le navire ennemi de l'atteindre, il s'est rendu sans combat : car la lâcheté ne peut pas aller jusque-là, et la présomption est *juris et de jure* qu'il y a de la trahison et de la perfidie. *Casa regis, disc.* 23, n. 75; Stracha, *de nautis,* part. 3, n° 50; *jus Hanseaticum,* tit. 3, art. 12; *apud* Kuricke, fol. 650 et 651.

A la vérité on n'exige pas de lui qu'il rende un combat tel que l'Ordonnance de 1689, liv. 4, tit. 12, art. 36, en impose l'obligation aux capitaines des vaisseaux du Roi, d'après le règlement du 14 juillet 1675; mais aussi autre chose est de combattre jusqu'à la dernière extrémité, et autre chose est de se rendre sans coup férir, pour ainsi parler. Encore une fois, une telle lâcheté n'est pas concevable sans perfidie.

Malgré cela néanmoins il serait difficile de se déterminer à condamner à mort un maître de navire qui, sans autre indice d'un dessein formé de livrer son vaisseau à l'ennemi, se serait lâchement rendu sans aucun combat, à moins que les forces ne fussent à peu près égales, et qu'il ne se fût rendu malgré son équipage résolu de se défendre.

Pour ce qui est du maître ou capitaine qui, après s'être mis sous l'escorte d'un vaisseau du Roi, s'en sera séparé sans cause légitime, pour cela seul il ne sera pas censé avoir livré son navire à l'ennemi. Cependant, parce que c'est de sa part une grande imprudence jointe à un défaut de subordination, il mérite une punition arbitraire, même corporelle, suivant les circonstances, au sentiment de Loccenius, *de jure maritimo,* lib. 2, cap. 2, n. 5, fol. 137.

L'Ordonnance de 1689, liv. 4, tit. 2, art. 38, voulait que pour ce manquement il fût condamné aux galères; mais cette peine, modérée depuis avec des variations par autres Ordonnances des 21 février 1691, 13 août 1692, et 16 février 1695, a enfin été fixée par une dernière Ordonnance du 14 mai 1745, à 1,000 liv. d'amende, à un an de prison, et à être déclaré incapable de commander à l'avenir aucun bâtiment de mer, le tout sans distinguer si la séparation de l'escorte a été suivie ou non de la prise du navire.

Telle a été aussi la peine infligée au capitaine Corbun, commandant le navire *la Sainte-Claire*, par sentence de l'amirauté de La Rochelle, du 21 avril 1747, confirmée par arrêt du 19 juin de la même année.

Ce capitaine avait abandonné la flotte qui était sous l'escorte de M. Macnemara, et qui avait relâché à la Corogne. Au lieu d'entrer comme les autres dans ce port, il fit route pour La Rochelle, croyant n'avoir plus à craindre d'être pris; il le fut néanmoins.

Dans ses moyens de défenses il soutenait qu'il n'avait pas eu connaissance que la flotte eût relâché à la Corogne, et effectivement il n'y avait pas de quoi le convaincre qu'il l'eût su positivement; mais il avait résisté à son équipage qui le sollicitait de gagner ce port, bien persuadé que la flotte y avait effectivement relâché.

Il était donc véritablement dans le cas de subir la peine prononcée par l'Ordonnance du 14 mai 1745. Cependant, comme au fond il n'était pas sans quelque sorte d'excuse, et que d'ailleurs il était reconnu pour un capitaine expérimenté, M. l'amiral voulut bien lui remettre l'amende de 1,000 liv. qu'il avait encourue, suivant l'ordre de remise du 5 novembre de la même année, et depuis le Roi a eu la bonté de lui rendre la faculté de commander des navires, en le relevant de l'interdit prononcé contre lui, par des lettres de réhabilitation du 31 août 1754, entérinées au parlement en vacation le 9 septembre suivant, et enregistrées au greffe de l'amirauté de La Rochelle, le 28 du même mois.

Mais dans les autres cas marqués ci-dessus, la trahison étant manifeste, la peine de mort doit s'ensuivre; non qu'un tel capitaine ou maître de navire doive être comparé, comme l'insinue le commentateur, à un gouverneur de place qui la livrerait aux ennemis, ce serait confondre les idées. Si donc

il est punissable du dernier supplice, ce n'est pas précisément comme traître à son Roi et à l'État, pour avoir fortifié
les ennemis de sa patrie : car de quel secours peut leur être
son navire ? mais pour avoir criminellement fait perdre un
bien considérable à ceux qui lui en avaient confié la garde,
la direction et la défense; en un mot pour s'être rendu coupable d'un crime d'autant plus énorme, qu'il l'a commis en
qualité d'homme public. Le crime sera encore plus grand à la
vérité, si par-là les gens de son équipage ont été faits prisonniers de guerre : mais le corps principal du délit sera
toujours d'avoir violé la foi publique en transportant frauduleusement à autrui un bien dont il n'était que le dépositaire.

Une preuve au reste que tout crime qui viole la foi publique, par cela seul est digne de mort, c'est que cet article
prononce la même peine contre le maître qui, malicieusement et de dessein prémédité, fait échouer ou périr son
vaisseau, quoique par événement, loin qu'il lui en revienne
aucun profit, il perde ses gages en entier avec tous ses effets.

Mais l'article suppose qu'il l'ait fait *malicieusement;* d'où
il faut conclure que, si l'échouement a été nécessaire pour se
garantir d'un naufrage absolu qui paraissait inévitable sans
cela, comme il est arrivé en bien des rencontres, il n'y aura
rien à imputer alors au capitaine, moyennant toutefois qu'il
n'ait pris ce parti que de l'avis des principaux et du plus
grand nombre de son équipage. Et il en sera de même quoiqu'il y ait à bord un pilote côtier ou lamaneur qui s'oppose à
l'échouement. *Infrà*, art. 44, tit. 9 du liv. 4.

Du même principe ci-dessus établi il s'ensuit encore que
ceux qui, trompant tout de même la foi publique, ont eu la
scélératesse de supposer des navires non existans, d'y avoir
fait en conséquence des chargemens, et ensuite, sur de fausses
factures et chartes-parties, d'avoir fait faire des assurances
sur ces navires et chargemens supposés, sont également dignes du dernier supplice. Et c'est aussi ce qui a été jugé par

jugement souverain rendu par M. de Barentin, intendant de cette généralité, commissaire du conseil en cette partie, assisté des officiers de l'amirauté et des commissaires par lui nommés, le 23 janvier 1739. Par ce jugement, le nommé Brissaud fils, négociant de la ville de Saint-Jean-d'Angély, convaincu de cette complication de crimes de faux, fut condamné à mort par contumace.

On a vu encore depuis peu d'années à Bordeaux des friponneries du même genre pratiquées contre des assureurs, où des capitaines de navires, de concert avec les prétendus chargeurs, avaient fait périr leurs bâtimens, l'un par naufrage, l'autre par le feu. Dans l'affaire concernant le navire *le Vigilant*, le capitaine, par arrêt de Bordeaux, du 19 octobre 1751, a été condamné à mort, ayant été convaincu d'avoir fait périr son vaisseau de dessein prémédité, et d'y avoir simulé des chargemens.

Au surplus, ce n'était pas la peine que le commentateur empruntât, des notes sur le Guidon, art. 23 du ch. 5, et art. 10 du ch. 19, les autorités qu'il a cités sur cet article, pour dire que tout naufrage est présumé arrivé par la faute du maître, puisqu'il est obligé de convenir que sans preuve il n'y a pas de condamnation à lui faire subir, ce qu'il faut entendre tant au civil qu'au criminel.

Par l'article 3 des jugemens d'Oleron, en cas de naufrage, le maître, à la différence des matelots, doit travailler à sauver les effets autant qu'il est en lui, et les mettre en sûreté ou sauve-garde, sur peine d'en répondre en son nom; mais, par notre Ordonnance, dès que les officiers de l'amirauté sont rendus au lieu du naufrage, le sauvement et la sûreté des effets ne le regardent plus. (V. le titre *des naufrages*.)

Il a été parlé ci-dessus d'un navire marchand qui s'est mis sous l'escorte d'un vaisseau de guerre, et cela donne occasion de rapporter ici une décision intéressante de l'Ordonnance de la Hanse teutonique, article 17. *Si quelques navires*, est-il dit dans cet article, *font compagnie entre eux, ils seront obligés de la tenir, et de s'attendre l'un l'autre, à peine de payer tout le dommage que les autres recevront de l'ennemi ou des pirates.*

C'est, dit Cleirac, ce qu'on appelle au levant, aller *de conserve* ou *à la flotte;* d'où résulte une obligation réciproque de se défendre et protéger l'un l'autre pendant le voyage. Cela paraît extrêmement juste.

En conséquence il a été jugé au parlement de Rennes, par arrêt du mois de novembre 1655, cité par Hevin, qu'en pareil cas la surprise de quelques-uns des navires, les autres ayant fui, devait être supportée par les autres par contribution.

Dans l'espèce, les capitaines et armateurs de 40 navires de Saint-Malo s'étaient associés pour la pêche de la morue, avec promesse de ne point s'abandonner. Ils furent rencontrés par trois frégates anglaises : plusieurs cherchèrent leur salut dans la fuite; d'autres résistèrent, et furent si maltraités, qu'ils perdirent l'occasion de la pêche. Les propriétaires de ceux-ci se pourvurent pour obliger ceux des autres qui avaient fait une heureuse pêche de contribuer à la perte, et l'arrêt ordonna la contribution.

L'auteur dit que le motif de cette rigueur fut, ce semble, d'obliger les sujets du Roi à faire les derniers efforts pour soutenir la gloire de ses armes ; mais il s'est trompé : la décision ne peut avoir eu pour fondement que la convention pour l'association avec promesse de ne point s'abandonner, lequel contrat est licite et obligatoire, de manière même qu'on met au rang des dépenses dont l'indemnité est due, les frais de la guérison des blessés. Grotius, *de jure belli et pacis,* lib. 2, cap. 12, § 25.

De même, si deux ou plusieurs navires s'associent pour la pêche ou pour en partager également les profits, et que l'un vienne à périr, ceux qui représentent les intéressés audit navire sont fondés à demander part dans la pêche des autres, de même que dans leurs filets et engins ; mais il ne pourront leur faire supporter la perte du navire (article 28 des Jugemens d'Oleron) , ce qu'il faut entendre , sauf stipulation contraire.

Il a aussi été parlé ci-dessus de l'Ordonnance de 1689, qui oblige les capitaines des vaisseaux du Roi de combattre jusqu'à la dernière extrémité, et qui leur enjoint de *se laisser forcer l'épée à la main, même brûler*, plutôt que de se rendre. La même Ordonnance, liv. 3, tit. premier, article 4, leur défend aussi de saluer aucune place maritime ou forteresse étrangère, qu'ils ne soient assurés que le salut leur sera rendu ; disposition qui se rapporte à celle de l'article 23 de l'Ordonnance de Philippe II, Roi d'Espagne, du mois d'octobre 1565, donnée à Bruxelles, portant défenses d'abattre le principal pavillon chargé des armes royales, avec injonction de se défendre jusqu'à *se perdre plutôt.*

A ce sujet, Loccenius, *de jure maritimo*, lib. 3, cap. 10, *in integrum,* discute savamment la question, si un capitaine de navire pourrait en conscience obéir à une loi qui lui ordonnerait de mettre le feu à son vaisseau, et de périr avec les siens, plutôt que de se rendre aux ennemis.

Si une question de cette nature n'est pas du ressort d'un jurisconsulte, on est du moins édifié de lui voir soutenir la négative avec fermeté. La raison qu'il en rend est sans réplique, savoir, que la loi divine doit l'emporter sur toute loi humaine : mais quel langage aujourd'hui ! Il n'est point de militaire qui n'adopte la décision de notre auteur, et il n'en est peut-être pas un seul qui osât alléguer la raison qu'il en apporte. Servir Dieu et conserver une réputation de bravoure, cela était bon autrefois ; mais on ne peut se le persuader aujourd'hui, malgré l'exemple des Turenne, des Berwik, etc.

TITRE II.

De l'Aumonier. *

(V. pag. 52, 53.)

TITRE III.

De l'Écrivain.

(V. pag. 53, 54, 55.)

TITRE IV.

Du Pilote.

(V. pag. 55, 56, 57.)

TITRE V.

Du Contre-Maitre ou Nocher.

(V. pag. 58.)

TITRE VI.

Du Chirurgien.

(V. pag. 59, 60.)

---

* Les dispositions de ce titre et des cinq qui le suivent étant purement réglémentaires, ne peuvent donner lieu à des questions de droit, et ne nécessitent aucun commentaire. Il suffit de lire le texte des articles de la loi.

TITRE VII.

DES MATELOTS.

(V. pag. 61, 62, 63.)

===

TITRE VIII.

DES PROPRIÉTAIRES DE NAVIRES.

1.

Pourront nos sujets, de quelque qualité et condition qu'ils soient, faire construire ou acheter des navires, les équiper pour eux, les fréter à d'autres, et faire le commerce de la mer par eux ou par personnes interposées, sans que, pour raison de ce, les gentils-hommes soient réputés faire acte dérogeant à la noblesse, pourvu toutefois qu'ils ne vendent point en détail.

2.

Les propriétaires de navires seront responsables des faits du maître ; mais ils en demeureront déchargés en abandonnant leur bâtiment et le fret. *

Pour pouvoir se dire propriétaire d'un navire sans contra-diction, il faut produire l'acte justificatif de la propriété ; tel qu'un marché pour la construction d'un navire, ou l'acte

---

* *Cod. de com.*, art. 216. « Tout propriétaire de navire est civi-lement responsable des faits du capitaine, pour ce qui est relatif au navire et à l'expédition.

» La responsabilité cesse par l'abandon du navire et du fret. »

par lequel on aura déclaré au greffe de l'amirauté le mettre sur chantier, sinon le contrat d'achat qu'on en aura fait du vrai propriétaire; ou enfin que, sur une déclaration de propriété faite au greffe de l'amirauté, le navire ait fait un voyage en mer, aux risques du déclarant, à moins qu'il ne l'ait acquis par décret, auquel cas la propriété est dès-lors incommutablement acquise.

L'obligation imposée au propriétaire de répondre des faits du maître ou capitaine, est encore plus étroite dans la loi première, § 5, ff. *de exercitoriâ actione*, en ce qu'il y est décidé que le propriétaire est tenu indistinctement de la garantie, en ces termes : *Omnia enim facta magistri debet præstare qui cum præposuit, alioquin contrahentes deciperentur;* sur quoi Peckius, page 86, dit : *Quid enim interest per se excercitor, an per eum quem ipse substituit, contractum ineat?* et ensuite : *qui enim aliquem præponit, is clarâ et apertâ voce dicere videtur, hunc ego præposui, qui volet cum eo contrahat;* au lieu que notre article ne rend le propriétaire responsable des faits de son capitaine que jusqu'à concurrence du bâtiment et du fret, et qu'il est quitte en abandonnant l'un et l'autre, ce qui est plus juste. Aussi est-ce l'avis de Vinnius sur Peckius, *in lege 4, de exercit. actione,* fol. 155, et ce qui se pratique en Hollande; *idem Loccenius, de jure marit.,* lib. 3, cap. 8, n. 10, fol. 295.

Il est pourtant des cas où il ne se libère pas en déclarant faire cet abandon : et d'abord cela est évident, s'il s'agit de dettes contractées par le capitaine pour causes qui aient réellement tourné au profit du navire. Alors, que le navire arrive à bon port ou non, l'armateur ne peut se dispenser de payer : et du nombre de ces dettes est le salaire dû à un pilote qui aura piloté le navire d'un endroit à l'autre, pour raison duquel salaire, le capitaine aura tiré un mandement sur l'armateur, quoique le navire ait fait naufrage dans la suite sous la conduite d'un autre pilote : la raison est que ces dettes sont propres et personnelles à l'armateur, tout comme s'il les eût contractées lui-même. Il en faut dire autant du cas observé sur l'article 19 ci-dessus, tit. *du capitaine :* et ce cas est lorsque le capitaine a emprunté de l'argent, pendant le voyage, pour les besoins du navire; alors encore, que le capitaine ait fait un bon emploi de l'argent ou non, et quoique le navire vienne à périr dans la suite, le propriétaire n'est pas moins tenu de payer la somme due aux prêteurs, sauf son recours contre le capitaine, s'il a malversé : l'intérêt public l'exige de la sorte. Autre chose serait, si c'était un prêt à la grosse, et que le navire pérît ensuite (*Consulat*, ch. 236) ; et c'est peut-être la véritable raison pour laquelle on ne voit guère de contrats à la grosse pour ce cas de nécessité d'un vaisseau durant le voyage. Il y a encore à ajouter le cas de la prévarication du capitaine et des gens de son équipage en fait d'armement en course. (V. *infrà* l'article 2 du titre *des prises*, et l'article suivant.

A cela près, il est juste que le propriétaire ne soit tenu des faits du maître que jusqu'à concurrence du navire et du fret; et cela est conforme au statut de Hambourg, cité par Kuricke, sur l'art. 3, tit. 6 du *Droit hanséatique*, fol. 766; autrement ils courrait risque d'être ruiné par la mauvaise foi ou par les étourderies de son capitaine, et cette crainte ne pourrait manquer d'être fatale à la navigation. C'est bien assez qu'il soit exposé à la perte de son navire et du fret, pour que son intérêt, indépendamment même des marchandises de sa cargaison, l'engage à faire choix d'un capitaine sur lequel il puisse naturellement compter.

La garantie qu'il y a lieu d'exercer contre lui à ce sujet, étant donc bornée à la valeur du navire et du fret, il s'ensuit que les marchandises qu'il avait dans le navire en sont exemptes, de même que ses autres biens.

Au reste, les faits du maître comprennent ses fautes, c'est-à-dire celles dont il doit répondre naturellement, aussi bien que ses engagemens et ses prévarications ; mais de ces engagemens il faut distraire ceux qu'il n'a pas droit de contracter sans l'aveu du propriétaire, relativement aux articles 5 et 17 du tit. premier ci-dessus, à l'art. 2, tit. des chartes-parties, et à l'art. 8 du tit. des contrats à la grosse. Dans tous ces cas le propriétaire n'est nullement obligé par le fait du maître, ceux qui ont contracté avec lui seul devant s'imputer leur défaut de prévoyance. C'est à quoi revient ce que dit Loccenius *suprà*, n. 6, fol. 290.

Si le navire appartient à plusieurs, tous sont tenus solidairement des faits du maître. Loccenius, *ibid.*, n. 5 et 8. Vinnius sur Peckius, *loc. cit.*, *fol. eodem* 155; et c'est la disposition des lois 1 et 2, ff. *de exercitoriâ actione.* Kuricke, quest. 20, fol. 875.

Les mêmes, Loccenius, n. 14, fol. 299, et Vinnius *in* Peckium, tit. *de exercitoriâ actione*, fol. 149, note A, en convenant qu'il est permis au créancier de s'adresser au capitaine ou au propriétaire du navire, à son choix, ajoutent que, s'il en a attaqué un, il ne peut plus alors inquiéter l'autre; mais cela n'est pas régulier, et ne roule que sur les vaines subtilités du droit romain, par rapport aux actions. Rien n'empêche le créancier de poursuivre le maître et le propriétaire tout ensemble, ou le propriétaire, après avoir fait condamner le maître seul; et la procédure qu'il y a alors à faire se réduit à faire déclarer exécutoire contre le propriétaire le jugement qu'il a obtenu contre le capitaine (sentence de Marseille, du 24 avril 1750) : car le propriétaire étant sur le lieu, ou étant représenté par un correspondant, c'est contre lui seul que la condamnation doit s'exécuter, et nullement contre le capitaine, qui, n'ayant contracté qu'en nom qualifié, n'est pas obligé personnellement; et si dans l'usage le créancier s'adresse à lui, c'est pour lui faire reconnaître la dette, et pour prévenir l'exception du propriétaire, qui ne manquerait pas de demander qu'il fût mis en cause pour reconnaître ou contester.

Il n'y a d'action directe et de condamnation exécutoire contre le maître, que lorsque l'engagement lui est propre et personnel ; comme pour l'obliger de remplir ses connaissemens, de répondre de ses faits, de ses fautes ou délits. Tous autres jugemens rendus contre lui ne sont exécutoires que contre le propriétaire, ou, ce qui est la même chose, s'ils le sont contre lui, ce ne peut être qu'en nom qualifié comme représentant le propriétaire jusqu'à concurrence de ce qu'il a entre les mains à lui appartenant.

3.

Ne seront toutefois les propriétaires des navires équipés en guerre, responsables des délits et déprédations commises en mer par les gens de guerre étant sur leurs vaisseaux, ou par les équipages, sinon jusqu'à concurrence de la somme pour laquelle ils auront donné caution, si ce n'est qu'ils en soient participans ou complices. *

Il s'ensuit de cet article, qui est tout à la fois une extension et une limitation de l'article précédent, que les faits du maître comprennent aussi les délits et déprédations commises tant par le capitaine que par les gens de l'équipage. C'est aussi l'avis de Loccenius, n. 5 et 11, fol. 289, 296, et cap. 9,

---

* *Cod. de com.*, art. 217. « Les propriétaires des navires équipés en guerre ne seront toutefois responsables des délits et déprédations commises en mer par les gens de guerre qui sont sur leurs navires, ou par les équipages, que jusqu'à concurrence de la somme pour laquelle ils auront donné caution, à moins qu'ils n'en soient participans ou complices. »

D'après l'arrêté du 2 prairial an 11, le cautionnement est de 37,000 fr. pour tout bâtiment dont l'équipage est de 150 hommes et au-dessous, et de 74,000 fr. pour les autres.

n. 14, fol. 313, et que le propriétaire, excepté dans les armemens en course, en doit répondre indistinctement, si mieux il n'aime abandonner le navire et le fret.

Mais dans les armemens en guerre, et c'est ici la limitation, il n'en répond que jusqu'à la concurrence de la somme pour laquelle il aura donné caution, laquelle somme est de 25,000 liv., suivant l'article 2 du tit. *des prises*, ci-après.

Ce qui s'entend toutefois, aux termes de la clause finale du présent article, s'il n'est participant ou complice de ces délits ou déprédations; auquel cas, non-seulement il sera tenu par action civile solidaire de tous les dommages et intérêts en résultant, mais encore il pourra être poursuivi à l'extraordinaire, suivant la nature du délit, pour en subir la juste peine.

Cependant pour le réputer complice, à l'effet de l'assujétir à l'action au criminel, ce ne serait pas assez qu'il eût connaissance des déprédations, et même qu'il en eût partagé le profit, il faudrait encore qu'il fût convaincu d'avoir ordonné ou conseillé ces déprédations, soit par écrit ou de vive voix. Mais, par rapport à la restitution avec dommages et intérêts solidaires, il suffirait qu'il eût pris sa part des choses pillées et volées, et même qu'il n'en eût pas fait la révélation, sinon aussitôt qu'il en aurait eu connaissance, au moins avant qu'il en fût porté des plaintes.

4.

Pourront tous propriétaires de navires congédier le maître, en le remboursant, *s'il le requiert*, de la part qu'il aura au vaisseau, au dire de gens à ce connaissant. *

---

* *Cod. de com.*, *art. 218.* « Le propriétaire peut congédier le capitaine.

» Il n'y a pas lieu à indemnité, s'il n'y a convention par écrit. »
Art. 219. «Si le capitaine congédié est copropriétaire du navire,

Cet article paraît tiré des us et coutumes de la mer, si ce n'est qu'il n'exige pas que ce soit *avec sujet et pour cause légitime*, comme l'art. 14 de l'Ordonnance de la Hanse teutonique, qui est le tit. 2 du *Droit hanséatique*; et l'auteur des notes sur le premier des jugemens d'Oleron, n. 4. Est-ce une omission ou une suppression réfléchie?

Ce qui ferait croire que ce n'est qu'une omission, et qu'au fond il est bien entendu qu'il faut une cause légitime pour congédier ainsi le maître qui a une part dans le vaisseau, c'est que l'article 6 ci-après ne veut pas qu'un associé puisse être contraint de procéder à la licitation du navire commun, sauf le cas qui y est exprimé. Mais on peut répondre que l'argument tiré de cet article 6 n'emporte aucune contradiction avec celui-ci, puisque le maître *combourgeois* (c'est ainsi que dans les us et coutumes de la mer on appelle celui qui a part dans le navire) ne peut être forcé de recevoir le remboursement de sa portion, et qu'il lui est seulement libre d'exiger son remboursement lorsqu'il est congédié.

De là il s'ensuit que notre article doit être pris à la lettre par rapport à la faculté qu'il accorde *à tous propriétaires de navires de congédier le maître en le remboursant, s'il le requiert*, et que son esprit est qu'ils peuvent user de cette faculté sans cause comme avec cause légitime. En effet l'intérêt qu'a le maître dans le navire ne doit pas être un obstacle à son congé, à cause que par-là il leur ferait la loi, ce qui le mettrait en état de leur nuire, sans qu'ils eussent le moyen d'y remédier. Car il pourrait arriver tel cas où les propriétaires auraient grand intérêt à se débarrasser d'un capitaine,

---

il peut renoncer à la copropriété, et exiger le remboursement du capital qui la représente.

» Le montant de ce capital est déterminé par des experts convenus ou nommés d'office. »

quoiqu'ils n'auraient aucune raison à alléguer en justice pour le congédier. En un mot le seul changement de volonté de la part des autres propriétaires suffit pour les autoriser à congédier le maître, aux termes de cet article, pourvu néanmoins qu'ils forment le plus grand nombre relativement à l'article suivant.

Mais de la même manière qu'ils ne veulent plus lui confier la direction du navire, quoiqu'il y ait part, et que cette part ait de quoi les rassurer en quelque sorte (d'où vient qu'anciennement on cherchait toujours par préférence des maîtres ou patrons *combourgeois*, c'est-à-dire qui eussent part au vaisseau, suivant la remarque du même auteur des notes sur le premier article des jugemens d'Oleron, n. 3), de même, et à plus forte raison, le maître congédié est-il en droit de refuser sa confiance au nouveau maître que ses copropriétaires établiront pour la conduite du navire. Et c'est pour cela que, s'il requiert le remboursement de la portion qu'il a dans le vaisseau, ses copropriétaires ne pourront s'en défendre. Ce remboursement au reste, ils seront tenus de le faire à dire d'expert, suivant cet article, qui en cela est plus régulier que l'art. 24 de l'Ordonnance de la Hanse teutonique, déjà cité, qui dit simplement, au prix qu'il l'aura acheté, attendu que de part ou d'autre il pourrait y avoir de la lésion, s'il fallait se régler sur le prix de l'achat.

D'un autre côté aussi, et cela est également juste, il ne peut être forcé de recevoir son remboursement qu'autant qu'il l'a requis, le droit qu'ont ses copropriétaires de lui ôter la maîtrise et le commandement du navire, n'allant pas jusqu'à l'obliger de leur céder et abandonner sa portion dans le vaisseau. De sorte qu'en cette partie demeurant le maître de son sort, il dépend de lui d'exiger son remboursement, ou de rester intéressé dans le navire comme auparavant. La première faculté lui est donnée par ces mots de notre article, *s'il le requiert*, et la seconde par l'article 6 ci-après, qui lui permet de refuser la licitation.

I. 32

Comme par l'article suivant, en ce qui concerne l'intérêt commun des propriétaires, c'est l'avis du plus grand nombre qui doit décider, il faut dire que le concours unanime n'est nullement nécessaire pour congédier le maître, leur co-intéressé, et qu'il suffit tout de même de l'avis du plus grand nombre. Mais alors, si le maître requiert son remboursement, j'estime qu'il n'y a que ceux qui l'ont congédié qui en sont tenus, et qu'ils ne peuvent obliger les autres d'y contribuer, nul ne pouvant être forcé d'acquérir : c'est assez pour eux qu'ils souffrent le déplacement d'un maître qu'ils croient devoir être conservé. Cependant, quoiqu'ils n'aient pas concouru pour lui donner son congé, rien n'empêche qu'ils ne soient admis à entrer en part de sa portion, en offrant de contribuer à son remboursement aussitôt qu'ils auront été informés que le maître l'aura requis.

Une disposition remarquable, autant par le fonds de justice qui y règne, que par la singularité du cas, est celle de l'article 56 de l'Ordonnance de la Hanse teutonique ; *hodiè* art. 14, tit. 3 *juris Hanseatici*, *ubi* Kuricke.

Il est question d'un trait de mauvaise foi du maître combourgeois, qui pour tromper ses copropriétaires, et leur donner un nouvel associé malgré eux, vend sa part dans le navire plus qu'elle ne vaut, c'est-à-dire, fait employer dans le contrat une somme plus considérable que celle pour laquelle la vente est véritablement faite ; et il est décidé que les copropriétaires peuvent alors faire estimer cette portion par experts, pour la prendre et retirer par préférence au prix de l'estimation.

Cette décision me paraît si juste, que je crois qu'elle doit servir de règle ; et même, pour le droit de préférence qu'elle accorde aux copropriétaires, il semble qu'il y aurait lieu de l'étendre à toute vente, quoique exempte de soupçon de fraude ; c'est-à-dire qu'il semblerait juste, suivant l'arrêt du 9 juin 1728, rapporté par Basnage sur l'art. 452 de la coutume de Normandie, de permettre aux copropriétaires de retirer, dans tous les cas, la portion que leur co-intéressé aurait vendue sans leur en avoir offert la préférence, afin de leur éviter le désagrément d'avoir un associé de mauvaise humeur ou qui leur déplairait, si cela ne donnait lieu de craindre que le copropriétaire, résolu de vendre, ne trouvât pas d'acheteur qui voulût faire valoir sa portion son juste prix, à cause de l'incertitude où il serait de conserver son achat. et qu'ainsi ce copropriétaire ne demeurât à la discrétion de ses co-intéressés, n'ayant pas droit de les forcer de liciter, à cause de la disposition de l'art. 6. Il est pourtant vrai que tout inconvénient cesserait, si cette sorte de retrait n'avait lieu que faute d'avoir offert la préférence, et si, outre cela, l'acheteur avait la faculté de refuser son remboursement sur le pied de l'achat, pour le demander sur le pied de l'estimation.

Mais cette espèce de retrait de bienséance ne peut avoir lieu en vente, par décret suivant l'arrêt de Bordeaux, du 22 décembre 1648, cité par Cleirac, *Juridiction de la Marine*, art. 5, n. 16, pag. 401. La raison est qu'il était libre aux copropriétaires d'enchérir et de se rendre adjudicataires, et qu'ils doivent s'imputer leur manquement à cet égard.

Revenons à notre article : il n'est pas douteux, comme il a été observé, que la permission qu'il donne aux propriétaires de congédier le maître qui a part au navire, en le remboursant, ne soit pure et simple, qu'il y ait cause légitime ou non. Mais s'ensuit-il de là que ce congé n'emporte aucuns dommages et intérêts au profit du maître, s'il est congédié sans cause valable, sous prétexte que l'article ne dit pas qu'il lui en sera dû ?

La question a été annoncée sur l'article 13, tit. 14 du livre précédent, où j'ai dit d'avance qu'elle me paraissait préjugée par ledit article en faveur du capitaine congédié sans cause raisonnable. Il ne s'agit plus ici que de répondre aux objections de ceux qui tiennent le contraire.

Ils se fondent d'abord précisément sur le silence de cet article,

qui, disent-ils, a fixé le sort du capitaine congédié, et qui,
ayant permis de le remercier, quoique intéressé dans le navire,
sans autre condition que celle de lui rembourser la valeur de
sa portion, a décidé par-là que dans tous les cas le maître
pouvait être congédié sans dommages et intérêts, quoiqu'il n'en
soit pas de même des autres officiers du navire et des matelots.

Ils ajoutent qu'il n'est pas à présumer qu'un propriétaire
prenne le parti de renvoyer un capitaine qu'il a choisi, s'il
n'a réellement de justes sujets de plainte contre lui, ou s'il
n'a pas de puissans motifs pour lui retirer sa confiance ; qu'il
ne suffit pas qu'un capitaine ait la capacité requise pour bien
conduire un navire, parceque le principal objet de l'armateur est la direction de la cargaison, ce qui exige autant de
probité que d'intelligence et de bonne conduite ; qu'il se peut
que depuis qu'il a accordé un capitaine, il lui vienne des avis
qu'il a fait un mauvais choix, pour qu'il soit en droit de le
renvoyer sans dommages et intérêts, attendu qu'il est des faits
qui, quoique véritables, sont difficiles à prouver, et que, s'il
en alléguait quelques-uns capables de flétrir la réputation du
capitaine, sans qu'il fût en état de les prouver, il s'exposerait
aux suites d'une accusation calomnieuse.

Mais en tout cela il n'y a rien de solide, ni qui puisse faire
impression. Il se peut, à la vérité, qu'un armateur ne congédie
son capitaine que pour causes justes et légitimes ; mais il se
peut aussi qu'il ne le fasse que par caprice, ou parce qu'un autre
lui fait de meilleures conditions. Et il suffit que cela se puisse
pour qu'il y ait lieu d'examiner le sujet du congé, pour juger
s'il sera avec ou sans dommages et intérêts, n'étant pas à
présumer que cet article ait entendu qu'un capitaine pût être
congédié sans dommages et intérêts indistinctement, tandis
que l'Ordonnance en accorde à tout autre officier du navire
et au simple matelot, s'il est congédié sans cause valable,
quoique leur réputation n'ait pas à en souffrir, à beaucoup
près, autant que celle du capitaine.

Que peut-on penser en effet d'un capitaine congédié ? Le moins qu'on en puisse présumer est qu'il manque d'expérience ou d'attention pour les intérêts des armateurs , et de manière ou d'autre son renvoi ne peut que le décrier. Il est donc naturel et indispensable même de lui adjuger des dommages et intérêts, s'il est congédié sans cause valable, à l'exemple du matelot.

Mais , dit-on, cet article a fixé son sort, n'étant pas à présumer qu'il eût manqué de lui réserver son action en dommages et intérêts, s'il eût entendu qu'il fût en droit d'en prétendre. Mais aussi l'article a supposé , comme cela est tout naturel , que le congé ne serait donné qu'avec cause valable. Que devient l'argument ?

D'ailleurs, l'article n'ayant eu pour objet, en tous cas, que la décision d'un point particulier, savoir, que le maître pouvait être congédié quoique ayant part dans le navire, ce qui n'était pas sans difficulté, surtout le congé étant donné sans cause , il convient de dire qu'il s'en est tenu là , sans toucher aux dommages et intérêts, qu'il laissait dans les termes du droit commun, sauf à recourir à ce qui serait réglé dans la suite par rapport au congé des matelots et des autres officiers mariniers. Car enfin, comme il sera observé en son lieu, le maître , dans l'esprit de l'Ordonnance , est censé compris dans toutes les décisions qui concernent les matelots , excepté celles où il est mis expressément en opposition avec eux. Ainsi , si l'Ordonnance a voulu que le matelot congédié sans cause valable fût dédommagé, à plus forte raison l'a-t-elle voulu par rapport au capitaine. Et qu'on ne se prévale pas de ce que cet article n'en dit rien , parce qu'on peut répondre avec bien plus d'avantage , que, n'ayant pas déclaré formellement que le maître congédié n'aurait aucuns dommages et intérêts à demander, il est fondé à les prétendre, s'il est renvoyé sans cause légitime , puisque cela est de droit et d'équité souveraine.

Le seul doute que l'on pourrait former à ce sujet, ce serait de savoir si les dommages et intérêts ne devraient pas lui être adjugés à dire d'experts, sans se borner par proportion à ceux qui sont réglés par l'article 10 du tit. 4, liv. 3, ci-après, en faveur des matelots. Mais, comme ce règlement par experts serait embarrassant, et que d'ailleurs cet article 10 regarde aussi bien tous les officiers du navire que les matelots, aux termes de l'article 21 du même titre, il est d'autant plus naturel de l'étendre aussi au capitaine, que, comme on vient de le dire, les décisions en général qui regardent les matelots sont censées le concerner tout de même, proportion gardée. Ainsi tout invite à s'en tenir là, et à conclure en conséquence, relativement à la sentence de l'amirauté de Marseille, du 28 novembre 1752, et à l'avis de Targa, pag. 43, n. 39, que, si le maître est congédié sans cause valable avant le voyage commencé, il lui sera payé pour dédommagement le tiers de ses gages ou appointemens; et que, si c'est après le voyage commencé, il sera payé de ses gages en total, avec les frais de son retour, sans préjudice de la portion qui lui sera acquise dans les gratifications qui lui avaient été accordées lors de son engagement, à proportion du temps de son service.*

---

* Cette doctrine de Valin, quoique fondée sur les raisons les plus fortes, n'est pas néanmoins applicable sous l'empire du Cod. de com. Les législateurs modernes ont rédigé l'art. 218 avec l'intention formelle de la proscrire, et il est nettement décidé qu'il n'y a pas lieu à indemnité, à moins d'une convention par écrit. L'explication de M. Locré, que le contrat passé avec le capitaine est un mandat révocable *ad nutum*, et non point un louage d'industrie, ne me paraît nullement satisfaisante. Outre que je n'ai jamais bien conçu, et probablement ne concevrai jamais, malgré que cette distinction soit dans le Cod. civ., la différence qui existe entre un mandat salarié et un louage d'industrie, j'avoue qu'un pareil motif me paraîtrait trop subtil pour repousser des prétentions fondées sur une justice évidente. Un capitaine s'est engagé pour un voyage,

Tout cela est juste, et le propriétaire ou armateur n'a rien à dire, quelque cause de révocation qu'il ait, dès qu'il ne veut pas le déclarer. Il est vrai que, si elles sont graves, et qu'il n'en ait pas une preuve complète, il est de la prudence qu'il ne se livre pas de manière à donner lieu à une demande en réparation d'injures avec dommages et intérêts ; mais il est aussi une façon de présenter les objets sans donner prise sur soi. Au surplus il n'est pas nécessaire qu'il y ait des faits de nature à s'exposer à des suites fâcheuses, la preuve complète venant à manquer pour former une cause valable, il suffit de certaines circonstances capables de faire impression contre le capitaine, et de disculper le propriétaire. Alors, suivant que ces circonstances seront plus ou moins intéressantes et prouvées, le juge, selon sa prudence, refusera ou modérera les dommages et intérêts, comme je l'ai vu pratiquer en quelques occasions. Mais il reste toujours que, sans cause raisonnable de congé, les dommages et intérêts sont dus : cela a toujours été jugé en ce siège tout autant de fois que la question s'est présentée. V. au surplus ce qui sera observé sur ledit article 10,

---

il a fait des préparatifs, renoncé à d'autres propositions, etc., etc.; et tout-à-coup les armateurs le congédient, et se délient de leurs engagemens sans être tenus à aucuns dommages-intérêts : cette décision est si évidemment contraire à la bonne foi, au respect pour les conventions, à tous les principes de l'équité et de la justice, qu'il est vraiment à déplorer que nos législateurs se soient écartés, sur ce point important, de l'avis de Valin, d'autant plus que, par une contradiction choquante, l'art. 270 accorde des indemnités à tout matelot qui est congédié sans cause valable. Dira-t-on que le contrat fait avec le matelot est un louage d'industrie, tandis que celui du capitaine est un mandat salarié? c'est comme si l'on disait que le contrat passé pour l'édification d'un palais n'est pas, en droit, de même nature que celui relatif à la construction d'une chaumière. Je le répète, cette décision me paraît injuste. Voyez encore les réflexions de Valin sur l'art. 13, tit. 14, liv. 1 de l'Ordonnance.

ci-après, du tit. *de l'engagement des matelots,* et ce qui a été
remarqué ci-dessus sur ledit art. 13, tit. 14 du liv. précédent.

L'on éviterait peut-être cet inconvénient, de congédier un
capitaine, si l'on pratiquait l'art. 15 de l'Ordonnance de la
Hanse teutonique, portant défenses d'engager un capitaine
sans lui avoir fait exhiber son attestation, et le congé qu'il
aura eu par écrit des autres bourgeois qu'il aura servis, à
peine de vingt-cinq écus d'amende.

5.

En tout ce qui concerne l'intérêt commun des pro-
priétaires, l'avis du plus grand nombre sera suivi;
et sera réputé le plus grand nombre, celui des inté-
ressés qui auront la plus grande part au vaisseau. *

La navigation au long cours engage à des dépenses si considérables, qu'il est peu de négocians en état de former seuls
des entreprises capables de la soutenir. D'un autre côté, il est
de la prudence de partager les risques sur plusieurs navires.
De là non-seulement la convenance, mais encore la nécessité
d'avoir, d'équiper et de charger des navires en commun;
de là aussi par conséquent la nécessité d'établir une règle
pour l'utilité commune des associés et copropriétaires, afin
que le caprice ou l'esprit de contradiction de quelques-uns

---

* *Cod. de com.*, art. 220. « En tout ce qui concerne l'intérêt commun des propriétaires d'un navire, l'avis de la majorité est suivi.

» La majorité se détermine par une portion d'intérêt dans le navire, excédant la moitié de sa valeur.

» La licitation du navire ne peut être accordée que sur la demande
des propriétaires formant ensemble la moitié de l'intérêt total dans
le navire, s'il n'y a, par écrit, convention contraire. »

ne fasse pas échouer des projets utiles à la société, ou du moins présumés tels.

C'est pour cela que cet article veut qu'en tout ce qui concerne l'intérêt commun des propriétaires d'un navire, l'avis du plus grand nombre soit suivi et serve de loi pour les autres.

Cette décision, dictée par la droite raison, se trouve aussi dans les lois romaines : *Amplior pars obtineat, ità ut quod pluribus placeat, hoc statuatur*, dit la loi dernière au Code, *qui bonis cedere possunt*; d'où s'est formé cet axiome, *indicium enim integrum est, quod plurimorum sententiis comprobatur*.

En matière de faillite, la décision est pareillement la même dans l'article 5, tit. 11 de l'Ordonnance de 1673; et en général c'est la règle qu'il faut suivre lorsqu'il s'agit de l'intérêt commun des créanciers à l'égard de leur débiteur. Sur quoi voir le *Commentaire* sur la coutume de La Rochelle, art. 66, n. 96, 67 et 98.

Pour ce qui est de la manière d'entendre le plus grand nombre, notre article dit, *et sera réputé le plus grand nombre, celui des intéressés qui auront la plus grande part au vaisseau*; ce qui est conforme encore à l'art. 6 du même tit. de l'Ordonnance de 1673, à la même loi du Code déjà cité, et à la loi 8 ff. *de pactis*, en ces termes : *Majorem esse partem pro modo debiti, non pro numero personarum, placuit; idem.* Stypmannus, *ad jus maritimum*, cap. 5, n. 103, fol. 416.

Le sens naturel de cet article est que l'avis de ceux des propriétaires qui ont le plus fort intérêt dans le navire, doit l'emporter sur celui des autres; de manière que le plus grand nombre a droit de régler l'entreprise et la destination du voyage du navire, de choisir le capitaine et le reste de l'équipage, de fixer leurs gages, et de dresser les instructions convenables au voyage, à l'effet duquel voyage il est fondé à contraindre les autres intéressés de fournir leur contingent pour le radoub, l'armement et la mise hors du navire ; et, sur leur refus, de prendre des deniers à la grosse aventure, pour leur compte et risque, après avoir fait rendre un jugement contre eux pour y être autorisé.

Mais on a demandé si le plus grand nombre pouvait tout de même forcer l'autre de contribuer pour sa portion à la cargaison du navire; et si, faute de charger des marchandises jusqu'à concurrence de sa portion, le plus fort intéressé pouvait charger jusqu'à concurrence aussi de ses portions, avec exemption de fret, comme le confondant en lui-même.

Cette double question s'est présentée en ce siége, en 1754, entre le sieur Henri Bonneau, négociant et armateur de cette ville, propriétaire pour les trois quarts du navire l'*Amitié*, et le sieur Jean Fesquet, négociant à Marseille, propriétaire pour l'autre quart.*

Le sieur Bonneau, après avoir laissé ce navire pendant plus d'un an sans vouloir le faire naviguer, en régla enfin la destination pour St-Domingue, contre le gré du sieur Fesquet. Celui-ci, pressé par le sieur Bonneau de contribuer pour son quart au radoub, à l'équipement et à la cargaison du navire, répondit qu'il était prêt à contribuer à l'armement et mise hors du navire, quoique le voyage ne fût nullement de son goût, attendu que sur cela le sieur Bonneau, comme le plus fort intéressé, était en état de lui faire la loi et de régler la destination du navire ; mais qu'il n'entendait du tout point

---

* La question importante traitée par Valin, sur cet article, est d'un intérêt toujours vivant ; car les législateurs, qui pouvaient la trancher d'un mot, ont néanmoins rédigé l'art. 220 comme l'art. 5. Une règle précise eût été pourtant fort utile, et il me semble qu'après avoir lu la dissertation savante et profonde de Valin, il n'était pas difficile de prendre un parti : sur ce point, comme sur tant d'autres, l'avis de ce grand homme est ma règle.

prendre part dans la cargaison, ni y charger des marchandises pour son quart; qu'il fallait de concert chercher des marchandises à fret pour le chargement complet du navire, et que, si l'on ne pouvait pas en trouver, le navire irait à faux fret d'autant, à perte commune : ajoutant que le fret pour son quart devait lui être payé de toutes les marchandises que le sieur Bonneau chargerait, sans qu'il pût s'en défendre, sous prétexte qu'il ne chargerait réellement le navire que jusqu'aux trois quarts.

La question si le sieur Fesquet pouvait être contraint de contribuer pour son quart au chargement du navire, ne fit point de difficulté, n'y ayant aucune loi ni décision en vertu de laquelle on pût dire qu'il y était obligé, comme à mettre le navire en état de naviguer. Le sieur Bonneau n'insista pas non plus sur cet objet ; mais il soutenait fortement qu'il était fondé à charger des marchandises jusqu'à concurrence des trois quarts à lui appartenans dans le navire, sans que le sieur Fesquet pût prétendre le fret pour son quart; que c'était à lui à charger des marchandises de son côté pour son quart, ou à en chercher à fret, comme il le jugerait à propos ; sans quoi, le navire allant à faux fret pour un quart, ce serait pour le compte propre de lui Fesquet, et uniquement à sa perte. Le sieur Bonneau, pour appuyer sa prétention, produisait des parères, tant de cette ville que de celles de Bordeaux, de Saint-Malo et Bayonne.

Les moyens du sieur Fesquet, tirés d'une savante consultation de MM. Emerigeon et Ricard, avocats de Marseille, en date du 4 mai 1754, consistaient à dire que, par la nature de l'indivis, le navire commun appartenant à tous les portionnaires ou copropriétaires (en Provence on les appelle *quirataires*, du terme *quirat*, qui veut dire portion), sans que l'on pût assigner sa portion séparément de celle des autres, la prétention du sieur Bonneau était une chimère, puisqu'il ne pouvait raisonnablement assigner aucune place dans le navire pour ses trois quarts d'intérêt, à l'exclusion du sieur Fesquet, sans que celui-ci eût droit de dire : J'ai mon quart dans cette place, que vous voulez prendre, comme dans le reste.

Dans le détail, on disait que naturellement, et dans la rigueur des règles, l'un des propriétaires n'avait droit de disposer ni d'user de la chose commune que du consentement de l'autre; mais que, pour l'utilité publique, il avait été réglé que l'avis du plus grand nombre devait l'emporter sur le moindre : *quod major pars efficit pro eo habetur ac si omnes agerint. Leg.* 19, ff. *ad municipalem;* que c'était dans cet esprit que notre article était rédigé, d'où il résultait que le sieur Bonneau, comme propriétaire pour les trois quarts, avait droit de faire faire le radoub du navire, de l'équiper et d'en déterminer la destination, de choisir le capitaine; en un mot d'ordonner tout ce qui était nécessaire pour le voyage, avec faculté de contraindre le sieur Fesquet de contribuer à la dépense qu'exigeait la mise hors; mais aussi que son droit était borné là, et ne s'étendait pas à forcer son co-intéressé de contribuer à la cargaison, ni, sur son refus, à charger le navire aux trois quarts pour son compte particulier et sans payer le fret.

On soutenait au contraire que dès qu'il chargerait des marchandises il serait tenu d'en payer le fret absolument,

1° Parce que c'est au navire que le fret est dû, au moyen de quoi tous ceux qui ont part au navire doivent aussi prendre part au fret, par qui que ce soit que les marchandises soient chargées;

2° Que cela est d'autant plus juste, que, suivant l'axiome de droit, celui qui participe aux charges et à la dépense doit participer aux profits : *secundùm naturam est commoda cujusque rei eum sequi quem sequuntur incommoda. Leg.* 10, ff. *de reg. juris;* d'où il s'ensuit que le sieur Fesquet, contribuant à l'armement, et courant les risques

de la navigation, doit nécessairement prendre part au fret
que gagnera le navire à l'occasion des marchandises chargées
par le sieur Bonneau ;

5° Qu'il n'y a aucune différence à faire entre un chargeur
étranger et un chargeur copropriétaire du navire, par rapport
au fret, attendu que le copropriétaire n'agit pas alors en cette
qualité, mais seulement comme chargeur; au moyen de quoi
il doit le fret comme le chargeur étranger, et cela au navire,
sauf à lui à prendre part à ce même fret, à raison de l'intérêt qu'il a dans le navire ;

4° Qu'à supposer même que le sieur Bonneau agît en cela
en sa qualité de copropriétaire, il n'en serait pas mieux
fondé à se prétendre exempt du quart du fret, l'associé
ou tout autre en communauté n'ayant pas droit de scinder
l'usage de la chose commune, et d'en appliquer à son profit
particulier les fruits, sous prétexte qu'il ne les aura perçus
qu'à proportion de l'intérêt qu'il y avait. Tout ce qu'il en a
retiré doit être rapporté à la communauté pour être partagé.

*Si socius solus aliquid ex eâ re lucratus est, velut
operas servi, mercedesve, hoc judicio eorum omnium
ratio habetur. Leg.* 11, *in fine,* ff. *com. dividundo.*

*Sive autem locando fundum communem, sive colendo,
de fundo communi quid socius consecutus sit, communi
dividundo judicio tenebitur,* ajoute la loi 6 *eodem.*

*Tàm sumptuum quàm fructuum fieri divisionem, ut
in omnibus æquabilitas servetur,* dit encore la loi 4, *cod.
eodem.*

Or, ajoutait-on, le sieur Bonneau, en chargeant ses marchandises dans le navire, se sert de la chose commune; il
doit donc faire part au sieur Fesquet du fret que ces marchandises doivent au navire, de nature de chose.

5° Qu'il importait peu qu'il restât un vide dans le navire,
non-seulement parce que c'est un accident assez ordinaire,
mais encore parce qu'il est de nature, comme tous les autres

hasards, à tomber sur tous les intéressés dans un navire, lorsqu'ils n'ont pas de quoi le charger en entier, ou qu'ils ne sont pas dans cette volonté : c'est à eux à chercher des marchandises à fret pour le surplus; et, s'ils n'en trouvent pas, le navire en souffre, et c'est une perte pour la société.

6° Enfin, on opposait au sieur Bonneau qu'il n'avait pas plus de droit de s'emparer des trois quarts du navire pour y charger des marchandises, sans en payer le fret, qu'un cohéritier ou autre copropriétaire fondé pour trois quarts aussi dans une maison, n'aurait droit de l'occuper jusqu'à concurrence des trois quarts sans en payer le loyer.

Ce cohéritier, poursuivait-on, ne serait pas recevable à dire à son cohéritier pour un quart : Je n'occupe la maison que jusqu'au trois quarts, ainsi je ne vous dois aucun loyer, puisque je n'use que de mon droit, et que rien ne vous empêche d'occuper aussi vous le quart que vous avez dans la maison. Celui-ci lui répliquerait avec raison : Vos trois quarts n'étant pas distingués, puisque nous n'avons pas fait le partage de la maison, vous ne pouvez pas dire que ce que vous en occupez, c'est vos trois quarts. J'ai sûrement mon quart dans ce que vous avez jugé à propos de prendre pour vos trois quarts, comme dans le reste de la maison. Notre propriété étant indivise, notre droit à l'un et l'autre s'étend sur toute la maison, à l'exemple de l'hypothèque, *quæ est tota in toto et tota in quálibet parte.* Ainsi, ayant un quart dans ce que vous occupez de la maison, vous m'en devez nécessairement le loyer pour mon quart; et, à l'égard de ce qui est resté vacant, c'est une perte pour nous deux.

Or, si ce raisonnement est décisif contre un copropriétaire de maison susceptible de divisions par appartemens ou par chambres, à combien plus forte raison l'est-il contre le sieur Bonneau, puisqu'il s'agit ici d'un navire, par conséquent d'un objet absolument indivisible. Il dit qu'il ne chargera que les trois quarts; mais quelle partie du navire prendrat-il pour placer ses marchandises, dans laquelle le sieur Fesquet ne puisse pas soutenir avec raison qu'il y a son quart?

Tels étaient en substance les moyens dont on combattait la prétention du sieur Bonneau, qui, de son côté, ne la fondait que sur ses parères. Tous à la vérité lui donnaient gain de cause; mais, comme dans trois, de quatre, il était décidé en même temps qu'il ne pouvait forcer le sieur Fesquet de contribuer au chargement de la cargaison, on pouvait s'en prévaloir, et dire que la décision du second point, savoir, que le sieur Bonneau avait droit de charger le navire jusqu'aux trois quarts, sans payer de fret, était contradictoire avec la première.

En effet, le sieur Fesquet ne pouvant être tenu de contribuer à la cargaison, on n'était pas fondé, ce me semble, à lui objecter que c'était son affaire de charger son quart dans le navire comme il le jugerait à propos, sinon qu'il irait vide pour son compte. Pour lui faire supporter cette perte en son particulier, il aurait fallu que le sieur Bonneau eût eu une action contre lui pour l'obliger ou le mettre en demeure de charger son quart. Il était forcé de convenir qu'il n'avait pas ce droit; la conclusion qui suivait naturellement de là était donc que le quart non chargé resterait vide et à faux fret pour le compte commun; et, par une seconde conséquence inévitable, que le sieur Bonneau devait le fret pour un quart de toutes les marchandises qu'il chargerait dans le navire, tant pour l'aller que pour le retour.

Malgré cela néanmoins le sieur Fesquet, intimidé par les parères que le sieur Bonneau lui opposait, quoique aucun n'attestât que ce fût l'usage, aima mieux céder à un tiers son quart d'intérêt dans le navire que de prendre part dans la cargaison, ou de faire juger l'affaire.

C'était sans doute le parti le plus sage; mais la question n'en subsiste pas moins, et elle peut se renouveler.

S'en tiendra-t-on aux parères plutôt qu'aux raisons ci-dessus exposées en faveur du sieur Fesquet? Il faudrait pour cela que la disposition de notre article s'étendît à la cargaison du navire, aussi bien qu'à son armement et à sa destination, comme le veulent deux de ces parères contredits en cela par les deux autres : mais n'est-ce point là ajouter au texte?

En tout ce qui concerne l'intérêt commun des propriétaires. Il n'est là question que des propriétaires d'un navire, abstraction faite de son chargement : or quel est l'intérêt commun des propriétaires d'un navire? C'est uniquement qu'il navigue au profit commun, et qu'il soit mis pour cela en état.

Ce n'est donc que pour cette fin que l'avis du plus grand nombre doit être suivi, soit pour régler l'entreprise et la destination du voyage, soit pour le choix du capitaine et la formation de l'équipage, soit enfin pour dresser les instructions à suivre durant le voyage.

Or rien de tout cela n'a de relation, au moins directe et nécessaire, avec le chargement du navire, parce que la qualité de chargeur n'a rien de commun avec celle de propriétaire ou copropriétaire d'un navire, et que notre article ne parle que de l'intérêt commun des copropriétaires ; ce qui n'emporte qu'une idée restreinte à l'armement et à l'équipement des navires, indépendante par conséquent de l'objet de sa cargaison.

De la manière qu'on interprète l'article dans ces deux parères, on le prend comme s'il disait que l'avis du plus grand nombre des intéressés sera suivi, aussi bien pour obliger le moindre nombre de contribuer à la formation de la cargaison du navire qu'aux frais de son équipement, suivant la destination de son voyage : et n'est-ce pas là évidemment ajouter au texte, ou plutôt le forcer?

L'interprétation serait naturelle pourtant, il faut l'avouer, s'il était vrai que des propriétaires de navires ne pussent les faire naviguer qu'en les chargeant à leurs frais et pour leur compte : mais la navigation en est-elle là ? Dans combien de ports n'équipe-t-on pas tous les jours des navires pour aller uniquement prendre un fret à Saint-Domingue ? Ne trouve-t-on plus d'ailleurs d'affrétement à faire en entier ?

De ce que le plus grand nombre peut contraindre le moindre de contribuer à l'armement d'un navire en commun, il ne s'ensuit donc nullement qu'il puisse l'obliger tout de même de fournir son contingent pour la cargaison.

Or, s'il n'a pas ce pouvoir, il n'a pas non plus celui de le priver de sa portion dans le fret qui sera acquis au navire, pour raison des marchandises qui y seront chargées, par qui que ce soit qu'elles y soient chargées.

Le plus fort intéressé n'a donc pas droit de dire à l'autre : « Chargez le navire pour votre contingent, si bon vous » semble, sinon il ira à vide d'autant pour votre compte ; » pour moi je prétends charger jusqu'à concurrence de mon » intérêt dans le vaisseau, sans que vous ayez aucune por- » tion du fret à me demander. » En un mot, toutes les raisons ci-dessus alléguées en faveur du sieur Fesquet demeurent dans toute leur force et sans bonne réplique.

Qu'on ne dise pas qu'il peut y avoir de la mauvaise humeur dans le refus que fait le moindre intéressé de contribuer à former la cargaison, non-seulement parce qu'il se peut aussi que l'autre n'en use de la sorte que par quelque intérêt secret ou par une affectation maligne, mais encore parce qu'il est bien plus naturel de présumer que ce refus est un trait de prudence et de circonspection : on ne manque pas de téméraires, en effet, pour les entreprises maritimes.

Mais l'intérêt du commerce ? Eh bien ! exige-t-il qu'un associé puisse être forcé de contribuer à une cargaison sur laquelle il croit qu'il y a plus à perdre qu'à gagner ? N'est-ce point assez qu'il puisse être contraint de fournir son con-

I. 33

tingent pour l'équipement du navire? Et faut-il que toute cette dépense lui tombe en pure perte, s'il manque de fournir son contingent pour la cargaison?

Si ce plus fort intéressé, qui prétend lui imposer une loi aussi dure et aussi injuste, a une aussi bonne opinion de son entreprise, que ne charge-t-il le navire en entier, en se rendant affréteur sur la portion de l'autre, sur la déclaration qu'il fera qu'il n'entend pas prendre part dans la cargaison? Par-là tout sera concilié, le bien du commerce avec l'intérêt respectif des parties, et toute justice sera gardée sans qu'il en résulte aucun inconvénient.

Il y en a au contraire dans l'autre parti, avec une souveraine injustice. Est-il tolérable en effet qu'un copropriétaire contribue à l'armement d'un navire, et supporte sa portion du dépérissement que souffrira nécessairement le navire dans le voyage, tant de l'aller que du retour, sans en tirer quelque indemnité au moyen du fret?

Que ne charge-t-il le navire pour son contingent? Cela est bientôt dit; mais, 1° où est la loi qui lui impose cette obligation?

2° Si l'entreprise lui paraît mal concertée et périlleuse; si le principal objet de son associé est de retenir les fonds qu'il a dans le lieu de la destination du navire, ou si dans le même lieu il n'a, lui, aucune sorte de correspondance, dans tous ces cas son refus n'est-il pas légitime? et serait-il juste de le livrer à la discrétion de son associé?

3° Enfin, quel tort fait-il à son associé en refusant de contribuer à la cargaison, puisque par-là il lui laisse la liberté de charger le navire en entier, moyennant le paiement du fret? La présomption est qu'il a, ou du moins qu'il croit avoir de bonnes raisons pour ne pas prendre part dans la cargaison; mais son associé n'en peut absolument avoir aucune de ne pas se servir de tout le navire à la charge d'en payer le fret. Comme il n'entreprend le voyage que dans l'idée qu'il lui sera avantageux, ce ne peut être que dans un esprit de malice ou de singularité qu'il refusera de prendre à fret la portion de son associé.

Dira-t-on que ses facultés ne pourront pas lui permettre de charger lui seul le navire ? Mais, outre que l'autre pourra tout de même se trouver dans l'impuissance de le charger pour sa portion, c'est que, lui ayant la direction du voyage et la principale part dans le navire, il lui sera tout autrement facile d'engager quelqu'un à prendre part dans le chargement, ou bien ce sera un homme difficile avec qui l'on craindra d'avoir rien à démêler; alors ce sera un moyen de plus pour justifier le refus de son associé.

Ajoutons qu'à donner à notre article le sens que les parères en question y attachent, il s'ensuivrait que, si le plus fort associé voulait en temps de guerre armer le navire en course, il pourrait contraindre l'autre d'y concourir et de contribuer aux frais de l'armement en guerre, ce qui serait absurde, de l'aveu même des partisans de ces parères. Cependant ce serait là une destination du navire aussi permise que celle d'un voyage pour la Guinée ou pour nos colonies.

Concluons donc qu'en aucun cas le plus faible associé ne peut être forcé de contribuer à la formation de la cargaison du navire commun, attendu que c'est là un objet, sinon indépendant de la navigation, *ut sic,* du moins qui n'y a pas un rapport direct; que tout ce qu'on peut exiger de ce moindre associé, c'est qu'il mette pour son contingent le navire en état de naviguer, en l'équipant à l'ordinaire; et que, malgré son refus de prendre part dans la cargaison, il aura sa portion du fret que gagnera le navire, à raison des marchandises qui y seront chargées par son associé, quoique celui-ci n'y charge des marchandises que jusqu'à concurrence de ses portions dans le navire, sauf à lui à le charger pour le tout, si bon lui semble, sans quoi le navire ira à faux fret pour ce qui manquera à son chargement, et cela à perte commune.

Tout cela au reste est d'autant plus juste, que ce moindre

associé, à qui l'on veut faire la loi en toute rigueur, et qui est déjà assez à plaindre d'être obligé de contribuer à un armement qu'il désapprouve, est exclus par l'article suivant de la faculté de demander la licitation du navire, pour se débarrasser d'un associé aussi difficile et aussi incommode : car enfin ce n'est qu'avec un homme difficultueux qu'on peut avoir de pareilles discussions.

Une autre question en interprétation de cet article, est de savoir si, le plus grand nombre étant d'avis de laisser le navire sans le faire naviguer, les autres sont obligés d'en passer par-là, sans pouvoir le faire naviguer.

Il semble qu'il n'y ait pas à délibérer sur cette question, et que l'avis du plus grand nombre doit l'emporter sans difficulté dans cette occasion comme dans toute autre, la présomption étant que c'est pour bonnes et justes considérations que le plus grand nombre a pris la résolution de laisser le navire dans le port jusqu'à ce que le temps devienne plus favorable à la navigation.

Cependant il est décidé, dans la même consultation, qu'en ce cas le petit nombre ne reçoit point la loi du plus grand, et qu'il peut se faire autoriser par justice à faire naviguer le navire, par la raison que c'est la destination du navire, et que le laisser inutile dans le port, c'est en supprimer l'usage.

On cite, pour appuyer cet avis, la loi 12, § premier, ff. *de usufructu et quem ad modum*, et où il dit : *Navis usufructu legato, navigatum mittendum puto, licèt naufragii periculum immineat ; navis enim ad hoc paratur ut naviget :* mais la décision de cette loi n'a pas d'application à l'espèce. De ce que l'usufruitier d'un navire a droit de le faire naviguer malgré l'héritier propriétaire, attendu que sans cela son usufruit serait illusoire, il ne s'ensuit pas que le moins intéressé aussi dans un navire soit fondé à le faire naviguer malgré ses co-intéressés.

Les autorités qui suivent sont plus précises. Cleirac, dans sa note sur l'art. 59 de l'Ordonnance de la Hanse teutonique, s'exprime en ces termes : « Si de deux bourgeois auxquels » appartient un navire, l'un d'iceux veut qu'il navigue, et l'autre » s'y oppose et le défend, celui qui le veut faire naviguer doit » prévaloir. »

Kuricke, sur le droit hanséatique, titre 5, article 7, page 759, dit aussi : *Certè is prævalere debet, qui navim navigare, quàm otiosam domi manere mavult*, etc.

Enfin, Stracha, tr. *de navibus*, part. 2, n. 6, s'exprime sur ce sujet encore plus formellement : *Illud clarissimi juris est*, dit-il, *navigatum navim mittendam, licèt naufragii periculum sit; navis enim ad hoc paratur ut naviget........ Ex quibus verbis sumpsit argumentum Accursius, socium, invito socio, rem communem ad usum in quem parata est uti posse. Et ego fingo tibi quæstionem: duos esse dominos navis, alterum velle congruo tempore ad navigandum, ipsam navim navigatum mittere; alterum verò malle in portu permanere; et præferendum illum existimo qui re ad usum paratâ uti velit, et utiliter agere, recusante socio, ut tradunt Bartholus, Paul, etc., quibus autoritatibus habes, ubi negotium est tale, ut ex parte expediri non possit, socium invito socio, si utiliter agit, re communi uti posse ad rem paratam.*

Cependant on peut supposer qu'il n'est question là que de deux associés dans un navire par égales portions, puisqu'on ne voit point que le cas du moindre associé contre le plus considérable y soit décidé; au moyen de quoi aucune de ces autorités n'a d'application absolue à notre article, qui veut indistinctement qu'en tout ce qui concerne l'intérêt commun des propriétaires, l'avis du plus grand nombre soit suivi. Or le point de savoir si l'on fera naviguer le navire, ou non, concerne assurément l'intérêt commun des propriétaires; par conséquent c'est l'avis du plus grand nombre qui doit décider, aux termes de cet article, et ce n'est qu'en cas de partage d'avis que celui de la navigation doit l'emporter.

Quand il s'agirait même d'un navire qu'on aurait coutume d'affréter, je douterais fort qu'il fût permis au plus petit nombre des propriétaires de forcer le plus grand de l'affréter, ou qu'il dût être autorisé à le faire naviguer à fret malgré le plus grand nombre, qui, encore un coup, est censé avoir bonnes raisons pour s'y opposer; et, à plus forte raison, le plus petit nombre ne devrait-il pas être écouté, s'il s'agissait d'un armement en course, d'une navigation pour la côte de Guinée, ou de charger le navire pour nos colonies. Il serait même d'une très-dangereuse conséquence d'autoriser de pareilles entreprises de la part du plus petit nombre, non-seulement à cause du trouble que cela ne manquerait pas de jeter dans les sociétés concernant les navires, mais encore parce que ce serait donner occasion à un étourdi qui n'aurait qu'un très-modique intérêt dans un navire, et qui par conséquent s'embarrasserait peu des risques, d'exposer les autres à souffrir des pertes que la prudence leur suggère d'éviter; de sorte qu'en pareil cas il ne s'agirait pas même d'entrer dans l'examen du projet formé par le plus petit nombre, ni de faire attention à l'offre qu'il pourrait faire de garantir le plus grand nombre des inconvéniens qui en pourraient résulter.

Je conclus donc qu'en quelque circonstance que ce soit, le plus petit nombre des intéressés dans un navire ne peut jamais être reçu à présenter en justice aucun projet de navigation contre l'avis du plus grand nombre, et que, sans autre examen, il doit absolument être débouté, quelque offre qu'il fasse, attendu la disposition de cet article, qui doit d'autant plus être respectée, qu'il serait extrêmement dangereux d'y donner la moindre atteinte.

Si l'on oppose, en reprenant la précédente question, qu'il s'ensuit tout de même de cet article que le petit nombre

doit céder au grand, dont l'avis est d'équiper et charger un
navire à frais communs, je réponds qu'autre chose est d'é-
quiper un navire pour le faire naviguer *ut sic*, et autre
chose est de lui faire une cargaison. Tant qu'il ne sera
question que de le mettre en état de naviguer, il est évident
que le petit nombre doit contribuer à la dépense nécessaire
à ce sujet, puisque l'association par rapport au navire a
pour objet direct sa navigation : mais aussi l'engagement de
chaque associé de droit ne va pas au-delà ; et par conséquent on ne peut pas l'obliger de contribuer à former la
cargaison, attendu que cela n'a rien de commun avec la
navigation, qui peut se faire tout de même en prenant des
marchandises à fret. Ce n'est donc pas aller contre la disposition de cet article, en soutenant que le plus grand nombre des intéressés ne peut forcer les autres de contribuer au
chargement du navire pour les parts et portions qu'ils ont
dans le navire, mais seulement à l'équipement du navire,
à l'effet de le mettre en état de faire le voyage projeté.

Toute la question se réduit après cela au point de savoir
si le plus fort intéressé au navire a droit de le charger jusqu'à concurrence, sans payer de fret, laissant le surplus
du navire pour le compte de son copropriétaire, sauf à lui
à le charger, soit pour son compte ou à fret, comme il
le jugera à propos. Et il me semble qu'il a été démontré
que cela ne serait pas juste, et que rien ne pouvait le dispenser de faire raison du fret de toutes les marchandises
qu'il chargerait, pour être partagé entre lui et son copropriétaire, suivant l'intérêt d'un chacun dans le navire, sauf
à lui à le charger lui-même en plein, sur le refus fait par
son associé de contribuer au chargement.

En tout ceci néanmoins, on suppose que dans l'acte d'association il n'y a pas de clause qui règle la destination du
navire, et la sorte de navigation qu'il doit faire, avec soumission de la part de toutes parties de contribuer à tout ce

qui sera nécessaire à ce sujet ; autrement il faudrait exécuter la convention, à peine de tous dépens, dommages et intérêts contre les contrevenans.

Ce serait même le cas où le plus petit nombre ferait la loi au plus grand, loin de la recevoir de lui, notre article ne pouvant être entendu que sauf les conventions contraires. Et qu'on ne dise pas que le plus grand nombre doit avoir la faculté de changer la destination du navire, comme étant censé faire ce changement pour le mieux : on ne déroge pas ainsi aux lois des contrats ; chaque contractant est fondé à en tirer exécution, et il n'y peut être fait aucun changement sans son aveu. Les conditions d'une société une fois réglées, il n'y peut être dérogé en aucune partie que du consentement de tous, chacun ne s'étant engagé que sur la foi de l'exécution de ces conditions.

6.

Aucun ne pourra contraindre son associé de procéder à la licitation d'un navire commun, si ce n'est que les avis soient également partagés sur l'entreprise de quelque voyage.*

On est d'abord fâché à la lecture de cet article, de le trouver contraire à la disposition du droit, qui veut que personne ne soit contraint de rester en société : *nemo invitus in societate manet.* Cependant, avec un peu de réflexion, on conçoit que le bien du commerce exigeait que l'Ordonnance dérogeât en cette partie au droit commun.

Tel n'est pas à portée, ou n'est pas d'humeur de former

---

* V. la note sur l'art. 5.

seul une entreprise maritime, qui s'y livrera volontiers en société. Ce que ses facultés, trop bornées, ou son peu d'intelligence dans le négoce maritime, ne lui permettent pas d'entreprendre par lui-même, il le pourra avec les fonds et l'industrie de ses associés.

D'ailleurs, pour ceux même qui veulent s'engager dans le plus grand commerce maritime, qui est sujet à tant de hasards et de révolutions, il est de la prudence de partager les risques sur plusieurs navires, suivant le conseil d'un sage : *Tua omnia uni nunquàm navi credito*, afin que l'heureux événement des uns répare le mauvais succès des autres. Tout cela prouve de quelle utilité il est qu'il se forme des sociétés pour soutenir la navigation et les expéditions maritimes. Or la loi qui l'a prévue, cette utilité, aurait manqué son objet, si elle eût permis à chaque associé de demander la licitation du navire commun quand il le jugerait à propos.

Avec cette faculté, un associé piqué de ce que son avis ne serait pas suivi, ou autrement par caprice, pourrait demander la licitation tellement à contre-temps, qu'il ferait manquer une entreprise de la dernière conséquence. Un autre se prévalant de son opulence, qui le mettrait en état d'acheter les parts des autres, sans que ceux-ci fussent en situation de payer la sienne, pourrait, dans la vue d'un affrétement extrêmement avantageux, ou de quelque projet secret dont le succès lui paraîtrait assuré, profiter de l'occasion pour en exclure ses associés, en provoquant la licitation, pour leur faire la loi, et les obliger de lui vendre leurs portions au prix qu'il jugerait à propos d'y mettre.

De manière ou d'autre, si la licitation d'un navire commun n'était pas interdite, ce serait toujours exposer ces sortes de sociétés, si utiles pour le commerce maritime, à se dissoudre à chaque instant, et dans les temps qu'on y penserait le moins. Voilà le beau côté de la loi; mais peut-on dire qu'elle soit sans inconvénient? Tel est le sort des lois humaines.

Au rapport de Loccénius, *de jure maritimo*, lib. 3, cap. 6, n. 4, fol. 268, 269, en plusieurs pays du nord il n'est permis de vendre un navire qu'après un certain temps, comme de 3, 6, 7 ou 10 ans. Il semble qu'on aurait pu adopter quelqu'un de ces délais pour borner la défense de demander la licitation ou la dissolution de la société d'un navire, au lieu de la prononcer indéfinie par cet article.

Par rapport aux bâtimens destinés à la pêche ou au cabotage, il semblerait que la décision de notre article n'y serait pas applicable, attendu que pour ces sortes de bâtimens il ne peut pas y avoir matière à délibérer sur l'entreprise de quelque voyage, et d'ailleurs que l'objet est peu considérable en lui-même. Cependant, comme il mérite attention relativement aux facultés des personnes qui pour l'ordinaire ont ces bâtimens en société, et que notre article ne les excepte pas formellement, on a toujours pensé qu'ils étaient sujets à sa disposition, de même que les grands navires; et en conséquence on a perpétuellement jugé en ce siége que l'associé dans une barque ou autre petit bâtiment ne peut pas plus être contraint d'en faire la licitation, que celui qui a part dans un navire propre aux voyages de long cours, si ce n'est dans le cas excepté par le même article. *Idem*, sentence de l'amirauté de Marseille, du 20 juillet 1751, contre le plus grand nombre qui provoquait la licitation.

Ce cas, excepté par notre article, est lorsque *les avis sont également partagés sur l'entreprise de quelque voyage:* sur quoi il convient d'observer qu'il ne sagit pas là de deux avis égaux, dont l'un serait de laisser le navire sans aucune sorte de navigation, et l'autre d'entreprendre telle ou telle navigation, n'étant pas douteux alors que l'avis favorable à la navigation ne dût l'emporter, sauf à discuter le projet de navigation; mais seulement de deux avis également partagés sur l'entreprise projetée par une moitié des intéressés, et rejetée par l'autre moitié, soit qu'elle en propose une autre de son côté, soit qu'elle s'en tienne à la désapprouver, pourvu néanmoins qu'elle en donne des raisons plausibles ; autrement cela aurait l'air d'un refus absolu de faire naviguer le navire, ce que la justice ne tolérerait pas, comme contraire à la destination du navire, au vœu primitif de l'association, et au bien du commerce.

Dans le cas du partage d'avis sur l'entreprise du voyage, il est d'autant plus juste au reste de permettre la demande en licitation, soit à celui des associés qui ne peut faire goûter son projet à l'autre, soit à cet autre qui se croit bien fondé à le désavouer, qu'il n'y a pas naturellement d'autre voie pour faire cesser la contrariété d'avis : car enfin ce n'est pas en pareille hypothèse que la justice peut prendre connaissance du fond de la contestation.

Mais à cause des conséquences, c'est-à-dire, parce qu'il se pourrait que le partage d'avis serait frauduleux de la part d'un des deux associés, en vue de parvenir à la licitation, il doit être permis, tant au demandeur qu'au défendeur en licitation, de requérir qu'elle soit faite publiquement et sur affiches, de manière que les étrangers soient reçus à enchérir sur la totalité du navire, à l'effet de s'en rendre adjudicataires.

Il est pourtant un moyen qui, selon moi, pourrait empêcher que les étrangers ne fussent admis à enchérir : ce serait de la part de celui qui y aurait intérêt, d'offrir à l'autre de prendre sa portion pour une telle somme, ou à dire et estimation d'experts, qui prêteraient serment en justice à cette fin, ou de lui abandonner la sienne sur le même pied. Du moins je ne vois pas ce que cet autre pourrait alléguer de raisonnable pour se dispenser d'accepter des offres si désintéressées.

Mais tout cela ne se peut faire que dans le cas marqué par notre article. Tant que les avis ne seront pas également partagés, il ne sera nullement question ni de licitation forcée, ni des offres dont il vient d'être parlé ; et l'associé qui ne voudra pas continuer la société, en se soumettant à l'avis du plus grand nombre, n'aura d'autre ressource que celle de vendre son intérêt dans le navire à qui bon lui semblera. Cependant quelle sera cette ressource, s'il a affaire à un associé notoirement connu pour difficultueux ? qui voudra acheter sa portion ? Et voilà l'inconvénient de la loi.

Pour revenir aux barques de pêche et autres petits bâtimens, je croirais néanmoins qu'en quelques circonstances on pourrait faire plier la règle qui exclut toute demande en licitation, hors le cas excepté par cet article. Ce serait lorsque ces bâtimens, appartenant en commun à des gens de mer qui les commandent alternativement, ou dont l'un commande et l'autre sert en qualité de compagnon, la mésintelligence entre ces gens grossiers serait telle, que, ne pouvant plus se souffrir, ils seraient continuellement en querelle et souvent aux prises : alors, pour mettre fin à leurs dissensions toujours renaissantes pour le partage des profits, pour la contribution aux dépenses communes, et pour le rétablissement de l'ordre entre eux, il serait naturel d'écouter ceux qui voudraient rompre la société en demandant la licitation. Cependant, à cause de la disposition de cet article, la licitation a été presque toujours rejetée, la partie adverse ne voulant pas y consentir ; et elle n'a été admise que lorsqu'il a paru qu'il n'y avait plus de sûreté à laisser les deux parties ensemble sur le bâtiment, ou que la mauvaise conduite et l'humeur difficile étaient du côté de celui qui s'opposait à la licitation. Il est vrai qu'on aurait pu ordonner que le bâtiment serait commandé à l'alternative par l'un, sans le concours et l'assistance de l'autre, ou qu'à l'exclusion des deux, il serait commandé par un tiers ; mais ce tempérament, sans remédier au désordre, aurait pu aussi blesser les intérêts de l'un, peut-être des deux ensemble.

Le partage d'avis dont parle notre article ne peut s'entendre que relativement à l'article précédent, c'est-à-dire qu'il ne faut faire attention qu'à l'intérêt d'un chacun dans le navire, sans s'arrêter au nombre des personnes : de sorte que, s'il n'y a que deux propriétaires, l'un pour trois quarts ou deux tiers, et l'autre pour un tiers ou pour un quart, ce ne sera pas le cas du partage égal d'avis, et le plus fort intéressé fera nécessairement la loi à l'autre, sans que cet autre soit recevable à demander la licitation. Il y a plus, et cela dérive du même principe, le propriétaire des deux tiers, quoique seul, fera également la loi aux propriétaires de l'autre tiers, en quelque nombre qu'ils soient.

Tout cela ne doit s'entendre néanmoins qu'avec cette restriction, si la destination du navire n'est pas fixée et déterminée par l'acte d'association; car alors il n'y a plus à délibérer, et il ne s'agit que d'exécuter la convention simplement, sans avoir égard à l'avis du plus grand nombre, comme il a été observé sur le précédent article.

Il faut se ressouvenir au reste que le présent article ne contredit nullement l'art. 4 ci-dessus, qui permet de révoquer le maître ayant part au navire, en le remboursant de sa portion, attendu qu'il lui est libre de refuser son remboursement; au moyen de quoi il est évident qu'il n'y aura de licitation qu'autant qu'il le voudra, à moins qu'il ne se trouve dans le cas du partage égal des avis : mais aussi alors il ne pourra être congédié, cette faculté de lui donner son congé, de la part de ses copropriétaires, exigeant nécessairement qu'ils forment le plus grand nombre.

On a demandé, en interprétation de ce même article, s'il était applicable à la société de plusieurs navires aussi bien qu'à celle d'un seul.

La question s'est présentée depuis peu au siége de l'amirauté des Sables-d'Olonne, entre le sieur Jacques Mercier, receveur des tailles, associé pour une moitié; le sieur René Dubois, docteur en médecine, et le sieur Joseph Joly, négociant, associés chacun pour un quart en trois navires qu'ils avaient fait construire à communs frais pour la pêche de la morue , relativement à l'acte de société passé entre eux le 13 mai 1749.

Le sieur Mercier , dégoûté de cette société, et souhaitant de s'en retirer, prit des conclusions en partage des trois navires contre ses deux associés, par exploit du 1er décembre 1753; mais, par sentence du 11 janvier suivant 1754, il fut débouté de sa demande, et il fut ordonné que l'acte de société continuerait d'avoir son plein et entier effet.

Consulté, le 30 octobre de la même année, sur le bien ou mal jugé de cette sentence, je fus d'avis du bien jugé, fondé sur ce que, quoiqu'il ne soit question dans notre article que d'un seul navire en société, la raison est néanmoins la même pour le cas de plusieurs navires aussi en société, parce que chaque navire fait un objet à part dans lequel chaque associé a réellement sa portion indivise, et qu'ainsi, par rapport à chaque navire, c'est tout comme si la société n'était composée que de lui seul.

J'ajoutai qu'on opposait inutilement que le partage de trois navires entre trois associés était facile à faire sans inconvénient, attendu qu'il ne s'agissait pour cela que de l'estimation de chaque navire, pour déterminer le retour ou la soute que devrait payer celui auquel écherrait le plus considérable; parce qu'il restait toujours que c'était vouloir dissoudre une société que l'Ordonnance rendait indissoluble sans l'aveu des autres associés, et que le partage ou la licitation ne pouvait pas plus avoir lieu dans l'hypothèse, que s'il n'était question que d'un seul navire, les parties n'étant pas dans le cas de l'exception portée par le même article, quoique le sieur Mercier fût fondé pour moitié dans la société, puisqu'il n'y avait pas matière à délibérer sur la destination de chaque navire, comme étant expressément marquée dans l'acte d'association , savoir, la pêche de la morue.

TITRE IX.

Des Charpentiers et Calfateurs.

(V. pag. 64, 65, 66.)

TITRE X.

Des Navires et autres Batimens de mer.

Sous ces noms de navires ou autres bâtimens de mer, sont compris même les chaloupes, les esquifs, et les plus petits bateaux, parce que tout cela sert à la navigation. *Sub vocabulo navis omnia navigationum genera comprehenduntur.* Stypmannus, *ad jus maritimum*, part. 3, cap. 1, n. 8, fol. 276; Stracha, *de navibus*, part. 1, 2; *Casa regis, disc.* 1, n. 29.

On peut voir les mêmes auteurs, avec Cleirac et quantité d'autres, pour la différence de la construction des navires, tant anciens que modernes, et la variation de leurs noms et de leur pièces. La partie ancienne est de leur pure curiosité; mais l'autre peut avoir son utilité à l'occasion. *

I.

Tous navires et autres bâtimens de mer seront réputés meubles, et ne seront sujets à retrait lignager, ni à aucuns droits seigneuriaux. *

Il y a long-temps que les navires et les bateaux sont déclarés meubles. Brodeau, sur l'article 90 de Paris, n. 4;

---

* *Cod. de com.*, art. *190.* « Les navires et autres bâtimens de mer sont meubles.

» Néanmoins ils sont affectés aux dettes du vendeur, et spécialement à celles que la loi déclare privilégiées. »

Ferrière, sur le même art., n. 14; Duplessis, *Traité des meubles*, fol. 135 ; édit du mois d'octobre 1666 ; *Rec.* de Néron, tom. 2, fol. 80; Stypmannus, *ad jus maritimum*, part. 4, cap. 1, n° 3, fol. 363.

2.

Seront néanmoins tous vaisseaux *affectés aux dettes du vendeur*, jusqu'à ce qu'ils aient fait un voyage en mer sous le nom et aux risques du nouvel acquéreur, si ce n'est qu'ils aient été vendus par décret. *

Affectés et non hypothéqués, comme on le dit ordinairement, si ce n'est dans les pays où les meubles sont susceptibles d'hypothèque comme les immeubles. Mais dans ce pays-là même, les navires n'ont pas plus de suite par hypothèque que les autres meubles; ils ne sont sujets à l'hypothèque qu'autant qu'ils sont encore dans la possession du débiteur.

Il est vrai parmi nous que les navires peuvent être saisis réellement et décrétés par autorité de justice ; mais pour cela ils n'en sont pas moins de véritables meubles : d'où il s'ensuit que dans le ressort du parlement de Paris, et partout ailleurs où les meubles ne sont pas susceptibles d'hypothèque, il n'y a pas d'hypothèque absolument à faire valoir sur les navires, à l'effet de donner la préférence aux créanciers hypothécaires sur les créanciers chirographaires. Dès

---

* *Cod. de com.*, art. 190, § 2, cité sur l'art. précédent.

Remarquez bien que c'est absolument par les motifs développés par Valin, sur ces mots de l'Ord., *affectés aux dettes du vendeur*, que le législateur moderne s'est servi du mot *affectés*, et non *hypothéqués*, dans l'art. 190, § 2.

que leurs créances sont ordinaires et sans privilége ; leur condition est égale ; et, sans avoir égard à l'hypothèque, ils doivent être admis à toucher ce qui reste du prix du décret par concurrence et par contribution au sou la livre, entre eux, de leurs créances. (V. ce qui a été observé ci-dessus, art. 1er et 16, tit. 14 du liv. Ier.)

Aux dettes du vendeur. Comme l'article ne distingue point, il faut l'entendre de toutes dettes, tant simples, chirographaires, qu'hypothécaires et privilégiées. A la vérité, cela paraît d'abord extraordinaire, surtout par rapport aux dettes non privilégiées, attendu, d'un côté, qu'il s'agit ici d'une vente faite par acte devant notaires, par argument de l'article suivant, au moins pris à la lettre ; et, d'un autre côté, que, conformément à la maxime générale du pays coutumier, *meubles n'ont suite*, l'édit du mois d'octobre 1666 avait autorisé la vente volontaire des navires, de manière que l'acquéreur ne pouvait être recherché, sous aucun prétexte, par les créanciers du vendeur. Mais, au fond, quoique cette décision eût pour motif l'intérêt de la navigation et du commerce, il en pouvait résulter des abus et des fraudes ; ainsi, c'est avec juste raison qu'il y a été dérogé par cet article : car enfin un navire, pour être au rang des meubles, n'en est pas moins un objet sur lequel les créanciers de celui à qui il appartient ont naturellement plus de droit de compter que sur ses autres effets. On conçoit d'ailleurs que ce n'est pas un effet négociable comme une lettre de change, une facture de marchandises, un billet à ordre, etc., et qu'en qualité de meuble corporel, il convenait qu'il ne pût efficacement changer de maître que par une tradition réelle et sensible, ou quelque chose d'équivalent.

Il fallait donc, en matière de vente ou transport de navire, une formalité supplétive au défaut d'une tradition réelle sensible, pour lui donner sa perfection et son effet contre

I.

34

les créanciers du vendeur : et c'est à quoi notre article a
pourvu d'une manière aussi sage que simple et naturelle,
en exigeant que l'acheteur ou cessionnaire fît faire au navire
un voyage en mer sous son nom et à ses risques, sans
quoi le navire demeurerait toujours affecté aux dettes du
vendeur. *

Jusque-là l'acheteur ne peut donc se prétendre à couvert
des dettes de son vendeur ; et, étant inquiété à ce sujet, il
faut nécessairement, ou qu'il remette le navire en nature
aux créanciers, au même état qu'il était lors de l'achat, pour
être vendu en justice à la manière accoutumée, ou qu'il
en rapporte le prix pour être distribué aux termes de droit.

Mais, s'il a acquis le navire par décret, toutes les dettes
auxquelles le navire était affecté, privilégiées ou autres, et
de quelque nature que fût le privilége, ayant été purgées
par l'effet du décret, l'acquéreur qui a consigné le prix du
décret ne peut plus être recherché pour raison d'aucune
dette du saisi, et cela qu'il ait fait naviguer le navire à ses
risques ou non, cette condition n'étant requise par cet article qu'en cas de transport ou vente volontaire.

Par la raison qu'il n'y a point d'hypothèque qui puisse
influer sur le navire, attendu qu'il est pur meuble, on sent
que l'action à former de la part des créanciers contre l'acheteur ou cessionnaire, n'est pas celle en interruption de pos-

---

* *Cod. de com.*, art. *193.* « Les priviléges des créanciers seront
éteints,

» Indépendamment des moyens généraux d'extinction des obligations ;

» Par la vente en justice faite dans les formes établies par le titre
suivant ;

» Ou lorsqu'après une vente volontaire, le navire aura fait un
voyage en mer sous le nom et aux risques de l'acquéreur, et sans
opposition de la part des créanciers du vendeur. »

session, affectation par hypothèque, paiement ou déguerpissement, qui ne peut s'appliquer qu'aux immeubles. Cela peut d'autant moins faire de difficulté, que, s'il s'agissait de l'action en interruption, etc., il n'y aurait que les créanciers hypothécaires antérieurs à l'achat qui auraient droit de l'intenter, tandis que l'article est sûrement au profit tout de même des créanciers chirographaires privilégiés ou non.

L'action qui compète en ce cas aux créanciers en général est donc d'une autre nature, et ce ne peut être que l'action révocatoire fondée sur ce qu'aux termes de cet article, l'acheteur n'a pu acquérir le navire à leur préjudice. Et, comme cette action est toujours ouverte jusqu'à ce que le navire ait fait un voyage en mer sous le nom et aux risques de l'acheteur, il s'ensuit que les créanciers ont droit de la former, ou l'un d'eux, non-seulement avant toute déclaration de propriété de la part de l'acquéreur au greffe de l'amirauté, mais encore depuis cette déclaration et le départ du navire, jusqu'à ce que le voyage soit achevé; après quoi ils sont non recevables à inquiéter cet acheteur, de quelque nature que soient leurs créances.

Il faut observer néanmoins qu'il n'est question ici que de purger les dettes du vendeur, et nullement le droit des copropriétaires du navire; de sorte que, si le vendeur de la totalité du navire avait des intéressés dans la propriété, l'acquéreur ne purgera pas la propriété de ces intéressés en faisant faire un voyage au navire sous son nom : la raison est qu'il n'a pu acquérir que ce qui appartenait au vendeur dans le navire, et qu'ainsi il a acquis le reste *à non domino*, au moyen de quoi point de translation de propriété à cet égard en sa personne. Mais n'y aurait-il point un temps après lequel les copropriétaires seraient non recevables à réclamer leurs portions? Il semble que l'on pourrait admettre la fin de non-recevoir en faveur de l'acheteur, s'il avait, sous son nom seul, fait faire au navire un voyage complet au long cours, à moins qu'il n'y eût preuve que lors de son achat il savait que le navire n'appartenait à son vendeur que pour une portion.

Une autre observation à faire au sujet de notre article, est que, ce voyage aux risques de l'acquéreur opérant la prescription à son profit, il n'y aura que ceux des créanciers qui se seront pourvus contre l'acquéreur avant le voyage achevé, ou qui auront formé leur intervention dans l'instance aussi avant ce temps-là, qui puissent l'inquiéter pour le rapport du navire ou du prix jusqu'à concurrence de leur dû; de manière que, s'il aime mieux leur payer leur dû que d'abandonner le navire, l'intervention formée postérieurement au voyage achevé, de la part de quelque autre créancier, quelque privilégié qu'il soit, non-seulement ne pourra nuire à cet acquéreur, mais même empêcher les créanciers plus diligens d'être payés, suivant cet axiome, *vigilantibus jura subveniunt.*

Mais aussi, si, au lieu, par l'acquéreur, d'offrir de payer les créanciers qui l'ont poursuivi avant le voyage achevé, il aime mieux abandonner le navire, alors, le navire étant mis sous la main de justice à l'effet d'être vendu judiciairement, c'est un abandon qui tourne au profit de tous les créanciers, aussi bien en faveur de ceux qui n'étaient plus en état d'inquiéter l'acquéreur, que des autres; de manière que ceux qui avaient laissé prescrire l'acquéreur contre eux sont recevables à former opposition aux criées du navire, et à demander d'être payés par préférence même aux autres, si leurs créances sont plus privilégiées.

La raison est qu'au moyen de l'abandon ou déguerpissement du navire, ils sont rentrés dans tous leurs droits, n'y ayant eu que l'acquéreur, dans l'origine, qui fût en droit de se prévaloir contre eux de la fin de non-recevoir, et ce même acquéreur, après son déguerpissement, n'étant plus en état de leur opposer cette fin de non-recevoir.

C'est ce qui se pratique en matière d'interruption de pos-session, suivie du déguerpissement ou délaissement de l'ac-quéreur, lorsque par événement ceux des créanciers contre lesquels il avait prescrit, interviennent dans l'instance de saisie réelle du bien déguerpi (sur quoi voir le Commentaire de la coutume de La Rochelle, art. 63, n. 195); et comme la raison de décider est la même dans l'espèce, la décision y est par conséquent applicable.

Je penserais, par rapport à nous, que pour qu'un navire fût censé avoir fait un voyage en mer, il faudrait que ce voyage fût au-delà des pertuis; et encore que, si après avoir passé les pertuis, le navire relâchait sans achever son voyage, ce ne serait pas avoir rempli la condition imposée par cet article à l'acheteur pour purger les dettes du vendeur.[*]

Tout ceci, au reste, est applicable à la vente d'une portion de navire aussi bien qu'à la vente de la totalité d'un vaisseau, et regarde les barques et autres petits bâtimens, comme les grands navires; aussi l'article dit *tous vaisseaux*.

3.

La vente d'un vaisseau étant en voyage, *ou faite*

---

[*] L'Ordonnance de la marine n'avait pas déterminé ce qu'il fallait entendre par un voyage fait en mer : le Cod. de com. a rempli cette lacune par le texte formel de l'art. 194, ce qui rend tout commen-taire superflu.

Cod. de com., art. *194.* « Un navire est censé avoir fait un voyage en mer,

» Lorsque son départ et son arrivée auront été constatés dans deux ports différens, et trente jours après le départ;

» Lorsque, sans être arrivé dans un autre port, il s'est écoulé plus de soixante jours entre le départ et le retour dans le même port, ou lorsque le navire, parti pour un voyage de long cours, a été plus de soixante jours en voyage, sans réclamation de la part des créan-ciers du vendeur. »

sous seing privé, ne pourra préjudicier aux créanciers du vendeur.

La raison pour laquelle la vente d'un navire étant en voyage ne peut préjudicier aux créanciers du vendeur, qu'elle soit faite par acte authentique ou par sous seing privé, est la même que celle de l'article précédent ; elle est même ici plus pressante encore, attendu qu'un vaisseau au voyage est naturellement, pour ne pas dire nécessairement, chargé de quantité de dettes privilégiées, telles que sont celles causées pour fourniture de cordages, voiles, munitions de bouche et de guerre, et autres choses nécessaires pour son équipement : dettes qui ne se paient presque jamais que trois ou six mois après le départ du navire. Or, sans compter les autres créanciers qui n'ont peut-être fait crédit au propriétaire que sur la sorte d'assurance que leur donnait le navire, on conçoit de quelle conséquence il est que, par une vente secrète et après coup, le propriétaire du navire n'ait pas la faculté d'ôter à ses créanciers leur gage naturel, et les priver ainsi de leur dû.

Si cet article n'ajoute pas, comme le précédent, *jusqu'à ce que le navire ait fait un voyage sous le nom et aux risques de l'acquéreur,* c'est que la chose n'est plus praticable, le navire étant actuellement au voyage sous le nom et aux risques du propriétaire vendeur.

Tout ce que pourrait faire l'acquéreur, ce serait de faire enregistrer son contrat au greffe de l'amirauté, avec déclaration qu'il entend que le voyage soit continué à son nom et à ses risques. Mais, outre que cela ne serait pas notoire, comme les expéditions du navire prises au nom du propriétaire vendeur, sur la foi desquelles expéditions ses créanciers ont droit de se tenir tranquilles, sans aucun soupçon d'une pareille vente, c'est qu'en tout cas, notre article n'apportant aucune limitation à sa disposition, il n'y a pas d'apparence d'en admettre aussi aucune, une vente de cette nature ne pouvant au reste être que frauduleuse, surtout à l'égard des créanciers privilégiés.

Que l'acquéreur en ait payé le prix ou non, c'est la même chose, les créanciers sont également en droit de l'obliger de leur faire l'abandon du navire, si mieux ils n'aiment se contenter de lui en faire rapporter le prix.

Cet article encore, comme le précédent, est applicable tout de même à la vente d'une portion de navire, et aux petits bâtimens comme aux grands vaisseaux, n'y ayant aucune raison de différence, ou plutôt l'article ne distinguant point.

Mais il faut dire le contraire de la cargaison, parce qu'elle n'a rien de commun avec le navire, et à plus forte raison d'un chargement particulier de marchandises dans un navire. L'article, ne parlant que de la vente du navire, ne doit pas souffrir d'extension à la cession d'un intérêt de la cargaison, ou d'un chargement de marchandises.

Pourquoi en effet serait-il moins permis à quiconque d'accepter d'un négociant, sans fraude, la cession de pareils objets, sous prétexte qu'ils sont sur mer ou aux colonies, que s'ils étaient en France, ou s'il s'agissait d'un intérêt dans un achat de sucre, d'indigo, ou autres marchandises? Or personne ne doute que ces sortes de cessions ne soient licites pour l'avantage et la circulation du commerce, et que l'acheteur ou cessionnaire ne soit à couvert de toute recherche dès qu'il a eu la tradition réelle des effets à lui transportés, ou, si cette tradition n'est pas praticable, du jour du transport, qu'il l'ait signifié ou non, la maxime, *simple transport ne saisit*, établie par l'article 108 de la coutume de Paris, n'étant pas applicable à ces sortes de négociations.

Il en doit donc être de même des effets étant sur mer ou aux colonies. Sous prétexte que la tradition ne peut s'en faire, non plus que la signification de la cession, on ne doit pas exiger, pour y suppléer, que le cessionnaire fasse enregistrer la cession au greffe de l'amirauté du lieu du départ du navire, à fin de notoriété, et qu'il observe quelque autre formalité : il suffit qu'il soit porteur des factures ou des connaissemens des marchandises dont le transport lui est fait, soit par un ordre à son profit au dos de ces pièces, soit par un acte séparé par-devant notaires ou sous signature privée, d'autant mieux que tout est à ses risques dès l'instant du transport.

Tel est l'usage constant du commerce, fondé sur ce qu'il importe extrêmement de favoriser la rapidité de ses opérations, ou plutôt sur la nécessité de les mettre à couvert d'atteinte, dès qu'elles sont exemptes de fraudes ; sans quoi il tomberait nécessairement, tant au dedans qu'au dehors du royaume.

C'est aussi sur ce principe que, par arrêt du parlement du 11 mars 1752, infirmatif d'une sentence de la sénéchaussée de cette ville de La Rochelle, du 20 juin 1747, (ledit arrêt rendu en la quatrième chambre des enquêtes, au rapport de M. de Lépine de Grandville, en faveur du sieur Etienne-Louis Denis, négociant de cette ville, contre quelques créanciers du sieur Beltremieux, son gendre, en faillite), les cessions que celui-ci, long-temps avant sa faillite, avait faites au sieur Denis, de plusieurs factures de marchandises à lui appartenantes, et qui étaient tant sur mer que dans nos colonies, furent confirmées (avec dommages et intérêts liquidés depuis à plus de 60,000 liv.), quoique ces cessions n'eussent point été enregistrées au greffe de l'amirauté, et que la signification n'en eût point été faite à ceux qui étaient les dépositaires des effets avant la faillite dudit sieur Beltremieux.

Or, si cela a été ainsi décidé, même en faveur du beau-père, cessionnaire de son gendre, et malgré les objets présentés avec autant d'art que de malignité pour insinuer que le beau-père avait été secrètement instruit de la faillite future de son gendre, n'y aurait-il pas de témérité à attaquer, à l'avenir, des cessions de cette nature, qui sont d'un usage journalier dans le commerce, et sans lesquelles, encore une

fois, il ne saurait se soutenir? Où en serait-on, en effet, s'il
était permis d'attaquer ces sortes de négociations, sous prétexte que la tradition des effets cédés ne serait pas réelle et
effective, ou que le transport ne serait pas signé avant toute
saisie, en voulant appliquer à des opérations du commerce
des maximes qui ne peuvent lui convenir, et qui par conséquent n'ont pas été introduites pour les régler? Le plus sûr
néanmoins serait d'enregistrer les cessions au greffe de l'amirauté, pour les effets étant en mer.

Qu'y a-t-il donc là, après tout, d'extraordinaire? Pourquoi
une facture de marchandises et un connaissement (il faut y
joindre une police d'assurance, *infrà*, art. 3, tit. *des assurances*), pourquoi, dis-je, ces papiers ne seraient-ils pas
sujets à être négociés par endossement, comme les lettres ou
billets de change et les billets à ordre? Qu'on ne dise pas qu'il
est décidé que tout billet à ordre peut être négocié sans qu'il
soit nécessaire d'en signifier le transport, et qu'il n'en est pas
de même des factures et des connaissemens, à moins, en tout
cas, qu'ils ne soient aussi à ordre : l'objection ne peut tenir
contre l'usage du commerce, suivant lequel toute reconnaissance d'une facture de marchandises est réputée à ordre de
sa nature, ni contre l'arrêt ci-dessus, qui l'a jugé de la sorte.
Il y a même une raison de plus, et qui est décisive en faveur
de la négociation d'une facture de marchandises étant en mer
ou aux colonies, c'est que dès l'instant du transport les effets
sont aux risques du cessionnaire : or serait-il juste qu'il courût
les risques au profit d'autrui ?

Il faut donc conclure que la négociation ou cession d'une
facture de marchandises ou d'un connaissement saisit dans
l'instant celui au profit de qui elle est faite, sans attendre
la tradition effective, ni qu'il soit besoin d'en faire la signification, à *l'instar* de l'endossement d'une lettre de change
ou d'un billet à ordre; de manière que les créanciers du
cédant ne peuvent l'attaquer qu'en cas de fraude.

Il faut excepter néanmoins celui qui aurait vendu ces marchandises sans jour et sans terme, et, à son défaut, celui qui aurait prêté à la grosse sur les mêmes marchandises. Et ces deux exceptions ne dérogent nullement à la décision principale, attendu que dans l'un et l'autre cas la cession serait nulle de plein droit, les marchandises n'appartenant pas alors au cédant, mais au vendeur ou au prêteur à la grosse jusqu'à concurrence de leur dû : c'est pour cela aussi qu'un pareil cédant serait jugé stellionataire et punissable comme tel.

Ce qui vient d'être observé, au reste, ne regarde que la négociation ou cession de ces choses, négociables de leur nature par endossement, dont la tradition ne peut se faire sur-le-champ, autrement que par la délivrance de la police qui faisait le titre du cédant ; et c'est à quoi il faut bien prendre garde.

S'il s'agissait d'une vente de marchandises qu'il fût au pouvoir du vendeur de livrer incessamment, comme l'ayant dans sa possession, le contrat serait alors dans les termes du droit commun, c'est-à-dire que l'acheteur ne serait fait vraiment propriétaire des marchandises, au préjudice des créanciers de son vendeur, qu'autant qu'il en aurait eu la délivrance et la tradition effective. Avant cela, quoiqu'il eût payé le prix de la vente, il ne serait pas en droit de retirer les marchandises des magasins du vendeur, au préjudice de la saisie d'un créancier, parce que de la maxime, *meubles n'ont suite quand ils sont hors de la possession du débiteur*, il résulte la proposition inverse, qui est indubitable, savoir, qu'ils peuvent être saisis par ses créanciers tant qu'ils sont encore en sa possession, quelque vente qu'il en ait faite, non suivie de tradition.

En cela, au surplus, l'intérêt du commerce n'est nullement blessé, parce que c'est l'affaire de l'acheteur d'avoir payé avant que d'avoir reçu la livraison des marchandises ; et qu'à l'égard du vendeur, c'est sa faute si le manquement de livraison l'empêche de toucher le prix convenu.

Cette raison répond d'avance à l'objection qu'on pourrait faire, en disant que, si la livraison est nécessaire pour faire passer à l'acheteur la propriété de la chose qui est dans la possession du vendeur, et sous sa main, il en doit être de même de la cession d'une facture de marchandises étant en mer, ou partout ailleurs que dans le lieu de la demeure du vendeur, à la consignation d'un tiers, attendu qu'elles ne sont pas moins censées en la possession du vendeur ; ce qui suffit pour qu'elles puissent être saisies par ses créanciers avant que le cessionnaire en ait eu la délivrance, ou qu'il ait fait signifier son transport à celui qui les a en dépôt ou à sa consignation.

En effet, il y a une disparité essentielle, en ce que, lorsque la chose vendue est réellement en la possession du vendeur ou sous sa main, ce vendeur ne peut souffrir du manquement ou du retardement de la livraison que par sa faute ou par son fait, s'il n'a pas touché le prix d'avance pour l'arrangement de ses affaires ; ou, si l'acheteur a eu la facilité de payer avant la livraison, il doit s'imputer son trop de confiance en son vendeur. Au lieu que dans le cas d'un transport d'effets étant en mer, aux colonies, en pays étrangers, en un mot dans un lieu autre que celui de la demeure du cédant, quoique les effets soient véritablement censés en la possession de ce cédant, il y a nécessité d'admettre, pour le bien du commerce et la promptitude de ses opérations, qu'au défaut de la livraison effective, qui n'est pas praticable dans l'hypothèse, la remise qui sera faite au cessionnaire de la pièce justificative que ces effets appartiennent au cédant, tienne lieu de tradition sans autre formalité ; parce que, si le cessionnaire n'avait pas cette sûreté, il se garderait bien de prendre un transport dont il paierait le prix comptant, dans l'incertitude où il serait, pendant un très-long temps, si les effets lui seraient irrévocablement acquis ou non. Que l'on ajoute à cela la circonstance essentielle que ce cessionnaire court les risques des effets du jour du transport, et l'on trouvera que la décision ne peut souffrir la moindre difficulté.

Enfin, s'il en était autrement, qu'arriverait-il de là? C'est que tel négociant dont les fonds seraient retenus en divers endroits éloignés, pour n'avoir pu être vendus à temps, ou autrement sans saisie, se verrait souvent dans la nécessité de manquer, faute de pouvoir se défaire d'une partie suffisante de ces mêmes fonds pour faire face à ses engagemens aux échéances. Si quelqu'un répond à cela, *qu'importe?* il n'a pas la moindre idée du commerce, ni de l'intérêt pressant qu'a l'Etat de le soutenir.

En conséquence de ce qui a été observé ci-dessus, que l'exemption de la tradition effective, ou de la formalité de la signification, ne regarde que la cession des choses négociables de leur nature par voie d'endossement, il convient d'ajouter ici, pour exemple, que ce serait autre chose s'il s'agissait d'un mandement donné par un négociant à un autre, d'une somme à prendre sur un tiers débiteur envers le tireur du mandement. Nul doute alors que le porteur du mandat ne fût assujéti à la formalité de la signification, et que jusque-là une saisie faite entre les mains de ce tiers, par quelque créancier du tireur, ne l'emportât sur le porteur de ce mandement, l'espèce étant dans la catégorie ordinaire, et n'ayant pas plus la faveur du commerce que si elle se rencontrait entre personnes hors du négoce, au moyen de quoi elle est sujette à la règle générale, *simple transport ne saisit.*

Mais, encore une fois, cette règle cessera et demeurera sans application dès qu'il s'agira d'un transport d'effets négociables de leur nature par voie d'endossement ou d'ordre, relativement aux observations précédentes.

La même faveur du commerce a aussi fait introduire le privilége du nantissement ou de la saisie naturelle au profit de celui qui, ayant à sa consignation des marchandises appartenant à un négociant dont il est le commissionnaire ou correspondant, avance des sommes sur le prix de ces marchandises, ou paie des lettres de change tirées sur lui à l'occasion de ces mêmes marchandises.

Par exemple, un navire est adressé à un négociant pour en faire le désarmement et vendre sa cargaison; il paie avant toute vente (et par conséquent avant d'avoir aucuns deniers en mains appartenant à son commettant) les gages de l'é-quipage, les primes d'assurance, les sommes empruntées à la grosse; il acquitte de plus où il accepte les lettres de change que son commettant tire sur lui : nul doute que, pour son remboursement, il n'ait droit de retenir par ses mains, par voie de compensation, avec privilége exclusif à tous autres créanciers, toutes les sommes qu'il a ainsi avancées, et, à plus forte raison, s'il n'a payé qu'à mesure qu'il avait des deniers appartenant à son commettant.

Cela est si naturel et si juste, qu'il est étonnant qu'il se soit rencontré des gens assez chicaneurs pour disputer la compensation en pareil cas, de même qu'en tous autres où le négociant se trouvait nanti, soit avant soit après ses avances, sans avoir les mains liées par aucune saisie. Aussi ont-ils succombé tout autant de fois qu'ils ont eu la témérité d'élever la question.

Il est même des pays, comme en Hollande, où, pour la preuve du nantissement, il suffit de représenter la clef du magasin où sont les marchandises; tant les opérations qui produisent la circulation vive du commerce sont favorables et méritent d'être protégées.

Ou faite sous seing privé. Cette partie de l'article, prise séparément et à la lettre, ne peut qu'embarrasser : car enfin pourquoi ne serait-il pas permis d'acheter un vaisseau par acte sous signature privée, tandis que tous les autres contrats maritimes peuvent être faits dans cette forme, tels que sont les chartes-parties, les emprunts à la grosse, les connaissemens et les polices d'assurances?

Si l'on objecte que l'article ne déclare pas nulle précisément la vente d'un navire par sous-seing privé, je réponds que c'est le décider équivalemment, s'il est vrai qu'en aucun temps une telle vente ne puisse préjudicier aux créanciers du vendeur, comme l'article semble le dire.

Cela me ferait penser qu'il y a omission dans l'article, et qu'avant ces mots, *ou faite sous seing privé*, il faudrait supposer ceux-ci, *qu'elle soit par-devant notaires;* de manière que je voudrais lire l'article, comme s'il était conçu en ces termes:

La vente d'un vaisseau étant en voyage, qu'elle soit par-devant notaires, *ou faite sous seing privé, ne pourra préjudicier aux créanciers du vendeur.* *

Par-là, en bornant sa disposition au seul cas de la vente du navire étant en voyage, non-seulement c'est ne lui faire dire que ce que vraisemblablement il a voulu dire, mais encore c'est le débarrasser d'une décision isolée et disparate, qui ne signifie rien, et qui va trop loin, et qui ne peut s'assortir avec l'article précédent.

En effet, si ces mots, *ou faite sous seing privé,* signi-

---

* Cod. de com., art. 196. « La vente volontaire d'un navire en voyage ne préjudicie pas aux créanciers du vendeur.

» En conséquence, nonobstant la vente, le navire ou son prix continue d'être le gage desdits créanciers, qui peuvent même, s'ils le jugent convenable, attaquer la vente pour cause de fraude. »

On voit que les législateurs ont mis à profit les observations de Valin sur l'art. 3 de ce titre, en déclarant d'une manière générale, et indépendamment de la forme du contrat, que la vente volontaire d'un navire en voyage ne préjudicie point aux créanciers du vendeur.

fient simplement que la vente sous signature privée d'un navire, quoique n'étant pas au voyage, ne peut de sa nature préjudicier aux créanciers du vendeur, c'est ne rien ajouter à l'article précédent, dont la décision porte même sur la vente par-devant notaires.

Et si, d'un autre côté, ils signifient que la vente sous seing privé ne pourra jamais, en aucun temps, nuire aux créanciers du vendeur, c'est une décision irrégulière en elle-même, et qui de plus est inconciliable avec celle de l'article précédent, aux termes duquel l'acheteur du navire purge les dettes en lui faisant faire un voyage en mer sous son nom et à ses risques; ce qui doit convenir nécessairement à la vente sous seing privé, comme à celle qui est faite par-devant notaires.

Dans ces circonstances, si l'on ne veut pas restituer l'article de la manière ci-dessus proposée, pour le restreindre au seul cas de la vente d'un navire au voyage, et s'il faut absolument le prendre tel qu'il est, il vaut encore mieux regarder comme inutiles ces mots, *ou faite sous seing privé,* que de les rendre contradictoires avec l'article précédent : c'est-à-dire qu'il conviendra de ne leur faire rien signifier autre chose, sinon que la vente sous seing privé ne pourra par elle-même, et de sa nature, préjudicier aux créanciers du vendeur; et d'ajouter ensuite : mais cette vente, quoique sous seing privé, aura son effet comme celle par-devant notaires, si, relativement à l'article précédent, l'acquéreur fait faire un voyage en mer au navire, sous son nom et à ses risques. La raison est qu'alors il aura fait ce qui lui est prescrit pour purger les dettes de son vendeur, et qu'il est inutile d'examiner après cela le titre de son acquisition, attendu que dans le principe il ne pouvait rien opérer contre les créanciers, quoique par-devant notaires, et qu'après le voyage en mer l'acquéreur n'a plus besoin de produire son titre, sa déclaration au greffe de l'amirauté et les expéditions prises sous son nom formant le seul titre capable de le mettre à couvert des poursuites des créanciers de son vendeur.

Tout ce qu'ils peuvent exiger de lui, après cette formalité remplie de sa part, c'est que, sur les saisies qu'ils auront faites entre ses mains, il fasse preuve, ou par son contrat d'acquisition quittancé, ou par une quittance à part, ou enfin par un compte réglé ou à régler avec son vendeur, qu'il lui a payé le prix de l'acquisition. Et leur droit me paraît tellement borné à cela, que je ne doute nullement que l'acquéreur ne fût également en voie de décharge, quoiqu'il n'aurait aucun titre d'acquisition à produire, pour avoir acheté le navire verbalement.

Car enfin, je le répète, qu'importe de quelle manière il ait fait l'acquisition, dès qu'un contrat, même par-devant notaires, ne pouvait dans le principe le garantir des dettes de son vendeur, et que pour les purger il fallait nécessairement qu'il fît faire un voyage au navire sous son nom et à ses risques; qu'à cette fin il déclarât par un acte, au greffe de l'amirauté, que le navire lui appartenait, comme l'ayant acquis, et qu'en conséquence il prît les expéditions du navire sous son nom? *

Puisqu'il ne peut purger les dettes de son vendeur qu'en observant ces formalités, il est donc évident qu'il n'a besoin que de prouver qu'il les a effectivement remplies, pour être à couvert de toutes recherches, de quelque manière qu'il ait acquis le navire, soit verbalement, sous seing privé, ou par acte devant notaire; et qu'il ne reste plus alors aux créanciers

---

* *Le Cod. de com.*, art. *192*, § 6, exige que la vente du navire soit prouvée par un acte ayant date certaine. Je ne sais voir la raison de cette exigence; il me paraît même étonnant que le législateur n'ait pas profité sur ce point des observations de Valin : car, ainsi que le dit ce jurisconsulte, qu'importe la manière dont l'acquisition a été faite, puisqu'il faut toujours un voyage fait en mer sous le nom du nouvel acquéreur, ce qui rend l'authenticité de l'acte, ou sa date certaine, tout-à-fait surabondante?

du vendeur que la voie de saisir entre ses mains, pour l'obliger au paiement du prix de l'achat, s'il ne justifie pas l'avoir payé.

Concluons donc que ces mots de l'article, *ou faite sous seing privé*, ne peuvent avoir d'effet qu'au cas que l'acquéreur ait manqué d'user de la précaution portée par l'article précédent, et que lorsqu'il l'a prise il est parfaitement en règle et à couvert de toutes poursuites de la part des créanciers, comme ayant donné à son acquisition le degré d'authenticité auquel seul l'Ordonnance a attaché, en vente volontaire, le privilège de purger les dettes du vendeur.

Il est entendu, au reste, que cet article et le précédent ne concernent que les créanciers du vendeur au temps de la vente, et nullement ceux qui ne le sont devenus que depuis. Cette remarque est si simple et si naturelle, qu'on se serait abstenu de la faire, si dans le monstrueux procès dont il a été parlé ci-dessus, fait au sieur Denis, ses parties adverses n'avaient pas eu l'imprudence de contester, quoique leurs créances n'eussent été formées que plus de neuf mois après les cessions faites audit sieur Denis.

4.

Tous navires seront jaugés, incontinent après leur construction, par les gardes-jurés ou prud'hommes du métier de charpentier, qui donneront leur attestation du port du bâtiment, laquelle sera enregistrée au greffe de l'amirauté.*

Il est nécessaire de connaître la jauge, c'est-à-dire la capacité et le port d'un navire,

---

* *Cod. de com.*, art. 290. « N'est réputé y avoir erreur en la déclaration du tonnage d'un navire, si l'erreur n'excède un quarantième, ou si la déclaration est conforme au certificat de jauge. »

1° Parce que le congé ou passe-port en doit faire mention (art. 3, tit. 10, liv. 1er) ;

2° Parce que la charte-partie en doit tout de même faire mention (art. 3, tit. 1er, liv. 3), à l'effet de rendre le maître responsable des dommages et intérêts, si dans la déclaration qu'il a faite du port de son bâtiment il a excédé d'un quarantième et au-delà (art. 4 et 5, tit. 3 du même liv. 3);

3° Parce qu'il y a plusieurs droits dus par les navires, tant français qu'étrangers, à proportion de leur grandeur ou capacité ; et qu'à l'égard des vaisseaux étrangers, il y a, outre l'ancrage, le droit de 5o sous ou cent sous par tonneau.

A l'égard des navires étrangers, on ne s'arrête point à la jauge qui aura été faite dans le pays étranger, ils doivent être jaugés au premier port de France où ils arrivent (règlement du 13 juin 1709, au sujet du droit d'ancrage); et alors le billet de jauge enregistré leur sert comme aux navires français pour tous voyages qu'ils font. Cependant on pourrait plus aisément subroger un navire à un autre en pays étranger qu'en France, pour y adapter un billet de jauge donné pour un autre navire du même nom : sur le moindre soupçon, on est en droit de faire jauger le navire soupçonné ; mais ce ne sera aux frais du maître ou capitaine qu'autant que la nouvelle jauge le convaincra de fraude.

Il y aura aussi lieu à une nouvelle jauge, tant des navires français qu'étrangers, toutes les fois que le billet de jauge ne sera pas représenté (même règlement du 13 juin 1809); et ce sera alors, sans distinction, aux frais du capitaine. Il pourra aussi lui demander une nouvelle jauge, s'il croit que la première est trop forte ; et en ce cas ce sera aux frais de qui il appartiendra.

5.

Pour connaître le port et la capacité d'un vaisseau, et en régler la jauge, le fond de cale, qui est le lieu de la charge, sera mesuré à raison de quarante-deux pieds cubes pour tonneau de mer.

La manière de jauger un navire est ici marquée. Ce n'est que le fond de cale, qui est le lieu ordinaire de la charge, qu'il faut mesurer, et non l'entre-pont, quoiqu'on y place souvent des marchandises, parce qu'il est naturellement réservé pour les rechanges du navire et les besoins de l'équipage.

La capacité ou le port d'un vaisseau se règle par le nombre de tonneaux qu'il peut porter. On dit, ce navire est de 20, 60, 100, 200, 400 tonneaux, etc. Et pour déterminer le nombre de tonneaux qu'il peut porter, on mesure l'espace de son fond de cale en le réduisant en pieds cubes.

C'est la règle la plus sûre, ou en tout cas la seule praticable, quoiqu'elle soit quelquefois fautive, à raison des différentes manières de construire les navires, qui exigent aussi différentes opérations pour la réduction juste en pieds cubes; et tous les jaugeurs également ne sont pas en état de varier leur combinaisons avec précision. On les aurait peut-être un peu plus habiles, si leurs salaires n'étaient pas si modiques.

D'ailleurs tous les pieds cubes d'un vaisseau effilé, ou de construction qui se termine en pointe de l'avant à l'arrière, ne tournent pas à compte pour la charge comme ceux d'un navire de figure carrée ou approchante; et c'est à quoi on ne fait pas toujours assez d'attention. C'est pour cela aussi que les jauges d'un même navire diffèrent quelquefois assez considérablement, suivant que les jaugeurs sont plus ou moins exacts ou équitables.

Pour la jauge ou mesure, à l'effet de régler le paiement du droit de fret du tonneau, dû par les étrangers, voir l'Ordonn. des fermes du mois de juillet 1681, tit. *du droit de fret,* et les arrêts du conseil, des 19 avril 1701 et 15 juillet 1704.

Pour ce qui est, au fond, de ce droit de fret du tonneau, et comment il a été établi, voir *infrà* l'article 1ᵉʳ, titre 1ᵉʳ *des chartes-parties*, livre suivant.

Comme la navigation sur le Ponant a vraisemblablement commencé par les Bordelais ; que leur manière de régler le fret aussi bien que la portée des mariniers était par tonneau, suivant qu'il résulte des articles 8 et 16 des jugemens d'O- leron ; qu'enfin, pour fixer le tonneau, ils employèrent d'abord quatre barriques de vin de 500 pesant ou environ chacune, parce que c'était la denrée dont ils faisaient le plus grand débit, il y a apparence que c'est d'eux qu'on a emprunté l'usage de compter le port d'un navire par ton- neau, et de régler le tonneau à 2,000 de pesanteur en prenant pour guide le tonneau de vin composé de quatre barriques de 500 pesant chacune.

Mais, parce que toutes les marchandises ne sont pas d'un poids égal ou approchant eu égard à leur volume, il a paru juste dans la suite de déterminer le tonneau, non précisément à 2 milliers de pesanteur, mais à raison de l'encombrement ou espace occupé par les marchandises. En quoi toutefois on a encore pris pour modèle les quatre barriques faisant le tonneau bordelais ; c'est-à-dire que l'on a calculé l'espace occupé par quatre barriques, et l'on a trouvé qu'il donnait les 42 pieds cubes qui, aux termes de cet article, doivent composer le tonneau de mer.

Les Rochelais ont aussi de tout temps pratiqué la mesure des Bordelais pour le tonneau, et la preuve en résulte de ce qu'ils ont toujours mis tout de même quatre barriques au tonneau. Mais ils ont fait plus, ils ont trouvé la réduction du tonneau en pieds cubes, comme le prouve l'ancienne mesure de leur boisseau, qui est exactement d'un pied cube, et dont ils ont réglé qu'il en fallait 42 pour faire le tonneau de blé égal au tonneau de mer.

Les Flamands, les Anglais et les Hollandais, comptent par

lest ou last. Le last vaut deux tonneaux chez les premiers, et deux tonneaux et demi chez les Hollandais.

6.

Seront tenus les officiers de l'amirauté, à peine d'interdiction de leur charge, de faire tous les ans, au mois de décembre, un état de tous les vaisseaux appartenant aux bourgeois de leur ressort, qui contiendra leur port, âge, qualité et fabrique, avec le nom des propriétaires, et de l'envoyer au secrétaire d'état ayant le département de la marine.

Ce qui est prescrit par cet article avait déjà été ordonné par l'article 441 de l'Ordonnance de 1629 dans un plus grand détail. Comme ce qu'on appelle aujourd'hui les commissaires aux classes ou de la marine dans les ports du commerce, n'étaient alors que de simples commis subordonnés aux officiers de l'amirauté, c'est la raison pour laquelle les officiers de l'amirauté, toujours en correspondance avec le secrétaire d'état ayant le département de la marine, étaient chargés de lui envoyer tous les ans, au mois de décembre, l'état de tous les vaisseaux de leur ressort.

Les choses ayant changé depuis, ce sont aujourd'hui ces commissaires qui sont chargés de ce soin, à la place des officiers de l'amirauté.

Ce n'est plus qu'à M. l'amiral que les officiers d'amirauté envoient des états de vaisseaux; mais c'est pour un autre motif. Ces états, qui s'envoient tous les mois, sont pour constater le nombre des vaisseaux, tant français qu'étrangers, qui entrent dans le port, et qui en sortent.

FIN DU TOME PREMIER.

TABLE

LIVRE SECOND.

DES GENS ET DES BATIMENS DE MER.

FIN DE LA TABLE.

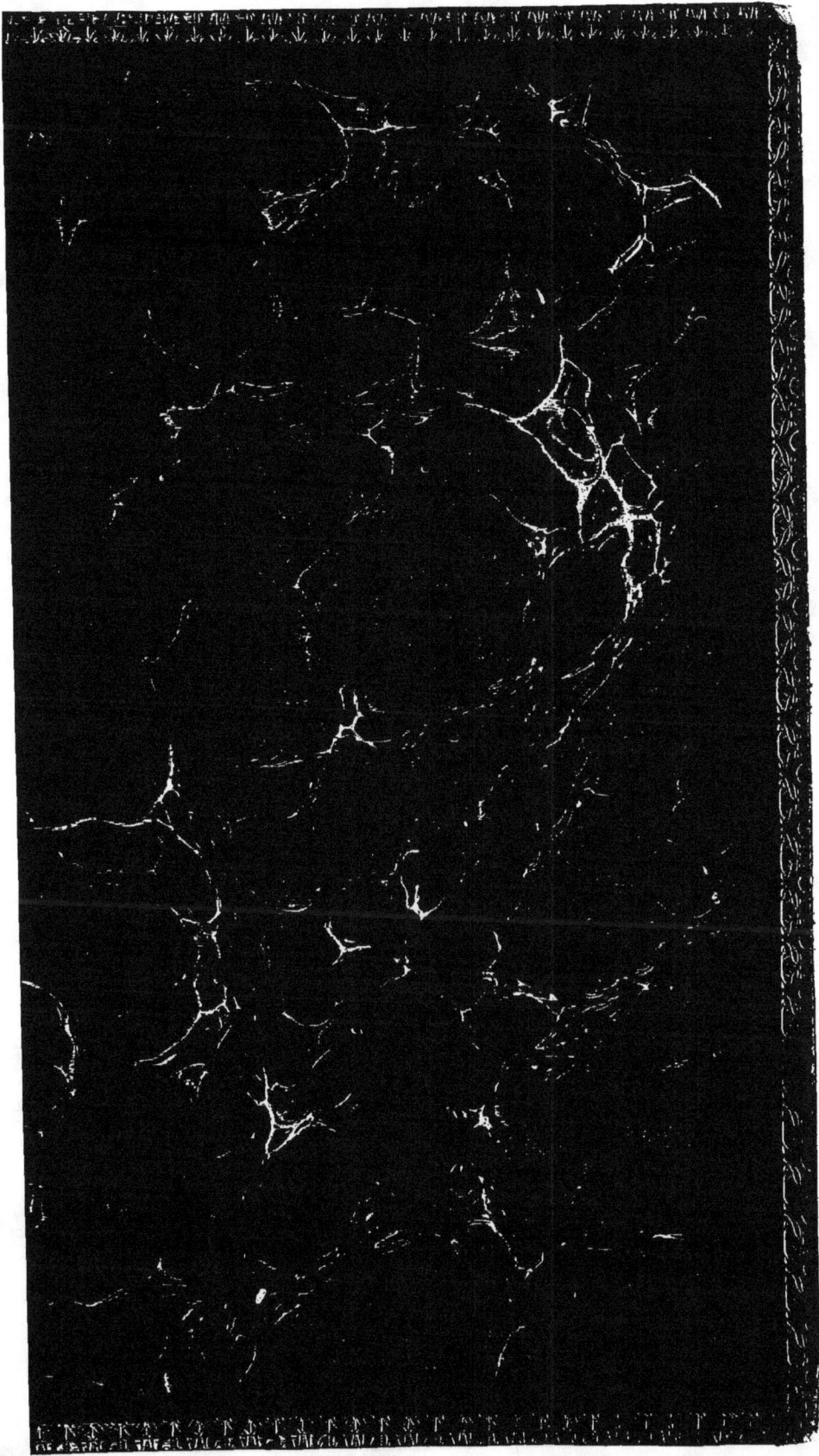